现代种植业标准化技术

李倩 滕葳 柳琪 等编著

北京

本书在概述我国种植业标准化发展的现状、问题和发展建议的基础上，详细介绍了我国当前种植业标准化发展的背景、制约因素和现实问题，国外农业标准化的发展及启示，以及我国种植业标准化发展战略等内容，并按照粮食类、蔬菜类、果品类、糖料类、茶叶类的划分方式，具体分析了小麦、玉米、杂粮（不含豆类）、豆类、水稻、油料作物、蔬菜、食用菌、马铃薯、水果、甘蔗、甜菜、茶叶等产品的标准发展现状、存在问题和发展建议等内容。

本书可供农业标准化工作者、农业标准化管理人员、农业标准使用人员和农业执法监督从业人员使用，也可供其他相关人员参考。

图书在版编目（CIP）数据

现代种植业标准化技术/李倩等编著．—北京：
化学工业出版社，2019.4
ISBN 978-7-122-33959-1

Ⅰ.①现… Ⅱ.①李… Ⅲ.①种植业-标准化-研究-中国 Ⅳ.①F326.1-65

中国版本图书馆 CIP 数据核字（2019）第 034681 号

责任编辑：刘　军　冉海滢　　　　　　文字编辑：杨欣欣
责任校对：张雨彤　　　　　　　　　　　装帧设计：关　飞

出版发行：化学工业出版社（北京市东城区青年湖南街 13 号　邮政编码 100011）
印　　装：大厂聚鑫印刷有限责任公司
710mm×1000mm　1/16　印张 19¼　字数 383 千字　2019 年 6 月北京第 1 版第 1 次印刷

购书咨询：010-64518888　　　售后服务：010-64518899
网　　址：http://www.cip.com.cn
凡购买本书，如有缺损质量问题，本社销售中心负责调换。

定　价：88.00 元　　　　　　　　　　　　　　　版权所有　违者必究

本书编著者名单

李 倩　滕 葳　柳 琪　孔 巍
路馨丹　甄爱华　刘建洋

前言

随着经济全球化趋势不断加快,世界政治、经济格局发生很大变化,国际竞争开始进入一个崭新的阶段。当今国际竞争成败的关键不再取决于传统意义上的土地、资本和劳力等有形资本,而是取决于以高新技术为核心的综合国力,取决于将技术转化为标准从而取得经济利益的能力。为在国际贸易领域占据有利位置,发达国家不惜投入相当的经费和人力进行标准战略的研究,强化标准的研制,并已形成较为成熟的标准管理和运作机制。相比之下,我国农业种植业标准化工作的整体水平还比较落后,标准体制不能适应当前我国农业种植业市场经济发展的需要,在种植业领域尚未建立有效的标准体系。加快种植业标准战略的研究和实施,已经成为保障我国国家利益和种植业产业安全、提升我国综合国力和国际地位的迫切需要。

当前,我国正进入到完善社会主义市场经济体制,走新型工业化道路,实现经济、社会和人的和谐发展,全面实现建设小康社会目标的新时期。市场经济体制的发展和完善需要建立与之相适应的标准体制和运行机制,小康社会的全面实现要求标准在现有基础上向更广泛更深入的方向推进。这是时代发展对中国农业标准的要求,也是时代发展赋予标准战略的历史使命。确立一个高瞻远瞩而又切实可行的农业种植业技术标准发展战略,已经成为我国农业市场经济发展所要面对的重要课题。研究制定中国农业种植业技术标准发展战略是时代发展的需要,是迎接全球化竞争的需要,是实现农业种植业现代化、全面实现建设小康社会的需要。通过农业种植业技术标准战略的制定和实施,可以促进相关利益主体之间的联动,实现我国农业、农村经济社会的全面、健康、可持续发展。

农业种植业标准体系发展战略的研究,是一项复杂的系统工程。要制定一个科学、合理、完善的技术标准发展战略,就必须首先对农业种植业标准本身的理论问题以及标准的外在环境进行深入研究,必须跟踪研究国际、其他国家标准化活动的发展趋势,必须全面分析我国农业种植业标准化工作的现有基础及其存在的问题,明确我国农业种植业标准发展的实际情况,结合理论研究和现状分析的成果,确定我国农业种植业技术标准战略的最终目标和实施办法。

农业种植业标准可以对农业生产活动进行有效规范,可以为农业科技与农业产业化搭建桥梁,为农业产业升级和结构优化提供支撑,为促进贸易和统一市场创造条件,为国际竞争提供手段,为我国农业现代化提供支持。而要发挥农业种植业标准的作用，则需要建立适应市场需要的标准体制，需要标准与法规的有机结合，需要科技水平的支撑，需要完善的市场经济体制，需要政府的有力推动，需要提高全社会农业从业者的标准意识。

通过对我国农业种植业标准化工作的背景和现状进行研究，我们可以发现：我国国家经济实力的增强、科技创新能力的提高以及标准化主体的日益成熟，为农业种植业标准化工作的进一步发展提供了良好的先决条件。但是，目前我国农业种植业标准化工作还存在着标准严重落后和滞后、标准的种类不能覆盖产业与实际产品的需要、标准制定与市场需求脱节等问题，我国农业种植业标准化工作还面临来自法律法规、标准观念、标准体制和标准化与科技创新体系脱节等方面的既有障碍，这些都直接制约着我国市场经济发展的步伐，亟待在现有基础上加以调整和完善。

研究确立中国农业种植业标准体系的整体架构，为我国农业现代化发展奠定标准支持基础，是我国农业种植业标准深入发展亟待解决的问题。中国农业种植业标准发展战略应以解决围绕标准的问题为切入点，以满足国内外农业科技、经济和社会环境变化对标准的需求为目的。农业种植业标准体系不是孤立的单元，而是将标准融入经济、科技、社会、国际贸易、食品安全、行政管理等环节的宏大体系中去考虑问题。农业种植业标准体系不是一个具体的对策研究，而是在国家战略的层面进行研究，农业种植业标准体系是国家发展战略的重要组成部分。因此，农业种植业标准化体系的建立与实施，不仅要理顺农业种植业标准化的内部机制，还需要建立一种有效的联动机制，激励不同领域的利益主体形成一致行动。农业种植业标准体系研究的特点，是实施追求种植业标准化体制的自我完善，提升农业种植业标准的技术含量，对外增强农业种植业标准的国际竞争力，对内提升我国种植业农业产业化的现代化水平，实现"打造中国种植业标准"的最终目标。

在经济全球化的国际大背景下，以及我国全面实现建设小康社会和农业产业经济发展需要的客观现实背景下，农业种植业技术标准作为确保种植业农产品的质量和安全、促进种植业农产品的贸易和流通、规范种植业农产品的市场秩序、指导种植业农产品的生产和引导消费的主要因素，已经受到了政府和社会各界的普遍关注。因此，站在我国农业种植业技术标准长远发展的高度上，研究我国种植业农业技术标准体系发展的历史沿革、工作成效、存在的问题与制约因素，在借鉴国外农业种植业标准化发展战略基本经验的基础上，确立我国农业种植业技术标准体系发展的战略指导思想、战略目标、战略任务和战略重点领域，以提出加快我国种植业农业技术标准发展战略实施的具体措施建议，对目前我国种植业农业经济进入新阶段的发展和长远规划具有重大意义。农业种植业标准体系是我国标准体系的核心内容和重要组成部分之一，涉及多个种植业行业领域。笔者从基础/通用类（术语、分类）、方法类（检验/检测）、环境安全类（产地环境、投入品）、种质资源类（种子、种苗）、生产管理类（种植、植保、加工）、产品类（等级规格、品质/安全、原产地保护）、物流类（包装、标识、贮运）和质量追溯类等方面对我国农业种植业标准体系进行了深入研究。研究农业种植业标准体系需要站在我国农业种植业全局的高度，以全面提升我国农业种植业标准化水平和指导农业种植业标准工作为目的，这对进一步构建科学合理、结构完善、层次分明、与国际接轨的农业种植业标准体系工作具有十分重要的理论指导意义。

我们组织了全国农业种植业各行业的标准化研究专家，进行了国内各种植业专业标准化情况的研究工作，并将研究成果汇集成册，具有指导性和实用性。本书可供标准化管理部门及农业技术机构作为制定我国农业种植业标准计划和管理措施的参考，亦可供从事标准化科学研究和我国农业种植业标准研究人员以及种植业行业的检测技术人员参考使用。

李倩博士是山东省标准化研究院标准化技术研究中心的研究人员，负责本书提纲的拟定、协调、资料整理、撰写与统稿工作；滕葳、柳琪是山东省农业科学院农业质量标准与检测技术研究所的专职研究人员，甄爱华、刘建洋是山东标准检测技术有限公司的技术人员，孔巍、路馨丹是农业农村部优质农产品发展中心工作人员，他们参加了本书资料的收集、撰写工作。

由于作者水平有限，书中难免有疏漏与不足之处，敬请专家和同仁批评指正。

编著者
2018 年 10 月 30 日

目录

第一章 种植业标准化 … 1

第一节 种植业标准化发展背景 … 1
一、发展种植业标准化是国际国内环境的需要 … 1
二、我国农业产业发展面临的问题对农业技术标准提出新的要求 … 4
三、新时期农业产业经济发展需要农业技术标准提供技术保障 … 4
四、全面建设小康社会需要高水平的中国农业标准 … 5

第二节 种植业标准化的前提条件 … 5

第三节 种植业标准化发展的现实基础 … 7
一、国家经济实力不断增强 … 7
二、国家农业科技创新能力不断提高 … 7
三、现代农业科技创新推广体系建设成熟 … 7
四、我国标准化工作的发展历程 … 8

第四节 种植业标准化存在的问题 … 13

第五节 种植业标准化发展的制约因素 … 16
一、技术研发方面的制约因素 … 16
二、标准制定方面的制约因素 … 17
三、实施推广方面的制约因素 … 18
四、经费方面的制约因素 … 18

第二章 国外农业标准化的发展及启示 … 19

第一节 国外农业标准化的特点 … 19
第二节 国外农业标准化发展经验 … 21
第三节 国外农业标准化发展趋势 … 23
第四节 国外农业标准化发展启示 … 25

第三章　我国种植业标准化发展战略　29

第一节　种植业标准化发展战略的指导思想 …… 29
一、以市场为主导，政府宏观管理 …… 29
二、以企业为主体，社会广泛参与 …… 30

第二节　种植业标准化发展战略的目标 …… 31
第三节　种植业标准化发展战略的重点领域 …… 32
第四节　主要措施与策略 …… 33
一、主要措施 …… 33
二、主要策略 …… 38

第五节　建立种植业标准体系 …… 42
一、基本原则 …… 42
二、基本思路 …… 43

第四章　粮食类标准　46

第一节　小麦、玉米、杂粮、豆类标准 …… 46
一、小麦、玉米、杂粮、豆类标准体系 …… 46
二、小麦、玉米、杂粮、豆类标准体系存在的问题 …… 69
三、建议修订、作废及制定的标准 …… 97

第二节　水稻标准 …… 103
一、水稻标准体系 …… 103
二、水稻标准体系存在的问题 …… 128
三、水稻标准的发展方向 …… 133

第三节　油料标准 …… 139
一、油料标准体系 …… 139
二、油料标准存在的问题 …… 145
三、油料标准发展的方向 …… 148

第四节　粮食检测方法类标准发展现状 …… 154
一、检测方法标准总体情况和现状 …… 154
二、检测方法类标准存在的主要问题 …… 155
三、标准整改建议 …… 171

第五章　蔬菜类标准　172

第一节　蔬菜标准 …… 174

一、蔬菜标准体系 …………………………………………… 174
　　二、蔬菜标准体系存在的问题 ……………………………… 200
　　三、蔬菜标准需求 …………………………………………… 203
　　四、蔬菜标准发展方向 ……………………………………… 204
　第二节　食用菌标准 …………………………………………… 206
　　一、食用菌标准体系 ………………………………………… 206
　　二、食用菌标准存在的问题 ………………………………… 210
　　三、食用菌标准的需求与发展方向 ………………………… 211
　第三节　马铃薯标准 …………………………………………… 212
　　一、马铃薯标准体系 ………………………………………… 213
　　二、马铃薯标准存在的问题 ………………………………… 216
　　三、马铃薯标准需求与发展建议 …………………………… 219

第六章　果品类标准　　　　　　　　　　　　　　223

　　一、果品类标准体系 ………………………………………… 223
　　二、果品标准体系存在的问题 ……………………………… 262
　　三、果品标准体系发展建议 ………………………………… 265

第七章　糖料标准　　　　　　　　　　　　　　　269

　第一节　甘蔗标准 ……………………………………………… 269
　　一、甘蔗标准体系 …………………………………………… 269
　　二、甘蔗标准存在的问题 …………………………………… 271
　　三、甘蔗标准的发展方向 …………………………………… 273
　第二节　甜菜标准 ……………………………………………… 274
　　一、甜菜标准体系 …………………………………………… 274
　　二、甜菜标准存在的问题 …………………………………… 276
　　三、甜菜标准制定建议 ……………………………………… 277

第八章　茶叶标准　　　　　　　　　　　　　　　279

　　一、茶叶标准体系 …………………………………………… 279
　　二、茶叶标准存在的问题 …………………………………… 289
　　三、茶叶标准的发展方向 …………………………………… 292

参考文献　　　　　　　　　　　　　　　　　　　295

第一章 种植业标准化

种植业标准化是建立我国现代化农业、全面实现小康社会的重要基础，是社会主义市场经济体系和相关技术法律法规体系的重要内容。从本质上说，种植业标准化既是种植业技术推广运行和行政执法的技术准则，也是调整优化产业结构与布局、建设现代农业种植业的重要技术保障。建立和完善符合我国国情并与国际接轨的种植业标准体系，对于确保我国种植业农产品质量安全，维护社会主义市场经济秩序，增加农业经济效益和提高农民收入，增强产品市场竞争力，促进农业和农村经济的可持续发展，具有极其重要的意义。

我国在经历了深刻的经济发展和社会转型过程后，已经步入全面实现建设小康社会、加快推进社会主义现代化发展的关键阶段。在这一发展进程中，种植业标准化对于我国的现代化种植业的健康发展，将发挥不可替代的技术基础作用。为了完成时代赋予种植业标准化的这一历史使命，我们必须从战略的高度统筹考虑中国农业种植业标准化工作，因势利导，克服障碍，实现种植业标准化的跨越式发展。

第一节 种植业标准化发展背景

一、发展种植业标准化是国际国内环境的需要

21世纪的中国注定要进入一个经济空前发展、体制全面转型、国家和平崛起的新时代。其核心特征：一是增长速度的新常态，即从高速增长向中高速增长换挡；二是结构调整的新常态，即从结构失衡到优化再平衡；三是宏观政策的新常态，即保持政策定力，消化前期刺激政策，从总量宽松、粗放刺激转向总量稳定、结构优化。如何把握未来十年的中国经济大趋势？习近平总书记强调："从当前我国经济发展的阶段性特征出发，适应新常态，保持战略上的平常心态。"供给端的

新常态是指人口红利衰退,储蓄率出现拐点,潜在增速下滑,劳动力比较优势丧失。过去近四十年的时间里,中国人口抚养比从78.5%一路下滑至37.8%,劳动力人口(即15~64岁人口)占比从57%升至74.5%,在此带动下,国民总储蓄率从30%左右大幅攀升至2008年的53.4%。但从2011年开始,中国的人口结构已经迎来拐点,劳动力人口比例开始下降,老龄人口占比迅速上升。未来十年,老龄化趋势将愈发明显,劳动力人口占比将降至70%以下。当然,这种变化是一个缓慢的过程,并不会引发潜在增速的断崖式下行。首先,人口年龄结构变化的同时人口的素质结构也在变化,劳动力人口的绝对和相对数量虽然都在减少,但随着义务教育和高等教育普及的后续效应加速显现,劳动力人口的素质将明显提高,可以在一定程度上对冲劳动力数量的下滑。需要关注的是农业劳动力的减少和转移趋势将越发明显。上述结构性矛盾和风险因素的存在,既是当前中国经济稳定发展面临的主要挑战,同时也为深化改革开放、促进经济结构调整和发展方式转变指明了方向。从中长期看,中国经济具备持续、健康发展的多种有利条件。人口数量红利向质量红利转变,复杂程度较高、人力资本密集的行业孕育着新优势;城市化与信息化、绿色、低碳等新趋势相结合,能释放出产业升级的新动力;经济全球化既为发展中的中国带来了机遇,也提出了新的挑战。抓住机遇,迎接挑战,融入全球经济,完善社会主义市场经济体制,全面实现建设小康社会,已经成为我国改革与发展的主旋律。这种现实情况对中国的农业种植业技术标准提出了新的需求。近年来尽管中国农产品贸易额逐年加大,但各国以技术法规、技术标准、认证制度、检验制度等技术性措施为手段限制我国农产品进口的现象也正逐步增加。农业部(现为农业农村部)2018年1月公布:2017年1~11月,我国农产品出口额677.0亿美元,进口额1141.5亿美元,贸易逆差464.5亿美元,同比增长35.3%。可见,目前我国农产品国际贸易存在巨大逆差,而且在不断扩大。目前我国部分农产品在国际上已逐渐失去了比较优势。农产品的质量、产量、成本、自然条件等是我国农业面临的严重问题。一系列附加管理成本和社会成本的加大,均对社会和国民经济的发展产生了重大的影响。因此,我国农产品如何在更大的范围和更深的领域融入国际市场和经济全球化的浪潮,成为我国农业发展的新课题。如何充分利用WTO规则和国际标准,在注重我国国情的前提下,打造我国种植业标准体系,使其符合国内外市场的需求,突破国外的农产品技术性贸易壁垒,构筑我国种植业农产品技术性贸易措施体系,提高我国种植业农产品市场竞争力,减缓国外农产品对我国农产品市场的冲击,有效维护国内农产品生产者和消费者权益,成为了我国种植业农业标准化工作面临的一个重大课题和紧迫任务。

1. 世界经济的进一步融合,需要具有竞争力的中国农业种植业标准

经济全球化是当今时代的主要特征,贸易全球化、制造过程的全球化、科技创新体系全球化已成为不可阻挡之势。国际贸易组织(WTO)中的重要多边协议《技术贸易壁垒协定》(简称《TBT协定》)和《实施卫生和植物卫生措施协定》

（简称《SPS协定》），已经成为影响全球经济和科技发展的重要游戏规则。国家之间传统的关税壁垒逐步打破，技术标准在国际贸易中的地位则逐渐提升。

由于国家之间的关税壁垒已经被逐步打破，非贸易技术壁垒正成为当今各国保护本国市场普遍采取的形式。非贸易技术壁垒是指一国以国家安全、保障人类健康和安全、保护生态环境、防止欺诈行为、保证产品质量等为由采取的一些技术性措施。这些措施成为其他国家农产品自由进入该国市场的障碍。因此，农业标准的竞争已经成为国际农业经济和农业科技竞争的焦点。发达国家纷纷以技术标准，尤其是涉及国家安全、人身健康、环境保护的技术标准为依据，采用由技术法规、标准和合格评定程序组成的技术性贸易措施，强化其经济和技术在国际中的竞争地位，致使包括我国在内的发展中国家面临严峻的挑战。发达国家采用的技术性贸易措施，已经成为长期制约我国出口发展的最大障碍，使我国相当数量的传统优势产品退出了国外市场。我国的农业技术标准和技术法规还没有形成对我国农产品的有效保护措施，一些国内农产品已经面临国外农产品的冲击，直接威胁到我国的经济安全和农业产业的生存与发展。国外贸易技术壁垒和我国农业技术标准不能满足市场发展的需要，正在成为影响我国农产品提质增效、出口创汇的重要因素。这种客观形势，对技术标准提出了两方面的需求：一是如何充分利用WTO相关协议，在遵守国际规则的同时，打造中国标准，构筑符合正当目标的贸易技术性措施，合理保护国内市场，抵御国外产品和技术的冲击，掌握国际竞争的制高点和主动权。二是如何符合WTO/TBT的相应要求。在我国正式加入WTO的法律文件之一——《中华人民共和国加入议定书》的第13条第2款中，我国政府承诺："中国应自加入时起，使所有技术法规、标准和合格评定程序符合《TBT协定》。"这一承诺要求我们要在新的国际环境下全面审视我国的标准化体制对WTO规则和全球经济的适应性，使我国的技术法规、标准和合格评定程序符合WTO的规则。

2. 完善市场经济体制需要市场导向的中国标准

完善市场经济体制的过程也是市场配置资源的方式不断变化的过程。随着市场配置资源方式不断变化，标准作为配置资源的主要技术依据，在市场化的过程中，将发挥举足轻重的作用。

标准是一个国家经济和社会发展最主要的技术基础之一，对经济、社会发展起着巨大的作用。这种作用效果又受到经济体制、社会环境的制约。在不同的经济体制下，标准发挥作用的范围不同，作用的方式也不同。我国目前仍处于由计划经济向市场经济转型的过程中，市场化的主要内容就是把过去大量由计划方式配置的资源转由市场配置，发挥市场在资源配置中的基础性作用。各种研究表明，与改革开放前相比，我国市场化水平已大幅度提高。因此，适应市场发展的需要，标准也必须尽快做出调整，形成以市场为导向的技术标准体系。在逐步完善我国社会主义市场经济体制的进程中，经济的发展和产业竞争力的提高与我国技术标准落后、滞后的矛盾将会更加突出，综合表现为我国技术标准市场适应性不强，难以满足社会主义市场经济发展的需要。完善我国社会主义市场经济体制必然出现对技术标准的强烈需求，因此，建立一个以市场为导向、符合市场经济发展趋势的标准体制，已经成为我国经济发展的迫切需要。

二、我国农业产业发展面临的问题对农业技术标准提出新的要求

目前，我国农业产业的发展面临着四大关键问题：一是资源约束和生态环境恶化的问题。每年由于水土流失，冲刷掉的地表土约为50亿吨，损失氮、磷、钾有效成分达4000万吨。水资源短缺比耕地面积短缺更严重，中国农业每年缺水300亿立方米，由于缺水造成的粮食损失约为0.2亿吨。耕地减少、水资源短缺和生态环境不断恶化是我国农业发展始终面临着的三大挑战。二是保障食物安全问题。一方面是食物总量的问题，要满足人口持续增长条件下的食物消费需求，保障食物供求基本平衡；另一方面是农产品质量和食物安全问题，要满足我国城乡居民收入不断提高条件下对各种农产品和食物多样化的需求；再一方面是扩展新的食物来源，以及发展健康食品、保护环境型食品等。三是农业产业升级换代的问题。就是通过现代科技成果以及产业组织、管理方式向农业产业领域推广和应用，促进农产品加工、包装、运销、贸易、中介服务等产业的分化与延伸，并按照现代分工和协作原则，建立起一体化的农业产业体系，提升农业产业化水平和效率，进而推进农业产业升级。四是参与国际竞争问题。从国际农业发展的经验看，农业的国际竞争由原来的价格竞争，逐步表现为以高新技术为核心的综合国力的竞争，表现为将技术转化为标准的竞争。因此，新时期我国农业产业的可持续发展需要在保证资源合理利用和保护生态环境、保证农产品质量安全、增强大宗优势特色农产品的市场竞争力和农业高新技术发展等方面的技术标准给予强大的技术支撑。

三、新时期农业产业经济发展需要农业技术标准提供技术保障

随着我国农业告别农产品供给长期短缺状态，进入由单纯追求产量的数量型农业向数量与质量并重的效益型农业转变的新时期，其发展将逐步趋向于规模化、集约化、专业化和标准化的现代农业。现代农业具体特征表现为：一是"从田间到餐桌"各环节组成的一体化产业。现代农业的发展将不断延长农业生产链，拓展农产品序列的深度和广度，成为既具有明显专业化特征又存在密切关联关系的产业系统，该系统包括产前、产中和产后三个部分，实际上是"从田间到餐桌"整个产业链条组成的产业体系。二是以生产、生态、生息为目标的多功能性、可持续产业。只有通过制定和实施适应我国全面建设小康社会需要的农业技术标准，对农产品实施"从农田到餐桌"全过程质量安全控制，科学引导和规范管理农产品生产、保鲜、储运、加工和流通，严格农产品市场准入，大力发展农产品全程

质量控制技术体系，及绿色、有机等安全和优质的名牌农产食品，才是不断满足城乡居民食品消费多元化和高品位需求、改善人们生活质量的必由之路。

四、全面建设小康社会需要高水平的中国农业标准

全面建设小康社会就是要在优化结构和提高效益的基础上，基本实现工业化，建成完善的社会主义市场经济体制和更具活力、更加开放的经济体系，可持续发展能力不断增强，生态环境得到改善，资源利用效率显著提高，促进人与自然的和谐，推动整个社会走上生产发展、生活富裕、生态良好的文明发展道路。

生态环境恶化、污染严重、资源利用效率低、能源紧缺是我国在全面建设小康社会过程中需要面对和必须解决的问题。这一现状使得我国迫切需要根据技术发展现状和企业的实际情况制定符合可持续发展战略的技术标准，提高技术标准的总体水平。为此，需要建立适合我国国情的中国标准体系，在我国能够掌握核心技术的领域制定具有自主知识产权的技术标准，在我国没有掌握核心技术的领域应该按照企业的技术发展水平和"多数利益方同意的原则"制定技术标准。随着我国经济的发展和技术的进步，我国技术标准也将不断发展，最终成为我国科技创新体系的有效组成部分，成为国家技术制度和经济秩序的有效组成部分，也成为国家核心竞争力的关键要素。

随着我国经济持续、健康发展，科教兴国战略的实施必将促进大量科技成果的涌现，而科技成果要想迅速转化为产业的竞争力，迫切需要标准的支持。在全面建设小康社会的过程中，我国的科技水平、人们的生活质量都将极大地提高，人们也将更加关注安全、健康、环保以及资源合理利用等问题。这些都要求技术标准与之相适应，要进一步使科研工作与技术标准研制工作相协调，提高技术标准本身的科技含量，增加标准自身的竞争力，使之真正成为科研成果向现实生产力转化的桥梁。而农业种植业标准是其中的重要组成部分。

第二节 种植业标准化的前提条件

我国农业发展进入新阶段以来，尤其加入WTO后，作为现代化农业重要标志之一的农业标准化，得到了广泛的重视。从计划经济发展起来的种植业标准化，虽然目前还能基本满足国家对种植业结构调整的要求，但离党和国家对农业宏观经济调控和国际经济一体化的要求还较远。种植业标准化除应在规范生产管理、结构调整中具有基础性作用，还要在保护原产地、确立农产品质量信用、强化农产品质量认证、实施农产品市场准入、协调农产品贸易纠纷、保障人民消费安全和调控农产品国际贸易等更为广泛的领域发挥重要作用。

根据目前我国种植业产业的运作特点及其今后的发展趋势，种植业标准化要

具备以下的前提条件。

1. 统一种植评价规范

种植业产品生产的基础保证是种子种苗，种子种苗的质量基础是品种，品种可追溯到资源，形成了种植业产品的各生产环节。各环节产品的关注点不完全一致，使用者不完全一致，管理者不一致。如研究资源的人基本不参与品种的选育，得到的资助途径和管理部门与品种选育的人不一样，其对有利基因性状的描述，与育种所习惯的不一致，就很难有效地利用资源。因此为使种植各环节和谐协作，发挥各环节的效能，应当对术语、参数的定等定级以及检测方法等进行统一，同时上级产品的参数应涵盖下级产品。

2. 统一产品管理要求

目前与种植业产品管理相关的部门有农业、粮食、市场监管、海关等。种植业产品的管理者必须面对种植业产品的三个特点和一个新问题。三个特点：一是众多的农户零散而分散；二是产品的不稳定性，较短的保质期；三是质量控制的复杂性。一个新问题是：如何在市场经济的引导下，面对第三方公证机构对产品质量的认证，树立产品的市场信誉。因此，对种植业产品的管理应侧重于引导和自律，如果各部门使用的标准、方法以及目的不一致，将会导致农民对国家管理的误解，也会影响到消费者的消费信心，对种植业生产造成严重的打击。

3. 规范生产过程控制

生产过程的质量控制是种植业产品质量的重要保障手段。国家建立了病虫害测报、植物保护、有害生物综合防治、耕地地力评价和土肥服务体系，颁布了禁止使用农药和限制使用农药名录。但仍需要生产服务应用过程中加以规范，统一操作方式，统一评价体系，强化各系统之间的协调性，提高效率，降低运行成本，有效地保障产品和种植业生产环境的安全，维护种植业生产的可持续发展。

4. 规范生产技术应用

科学技术是第一生产力，科技进步对农业和农村经济发展的贡献率已经从20世纪50年代的20%提高到目前的45%，成为农业和农村经济发展的主要推动力。生产技术与科技成果的最大区别，是生产技术必须让使用者接受并在生产实际中应用，同时，同一种技术在生产中应用后应达到同一效果。首先种植业品种的介绍应有统一的格式，表达生产中必需的技术信息；其次专项技术应有明确的技术要点；综合性的生产技术应有适应当地的生产操作程序、各项技术的协调等规定，以保证每一个技术推广服务人员为农民提供有效的指导，农民能获得同样的生产效果。

5. 注意与国际标准对接

随着世界经济一体化，我国种植业产品出口持续增加，一些外商也在我国开办种植业产品生产、营销企业。在此形势下，种植业技术标准体系与国外同类技术标准的对接是非常必要的，但这种对接不是盲目的等同，应能起到以下三方面的作用：一是以增强我国种植业产品在国际市场的竞争力为目的，促进我国优势农产品的特点得到国际公认，被国际标准采纳；二是引进国际或主要进口国的标准，体现我国种植业产品生产和管理能力，维护我国农产品的国际市场信誉；三是以保护我国种植业生产为目的，通过生活习性、人身健康、环境安全、生物安全等方面的合理要求，规定主要进口种植业产品的质量标准。

第三节　种植业标准化发展的现实基础

中国经过了40年的改革开放，经济持续、健康、高速发展，科技能力不断提高，标准化主体日益成熟，标准化工作也取得长足发展，这些为制定和实施中国技术标准发展战略，实现技术标准的跨越发展奠定了坚实的基础。

一、国家经济实力不断增强

国家统计局数据显示，2018年我国GDP增速为6.6%，GDP总量居世界第二位。随着我国经济实力的不断增强，人民收入的不断提高，我国消费者对农产品安全问题越来越重视。经济基础和安全需要意识的提高，为我国农业种植业技术标准发展战略的实施，奠定了坚实的基础。

二、国家农业科技创新能力不断提高

改革开放40年来，我们国家培养了大量的农业科技人才，同时在不断增加的农业种植业资金投入的情况下，科研水平不断提高，农业种植业生产技术逐步推广实施，为加快农业种植业科技成果向现实生产力的转化提供了技术依据。在今后，我国仍需要进一步提高农业种植业的创新能力，以核心技术为龙头，以技术标准为手段，从占据农业产业链的单个环节到主导产业的总体过程，逐步形成完整的农业技术标准化的产业链条，从而实现我国农业种植业产业化的跨越式发展。

三、现代农业科技创新推广体系建设成熟

通过多年的努力，我国现代农业科技创新推广体系建设不断完善，农业科技创新能力总体上达到一定的水平，标准化将有力地推动农业全产业的不断升级。

现代农业种植业是一个依靠多元主体发挥作用的经济机制，各层次、各种类和各功能的社会经济组织都应参与进来。政府职能的转变，企业市场竞争力的提高，中介组织迅速发展壮大，为我国标准化主体的培育、产生提供了现实基础。但是，还应该认识到我国标准化主体的作用发挥也存在很多的困难，例如行业协

会的发展、企业竞争力进一步提高问题、相关的法律制约等。

四、我国标准化工作的发展历程

1. 原始农业标准化产生阶段

我国是世界上农业起源最早的国家之一。浙江余姚河姆渡、桐乡罗蒙角等原始农业文化遗址的发掘证明，距今 6000~7000 年前，我们的祖先已经在长江流域开田种稻了。距今 3000 多年前的殷代甲骨文中已有黍、稷、禾、粟、麦、菽、稻等作物名称，甲骨文中还有田畴、疆、圳、井、圃等有关农业生产、整治土地的文字记载。我们的祖先在长期从事农业生产的过程中积累了非常丰富的经验，选育了丰富多彩的作物品种，还制造了种类多样的生产工具，如翻土的犁、挖土的铲、播种的耧、中耕除草的锄、灌水的戽斗和龙骨车、收获谷物穗子的镰、将籽和糠秕分开的风车等，大大提高了劳动生产率。在这一时期，人类的祖先在不同地区、不同的自然环境中生活和劳动，使用的器具各具特色。但在长期实践过程中，通过相互交流、融合，不断探索，不断改进，人们从多种多样的器物中选出最适用的一种或几种来，使其形状、大小趋于一致，这种统一化的器物，相当于现代的"标准样品""标准量具""标准样块"之类的实物标准，然后人们互相模仿，普遍采用。栽培作物的区域、时间、技术、管理等也是世代相传，成为规范，即种植业的生产技术规程。这是人类最初的、最朴素的标准化——原始农业标准化产生阶段。

2. 初级农业标准发展阶段

在经过了世代相传、"师傅带徒弟"式的原始朴素的标准化发展阶段后，我国标准化先行者将在农业生产实践中逐渐掌握的农业技术、技巧、知识记录下来，以期对后人年复一年重复的农业生产起到指导作用。如汉代的《氾胜之书》，是我国最古老的农学著作之一，也是作物栽培专著。西汉时代的人们已掌握了对粟、麦、稻、大豆、小豆、大麻、瓜、桑等农作物从种到收的整个生产过程的农业技术，并提出了农业生产的总原则——"凡耕之本，在于趣时和土，务粪泽，早锄获"，即掌握农时、耕好土壤、施用肥料、灌溉保墒、适时中耕和及时收获等。这些技术要求至今在农业生产上仍然适用。农业生产中应用的二十四节气，是在夏代至商代已使用的阴阳历基础上，经西周时确定春、夏、秋、冬四季的划分，并出现春分、夏至、秋分和冬至四个节气，春秋战国时又增加了立春、立夏、立秋、立冬形成八节气，直至西汉时期确立二十四节气而逐步完善的，时至今日仍然沿用，是广大农民耳熟能详、普遍遵守的规则。后魏贾思勰的《齐民要术》，是我国和世界上现存的最古老、最完整的一部农书。该书内容丰富，书中序说"起自耕农，终于醢醯，资生之业，靡不毕书"（从农作物种植起，一直到制醋造酱，凡生活资料的生产，无所不记述）。该书总结了西汉末年至北魏时期 500 多年间黄河流域农业生产的经验，包括耕耙耱、抗旱保墒、绿肥轮作、用地养地、良种选择和繁殖、林木的育苗和嫁接等。明代徐广启的《农政全书》，是一部70多万字的农学巨著，其出发点是农政，但重点是农业生产技术知识，内容丰富，堪称我国近古农业生产的一部百科全书。尤其值得提及的是该书系统地总结了棉花、甘薯这两种从外国引进作物的栽培经验，例如"精拣核，早下种，深根短秆，稀科肥壅"14字诀的棉花栽培经验，在现代仍然适用。唐代陆羽撰写的《茶经》，是我国现存最早的茶书，内容十分广泛，包括茶的起源，茶叶的采制、烹饮等。北宋的《陈旉农书》，记述了南方稻-麦、稻-豆、稻-菜等一年两熟的复种经验。元代《农桑辑要》对于当时种植苎麻、木棉、甘蔗、胡萝卜具有指导作用，对农畜产品加工、储藏和酿造方法也做了论述。明代宋应星的《天工开物》一书论及粮食作物和经济作物的栽培，食品加工，盐、糖、酵母剂等的生产技术和经验，并记述了丝绸和棉纺织制品技术工艺，是研究明代农业生产标准化的重要文献。清代方观承绘制的《棉花图》，并经乾隆题诗刻成的《御题棉花图》是一套图文并茂的著名图谱，共16幅，包括从植棉直到制成衣料整个生产和加工过程。这些文献和农书大多记载了围绕如何种好农作物而总结的土壤耕作、抗旱保墒、施肥、培肥地力、种植等技术，并逐步完善、发展。这些文献和农书无不闪烁着标准化的思想，体现着标准化的精神，起着标准化的作用。这一时期为初级农业标准化发展阶段。

3. 农业标准化近现代发展阶段

原始农业标准化以及初级标准文献的产生及发展，对我国农业的发展起到了积极的促进作用，在历史上也曾经有过辉煌时刻。但是到了1840年后的近代，由于帝国主义列强的侵略，中国沦为半封建、半殖民地社会，加上连年战乱，民不聊生，农村经济濒于破产，农业生产水平下降，农业标准化也无从谈起。1949年以前，虽然也颁布过一些农业标准，但是由于统一性和协调性差，贯彻和实施非常困难，标准化效果自然低下。中华人民共和国成立后，农业标准化才逐步走向法制管理阶段。

4. 中华人民共和国成立后农业标准化的发展

中华人民共和国成立初期，为适应经济发展需要，有关部门制定了《种马饲养标准》《种马统一鉴定暂行办法》《绵羊人工授精工作实施程序》《植物病虫害检验暂行标准》；种植业开展了农作物种子标准化工作；配合国家统购统销政策，制定了农产品收购销售标准，如粮、棉、油、羊毛、烟草、木材等的标准。1962年国务院发布了《工农业产品和工程建设技术标准管理办法》。1963年国家科委进行了标准化十年规划，农业方面规划了农、林、牧、渔的主要种苗质量标准、主要农产品质量的分等分级标准、主要产品的储藏方法标准、有关土壤方面的标准、有关牲畜饲料和兽药的标准。1964年召开农业方面的标准化工作会议，提出了农业标准化工作要"抓住两头，打好基础"的方针——抓住两头就是抓住"种子"和"产品"，打好基础就是搞好基础标准和基础组织建设，指出制定农产品标准必须正确分等分级，贯彻优质优价政策，有力地推动了农业标准化的开展。此后制定了一批国家标准，在国民经济中发挥了重要作用。

5. 我国改革开放后标准化的发展

十一届三中全会以来，我国进入以经济建设为中心，实行改革开放的历史时期。农业和农村经济在改革中迅速发展，农业标准化有了蓬勃发展，围绕提高农产品质量、产量，制定并实施了一批标准，在采用国际和国外先进标准方面也有了一定进展。1985年国务院标准化行政主管部门，在江西省召开了全国农业标准化工作会议，提出要针对农村经济发展，加速农业标准制定、修订工作，提高标准水平。为适应农业行政管理生产面向市场的新形势，会议提出对一般农产品、生产技术、管理方法可制定推荐性标准规范，允许制定地方标准，积极开展综合标准化，有步骤地把标准配套起来。会议提出了标准化"七五"计划，决定开展农产品质量监督检查、仲裁检验工作，要求各地和有关部门抓好标准化组织机构的建设和队伍培训工作，发挥专业技术委员会的作用。各地和有关部门分别召开了地方或本部门的农业标准化工作会议，分别成立了全国的、部门的和地方的农业标准化技术委员会及有关的农业标准化机构。1989年，全国人大通过了《中华人民共和国标准化法》。

6. 20世纪90年代农业标准化发展阶段

进入20世纪90年代，我国农业步入高产优质并重，提高效益的新阶段。这一时期，农业标准化得到了全面发展。1990年国务院颁布了《中华人民共和国标准化法实施条例》，提出对农、林、牧、渔业的产品（含种子类）的品种、规格、质量、等级、检验、包装、储存、运输以及生产技术、管理技术的要求应制定标准。1991年国家技术监督局以第19号令发布了《农业标准化管理办法》，将农业标准分为强制性和推荐性标准；为贯彻农业国家标准、行业标准，根据地方发展农业生产的实际需要，开展农业综合标准化工作；规定县级以上各级标准化行政主管部门可以制定农业标准规范，推荐执行。1991年国家技术监督局在黑龙江省召开了全国农业标准化会议，这是一次总结"七五"工作成绩和工作经验，继往开来，开创"八五"工作新局面的动员大会。会议总结了各地开展农业标准化工作的情况和经验，提出了"八五"期间农业标准化工作要以科技兴农为中心，以推广科技成果为重点，提出了"加强协作，积极发展；因地制宜，突出重点；狠抓实施，注重效益；为科技兴农和发展农村经济服务"的工作方针。这一阶段，制定了大量农业方面的国家标准、行业（部颁）标准和地方标准，如农作物的杂交种及杂交技术标准、农业机械化作业标准、农用地膜技术标准等。林木种子苗木、营林造林标准以及水土保持、天然橡胶、农村能源沼气池型等标准化工作也都取得了进展。农业标准化工作在深度和广度上有了较大的发展，拓宽了农业标准化的领域。农业综合标准化工作也进一步开展。

1992年，《国务院关于发展高产优质高效农业的决定》提出：进一步把农产品推向市场；以市场为导向继续调整和不断优化农业生产结构；以流通为重点建立贸工农一体化的经济体制；依靠科技进步发展高产优质高效农业，加快农业高新技术开发及产业化；建立健全农业标准体系和监测体系，要以农产品的等级制度为重点，建立主要农产品产前、产中和产后全过程的标准体系，并尽早在全国优质农产品基地、食品加工企业、出口产品生产企业和批发市场内实施，通过试点，积极向全面实行农业标准化过渡；积极扩大农业对外开放，鼓励开拓和扩大国际市场，出口的农产品及其加工品要符合国际标准，以增强市场竞争力；要求各地要根据实际需要建立以开发高新技术为主的高产优质高效农业试验示范区等。

1996年经国务院同意，国家技术监督局和农业部联合发出《关于加强农业标准和农业监测工作，促进高产优质高效农业发展的意见》。同年10月，该两部局联合在北京召开了第三次全国农业标准化工作会议。国务院领导同志在接见全体会议代表时指出，农业现代化的主要特征就是商品化、批量化、规范化、集约化，最终是提高产出率，提高经济效益。要达到这一点，必须实行标准化的管理和监测，并贯穿于整个农业生产的全过程。随着社会主义市场体系的不断完善和现代化步伐的加快，农业要上新的台阶，农副产品要提高质量，形成批量，在市场上具有竞争力，获得较高的效益。在这方面，农业标准化和农业监测必将发挥越来越重要的作用。会议提出：农业标准化工作以"两个根本性转变"为指针，以加快"两高一优"农业发展为目标，以建立健全农业标准化体系和农业监测体系为基础，狠抓农业标准和农业监测工作的实施；要因地制宜，突出重点，典型示范，注重实效。会议制定了《全国农业标准化"九五"计划》，明确了两个体系建设的主要目标、重点和主要项目、措施，要求：到2000年健全和完善主要农副产品产前、产中、产后全过程的标准体系，以及支撑与服务农业的标准体系；加快农业增产增效技术标准的推广，增大实施规模；加速完善农业监测体系建设，逐年加大对主要农业生产资料质量的跟踪监督，确保有效监控；加强对病、虫、水、火等灾害的监测，确保农业健康发展；加强对主要农副产品流通程序和质量的监督，确保产品质量和有序流通。会后，各地方、各有关部门对农业标准化工作进行了认真研究和部署，使农业标准化和农业监测工作逐步向广度和深度发展。农业标准化围绕农产品市场、农业生产、农业高科技、农业新技术、农业环境及安全卫生等方面开展了工作，制定和实施了一批急需的标准，开展了一系列标准化活动。同时一批批以地方主导、以产品为中心的农业标准化示范区的工作也得到广泛开展，取得了显著成绩。由农用生产资料、农副产品及初加工品、农业生态环境检测和监测机构组成的农业监测体系初步建立，并开展了监督检验工作。

7. 21世纪农业标准化的发展阶段

进入21世纪以来，随着经济全球化、市场一体化步伐的加快，全球商品与服务贸易的国际大流通成为人们现代生活不可回避和必须面对的现实，也是国际经济发展的基本走势和方向。2001年中国正式加入WTO，承诺5年后农产品国际贸易全部执行国际标准，意味着除遵循WTO《农业协定》的规定外，还必须遵守

WTO 的《TBT 协定》和《SPS 协定》，并积极采用国际标准化组织（ISO）、国际食品法典委员会（CAC）、国际兽医局（OIE）联合国粮食及农业组织（联合国粮农组织，FAO）等组织制定的国际标准。当时我国农业技术标准的国际采标率较低。随着关税壁垒的日益打破，非关税壁垒成为各贸易国保护本国产业和消费者权益的主要形式，同时，我国农产品市场也由卖方市场转向买方市场，农业标准化工作中农产品质量安全和分级标准就变得非常重要，因此加强农业标准的研究是扩大农产品出口的重点工作。这一时期，农业标准体系进一步完善，监测体系逐步健全，监督检验依法进行，农业标准化工作取得了较大发展，对农业的全面进步起到了一定的促进作用。

我国农业进入了新的发展阶段，围绕农业结构调整、农民增收和发展农产品国际贸易，农产品生产者、经营者、消费者和管理者对农业技术标准的需求越来越迫切，农业技术标准受到社会各界的广泛关注和重视。继党的十五届五中全会和《中华人民共和国国民经济和社会发展第十个五年计划纲要》把农业标准体系建设纳入整个国民经济和社会发展规划之中后，农业标准又相继被写入党中央、国务院关于做好农业和农村工作的一系列文件。1999 年以后，农业部、财政部每年安排专项资金用于农业标准制定、修订工作，并着手编制农业标准体系建设规划；国家标准化管理委员会也加大了农业国家标准制定、修订工作的力度，并会同农业、商务等部门制定了《全国农业标准 2003 年～2005 年发展计划》；科技部会同质检总局、农业部、卫生部开展了"从农田到餐桌"的全程技术标准体系的研究工作。各地以发展无公害农产品为核心，将农业技术标准发展纳入相应农业和农村经济发展规划之中，开展了相应的标准研究、制定、示范等工作。农业产业化龙头企业纷纷采取措施，通过引进、制定和实施标准，来推动企业技术进步和产品出口创汇。

经过几十年的努力，我国农业种植业标准从无到有，从制种、生产技术规程、质保、农产品质量，发展到农业生产各个环节领域。我国标准对经济和社会发展的技术支撑作用越来越明显，为指导生产、提高产品质量、促进国民经济持续快速发展做出了越来越大的贡献。研究结果表明：2015 年我国农业科技进步贡献率达 56％，农作物耕、种、收综合机械化水平超过 61％，粮食亩产提高到 359kg，品种对提高单产的贡献率达到 43％。这证明了我国现行技术标准发挥着不可忽视的作用。目前我国农业科技力量总体布局依然不平衡，难以适应农业"转方式、调结构"的新要求，具体表现在以下四方面：从农业各产业来看，虽然畜牧业、渔业的总产值已占到农业总产值的 40％，但对其科技投入远远与产业贡献不相适应；从农业生产环节来看，对农业新品种培育、病虫害防控等方面投入的科技力量较多，但对高效种养、资源环境、农产品加工、质量安全控制等方面科技力量投入较少；从农业学科领域来看，对农业生命科学、生物技术重视较多，但对农业信息化、农业机械化技术重视不够，科技投入少，科技实力弱；从农业科研类型来看，对农业关键技术开发投入较多，对农业基础性工作和基础研究方面投入较少。总体来看，我国的标准和标准化工作与发达国家相比还比较落后，不仅原有的标准和标准体系存在水平低、管理落后的问题，而且原有的管理体制和运行机制也存在着相当大的不适当，这些使我国标准化工作面临着严峻的挑战。

第四节 种植业标准化存在的问题

目前，我国农业和农村经济发生了新变化，农业生产走向市场化，农业经济走向国际一体化，提升农产品市场竞争力成为农业发展的关键。国家采取一系列的措施，不断深化农村改革，推进农业结构调整。标准，以其规范生产行为维持产品质量的稳定性、规范市场行为保护交易双方共同利益、规范管理行为合法维持市场秩序、规范进出口贸易合理建立和规避贸易技术措施等特点，在政府出台的相关农业政策中起到基础支撑作用。

农业标准化经历了一个从无到有、从低级到高级的发展过程，它是社会生产力发展的一个重要组成部分，与社会其他领域发展水平息息相关。农业技术标准体系是由农业领域产前、产中、产后过程中的若干技术标准及其子体系按内在联系构成的相互关联、相互依存的有机系统，是对农业体制与政策、农业与农村经济结构、农业科技水平、农业资源条件、农产品供求、农业经济效益，以及农业生产的社会化、专业化和现代化程度等方面的综合反映，具有典型的目的性、协调性、层次性、配套性、连续性和开放性等工程化的基本特征。农业技术标准体系是国家技术标准体系的重要组成部分，也是建立社会主义市场经济体制和相关法律法规体系的重要内容。从本质上说，农业技术标准体系既是农业技术推广运行的技术基础、农业行政执法的技术依据，也是调整优化农业产业结构与布局的技术指南、建设现代农业的技术保障，还是保证农产品消费安全和促进农产品国际贸易的技术手段。目前，标准化已经发展成为农业科学中的一个重要学科分支，其发展态势可大致反映出一国种植业系统的发展现状；同时，种植业标准化又是一项管理技术，依照体系管理对种植业产品实施全面的质量控制与监督。本章主要通过系统剖析我国种植业标准化存在的主要问题，找出差距，为完善我国种植业标准化提供理论依据。

1. 市场流通产品有标率低

依据 NY/T 2137—2012《农产品市场信息分类与计算机编码》、NY/T 1940—2010《热带水果分类和编码》、NY/T 1961—2010《粮食作物名词术语》、NY/T 199—2011《油料作物与产品名词术语》标准中列出的农产品种类、名称，共采集 659 个产品，使用产品名称查询农业行业标准中对应的标准，每一个具体产品在上述几个方面中只要有一个标准存在，就计该产品为"有标准"。按此方法统计，在

659个产品中，只有173个产品"有标准"（至少存在1个标准），占26.25%，而486个产品无任何一项标准。在173个有标准的产品的标准中，有质量追溯标准4项；物流类标准（包装、标识、储运）24项；加工标准45项；种子、种苗标准25项；术语标准7项；分类标准2项；产地环境标准11项；等级规格标准43项；产品标准123项；其他主要为植保、生产技术规程和检测方法标准。

2. 体系结构失衡，配套程度低

农业技术标准体系理应是整体设计的产物，然而现行的农业技术标准体系还没有形成一个有机整体。农业技术标准的制定、修订多采用的是"头痛医头、脚痛医脚"的办法，未从农业产业出发来考虑农业技术标准体系的构建。标准配套程度低。不同类型的标准缺失现象不同程度存在，标准缺口较大。许多产品仅仅只有一个产品标准，而且在产品标准中缺乏草本花卉标准、中草药标准、特有成分检测方法标准等。如促生长剂，因缺乏精确有效的检测方法标准，导致难以评价和监管。目前市场销售的蓝莓，也处于无标准可依据状态。许多领域的标准缺失，制约了我国农产品质量安全水平的提高，制约了农产品国际贸易发展，制约了我国农业增效和农民增收。

3. 现行标准交叉、重复、矛盾

我国现行标准分为四级，即国家标准、行业标准、地方标准和企业标准。除企业标准外，国家标准、行业标准和地方标准都是政府标准，从法理上应当具有同等的约束力和互不重叠性。但现实中，由于国家标准、行业标准和地方标准的审批发布机关不同，加之缺乏信息沟通与统一规范，导致的结果是各自为战、互不对接。有许多农产品标准及其生产技术规范，存在三大标准的内容相近，甚至出现一些关键参数上差异较大、相互矛盾的现象。标准交叉、重复、矛盾，不利于统一市场体系的建立。标准是生产经营活动的依据，是重要的市场规则，必须增强统一性和权威性。有些标准技术指标不一致甚至冲突，既造成企业执行标准困难，也造成政府部门制定标准的资源浪费和执法尺度不一。特别是涉及健康安全环保的强制性标准，制定主体多，28个部门和31个省（区、市）制定发布强制性行业标准和地方标准数量庞大，强制性国家、行业、地方三级标准万余项，缺乏强有力的组织协调，交叉、重复、矛盾难以避免。

4. 专用农产品标准缺乏，产品标准针对性不强

例如，NY/T 2137—2012标准中，稻类中早籼稻谷、籼糯稻谷、粳糯稻谷等21种产品无任何标准，无标率达到80.77%。粳稻谷、黑米、籼米、粳米、稻等5种产品有一项标准，有标准的只占19.23%。而在小麦类中硬质白小麦、弱筋小麦、高筋小麦粉等19种产品无标准，无标率达到82.61%。小麦、冬小麦、春小麦、小麦粉等4种产品有标准，有标准的只占17.39%。

5. 部分标准老化滞后

我国标准体系中存在一定数量的老化滞后标准，虽然《中华人民共和国标准

化法实施条例》第二十条规定，标准复审周期一般不超过5年。但实际中，我国农业种植业标准更新周期长的现象较为普遍。部分标准更新速度缓慢，"标龄"高出德、美、英、日等发达国家一倍以上。近年来，我国标准修订更新的效率显著提高，但通过标准体系与产品的对应分析可以发现，我国部分农业种植业标准远超5年，未更新修订的标准还存在较多。如NY 526—2002《水稻苗床调理剂》、NY/T 390—2000《水稻育秧塑料钵体软盘》、NY/T 240—1994《西北地区夏玉米生产技术规程》、NY/T 205—1992《华北地区冬小麦公顷产亩产栽培技术规程》、NY/T 117—1989《饲料用小麦》、NY/T 115—1989《饲料用高粱》等，"标龄"超过10年、20年，甚至接近30年的标准还大量存在。标准得不到及时更新，使得标准的技术内容既不能及时反映市场需求的变化，也难以体现科技发展和技术进步，部分技术要求缺乏先导性。由统计分析可以得知，目前我国农业种植业标准体系中的标准，较我国实际生产、流通的产品数量差别较大。目前市场上的多数产品，在生产和流通领域"无标可依"。同时，已有的"中国标准"在国际上认可度不高。

6. 标准化协调推进机制不完善

标准化协调推进机制不完善，制约了标准化管理效能提升。标准反映各方共同利益，各类标准之间需要衔接配套。很多标准技术面广、产业链长，特别是一些标准涉及部门多、相关方立场不一致，协调难度大，由于缺乏权威、高效的标准化协调推进机制，越重要的标准越"难产"。有的标准实施效果不明显，相关配套政策措施不到位，尚未形成多部门协同推动标准实施的工作格局。

7. 实施效果差

经过多年的努力，特别是近几年的快速发展，我国农业标准已具有相当的数量规模和覆盖面，但有些技术标准在某种程度上只是起到了技术储备和科技成果格式化的功能，缺乏实施手段和途径，与农业的生产性项目建设、农业技术推广和农业行政执法脱节。由于体制和制标程序上的原因，我们很多的农业标准都是按照行业归口和生产环节而制定的。一个产品的生产过程，要完全按照标准全程标准化管理，至少需要有5~8个标准方可实施。一些产品的标准过多，标准间的衔接配套性差，标准重复、交叉严重，同时很多标准过于学术化和技术化，内容过繁，导致实施者不知所云，不知所措。目前，我国农业标准实施推广试点示范多，但覆盖面有限。

造成这些问题的根本原因是现行标准体系和标准化管理体制是20世纪80年代确立的，当时尚在改革初期，市场主体活力未能充分发挥。不适当的标准体系和管理体制既阻碍了标准化工作的有效开展，又影响了标准化作用的发挥。必须切实转变政府标准化管理职能，深化标准化工作改革。

8. 基础研究薄弱

标准是具有共同利益的各有关方面合作起草并协商一致或基本同意而制定的

适于公用并经标准化机构批准的技术规范和其他文件。虽然标准是在已有成果的基础上制定的，但要达到一致或基本同意，也必须有科学的证据，不是简单地把成果变为文本。我国对标准制定的投入很低：一个国家标准只有几千元，仅够咨询费；一个行业标准几万元，可以开审定会。鉴于经费困难，有些制标单位采用拉赞助方式解决，缺乏公正性；有些制标单位直接将国外标准、论文转为标准格式，不适应我国国情，很难应用到生产实际中。同时，国际上通行的团体标准在我国没有法律地位，市场自主制定、快速反映需求的标准不能有效供给。标准的基础研究薄弱，也使我国在农产品国际标准制定中难于发言，仅有极少的农产品标准能成为国际公认的标准。

在产品质量方面，种植业产品不同于工业产品，其生产受到环境条件的影响，产品质量有一定的波动，用严格的界限很难给予定义，如 GB/T 17891—2017《优质稻谷》，不是采用品种，而是采用参数来定优质稻谷等级，至今为止无法在实际中应用。此外，缺乏对农作物品种品质的基础数据的积累，制定出的标准与实际有一定的距离。如专用小麦标准的制定简单地把小麦质地分为硬质和软质，把小麦品质类型分为高筋、中筋和低筋小麦三个类型；而实际上我国占总产量80%以上的小麦属于半硬质小麦，适应我国水饺、包子、馒头的消费习性，标准中却无此分类。

在生产技术规程方面，由于缺乏对农作物生长生理的研究，缺少农作物生长环境基础数据资料，生产技术规程标准仅简单地将科技成果转化为标准文本，没有在不同环境下的操作方法，不能适应我国地域面积很大、气候条件复杂的国情，基层的农技员很难应用，更谈不上农民使用。据不完全统计，我国仅有约8%的县域能正确使用生产技术规程标准。

在国际交流方面，发达国家为提高农产品品质，提高本国农产品在国际市场上的竞争力，对制定的农产品技术标准有详细的基础支撑资料。尤其是以英国、法国、德国为主的西欧国家和美国，一直将很多精力和时间放在国际和区域标准化活动上，企图长期控制国际标准的技术大权，并且不遗余力地把本国标准变成国际标准。而我国的标准基础薄弱，虽然参加 CAC、OIE、FAO 等国际组织的国际标准会议，但提不出实质性内容，大多停留在熟悉、了解情况阶段，对主动参与或采用 CAC 标准缺乏研究和规划。

第五节　种植业标准化发展的制约因素

一、技术研发方面的制约因素

技术研发方面，研究力量薄弱，技术储备不足。农业科学技术的发展是农业生产发展的重要技术支撑，而标准则是科技成果转化为生产力的载体和平台。农业科学技术的快速发展，需要通过标准化的手段推广应用，以加速农业科技创新和农业产业发展进程。目前由于体制、机制、投入等多方面的原因，国内从事农业标准化研究的科研机构少，从事农业标准化的科技人员缺乏，导致农业技术标准方面的科技创新能力弱，技术储备严重不足。特别是与发达国家相比，我国对绿色农业或无公害农业技术的研究开发起步晚，技术创新成果匮乏，如对高效低残毒低成本的农业投入品、农作物优新抗病品种、农产品有毒有害物质快速检测技术以及农产品质量安全关键控制技术等研发明显滞后，已成为制约我国农业技术标准水平提高的"瓶颈"。

多年来在国家科技资金投入上一直存在着"重研究，轻推广"的现象，在科研投入本来就不足的情况下，科技推广和转化费用就更加缺乏，大批科研成果由于缺少足够的资金而难以转化为技术标准，使得科技研究与农业技术标准的结合严重脱节。

此外，我国农业标准的技术研究也缺乏先进的检验设备和检验技术作支撑，农业技术标准的科学性、先进性和适用性难以提高，标准的技术内容与农业生产和农产品市场贸易发展的实际需要相差甚远，采用国际标准和国外发达国家标准的比率低，一些按照国内标准组织生产的农产品难以进入国际市场参与竞争。

二、标准制定方面的制约因素

标准制定方面，政府部门职责不清，透明度差。我国标准从计划的提出、制定到审批发布，涉及政府多个部门，说是"齐抓共管"，实际上是部门职责不清，管理分散，相互掣肘、重叠、交叉现象突出，工作效率低，导致标准制定周期长、衔接费时费力，运作管理成本高。如标准的计划的确定，往往需要几个部门多次协调沟通，经常出现标准主管部门、行业主管部门、制定技术单位、实施主体对标准制定计划不能达成共识和形不成统一规划的现象。在美国、欧盟和日本等发达国家（组织）：一是农业标准管理多以农业行业部门为主，标准制定充分体现行业发展与管理的需要；二是十分重视发挥行业协会等民间组织、农产品生产加工企业、营销企业和农场主在制定与实施推广农业标准中的主体作用。美国在制定标准时，多由政府机构或政府授权的机构牵头，成立由政府官员、利益主体（农场主、加工商、行业协会）及技术专家组成的工作组或委员会，负责标准的拟定。标准草案完成之后，政府部门利用公文或网站向社会广泛征求意见，有关利益团体也会利用或举办技术咨询活动来征求意见。日本在标准制定过程中的透明度也相当高，充分体现"协商精神"，这样的标准制定以后，实施主体才真正愿意采用、实施。而我国的各类标准的计划及其制定、修订多为政府行为，而作为标准的实施主体，如企业、专业合作组织、行业协会参与制定的很少，标准制定过程中，也很少向社会公开征求意见，制定出来的标准往往滞后，缺乏针对性和适应性，而且与市场需求和实施主体的实际需要不相符。出现了虽然政府"有标可依"，而生产实践中却"无标可循"的扭曲现象。

三、实施推广方面的制约因素

实施推广方面，措施手段少，缺乏有效载体。农业技术标准实施推广薄弱，缺乏贯标"源动力"和实施载体，主要表现在几个方面：一是对农业标准化的宣传贯彻不到位，许多农业生产经营企业和农民缺乏按照标准化要求组织生产经营的理念，对实施推广标准缺乏认同感、紧迫感、责任感；二是缺乏统筹协调与规划，农业标准的实施推广工作未能与农业科技推广、基地建设、市场准入和行政执法有机结合起来；三是对农业标准实施推广缺乏应有的配套政策，按照标准化要求生产的产品不能实现优质优价，国家对农业标准化生产示范的财政支持力度不够；四是县及县以下的标准化基层推广人员严重不足，对标准的实施推广缺乏有效的监督机制；五是我国农民的组织化程度低，面对吸纳新技术的动力与能力天然不足的小规模农户，按照标准化要求组织农业生产，缺乏有效的实施载体，实施难度大，运行成本高。

四、经费方面的制约因素

经费不足、资金来源渠道单一是制约我国农业技术标准发展的一个重要因素，是我国农业标准技术水平偏低的根本原因。资金与实际需要仍有相当差距，直接影响到了标准的制定质量，或因资金缺乏导致标准制定、修订任务不能按时完成。还有，面对一家一户小规模经营的农户，农业标准的宣传贯彻显得十分重要但又是一项繁杂的任务，需要大量地投入资金加以保证，方可来推广实施标准，而目前这方面资金严重缺乏。同时，标准化工作人才的培养需要进一步加强，这也需要资金支持。

第二章 国外农业标准化的发展及启示

国际上对农产品及其加工产品质量标准体系的建设非常重视，有众多官方和非官方的组织从事这方面的工作，并且制定了配套性、系统性、先进性、实用性较强的标准体系。联合国粮农组织（FAO）和世界卫生组织（WHO）联合成立的食品法典委员会（CAC），专门协调和制定有关农产品及其加工产品的质量安全标准。特别是世界贸易组织（WTO）在其卫生等相关协定中将CAC的标准作为国际贸易的参考依据后，世界各国参与CAC活动的意识不断增强。其他还有诸如国际乳品业联合会（IDF）、美国油脂化学会（AOAC）、美国小麦协会（AACC）、国际标准化组织（ISO）的农产食品技术委员会（ISO/TC34）、国际谷类科学技术协会（ICC）、加拿大谷物协会、澳大利亚小麦协会等，每年都通过公告向世界发布标准信息，对世界农产品及其加工品的标准化起着重要作用。

第一节 国外农业标准化的特点

1. 完善配套

国外的技术标准既有政府部门制定的，也有民间团体制定的，一般把标准定位于一个纯技术性文件；标准本身是推荐性的，但标准一旦被政府法律、法规所采用，则被转变为强制性，必须严格遵守。许多发达国家（组织）为了提高农产品品质，巩固和加强本国农产品在国际市场的竞争地位，按照安全标准、品质标准两个系列，制定了一系列详细的农产品质量安全标准，标准之间具有较强的配套性和系统性，构成了完善的技术标准体系。目前，美国在农、林、牧、渔产品和农产品加工、营销各个环节都制定了大量的产品标准和服务标准。美国《联邦法规法典》的农业篇中，包含农产品标准（含等级标准）352个，其中仅新鲜水果、蔬菜等产品的等级标准就有160个；经加工的水果、蔬菜和其他产品（冷藏、罐装等）的等级标准143个。在农药残留限量方面，截至20世纪末，美国就已制定标准 8100 多项。欧盟，仅针对农药残留限量的标准就包括 600 多种农药在动物饲料、畜禽产品、蔬菜、水果、谷物等领域的限量值 17000 项左右。日本国家标准（即 JAS 标准），以农产品、林产品、畜产品、水产品及其加工制品为主要对象，形成了严密的标准体系，仅农产品品质分级标准就达 351 项，农药残留、兽药残留限量国家标准近 3000 项。

2. 针对性强

世界各国以提高本国农产品质量和市场竞争力为核心，以服务农业产业和国际贸易为宗旨，大力推进农业技术标准体系建设。欧、美、日、韩等发达地区和国家，针对保护本国农业和农民利益、控制外国农产品进入的目的，充分利用 WTO 的 TBT 协定和 SPS 协定的有关条款，制定了一系列繁多而近乎苛刻的标准，形成技术壁垒，为外国农产品进入本国市场设置障碍，具有极强的贸易针对性。如欧盟对茶叶仅农药残留限量就规定了 136 种农药，对非欧盟生产的许多农药要求残留限量在 0.01mg/kg 以下。发展中国家受技术、经济条件限制，很难将残留控制在规定范围内，同时导致产品出口时检验费用相当昂贵。又如日本为了限制中国蔬菜进口，对主要来源于我国的菠菜，规定毒死蜱的残留限量不超过 0.01mg/kg，而对本国生产量很大的萝卜规定的限量却高达 3mg/kg，相差 300 倍之多。

3. 公开透明

国际标准或发达国家标准的制定或修订过程的透明度高，十分注意吸收公众广泛参与。在 CAC、OIE、FAO 等国际组织制定标准时，除了组织本领域的专家参与标准起草与讨论外，还充分听取相关领域专家及有关国际组织的意见，标准内容须经技术委员会会议充分辩论，并送交各成员国进行 1～2 次单方评议，充分协商一致后方提交大会或专家委员会审议通过，作为国际标准发布。政府部门利用公文或网站向社会征求意见。任何人均可从国际组织的网站获得标准草案及相关信息，了解国际标准的制定情况。

4. 国际化程度高

发达国家在标准制定过程中，注重国际接轨和标准的国际化。如欧盟制定有关技术标准时，一方面立足本地区的实际情况，保护其地区和成员国的根本利益；另一方面也尽可能遵循 WTO/SPS 协定，借鉴 CAC、OIE、FAO、WHO 等国际组织的规定和标准。欧盟现有技术标准中有 40% 的标准来自国际标准。英国 20 世纪 80 年代颁布的 634 个农产品相关质量标准中，404 个采用了国际标准，11 个采用了欧盟标准。欧美等发达国家为了使本国农产品、食品获得有利的国际竞争地位和抢占国际市场贸易份额，在国际农产食品标准化活动上投入了大量人力财力和物力，以期在农产食品国际标准制定中占据主导地位或竭力使本国标准转化为国际标准。像国际动物福利的免受饥饿、免受痛苦、免受伤害和疾病等基本标准均来自英国动物福利协会。

5. 时效性强

不论是国际组织还是发达国家，技术标准体系的运作都十分重视反映和跟踪市场需求变化。如随着农业转基因生物安全管理热点问题的出现，CAC 在 1999 年便酝酿成立生物技术食品工作组。该工作组 2000 年正式开始运作，至 2003 年 6 月就已制定出《现代生物技术食品风险分析原则》《重组 DNA 植物性食品安全评估导则》等 3 项标准；对市场急需的标准，还确定了由 8 步简化为 5 步的加速制定程序。对市场急需的标准，只要标准或技术较为成熟，ISO 允许其采用"快车道"程序制定和发布标准；对某一领域因缺乏技术委员会或专家组而造成该领域无标准可遵循时，ISO 还允许采用不依赖于技术委员会的机制制定标准，即国际暂行协定（IWA）。通过这种开放的协商形式，市场上的各个利益团体都可对该领域中的某一标准草案的具体内容进行磋商，并可快速形成标准。欧盟技术标准的修订非常及时，有关农药、兽药残留限量几乎每年都在进行修订。德国每年大约制定、修订标准 2000 项，但 80% 以上都是修订标准。

6. 与产业发展紧密结合

鉴于农业技术标准体系在国家政治、经济、社会生活中的特殊地位和作用，为了推动本国农业产业的发展，提高农产品的质量安全水平和市场竞争力，各国政府都十分注重农业技术标准体系建设与农业产业管理相结合。比如在美国，各种农产品的分等分级标准及其试验分析方法、畜禽产品安全及其检验标准、动植物检疫标准、有机食品等国家标准都是由联邦农业部负责组织制定；农药和兽药残留最高限量由相应的农药和兽药登记机构负责组织制定，由联邦农业部负责实施。在日本，鲜活农产品、加工食品、有机食品等的规格标准，动植物检疫及病虫害防治标准，农业投入品标准，包装储运标准等国家标准均由日本农林水产省负责组织制定；同时，在农药和兽药最高残留限量标准制定过程中，日本厚生劳动省与农林水产省两个部门之间相互协调，既有分工又有合作。农业技术标准体系建设与产业管理的紧密结合，既保证了技术标准的科学性和实用性，又极大地推动了产业的健康发展。

第二节 国外农业标准化发展经验

20 世纪 90 年代以来，WTO、ISO 等国际组织和美国、加拿大、欧盟、日本等发达国家（组织）纷纷研究制定并实施技术标准发展战略，研究各自的标准化发展计划和相关政策。欧洲标准化委员会（CEN）和欧洲电工标准化委员会（CENELEC）1998 年 10 月发布了 CEN2010 标准化战略；加拿大于 2000 年 3 月发布加拿大标准化战略；美国于 1998 年 9 月成立工作小组，投入巨资，组织专家开展研究，于 2000 年 9 月 7 日完成了美国标准化发展战略的制定任务；日本政府从 1999 年 6 月至 2001 年 9 月 6 日，组织了几十名专家和各行业的代表，投资 1.3 亿日元，历时两年三个月研究制定了日本标准化发展战略。这些发达国家在投巨资研究制定本国标准化发展战略的过程中，都把关系国内广大消费者切身利益和本国产业发展需要的农业标准化战略放在重要位置。其中重点强调的内容主要为：一是制定了一系列目标明确和市场适应性强的农产品技术标准；二是几乎一致地将国际标准化战略放在了突出位置；三是为制定本国标准、开展国际标准化活动造就强有力的人才队伍，并为民间标准化活动提供必要的技术支持；四是将科学研究与标准制定工作有机统一、协调配套。

1. 强调标准市场适应性

不论是 ISO、CAC、OIE、FAO 等国际组织，还是欧盟、美国、加拿大、日本等发达国家（组织），农业标准化战略都是以提高农产品质量和市场竞争力为核心，注重技术标准的市场适应性，及时反映和跟踪市场需求变化。如 ISO 通过扩大企业、协会和消费者等利害关系者参与标准化活动，使 ISO 标准反映市场需求，提高其市场适应性。日本标准化战略包括 3 个战略目标、4 个重点领域、12 项策略、46 项措施，将确保标准的市场适应性及效率、国际标准化活动战略以及标准化政策和研究开发政策的协调统一作为战略目标。在欧盟发布的 CEN2010 标准化战略中，要点之一是加强欧洲产品在世界市场的竞争力。

2. 重视技术标准国际化

发达国家研究制定本国的标准化发展战略，几乎一致地将国际标准化战略放到了突出位置，十分注意与国际标准接轨，重视参与国际标准化活动（美国参与率 80%，法国 70%，英国 50%），并在国际标准化活动中千方百计地争取组织权、发言权和主办权，竭力将本国标准转化为国际标准，以统领国际贸易技术准则和管理制高点。日本于 2001 年 9 月发布的"日本标准化战略"的核心是加强国际标准化活动，包括鼓励和扶持产业界加大参与国际标准化活动的力度，建立适应国际标准化要求的技术标准体系。美国"国家标准化战略"的重要目标之一是使国际标准尽可能多地反映美国的技术，并争取承担更多的国际标准组织秘书处工作。加拿大 2000 年 3 月发布的"加拿大标准化战略"，强调要加强国际标准化活动，加大将区域标准（北美标准）转化为国际标准的力度。

3. 注重标准化人才培养

发达国家为了有效地开展国际标准化活动，注重培养熟悉 ISO/IEC 国际标准审议规则并具有专业知识的人才。美国的国际标准化战略的核心是人才战略。其主要对策：一是支持、促进科研人员参加标准技术研究工作，特别是国际标准化活动；二是通过院校的技术管理（MOT）硕士学位教育，培养造就国际标准化人才。日本为了更好地参加国际标准化活动，大量培养以民间企业为主的国际标准化人才，对国际标准化人才的素质要求很高，要求英语水平高，有丰富的专业知识，是该领域的技术或标准化的专家，掌握国际技术和经济发展的动向，知道自己所属企业、产业在国内及世界上的竞争能力与位置，以及与该技术有关的国外企业和产业的动向，懂得该领域企业和产业的发展战略和有关国家政府的政策策略等，有很好的语言表达能力，能充分向有关各国和各企业的专家说明采用日本标准提案将会给世界上带来的好处等。

4. 突出科技与标准统一

发达国家在制定和实施标准化发展战略的过程中，将科学研究与标准化工作统一协调。美国规定：美国标准技术研究院（NIST）参加美国标准协会（ANSI）的理事会，对 ANSI 举办的国际标准化活动提供财政支持。计量测试领域的专家参加国内、国际标准化活动，以及科研人员参加标准化活动和参与标准制定的情况，均作为业绩考核的一个指标（按照参加标准化活动多少打分）。NIST 的 300 名计量测试专家参加过 1200 多个标准的制定工作。日本在制定的"国家产业技术战略（总体战略）"中提出，要最大限度地普及和应用技术研究成果，把标准化作为通向新技术与市场的工具，深刻认识以标准化为目的研究开发的重要性。日本还规定要将科研人员参加标准化活动的水平作为个人业绩进行考核。目前，日本产业技术研究所、产品评价技术基础机构等的科研专家分别参加了日本工业标准调查会标准分会的各个专业委员会的标准化活动。

第三节　国外农业标准化发展趋势

1. 技术标准的立项更加慎重

立项是技术标准管理中一个十分重要的环节，也是保证标准质量的一个重要的准入关口。立项时对标准提案科学性、适用性、非歧视性等进行综合考虑和客观评价是 CAC、FAO、ISO 等国际组织的通行做法。对于重点领域标准，如农药残留、兽药残留、病虫害防治、生物技术、饲料及饲料添加剂等，则更注重对标准中技术条件的风险分析和风险管理。

2. 技术标准向质量安全源头倾斜

食品质量与安全管理具有其自身的特点和规律，而且这种特点和规律随着近几年不断出现的食品安全事件得到了佐证。只有对食品链的整个过程进行统一、协调的管理，才能保证尽可能地降低食品安全的风险。因此，发达国家（组织）食品安全管理不仅关注过程控制，而且也强调生产源头的控制。例如，欧盟、美国、日本和加拿大不仅对投入品制定了严格的标准，也对产地环境的保护和改善作出了要求。这种转变既顺应了食品质量安全管理的规律性发展，也为更有效地提高农产品的质量安全水平创造了条件。

3. 标准制定、修订过程更加透明

各国在标准的制定、修订过程中十分注意向公众公开和透明。国家在制定标准时，由政府机构或政府授权的机构牵头，成立由政府官员、利益主体（农场主、加工商、行业协会）及技术专家组成工作组或委员会，负责标准的拟定。标准草案完成之后，政府部门利用公文或网站向社会征求意见，有关利益团体也会利用刊物或举办技术咨询活动来征求意见。

4. 更加注重与国际组织和国际标准的联系

各国在标准制定过程中，注重与国际接轨，如英国20世纪80年代颁布的634个有关农产品质量标准中，404个采用了国际标准，11个采用了欧盟标准。各国制定农产品质量安全标准，主要采用CAC、OIE、FAO、ISO等国际组织的标准。欧盟成员国在制标过程中还要采用欧盟相关技术标准。

5. 技术壁垒倾向更加明显

在世界贸易组织多边协定中，有一些协定专门处理对贸易造成的非关税措施。就农产品而言，这些协定主要是《TBT协定》和《SPS协定》。《TBT协定》的宗旨是指导成员制定、采用和实施正当的技术性措施，鼓励采用国际标准和合格评定程序，保证这些措施不构成不必要的国际贸易障碍。但《TBT协定》和《SPS协定》又同时申明，为保护人类和动植物生命和健康，保护环境，不应阻止任何国家采用必要措施保护其根本安全。因此，发达国家纷纷利用《TBT协定》和《SPS协定》这两把双刃剑，维护本国利益。在国际贸易中，最为广泛的用来设置技术壁垒的手段是技术标准和技术法规。主要是因为凭借技术标准、技术法规很容易达到使所实施的技术壁垒具有名义上的合理性、提法上的巧妙性、形式上的合法性、手段上的隐蔽性，从而使得出口国望之兴叹。具体体现在：

（1）技术标准、技术法规繁多，让出口国防不胜防　为了阻碍外国农产品的进口，保护本国市场，许多国家（组织）制定了繁多严格的标准、法规，用法律明确规定进口商品必须符合进口国标准。目前，日本仅农产品规格标准就有500多个，还有15部技术法规。

（2）技术标准要求严格，让发展中国家很难达到　发达国家（组织）凭借其经济、技术优势，制定出非常严格苛刻的标准，有的标准甚至让发展中国家望尘莫及。如欧盟规定，面条内的蛋白质含量要在13.5%以上，食盐含量不能超过1%，且不准加颜色等。2000年7月1日起欧盟实施的新的茶叶农药残留标准将茶叶农药残留检测品种从原来的7种增加到55种，2001年增加到130种，2002年12月20日又进一步增加到156种，不仅检测项目大幅度增加，而且限量值更严，导致我国茶叶出口欧盟严重受阻，出口量由1998年的近4万吨下降到2002年的1.45万吨，4年间降幅达60%。美国、日本等主要水产品进口国也纷纷采取相应

贸易措施，限制对我国的水产品进口。日本对从我国进口的鳗鱼提出更为严格的要求，不仅增加了药物残留检验的种类（11种），而且降低了方法的检出限，加大了样品的抽检频度。这无疑给发展中国家的农产品出口贸易造成了很大的难度：一方面由于技术有限，很难控制在规定范围内；另一方面由于经济、实验条件有限，而无法检测出，如果让发达国家的检测机构检测，费用相当昂贵，成本增高。

（3）有些标准经过精心设计和研究，专门用来对某些国家的产品形成技术壁垒　如法国为了阻止英国糖果的进口而规定禁止含有红霉素的糖果进口，而英国的糖果普遍采用红霉素染色剂制造；法国禁止含有葡萄糖的果汁进口，这一规定的意图就在于抵制美国货物，因为美国出口的果汁普遍含有葡萄糖。又如美国为了阻止墨西哥的马铃薯输入美国，美国对马铃薯的标准规定有成熟度、个头大小等指标，这就给墨西哥种植的土豆销往美国造成了困难，因为要销往美国不能太熟就得收获，否则易烂，这样又难以符合成熟度的要求。

（4）利用各国标准的不一致性，灵活机动地选择对自己有利的标准　如法国规定纯毛的服装含毛率只需达到85%以上就可以算作纯毛服装了；而比利时规定的纯毛含毛率必须达到97%；德国则要求更高，只有当纯毛的含毛率达到99%时才能称为纯毛的服装。这样对于德国来说，它出口时就选择对方的标准，阻止纯毛服装的进口时就选择自己的标准；而法国的羊毛制品在德国和比利时就难以销售。

（5）利用包装、标签标准设置障碍　一些国家还利用商品的包装和标签标准、法规给进口商品增加技术难度和费用负担，设置技术壁垒。如德国和法国禁止进口外形尺寸与本国不同的食品罐头；美国和新西兰禁止利用干草、稻草、谷糠等作为包装或填充材料，在某些情况下，这类包装材料只有在提供了消毒证明后才允许使用。

第四节　国外农业标准化发展启示

发达国家已经建立了适应市场经济发展的国家技术标准体系并达到完善阶段。在完善的技术标准体系下，标准已深入社会生活的各个层面，为法律法规提供技术支撑，成为市场标准、契约合同维护、贸易仲裁、合格评定、产品检验、质量体系认证等的基本依据，纵观发达国家技术标准化事业发展应有一定的启示。

1. 应当明确制定农产品标准的目的

应当以提高农产品质量、促进农业发展为目的，以市场为导向，以最大限度满足消费者需要为重点，以为农业服务、为市场贸易服务为宗旨，促进本国农产品的出口。如美国农业标准制定工作始于1917年，现在已制定了大量的主要农产品及其加工产品标准、技术法规和法律法规，基本能满足全美农业生产、加工、贸易活动有序进行的多种要求。美国联邦法规包含的352项农产品标准（等级标准）中，仅新鲜水果、蔬菜和其他产品的等级标准就有160个，水果、蔬菜和其他产品的加工产品等级标准又有143个。从标准数量上看，美国的农产品标准专业性强，能满足市场需求。标准是法规的基础，法规又是制定标准的依据，使标准具有可操作性。ISO的战略计划中突出强调五大战略思想，分别是：增强ISO的市场相关性；扩大ISO的国际影响力和ISO制度的认可；提升ISO体系及其标准；资源利用的最优化；支持发展中国家的国家标准机构。

2. 标准应与法律、法规紧密结合，执行有力

标准是法规的基础，法规又是制定标准的依据，二者相互依从会使标准具有很强的可操作性。一般而言，国际上也将标准分为强制性和非强制性两类。前者为政府部门的法律、法规所采用，具有强制性，必须严格遵守。如美国食品药品管理局（FDA）的《茶叶进口法》《食品卫生标准法规》《婴幼儿食品法》等。后者是指由受政府委托机构或行业协会制定和管理并普遍得到社会承认的技术性和管理规范的要求。虽然后一类标准为非强制执行标准，但由于长期的市场经济影响，消费者和生产者的质量意识和市场意识较强，且市场贸易是依据等级标准，按质论价，因此，农产品的非强制标准在欧美都能严格执行。市场经济发达国家的技术标准一般为推荐性标准，不具有法制约束力，但是标准与法律法规紧密结合。当用作技术性贸易壁垒时，技术标准往往以法律法规形式出现，法律法规引用标准时体现出灵活性，既可全部引用，也可引用部分标准中的条款，并可随国家经贸政策和市场形势的改变而随时改变，不必顾及标准的技术属性。目前越来越多的发达国家都在利用标准这种技术壁垒形式。

3. 产品标准应保持其先进性和实用性

欧美等的农产品标准一般是根据国内外市场的需求，在听取生产者、经营者、消费者、科研人员的意见后，由政府组织，经充分研究，本着实用的原则制定的。其标准中的各项技术指标力求量化，具有较强的科学性和可操作性。如加拿大、澳大利亚的小麦标准，是以区域化种植为基础将小麦品种分类，在各类小麦中再制定不同的质量等级，这样的标准在服务市场时，具有很强的实用性。为保证标准的先进性，拓展农产品的出口，许多发达国家的农产品标准尽量与国际标准和国外先进标准接轨，经过一段时间后，都会将原标准复审修订一次。如美国规定标准每五年复审一次。

4. 应当建立健全实施标准的配套措施

许多发达国家为保证标准执行有力，建立了与标准相适应的配套措施。具体表现在：建立完善的农产品加工标准实施保障体系，包括：在农产品品种、质量等级、生产技术规程、运输储藏、加工等各个方面都实行标准化管理；保证科研投入，使生产、加工技术水平始终处于国际领先地位；提高国民素质和标准化意

识,强化法制观念,标准执行有力;统一农产品标准的执行,全国统一质量标准,统一检验方法标准,统一检验仪器,统一培训检验员;农产品标准与法规管理机构分工明确,管理严密,信息反馈快,处理问题及时。

5. 采用自愿性标准体系可以快速适应市场需求

美国、法国、日本等发达国家均采用自愿性标准体系,标准本身不具有强制性。标准基本上划分为国家标准、团体标准和企业标准三个类型;标准的形式包括标准、技术守则、标准案例、补遗和公告等。

近年来又出现了协议标准和事实标准等新模式,充分体现了标准应尽快反映技术进步和市场需求的原则。同时美国、法国、德国、日本等的专业团体、学会和协会在标准化工作中也发挥了主导作用。

6. 建立多层次的技术法规体系有助于标准的制定和实施

美国、欧盟、日本等发达国家和地区十分重视技术法规体系建设,尽管这些国家和地区的技术法规在表现形式上有所不同,但有其共同特点:

(1) 由国家法律法规对标准化活动本身进行规范　如日本的《工业标准化法》和《农林产品标准化法》确立了制定颁布和实施日本标准(JIS 和 TAS)的方针,并根据这两部法律设立日本工业标准调查会(TISC)和农林产品标准调查会(TASC),负责组织制定和审议相应的标准。美国国家标准学会(ANSI)、法国标准化协会(AFNOR)、德国标准化协会(DIN)都是国家法律、法令、协议认可授权的国家标准化机构。

(2) 建立不同层次的技术法规体系　比如,欧盟理事会批准发布的指令只涉及安全、卫生健康、环保等基本要求,至于满足这些基本要求的技术条例则以标准形式制定。德国技术法规可以分为法律、政令和管理条例三级。美国联邦政府 17 个部门和 84 个独立机构都有权制定技术法规,美国的州、市、地方政府也制定了许多相互差异的技术法规。

(3) 重点制定的标准　重点制定有关安全、卫生、健康、环保等方面标准,使其成为技术法规的主要内容,是西方发达国家法律法规的一大特点。

(4) 在法律法规中引用标准　在法律法规等法律形式文件中引用标准,使标准成为法律法规和契约合同的组成部分,是发达国家法制化的重要特征。比如美国联邦法规和州法律中许多条款引用了美国机械工程师学会(ASME)标准,日本的高压气体保护法、劳动安全卫生法、食品法、消防法等均引用了日本工业标准(JIS),欧盟的许多指令也引用了欧洲标准(CEN CENELEC ETSI)。

7. 应制定规范的合格评定程序

按照 WTO/TBT 的定义,合格评定程序指直接和间接用来确定是否达到技术法规或标准相应要求的任何程序,其中包括取样、测试和检查程序,评估、验证和合格保证程序,注册,认可批准以及它们综合的程序。美国、欧盟、日本等发达国家和地区均有规范的合格评定程序,通过评定才能获准进入市场。

8. 应具备先进的检验检测手段

检验检测是保证技术法规和标准有效实施的重要手段,也是保障合格评定程序的技术支撑。美国、德国、日本等发达国家政府部门十分重视检验检测机构。权威的检验检测机构可以得到政府的授权,使技术设备和技术手段能够与技术法规和标准的要求相匹衡,检验检测人员水平很高,有的还直接负责或参加有关标准的制定和审核工作。对于进口产品,这些国家对涉及人身安全、健康、环境保护、包装等方面的检测呈现越来越严格的趋势。检验检测、合格评定和技术法规是发达国家保障标准实施的三大法宝,构成了适应市场经济的监督制约的体制。

第三章 我国种植业标准化发展战略

制定我国种植业标准化发展战略是时代发展的需要，是迎接全球竞争的需要，是实现走新型工业化道路、全面建设小康社会的需要。种植业标准化战略就是要迎接国际环境变化带来的挑战，充分满足国家发展的需要，以打造"中国标准"为战略目标，以解决围绕种植业标准的问题为切入点，逐步完善种植业标准政策、法律法规环境，理顺种植业标准与体制、标准与科技的关系，加强种植业标准在国家的经济、技术和产业发展等方面的支撑作用。

第一节 种植业标准化发展战略的指导思想

我国种植业标准化发展战略的主要指导思想是：以市场为主导，政府宏观管理；以企业为主体，社会广泛参与。指导思想体现了"适应市场为本，兼顾各方利益"的原则。

一、以市场为主导，政府宏观管理

1. 以市场为主导

随着我国社会主义市场经济体制不断完善，人们市场意识日益增强，市场原则将成为经济技术活动的主要原则。

"以市场为主导"就是要充分体现标准"从市场中来，到市场中去"。要坚持不断提高技术标准的市场适应性，还标准在市场经济环境中自愿性的属性，建立与市场经济相适应的自愿性标准体系以及与之相适应的管理体制和运行机制。要改变国人在计划经济条件下形成的"标准"概念，转变政府主导标准工作的思路，把标准的主导权交给市场。明确标准的制定和应用首先是一种市场行为，是使用者的自愿行为，而不是政府的行政行为。同时，在市场经济条件下，标准体系建设必然要有利于促进市场经济发展，有利于建立统一的市场秩序。通过标准战的实施，从技术标准角度促进我国市场经济体制的改革与完善。

2. 政府宏观管理

作为政府标准化主管部门，"切实把政府经济管理的职能转到主要为市场主体服务和创造良好发展环境上来"为政府在种植业标准化管理体制中的角色明确了定位，即政府将从主导者的地位上退下来，成为标准战略的推动者。

政府在把标准的主导权交还给市场的同时，要为标准化活动创造良好的宏观环境。主要包括：作为决策者，提出并实施国家标准化战略；作为管理者，引导制定涉及国家安全、人身健康、环境保护、资源利用以及对产业发展、国家竞争力有重大影响的国家标准；作为指导者，放权行业协会制定行业标准；作为协调者，综合协调国家贸易政策、产业政策、技术政策、知识产权政策与标准政策；作为服务者，通过优惠政策或资金支持，鼓励技术创新，促进技术向标准的转化；作为维护者，保护我国的知识产权，在国际标准之争中保护我国企业利益。地方政府主要是标准政策的执行者，不宜强化标准制定职能。

二、以企业为主体，社会广泛参与

1. 以企业为主体

企业是市场的主体，是标准的最终"用户"。在标准化活动中，发挥企业的主体作用是未来标准化体制确立的基石。企业主体性对内主要体现为两个方面：一是积极开展企业的标准化活动，在采纳和吸收国际标准的基础上，根据自身的技术水平加以完善和修正；二是积极参加本行业的技术交流活动和标准制定、修订工作，努力在企业利益和行业利益之间取得一致性，进而推动企业的技术进步和行业竞争能力的全面提升。对外主要体现在参与国际标准的制定、修订工作，借助自身的技术能力和对国际标准的认识影响国际标准的制定，使国际标准的内容朝着有利于自己的方向发展。

但是，由于我国企业规模普遍偏小，产业集中度过低，生产要素配置过于分散，缺乏规模经济，难以在国际标准竞争中建立优势。为此，必须改变企业单打独斗的状况，支持形成企业联盟，探索发挥企业的联合优势。要在鼓励企业联盟的同时，充分发挥行业协会的自律功能和支撑作用。从自律角度讲，主要是通过组织、协调、制定和批准发布行业标准，并对标准的经济效益和社会效益进行动态评估，保证标准的规范性、兼容性、开放性。从支撑角度讲，主要是通过组织企业之间和行业之间的技术交流和情报交流活动，加强企业之间的沟通与合作；就重点研究项目向国家有关部门申请资金和政策支持，促进企业标准化工作；代表本行业参加国际标准化活动，避免国际标准组织或者发达国家对我国施加歧视性政策，使得国际标准的制定有利于本行业的发展。企业成为标准化的主体是健全行业协会和实现政府职能转变的关键。

2. 社会广泛参与

是指要在标准的制定和使用过程中，积极促进社会各个层面、各个利益主体的广泛参与，实现各方利益的协调一致。

标准本质上具有公共产品的属性，标准的制定和作用牵涉社会各层面、各利益主体，因此要建立开放、广泛的社会动员机制，充分利用信息技术的优势，使各方的意见充分反映到标准中去，兼顾到各方的利益。同时，鼓励按照"受益者付费原则"筹集资金，鼓励多元化市场主体参与标准的制定与管理工作。

种植业标准化战略的设计一方面要考虑国际标准化的通行做法，要适应国际标准化形势的变化，以便使我国的种植业标准化工作融入国际标准化的大家庭；另一方面，也是最重要的，要充分考虑我国的社会乃至文化的特点，使我国的战略设计在考虑与国际接轨的同时，充分反映中国的特色。

第二节 种植业标准化发展战略的目标

笔者分析了国内外经济环境的变化对种植业标准化发展构成的挑战与需求，综合考虑我国经济、科技的现状和未来发展趋势，分析了我国种植业标准化工作发展的优势和制约因素，研究了我国未来10年应制定的种植业标准化发展的总体战略目标和具体战略分目标，并提出建议。

建议总体战略目标为：构建完善的中国种植业标准体系。这一战略目标就是要通过全面实施我国种植业标准化战略，通过市场的引导、政府的推动，充分发挥协会和企业等各层面的作用，构建适应市场的、技术领先的、满足经济和社会发展需要的、具有竞争力的中国种植业标准体系，进而强力提升中国标准的国际地位，提高中国标准的国际影响。

这里的"构建"有两方面的含义：一是要通过市场的机制，充分发挥企业、企业联盟、行业协会的作用，构建适应市场的、具有竞争力的种植业标准；另一方面是通过政府的推动，主动构建种植业标准体系。政府的推动体现在多个方面：作为决策者，提出并实施国家标准化战略；作为管理者，引导制定涉及国家安全、人身健康、环境保护、资源利用以及对产业发展、国家竞争力有重大影响的国家标准；作为推动者，组织有关力量有意识地将我国标准推向国际标准的舞台，并争取在国际标准中更多地反映中国种植业生产技术；还可以通过法律法规引用标准的形式，加强中国标准的作用。

"中国种植业标准体系"是一个集合的概念，应具有较强的市场适应性、具有较高的科技含量、具有国际竞争力、对产业及贸易发展具有强大的支撑作用。由市场机制构建的标准主要形成企业联盟标准、协会标准等等，而由政府推动构建的标准主要形成国家标准或由国家标准化机构发布的标准类文件。

通过实现上述战略目标将满足时代发展对技术标准提出的需求,并将达到如下目的:使中国种植业标准体系对经济发展和社会进步起到充分的基础支撑作用,提高我国的种植业竞争力,最大限度地满足国际国内贸易以及全面建设小康社会的需要。

具体战略分目标是对战略总体目标的分解和细化,是标准战略三个方面主要工作的具体目标:

——构建适应社会主义市场经济体制的新型中国种植业标准体系;

——为我国种植业产业发展提供适用的重要技术标准;

——成为国际标准化领域中一支重要力量。

这些战略目标的实现,将使中国的种植业标准工作在适应市场、为经济和社会发展提供支撑以及提升国际影响力等方面实现"跨越式发展",使我国种植业标准工作跨入新的发展阶段。

第三节 种植业标准化发展战略的重点领域

我国农业已经告别了农产品供给长期短缺状态,进入了由单纯追求产量的数量型农业向数量与质量并重的效益型农业转变的新时期,将逐步向规模化、集约化、专业化和标准化的现代农业过渡。目前我国种植业产业的发展需要解决好几大关键问题:一是资源约束和生态环境恶化的问题;二是保障食物安全问题;三是农业产业升级换代的问题。因此,我国种植业的发展需要以下技术标准的发展来支撑:

1. 农业资源与生态环境保护技术标准

要在农业资源的高效和综合利用、控制农业外源污染和农业自身污染、解决农药残留超标和有毒有害物质污染、保护农业生物物种遗传资源及防止外来生物入侵等方面,强化标准的制定工作,确保资源、环境保护有相应的技术标准作支撑。

2. 保证农产品质量安全的技术标准

农产品质量安全标准重点是满足国家"农产品全程质量控制技术体系"工作的需要,主要制定农产品质量安全基础标准、分析方法标准、市场准入标准等;完善和补充农药、兽药残留限量标准,有毒有害物质安全限量标准,以及转基因产品标准和检测方法标准。统一质量安全技术要求,以规范农产品的生产、加工,保障人民消费健康和安全。不断与国际接轨,提高农产品国际市场竞争力。

3. 大宗农产品与优势、特色的农产品技术标准

针对关系国计民生的大宗农产品,我国具有比较优势的蔬菜等经济作物,畜禽产品、水产品等贸易量较大的劳动密集型农产品,以及具有地方特色的名优土特农产品,要在规范化栽培技术标准、规模化集约化养殖技术标准、重大动物疫病防治技术标准等方面取得重大突破,以解决目前制约主要农产品竞争优势的科技推广问题。应按照产前、产中、产后标准相配套的原则,集成和推广一批节本增效配套的技术规程,延长产业链,以提升种植业产业发展的整体效益。

4. 种植业高新技术标准

紧密跟踪生物技术、信息技术等高新技术在种植业中的应用动态,围绕工厂化、自动化、智能化和高效化农业的发展,加强高新技术与标准的结合,开展生物技术、信息技术等高新技术在种植业应用中的标准研究,推进生物农药、生物兽药、生物肥料、动物疫苗、精准农业等高新技术的标准化,以提升我国种植业产业发展的国际地位。

第四节 主要措施与策略

一、主要措施

1. 制定相关法律政策

(1) 制定促进种植业标准发展的法律法规 国家应当进一步完善相关法律法规,促进种植业标准更加符合新形势的要求,抓紧把涉及人体健康和安全、动植物保护和资源生态环境方面的技术标准转化为技术法规,建立一套全面系统、协调统一、层次清晰的种植业标准法规体系。应加快修订《中华人民共和国标准化法》,充实、调整、完善相关的规章办法,加紧制定标准实施和监督的配套法规,大力推行良好农业规范(GAP)和危害分析与关键控制点(HACCP)体系认证,与国际惯例和 WTO/TBT 原则接轨,以更好地突破农产品技术贸易壁垒;加快出台《中华人民共和国农产品质量安全法》,强化种植业技术标准特别是农产品质量安全标准制定、修订的法律地位,以确保农产品质量安全,进而保证人民群众的身体健康和生命安全,促进我国农产品国际竞争力的提高及其在国际贸易中的健康发展。

(2) 制定促进社会力量参与工作的激励政策 国家应出台促进科技研发成果转换为技术标准的激励办法,从而为技术标准和科技研发的统一协调发展创造一个良好的政策环境;对参与制定国际标准的机构和专家进行补贴或实行政策优惠,以便及时跟踪国外农业技术标准发展的形势和分析其发展态势,鼓励发展农业高新技术标准;加强促进种植业技术标准发展的实施载体硬件建设,如农业技术标准示范园区、高科技示范园区、技术创新中心、孵化器等,以带动、辐射周边地区的广大农户自觉用标和贯标。

制定激励各社会团体、企业、中介组织和公众广泛参与技术标准制定、修订的政策，充分发挥农产品行业协会、龙头企业等农产品市场竞争主体的人力、物力和技术资源优势，发挥其在农业标准化工作中的主力军作用，做好政府与农民之间的"桥梁"和"纽带"，以促进农业标准化制定主体的多元化，加强标准制定机构的能力建设。培育农业标准化中介服务市场，引导各级、各类标准化中介组织积极开展农业标准化咨询服务，扩大信息咨询覆盖面，为广大农民、企业等用户提供国内国际市场所需的农业技术标准信息服务。

（3）建立切实有效的种植业标准发展基金　根据当前我国农业技术标准特点和资本市场的现状，应建立以政府支持为主的科技型农业企业技术标准发展基金，并有效地吸引地方政府、企业、风险投资机构和金融机构对科技型农业企业进行投资，支持各种所有制类型的农业科技型企业技术标准的创新。通过发展基金以贷款贴息、无偿资助和资金投入等方式，重点支持产业化初期技术含量高、市场前景好、风险较大、商业性资金进入尚不具备条件的科技型农业企业的技术标准项目，以鼓励科技型农业企业技术标准创新及其推广实施的积极性和能动性。

2. 深化标准体制改革

（1）理顺种植业标准发展的宏观管理体制　应克服原有的农业标准化管理体制弊端，积极推行技术标准管理体制改革，按照"政府推动、市场拉动、企业和协会带动、农户主动"的农业标准化运行机制，切实转变政府职能，尽快实现农业标准化由"计划经济型"向"市场经济型"转变，建立与现代市场经济运行环境相适应的规范、透明、高效的政府宏观管理体制。发挥标准研究部门、企业、中介组织、实施推广单位等各环节制标和用标的积极性，保障农业技术标准体系有序、高效运行。明确标准化管理部门与农业部门的标准管理职能。标准管理部门主要研究和制定全国性的技术标准发展战略和政策，组织和实施基础性的重大技术标准发展计划，做好各产业领域技术标准的宏观指导和政策服务。农业部门主要根据农业行业发展的实际，制定种植业技术标准发展战略，组织和实施与农业发展密切相关的技术标准研究、制定、实施、监管等工作。两部门都应尽力发挥好其支持、监督、评审、服务和宏观管理的职能。

（2）深化改革种植业标准化工作运行机制　应建立正常的标准制定或修订计划立项、标准实施、标准鉴定登记与奖励制度。建立农业技术标准评估和评价机制，将农业技术标准的制定、修订和研究的学术信誉与工作经费挂钩，对标准的起草过程及实施情况进行监督，以确保标准的实用性、可操作性和项目的完成率。提高标准制定的透明度，借鉴美国、欧盟、日本等发达国家（组织）的经验，在网络、报纸、期刊、公报上公布标准制定计划，改变政府标准化管理机构下达指令性制标计划的方式，广泛吸收社会各方的意见和建议，提高标准制定的透明度，从根本上解决国家标准、行业标准、地方标准交叉重复的现象，建立灵活、有效的农业标准化内部运行机制，以便真正实现标准制定公开、实施自觉。

（3）建立种植业标准的重大事项协商机制　为克服现有体制存在的部门分割、资源分散和信息阻隔等弊端，应建立由农业农村部牵头，质检、卫生、财政、科技等相关涉农部门参加的国家农业技术标准重大事宜协调共商机制。特别是针对农业产业发展中遇到的由技术标准引发的农产品技术贸易壁垒问题，可由协商小组研究农业技术标准发展的政策和战略问题，组织国家级农业标准科研机构和重点农业院校的科技人员，对国内外涉及有关农业技术标准重大问题的贸易壁垒案例和争端解决方案进行专题研究，为有效解决技术贸易壁垒提供技术支撑，为我国的农业产业发展提供政策咨询和技术服务。

3. 加大投入力度

（1）加大政府对种植业标准化工作的资金总量投入　我国人多地少、农业经营规模小、组织化程度低，涉及农产品消费安全的标准制定和推广实施属于一项公益性事业。因此，要把农业标准化工作纳入国民经济计划，将所需经费纳入财政预算，加大对农业标准化非经营性项目的资金投入。要根据农产品质量安全水平提高、农业增效、农民增收和农产品竞争力增强的实际需要，新增一批农业标准科技项目，使农业技术标准的经费投入基本满足工作需要，改变多年来农业标准化投入总量不足的境况。要充分利用"绿箱政策"，支持农业标准的科技创新与应用技术研究，增加对农业技术标准的科技研发、标准化示范基地、检测设备的购置和标准宣传培训等方面的投入。

（2）调整种植业技术标准工作财政专项的投入结构　政府对农业技术标准的投资应该逐步退出竞争性较强、市场特点明显的具体农产品标准领域和环节，把财政专项资金重点用于农业技术标准的前期研究、农产品安全标准制定和修订、农业技术标准人员培训、农业标准化示范区建设、农产品检验检测体系建设、农业标准信息服务体系建设、农业技术标准宣传培训等具有社会公益性质的项目，加大农业国际标准及主要贸易国标准的跟踪比对、国际标准的制定等方面的投入力度。改变产前、产中、产后技术标准投入不协调的局面，既要对农产品产地环境标准、生产技术标准、农业投入品标准、质量安全标准加大投入，又要增加农产品加工、运输、储藏、包装标准的投入。

（3）建立多元化的种植业技术标准化工作投入机制　政府主要投入公益性强、对农业发展有较大影响的农业标准化项目。竞争性较强、市场特点明显的具体农产品标准领域和环节要利用市场机制，积极引导"三资"（工商资本、民间资本、外商资本）投入农业标准化工作，鼓励农产品市场竞争主体以及科研院所投资该类标准的制定和推广实施，逐步形成以政府投入为导向，以市场竞争主体投入为主体，社会各方面共同参与的多渠道、多元化投入机制。

4. 加强宣传培训

（1）加强种植业标准化专业人才队伍培养　应紧紧抓住培养、吸引和用好人才三个环节，有目的、有计划地积极培养和造就农业标准化事业急需的各级、各类人才,把一批优秀人才集聚集到农业标准化事业中来,培养和造就一支高素质的农业标准化人才队伍。以农业标准化整体推进为主线,着力培养和提高各级农业标准化管理人才的综合素质;以农业技术标准实施为重点,加强农业标准化知识普及和培训,培育一批既有标准化专业知识,又懂农业生产技术的农业标准化应用人才;以集中强化培养为手段,以从业资格证书为门槛,规范和造就标准化农产品经营人才;以理论、技术研究和制定标准为基础,造就农业标准化专家队伍和专业技术人才;以农业技术标准国际化发展战略为导向,加强参与国际标准化活动高级人才的培养。

(2) 加快农业标准化信息服务体系建设 国家应做好国内外农业标准化信息的收集、整理和加工工作,建立和完善"主要农产品国际标准和国外先进标准数据库",提高数据库的实用性,增强信息的准确性、时效性,扩大使用范围。要加强对现有信息资源的整合,解决标准信息资源多头、分散,人力物力浪费的问题,构建起"准确、高效、权威、便捷"的农业标准信息平台,建立农业标准化信息服务网络,及时为全社会提供标准信息服务。各省、自治区、直辖市要建立满足本地农业生产和主要出口农产品需要的国家标准、行业标准、地方标准以及国外先进标准数据库,实现与国家农业标准信息平台的互联互通、信息共享。市、县两级应当配备专业人员,提供标准信息查询服务,为农民提供准确的标准信息。要积极利用国家建立的农业信息应用系统、农业信息网络及农业信息员队伍,实现农业标准的信息化,构筑自上而下的农业标准化信息服务体系。

(3) 加大农业标准实施推广和宣传力度 从示范培训入手,建立农业标准化技术推广队伍。从广大农民和农产品生产、加工、经销企业的实际需要出发,开展形式多样化的通俗易懂的普及工作,特别是加强强制性标准的宣传和实施,增强农民和农业企业的法制意识。加大农业标准的宣传培训工作力度,采取浅显易懂的方式,如"明白纸""明白卡""明白册"等,将农业标准化技术送到农民手中。积极做好农业标准技术咨询和信息咨询服务,普及农业标准化知识,增强农产品生产者、经营者和消费者的标准化意识。农业标准的宣传贯彻、培训工作要逐步制度化,并要与重大技术项目的实施相结合。要结合"跨世纪青年农民培训工程""农业科技入户示范工程""动植物保护工程""沃土工程"和"无规定动物疫病区"建设,多形式地开展农业标准化生产技术培训,培育造就一批懂标准、用标准的示范企业和种养大户。

5. 积极采用国际和国外先进标准

随着贸易全球化和经济一体化的迅猛发展,尤其是 WTO 就有关标准化的事项达成协议之后,国际标准在国际贸易中的地位不断提高。WTO/SPS 和 WTO/TBT 是乌拉圭回合谈判的两项重要成果。其中,《SPS 协定》的第 3.1 条规定:"成员国(指 WTO 的成员国)应将本国的相应措施建立在已有的国际标准、准则或建议的基础上。"其附录 A 对"国际标准、准则或建议"做了如下定义:在食品安全方面，国际标准、准则或建议是指由食品法典委员会（CAC）制定的有关食品添加剂、兽药，农药残留、污染物分析和采样方法，以及卫生操作规范和准则等的标准、准则和建议。《TBT协定》也规定各国制定技术法规和标准都应以国际标准作为基础，以避免造成贸易技术壁垒。采用国际标准和国外先进标准对我国种植业标准化发展具有重要意义。

（1）有利于保障农产品质量和安全　鉴于种植业农产品质量和安全对于人类生存和发展非常重要，世界各国都将农产品质量和安全放在重要的地位，通过制定技术法规、标准来控制国内生产的种植业农产品和进口农产品的质量和安全，保护消费者的健康和安全。国际标准和国外先进农产品标准，体系较为健全，标准的制定以科学依据为基础，项目和指标设置较为合理、公正。

例如CAC在制定农药残留限量标准时，首先是对农药进行风险分析，当发现该农药具有对人体的潜在危险时，再确定制定标准。如果该农药的慢性毒性低，从可能摄入的剂量分析无潜在危险，就不制定标准。其次，从参加制定农药残留限量标准的人员来看，也有严格规定。他们既不是各国政府委派的人员，也不是各农药公司的人员，而都是各国独立单位的专家，这就减小了偏向本国政府和本公司的可能性，因而比较客观和公正。CAC制定的残留限量标准明显较欧盟的标准宽松，美国、印度、日本、韩国等国的残留限量标准，都参照该标准制定。

（2）有利于消除国际食品（农产品）贸易壁垒　消除国际食品贸易中的技术壁垒是国际食品标准化的重要任务之一。掌握了国际标准就是拿到了进入国际市场大门的通行证。采用国际标准能协调贸易中有关各方的要求，减少和避免与贸易各方的贸易争端，促进国际农产品贸易自由化发展。参照遵循国际农产品标准，既可避免重复性工作，又可节省大量人力、物力和财力。

（3）有利于促进技术进步　国际农产品标准中包含着许多世界范围内的科技成果，可提供大量技术情报和数据，反映当代发达国家的水平，并与科学技术同步发展。从某种角度来说，采用国际农产品标准实质上是一种技术转让，这对发展中国家来说尤为重要。因为通过国际标准的采用，往往可引进先进技术和成果，用于本国的技术革新、技术改造和产品开发，促进技术进步，提高产品质量，增强市场竞争能力。

（4）有利于提高标准水平，完善农产品标准体系　目前，我国农产品标准技术水平偏低、体系不健全等问题还较为突出。例如农药、兽药残留限量标准的制定，需要经过相应的风险评估和科学试验。据国外测算，制定一个残留限量值就需要花费几十万美元甚至上百万美元。而我国作为一个发展中国家，技术水平和经费都会成为标准研制的限制因素。CAC制定的农药残留、兽医残留等标准，是在全球范围内的风险评估、暴露试验和毒理学试验基础上确定的。所以，积极合理采用国际标准，不仅可以迅速提升技术标准水平，加快向国际标准靠拢的进程，而且可以推动我国食品标准体系建设，走出一条节约、高效、快捷之路。

二、主要策略

为了实现打造"中国标准"的战略目标及相应的分目标，完成战略任务，必须采取必要的手段，实施相应的策略。

1. 技术标准体制转型策略

技术标准体制转型策略将要为实现战略目标、完成战略任务而营造市场型的标准化环境，这需要从体制上进行创新，使技术标准管理体制、运行机制和标准体制由计划型向市场型转移。我国处于转型时期，我国的技术标准工作也必须转型。通过转型，使得自愿性标准体制得以建立，使得相应的管理体制、运行机制得到转变。策略实施的重点是将推荐性标准和强制性标准相结合的标准体制转变为适应于市场的自愿性标准体制；转变政府职能，变政府主导为宏观引导；发挥行业协会在标准化活动中的桥梁和纽带作用，使企业成为标准研制的主体，将企业由后台推向前台，增加社会参与的广泛性。具体措施为：

(1) 标准管理主体明确定位　重点解决技术标准工作中各管理层面的定位问题，明确政府、行业协会、企业及中介组织间的关系，以及在标准化工作中的责、权、利。

标准化由政府全面管理转为政府宏观管理、民间积极运作的模式。标准化管理机构的主要工作转向制定标准化政策，出台相应的法律法规；工作重点转向组织实质参与国际标准化活动，以便使具有一定实力的领域在国际标准化活动中能够实现"重点突破"。整合各种资源，强化国家标准的统一管理，解决部门管理标准的分散局面。国家标准、行业标准（目前均由政府管理）由相对分散管理转为统一管理；协会标准（从无到有）初期由国家标准化机构统一认可管理，逐渐转为最终的民间管理；企业标准由政府备案管理转为企业自己管理。

(2) 标准制定主体优化配置　建立标准制定主体或标准相关方（政府、协会、企业、研究机构、检测机构、用户、专家等）的市场化配置机制，优化配置方式，使标准制定、修订主体多元化，强调标准制定、修订具体组织形式的合理性及广泛参与性，加强标准化技术委员会的作用。通过措施的实施，一方面形成合理的标准制定、修订的具体组织形式；另一方面保证标准制定、修订程序更加公开、公正、公平、透明，以及保证标准制定、修订速度。

(3) 自愿标准体制逐步建立　首先确立标准的自愿性属性，然后逐步调整我国的标准体制。将推荐性标准逐步调整为自愿性标准；强制性标准调整为国家强制性技术规范，逐步建立并完善技术法规体系。确立协会标准的合法地位，将标准的层次由四层次逐步调整为三层次。

2. 技术标准和科技研发协调发展策略

科技和标准关系紧密：科技是标准的基础和内核，对标准起到支撑作用；标准是科技的结晶和市场应用形式。只有标准与科研紧密结合、协调发展，才能产生具有竞争力的标准。为了打造高科技含量的"中国标准",需要采取技术标准与科技研发协调发展的策略。

通过技术标准制定与科技研发协调发展,一方面使标准跟上科技发展的步伐,通过标准加速科技成果的产业化;另一方面,通过技术标准带动科技进步,推动科技的发展,进一步提高标准的科技水平。二者协调发展可使我国能够产业化的科技研发成果迅速转化为适应市场的标准,使其中科技水平属于国际水平或国际领先水平的标准成为具有竞争力的"中国标准"。

策略实施的重点是将技术标准作为国家知识创新体系的一个重要组成部分;使技术标准体系与科技研发体系形成一个有机的整体;建立科技成果转化为技术标准的畅通渠道。具体措施为:

(1) **完善协调机制** 充分发挥政府的协调作用,制定、修订技术标准与科技研发相关政策法规,实现政府的科技部门与标准部门之间的目标协调,增强技术标准与科技研发协调发展的适配性、动态性和机动灵活性,完善技术标准与科技研发协调关系的作用驱动机制。在重要和特色产业的技术发展领域、重大科技研发攻关项目、关键技术组合研发创新领域,政府要借助产业政策、技术法规、科技政策,引导重点科教单位与技术领先企业、行业中介机构之间开展积极有效的合作,促进技术标准活动与科技研发活动的紧密结合,为推动技术标准与科技研发协调发展创造条件。充分发挥市场对二者协调关系的主导作用,形成二者关系的自调试机制,强化技术标准与科技研发的良性协调发展机制。

(2) **构建平台** 构建技术标准与科技研发交互衔接的协调发展平台,形成技术标准体系与科技研发体系合二为一的有机整体,实现技术标准制定和科技研发的人员和过程的融合,建立标准快速转化通道和信息交流渠道,明确各研究主体的责权利,完善政府职能,优化技术标准的提出、审批、监管程序,促进二者关系的协调发展,保证技术标准先进性、前瞻性、系统性。

3. 国际标准竞争策略

在国际标准化领域,我们不能仅仅停留在"采标"这种"追随者"地位,必须采取积极的竞争姿态。国际竞争策略是要提高我国技术标准对国际市场的适应性和竞争力,提高我国在国际标准化舞台上的地位,改变"经济大国、标准弱国"的形象。

策略实施的重点是通过有效采用国际标准,提高我国产品和技术进入国际市场的能力;通过实质参与国际标准制定,使国际标准更多地反映我国技术要求;通过在我国优势、特色领域实力主导制定国际标准,使国际标准充分体现我国重点领域技术要求和经济利益,确保我国重点领域在国际经济竞争中的优势。

我国的标准化工作要想在国际上实现战略目标,完成战略任务,标准外部及内部环境应具备下列条件:经济与科技的发展,科技与标准的协调,较强的国际合作能力,优秀的国际型标准化人才,担任国际标准组织中的重要岗位等。因此,为了使我国的标准化工作适应国际市场,促进对外贸易,应采取相应的手段以便逐步增强国际突破的实力。采取的具体措施为：

(1) 有效采用　有效采用是指仅等同采用对我国适用有效的国际标准，国际标准部分内容对我国适用有效的应修改采用，并与我国的标准或技术进行合理整合，要快速转化对我国有利的国际标准、国外先进标准。我国是发展中国家，有效采用国际标准和国外先进标准是引进先进生产力的重要措施之一，是我国工业化实现跨越式发展的重要途径。通过采用国际标准，并强调有效性，达到追赶国际先进水平的目的，并为实质参与国际标准制定，重点突破国际标准奠定基础。

该策略的关键点是"有效"。在采用国际标准的工作中要强调"效果"，而不应强调"采标率"。这里的效果指技术上合理、适用，对经济、贸易发展有利，对骨干企业不应构成壁垒。在跟踪国际标准的基础上，对适用的国际标准应及时等同采用，确需修改采用的，也应尽快向国际标准组织提出我国的修改建议，以便新的国际标准向着有利于我国的方向发展。

(2) 实质参与　实质参与是指积极参与事关我国利益的国际标准审查及相应的国际会议，争取使国际标准反映我国重点领域技术要求。

该策略的关键点为"实质"。未来几年，我国能否实质参与国际标准的制定，将直接影响我国在今后国际贸易中的主动权。在我国经济实力和技术实力与发达国家存在较大差距、实力主导制定国际标准困难的情况下，通过实质参与国际标准制定来反映我国技术要求，是投资少、见效快的策略。

(3) 重点突破　重点突破指根据我国的经济实力、技术实力、人才实力重点争取事关我国利益的国际标准的起草工作以及国际标准化技术委员会秘书处工作。

重点突破策略是实现我国"国际标准竞争策略"的重点，也是策略追求的目标。应本着"有所为、有所不为"的原则，选择重点领域作为突破口，实施重点突破。

国际竞争策略的实施要在跟踪国际标准的基础上，从有效采用到实质参与、重点突破逐步推进。三个策略具有广泛的适用性，可满足不同地区、不同产业领域发展的需要。相对落后的地区和产业可由有效采用向重点突破一步一步推进；而对于相对发达的地区和有比较优势的技术领域则可越过一个或两个阶段，直接进入实质参与或重点突破阶段。

4. 重要产业的差异化策略

对我国重要产业的现状及未来发展以及产业对技术标准的需求分析决定了：在不同产业、不同战略实施期应该选择不同的实施策略，即差异化策略。其中包括：追随者策略，主要是采标、参标；合作者策略，主要是在参标、采标的基础上，强调补标和参与创标；领导者策略，主要是创标。

(1) 追随者策略　一是全面跟随，主要是对于那些成熟的开放性标准，要积极吸收。二是有选择追随，对于内含专利技术或者其他私利的标准，要有选择性采纳，并要有意识、有技巧地放慢追随速度和节奏。

(2) 合作者策略　一是进攻型合作，主要是参与国际标准的制定，在参与中保护民族利益，反映企业需求，同时为以后成为领导者奠定基础。二是防御性合作，主要通过"打补丁"提高弱势民族产业的市场准入标准。

（3）领导者策略　一是要务实推进。领先不是要实现全面跨越，而是首先要切实做到技术领先，并且已经进入产业化阶段，对标准有现实需求。完全基于民族感情和创造热情创立的标准是不可取的。二是要逐步推进。可尝试从地区领先起步，逐渐向全球拓展。领先往往不是一枝独秀，而是需要大量合作伙伴，周边同文化区域国家和企业的参与将有助于标准的推行。三是要迂回推进。主导标准制定工作一定会遇到各方面的阻力，有来自跨国公司的、国际机构的，甚至来自外国政府的。对于有实际技术支持和市场需求的标准，制定者应该百折不回，同时也要把握好推出的时机、场合和方式。

转型策略的实施，将改善技术标准的管理运行环境，实现标准的体制创新，提高技术标准的市场适应性，为打造"中国标准"创造良好的标准化环境，并且为协调策略、国际竞争策略以及产业差异化策略的实施打下坚实的基础。如果没有转型策略营造的良好环境，协调策略也将无法实施，技术标准的科技含量不可能快速提高，标准的适应性则无法增强，技术标准将很难形成对产业发展的支撑，国际竞争策略的实施也将无从谈起。

协调策略的实施，将提高技术标准的科技含量，只有这样，才能提高标准的竞争力，才能使其更加适应市场的需要，进而为国际竞争策略、产业差异化策略打下基础。如果不实施协调策略，技术标准本身的竞争力问题没有解决，则转型策略可能会流于形式，失去方向，国际竞争策略、产业差异化策略也很难实现。

国际竞争策略将使我国的标准化工作登上国际舞台，也将使我国在国际竞争的大舞台上利用标准手段，提升我国的经济实力及国际竞争力。国际竞争策略的实施，将促进转型策略、协调策略在更高层次上的实施。如果没有国际竞争策略，转型策略、协调策略和产业差异化策略就会缺少更高层次上的提升和拉动，将会影响其实施效果。同时国际竞争策略为实施产业差异化策略指明了方向。

产业差异化策略是提高标准有效性、针对性的策略。该策略的实施将指导我国不同产业根据自己的特色，结合各自的发展状况及未来发展趋势选择不同的措施。它同时是国际竞争策略在我国产业实施的具体纲领。该策略的实施将使技术标准更好地对产业进行支撑。

总之，四大策略构成了中国技术标准发展战略的支柱，它们相辅相成、相互支撑。转型策略是其他策略得以实现的前提；协调策略是实现国际竞争策略、产业差异化策略的基础；而产业差异化策略、国际竞争策略所要达到的效果——技术标准对产业的支撑，对我国国际竞争力的支撑，也是转型策略、协调策略所追求的目的；同时，国际竞争策略的实施过程也必将对转型策略和协调策略起到进一步完善的作用。

第五节　建立种植业标准体系

一、基本原则

1. 继承历史，改革创新

种植业标准、种植业标准化和种植业标准体系，经过几十年的推进和发展，已得到社会各方面的重视和认可。特别是种植业标准化工作，各级政府和农业部门已将农产品的标准化生产纳入了工作规划和计划之中。最近几年，科学技术部、农业农村部和国家标准化管理委员会对种植业标准化工作和种植业标准体系建设工作十分重视，并在各自的系统和领域做了大量工作。农业农村部在农业行业标准制定、修订和农业技术标准体系建设方面成效显著：种植业相应的技术标准体系框架基本建立；无公害食品、绿色食品技术标准体系框架基本形成；与产地环境、农业投入品、生产规范、产品质量安全标准和检验检疫方法标准相配套的体系层次级基本形成。这些，都是我们构建新时期种植业标准体系的基础和前提。但从发展的角度看，现行的种植业标准体系框架急需加以改造，并进行体制改革、内容创新。第一，应当将种植业标准体系的范围界定清楚，要真正按照产业发展的线条，将农产品的产前、产中和产后标准化工作通盘考虑，前后衔接，过程配套，便于生产者、经营者、消费者遵循和使用。第二，应当将农产品的安全标准和品质标准分开。安全标准应当作为强制性标准发布实施；品质标准作为推荐性标准，体现消费趋势和优质优价。第三，应当将国家标准和行业标准合二为一，统定为国家标准，由农业农村部依照相应的专业法律法规制定和发布；同时严格界定地方标准的范围。农业地方标准主要侧重地方名特产品及地方区域性的生产技术规范。第四，要将兽药、饲料、肥料、农药、农机等新型农业投入品标准统一纳入种植业标准范围，使之与整个种植业标准体系协调发展。

2. 结合国情，接轨国际

标准化工作离不开产业和行业，更离不开国情。我国的农业国情是人多地少，生产单位小，生产规模化、组织化程度低，农业整体生产力水平低，产业之间发展不平衡，地区之间差异大。这样一种国情，就要求我们的种植业标准体系在构建时要实事求是。第一，标准制定要尊重我国种植业的生产实际，特别是在农药残留等危害因子控制标准的制定上，要宽严适度。既要考虑消费安全，同时还要尊重目前的农业投入品市场情况和使用技术的可行性。第二，在标准制定行业划分上，既要强调统一性，同时也要考虑一些行业的特殊性，比如烟草标准，要尽可能地围绕烟草加工需要配套制定。第三，地方标准作为国家标准在技术上的补充和地域上的补缺，有其存在的必要性，要充分发挥其应有的作用，加以保留。

第四，生产技术规范、规程类标准，有技术进步和技术推广的作用，还应当予以保留，特别是在动植物病虫害防治、良种繁育等方面的技术规范和规程。在尊重国情的基础上，农业技术标准体系的构建还必须符合国际通行做法。中国已经加入WTO，按照WTO协议，中国在农产品方面有责任和义务积极采用WTO指定的CAC标准、OIE标准、FAO标准。我们应当对照加入WTO的承诺，并结合我国的农业和农产品贸易实际，明确提出采用CAC、OIE、FAO标准的原则和办法。在坚持有利我国农产品出口和有效规避农产品国际贸易技术壁垒的前提下，积极采用国际标准，提高我国在农产品国际标准制定、修订方面的参与度，通过技术措施，充分展示我国农业和农产品的特色和市场竞争优势。

3. 贴近行业，分类制定

标准是为行业和产业服务的，只有融入行业和产业之中，才能发挥其应有的作用和效益。种植业标准体系的构建，必须贴近农业的各个行业和产业。从环节上讲，必须同时制定产地环境、农业资源、农业投入品、生产过程、农产品技术标准子体系。从行业发展的态势看，种植业标准体系的构建必须围绕产业进行设计，将产前、产中、产后贯通一体化进行构建。从实施的层面看，应当细化到行业内按产业分类制定。比如按蔬菜、水果、茶叶、棉麻、丝蚕等产业分类，产前、产中、产后配套构建。

4. 轻重缓急，分步实施

农业方面需要制定和修订的技术标准非常多。必须按照轻重缓急，有所区别地加以确定，以满足农产品生产、消费和贸易的需要。从当前和今后一个时期的重点看，要优先完成农产品安全标准的制定及安全技术标准子体系的建设，以及农业资源环境保护与利用标准的制定及标准子体系的建设。在安全标准和农业资源环境标准子体系框架基本建立的基础上，再侧重农产品品质标准及品质标准子体系的建设，进而推进生产技术规范标准及相应标准子体系的建设。最后完成检验检测标准子体系的建设，进而完成整个种植业标准体系的建设。

二、基本思路

1. 以产业为主线确立体系的基本内容

标准的定位决定了标准本身是为产业发展和市场贸易服务的。种植业标准体系是农业和农村经济发展的重要支撑体系，是种植业产业健康发展的重要技术保障。种植业标准体系的构建，应当紧紧围绕种植业产业发展需要进行设计和搭建。首先应当明确种植业标准体系构建的第一个层次为安全标准和质量标准。在此基础上，要进一步划分各产业技术标准系列，形成种植业标准体系更深层次结构系列。在种植业标准体系中，应当再细分为蔬菜、果品、茶叶、棉麻、蚕丝、粮食、油料等技术标准系列。以产业、种属、产品为主线，构建种植业标准体系。

2. 以环节为轮廓划分标准的基本类型

种植业标准既要简明配套,更要科学适用。任何一个标准,都有其规定的约束和界定的范围。从种植业和农产品的生产流通环节看,不外乎包括产前、产中、产后三环节。从技术层面看,主要包括资源环境、农业投入品、产品品质、安全限量、包装储运、检验检疫方法等几个关键的环节。而这几个关键的环节既相互关联又相互配套。在农业种植业技术标准体系构建中,应以技术层面的几个关键环节为轮廓划分种植业标准体系的基本类型,并依托不同的专业技术队伍加以组织实施和宣传贯彻。在基本类型当中,再细分品种类型。比如在农业投入品中,可细分为肥料、农药、兽药、饲料、种子、农机等品种类型。以此类推,还可以在各品种类型当中细分单一品种类别。比如在肥料类型中还可以细分为氮肥、磷肥、钾肥、有机肥、微生物肥等类别。从标准的针对性和便于使用出发,还可以细分。比如在磷肥中还可以细分为过磷酸钙、磷酸二氢钙等类型。以关键环节为轮廓划分技术标准体系的基本类型,既符合现实,更是发展方向。

3. 以发布主体划分标准的基本层级

标准作为技术规范和技术法规,有其特定的适用范围和适用对象。目前我国标准体系划分出四级标准,即国家标准、行业标准、地方标准、企业标准。国家标准分为强制性标准、推荐性标准,行业标准、地方标准均为推荐性标准。四级标准层次的划分有其积极的意义,强调了各部门、各地方在标准化工作中的齐抓共管职能,比较好地发挥了各部门、各地方的积极性和推动作用。但与此同时,暴露出的问题也是比较突出的。除了国家标准、行业标准、地方标准三种政府层面的标准相互重叠、交叉之外,最重要的是缺少了行业自律和地域自治性的团体标准。而这部分标准是在农业走向市场化、现代化过程中最为急需的标准,也是量大面广的一类标准。在新的种植业标准体系构建中,应当打破原有的四级标准结构,构建新的二级种植业标准结构,即建立政府标准和自律标准。政府标准应当是将现行的农业国家标准和行业标准合二为一,改变起草、制定和发布方式。政府标准应当统一由农业农村部负责,标准的备案编号可统一由国家标准化管理委员会登记管理。自律标准包括行业协会标准、区域经济技术自治机构组织制定的标准等。新的农业单体标准相当于原有的企业标准,包括单个农产品生产者、企业、基地的标准。

4. 以法律法规为依据划分标准的基本属性

标准作为规范性、约束性的技术规范,应当有其明确的实施属性。在新的种植业标准体系构建中,应当将种植业标准明确划分为两大类,即强制性技术法规和推荐性技术标准。在这两大类标准当中,安全标准应当为强制性技术标准,而且制定标准的依据是各项法律法规。也就是说,强制性技术标准是各个法律法规在实施层面的细化、具体化和技术化。按照国际通行做法和《中华人民共和国行政许可法》规定，凡是国家法律法规中未作强制性规定的新制定的技术标准，不宜设置禁止性措施和强制性规定。强制性技术法规只能依照国家相关法律法规规定和实施需要制定，并由其对应的法律法规的实施最高主体机关发布。推荐性技术标准可由政府机构、行业协会、企业、区域性经济技术自治机构等组织或个人根据需要制定，供各有关方面参考和推荐使用。

第四章 粮食类标准

粮食，古语有"行道曰粮""止居曰食"之说，现已成为供食用的谷类、豆类和薯类等原粮和成品粮的统称。联合国粮农组织（FAO）的粮食概念就是指谷物，包括麦类、豆类、粗粮类和稻谷类等。谷类主要是指禾本科植物的种子，包括大米、小麦、小米、玉米、燕麦、薏苡仁、高粱等，是亚洲人民的传统主食。豆类的品种很多，主要有大豆、蚕豆、绿豆、豌豆、赤豆、黑豆等。根据豆类的营养素种类和数量可将它们分为两大类：一类为以黄豆为代表的高蛋白质、高脂肪豆类；另一种豆类则以碳水化合物含量高为特征，如绿豆、赤豆。薯类作物一般包括甘薯（红薯）、马铃薯、芋头、木薯、山药等。为了方便叙述和分类，本书中的杂粮指除水稻、小麦、玉米、豆类之外的粮食作物。

第一节 小麦、玉米、杂粮、豆类标准

目前，我国小麦、玉米和杂粮的标准体系已形成，以国家标准和行业标准为主体、其他标准为辅，共有国家标准100多个、行业标准（农业和其他行业标准）300多个，覆盖了"产前、产中、产后"生产的全过程，基本满足了产业发展和市场需要。我国小麦、玉米、杂粮（不包含豆类，下文同）、豆类相关标准可以分为生产管理类、产品类、基础/通用类、方法类、环境安全类、种质资源类、物流类、机械配套类等。

一、小麦、玉米、杂粮、豆类标准体系

现行有效的国家、行业级别小麦、玉米、杂粮、豆类相关标准，具体见表4-1、表4-2。

根据我国粮食生产、加工和市场需求，每类作物又主要分为通用品种、专用品种、绿色食品、种子、加工品和副产品，涉及小麦、玉米、杂粮、豆类相关的100余种产品和标准（表4-3）。

表 4-1　国家粮食相关标准

序号	产品	分类	标准名称	标准编号
1	荞麦	产品类	荞麦	GB/T 10458—2008
2	莜麦	产品类	莜麦	GB/T 13359—2008
3	禾谷类	产品类	粮食作物种子　第1部分：禾谷类	GB 4404.1—2008
4	荞麦	产品类	粮食作物种子　第3部分：荞麦	GB 4404.3—2010
5	燕麦	产品类	粮食作物种子　第4部分：燕麦	GB 4404.4—2010
6	小麦	产品类	小麦	GB 1351—2008
7	小麦	产品类	小麦粉	GB 1355—1986
8	小麦	生产管理类	小麦品种品质分类	GB/T 17320—2013
9	小麦	产品类	优质小麦　强筋小麦	GB/T 17892—1999
10	小麦	产品类	优质小麦　弱筋小麦	GB/T 17893—1999
11	大麦	产品类	啤酒大麦	GB/T 7416—2008
12	小麦	产品类	高筋小麦粉	GB 8607—1988
13	小麦	产品类	食用小麦淀粉	GB/T 8883—2017
14	麦类	方法类	小麦、黑麦及其面粉，杜伦麦及其粗粒粉　降落数值的测定　Hagberg-Perten法	GB/T 10361—2008
15	小麦	方法类	粮油检验　小麦粉面包烘焙品质试验　直接发酵法	GB/T 14611—2008
16	小麦	方法类	粮油检验　小麦粉面包烘焙品质试验　中种发酵法	GB/T 14612—2008
17	小麦	方法类	粮油检验　全麦粉发酵时间试验（Pelshenke试验）	GB/T 14613—2008
18	小麦	方法类	小麦粉　面团的物理特性　吸水量和流变学特性的测定　粉质仪法	GB/T 14614—2006
19	小麦	方法类	小麦粉面团流变特性测定吹泡仪法	GB/T 14614.4—2005
20	小麦	方法类	小麦粉　面团的物理特性　流变学特性的测定　拉伸仪法	GB/T 14615—2006
21	小麦	方法类	粮油检验　小麦沉淀指数测定　SDS法	GB/T 15685—2011
22	小麦	方法类	小麦条锈病测报技术规范	GB/T 15795—2011
23	小麦	方法类	小麦赤霉病测报技术规范	GB/T 15796—2011
24	小麦	方法类	小麦丛矮病测报技术规范	GB/T 15797—2011
25	小麦	生产管理类	小麦原种生产技术操作规程	GB/T 17317—2011
26	小麦	方法类	农药　田间药效试验准则（二）　第108部分：杀菌剂防治小麦纹枯病药效试验	GB/T 17980.108—2004
27	小麦	方法类	农药　田间药效试验准则（二）　第109部分：杀菌剂防治小麦全蚀病药效试验	GB/T 17980.109—2004

续表

序号	产品	分类	标准名称	标准编号
28	小麦	方法类	农药 田间药效试验准则（二） 第131部分：化学杂交剂诱导小麦雄性不育试验	GB/T 17980.131—2004
29	小麦	方法类	农药 田间药效试验准则（二） 第132部分：小麦生长调节剂药效试验	GB/T 17980.132—2004
30	麦类	方法类	农药 田间药效试验准则（一） 除草剂防治麦类作物地杂草	GB/T 17980.41—2000
31	小麦	方法类	农药 田间药效试验准则（二） 第78部分：杀虫剂防治小麦吸浆虫	GB/T 17980.78—2004
32	小麦	方法类	农药 田间药效试验准则（二） 第79部分：杀虫剂防治小麦蚜虫	GB/T 17980.79—2004
33	小麦	方法类	植物检疫 小麦矮化腥黑穗病菌检疫鉴定方法	GB/T 18085—2000
34	小麦	方法类	小麦粉中过氧化苯甲酰的测定方法	GB/T 18415—2001
35	小麦	方法类	植物品种特异性、一致性和稳定性测试指南 普通小麦	GB/T 19557.2—2017
36	小麦	方法类	植物新品种特异性、一致性和稳定性测试指南 硬粒小麦	GB/T 19557.3—2004
37	小麦	方法类	小麦粉中溴酸盐的测定 离子色谱法	GB/T 20188—2006
38	小麦	生产管理类	小麦储存品质判定规则	GB/T 20571—2006
39	小麦	生产管理类	小麦干燥技术规范	GB/T 21016—2007
40	小麦	方法类	小麦 沉降指数测定法 Zeleny试验	GB/T 21119—2007
41	小麦	产品类	营养强化小麦粉	GB/T 21122—2007
42	小麦	方法类	小麦黑胚粒检验法	GB/T 21124—2007
43	小麦、大米	方法类	小麦粉与大米粉及其制品中甲醛次硫酸氢钠含量的测定	GB/T 21126—2007
44	小麦	生产管理类	小麦抗旱性鉴定评价技术规范	GB/T 21127—2007
45	小麦	方法类	小麦硬度测定硬度指数法	GB/T 21304—2007
46	小麦	方法类	粮油检验 小麦粉损伤淀粉测定 安培计法	GB/T 31577—2015
47	小麦	方法类	小麦基腐病菌检疫鉴定方法	GB/T 33117—2016
48	小麦	生产管理类	作物节水灌溉气象等级 小麦	GB/T 34811—2017
49	小麦	生产管理类	小麦条锈病防治技术规范	GB/T 35238—2017
50	小麦	方法类	粮油检验 小麦粉溶剂保持力的测定	GB/T 35866—2018
51	小麦	方法类	粮油检验 小麦粉面包烘焙品质评价 快速烘焙法	GB/T 35869—2018
52	小麦	方法类	粮油检验 小麦粉面条加工品质评价	GB/T 35875—2018

续表

序号	产品	分类	标准名称	标准编号
53	小麦	方法类	粮油检验 小麦粉馒头加工品质评价	GB/T 35991—2018
54	粮食类	方法类	粮食中绿麦隆残留量的测定	GB/T 5009.133—2003
55	小麦	方法类	小麦中野燕枯残留量的测定	GB/T 5009.200—2003
56	小麦	方法类	粮油检验 小麦粉加工精度检验	GB/T 5504—2011
57	小麦	方法类	小麦和小麦粉 面筋含量 第1部分：手洗法测定湿面筋	GB/T 5506.1—2008
58	小麦	方法类	小麦和小麦粉 面筋含量 第2部分：仪器法测定湿面筋	GB/T 5506.2—2008
59	小麦	方法类	小麦和小麦粉 面筋含量 第3部分：烘箱干燥法测定干面筋	GB/T 5506.3—2008
60	小麦	方法类	小麦和小麦粉 面筋含量 第4部分：快速干燥法测定干面筋	GB/T 5506.4—2008
61	小麦	生产管理类	小麦种子产地检疫规程	GB 7412—2003
62	小麦	方法类	粮油检验 小麦粉破损淀粉测定 α-淀粉酶法	GB/T 9826—2008
63	玉米	方法类	粮油检验 玉米水分测定	GB/T 10362—2008
64	玉米	产品类	玉米粉	GB/T 10463—2008
65	玉米	产品类	工业玉米淀粉	GB 12309—1990
66	玉米	产品类	玉米	GB 1353—2018
67	玉米	生产管理类	玉米种子生产技术操作规程	GB/T 17315—2011
68	玉米	产品类	饲料用玉米	GB/T 17890—2008
69	玉米	方法类	农药 田间药效试验准则（二） 第106部分：杀菌剂防治玉米丝黑穗病药效试验	GB/T 17980.106—2004
70	玉米	方法类	农药 田间药效试验准则（二） 第107部分：杀菌剂防治玉米大小斑病药效试验	GB/T 17980.107—2004
71	玉米	方法类	农药 田间药效试验准则（二） 第139部分：玉米生长调节剂药效试验	GB/T 17980.139—2004
72	玉米	方法类	农药 田间药效试验准则（一） 除草剂防治玉米地杂草	GB/T 17980.42—2000
73	玉米	方法类	农药 田间药效试验准则（一） 杀虫剂防治玉米螟	GB/T 17980.6—2000
74	玉米	产品类	玉米油	GB/T 19111—2017
75	玉米	生产管理类	玉米储存品质判定规则	GB/T 20570—2015
76	玉米	生产管理类	玉米干燥技术规范	GB/T 21017—2007
77	玉米	产品类	糯玉米	GB/T 22326—2008

续表

序号	产品	分类	标准名称	标准编号
78	玉米	产品类	甜玉米罐头	GB/T 22369—2008
79	玉米	产品类	玉米糁	GB/T 22496—2008
80	玉米	产品类	高油玉米	GB/T 22503—2008
81	玉米	生产管理类	玉米大、小斑病和玉米螟防治技术规范 第1部分：玉米大斑病	GB/T 23391.1—2009
82	玉米	生产管理类	玉米大、小斑病和玉米螟防治技术规范 第2部分：玉米小斑病	GB/T 23391.2—2009
83	玉米	生产管理类	玉米大、小斑病和玉米螟防治技术规范 第3部分：玉米螟	GB/T 23391.3—2009
84	玉米	方法类	粮油检验 玉米水分含量测定 近红外法	GB/T 24900—2010
85	玉米	方法类	粮油检验 玉米粗蛋白质含量测定 近红外法	GB/T 24901—2010
86	玉米	方法类	粮油检验 玉米粗脂肪含量测定 近红外法	GB/T 24902—2010
87	玉米	方法类	粮油检验玉米淀粉含量测定 近红外法	GB/T 25219—2010
88	玉米	生产管理类	青贮玉米品质分级	GB/T 25882—2010
89	玉米	方法类	玉米褪绿斑驳病毒检疫鉴定方法	GB/T 31810—2015
90	玉米	方法类	玉米褐条霜霉病菌检疫鉴定方法	GB/T 33121—2016
91	玉米	方法类	玉米中转基因成分的测定 基因芯片法	GB/T 33807—2017
92	玉米	生产管理类	作物节水灌溉气象等级 玉米	GB/T 34810—2017
93	玉米	方法类	玉米褪绿矮缩病毒检疫鉴定方法	GB/T 35271—2017
94	玉米	产品类	玉米秸秆颗粒	GB/T 35835—2018
95	玉米	产品类	玉米胚	GB/T 35870—2018
96	粮食类	方法类	食品安全国家标准 食品中玉米赤霉烯酮的测定	GB 5009.209—2016
97	玉米	产品类	食用玉米淀粉	GB/T 8885—2017
98	粮食类	方法类	粮食、水果和蔬菜中有机磷农药测定 气相色谱法	GB/T 14553—2003
99	粮食类	生产管理类	粮食销售包装	GB/T 17109—2008
100	粮食类	生产管理类	粮食加工、储运系统粉尘防爆安全规程	GB 17440—2008
101	粮食类	方法类	电容法和电阻法粮食水分测定仪通用技术条件	GB/T 19878—2005
102	粮食类	方法类	粮食、油料水分两次烘干测定法	GB/T 20264—2006
103	粮食类	方法类	粮谷中486种农药及相关化学品残留量的测定 液相色谱-串联质谱法	GB/T 20770—2008

续表

序号	产品	分类	标准名称	标准编号
104	粮食类	方法类	谷物和豆类　散存粮食温度测定指南	GB/T 22184—2008
105	小麦	方法类	粮油检验　粮食感官检验辅助图谱　第1部分：小麦	GB/T 22504.1—2008
106	粮食类	基础/通用类	粮油名词术语　粮食、油料及其加工产品	GB/T 22515—2008
107	粮食类	方法类	粮油检验　粮食、油料纯粮（质）率检验	GB/T 22725—2008
108	粮食类	方法类	粮油检验　粮食中麦角甾醇的测定　正相高效液相色谱法	GB/T 25221—2010
109	粮食类	方法类	粮油检验　粮食中磷化物残留量的测定　分光光度法	GB/T 25222—2010
110	粮食类	生产管理类	粮食收获质量调查和品质测报技术规范	GB/T 26629—2011
111	粮食类	基础/通用类	食品安全国家标准　粮食	GB 2715—2016
112	粮食类	生产管理类	粮油储藏　粮食烘干安全操作规程	GB/T 28668—2012
113	粮食类	方法类	粮油检验　粮食及制品中粗蛋白测定　杜马斯燃烧法	GB/T 31578—2015
114	粮食类	方法类	粮油检验　粮食籽粒水分活度的测定　仪器法	GB/T 34790—2017
115	粮食类	方法类	粮食中2,4-滴丁酯残留量的测定	GB/T 5009.165—2003
116	粮食类	方法类	粮食和蔬菜中2,4-滴残留量的测定	GB/T 5009.175—2003
117	粮食类	方法类	粮食、蔬菜中噻嗪酮残留量的测定	GB/T 5009.184—2003
118	粮食类	方法类	粮食卫生标准的分析方法	GB/T 5009.36—2003
119	粮食类	方法类	粮食中二溴乙烷残留量的测定	GB/T 5009.73—2003
120	粮食类	方法类	粮食、油料检验　扦样、分样法	GB 5491—1985
121	粮食类	方法类	粮油检验　粮食、油料的色泽、气味、口味鉴定	GB/T 5492—2008
122	粮食类	方法类	粮油检验　粮食、油料的杂质、不完善粒检验	GB/T 5494—2008
123	粮食类	方法类	粮食、油料检验　黄粒米及裂纹粒检验法	GB 5496—1985
124	粮食类	方法类	粮油检验　粉类粮食含砂量测定	GB/T 5508—2011
125	粮食类	方法类	粮油检验　粮食、油料脂肪酸值测定	GB/T 5510—2011
126	粮食类	方法类	粮油检验　粮食中粗纤维素含量测定　介质过滤法	GB/T 5515—2008
127	粮食类	方法类	粮油检验　粮食运动粘度测定　毛细管粘度计法	GB/T 5516—2011
128	粮食类	方法类	粮油检验　粮食、油料相对密度的测定	GB/T 5518—2008

续表

序号	产品	分类	标准名称	标准编号
129	粮食类	方法类	粮油检验 粮食、油料的过氧化氢酶活动度的测定	GB/T 5522—2008
130	粮食类	方法类	粮油检验 粮食、油料的脂肪酶活动度的测定	GB/T 5523—2008
131	玉米	产品类	淀粉发酵工业用玉米	GB/T 8613—1999
132	玉米	产品类	玉米干全酒糟（玉米DDGS）	GB/T 25866—2010
133	小豆	产品类	小豆	GB/T 10461—2008
134	蚕豆	产品类	蚕豆	GB/T 10459—2008
135	豌豆	产品类	豌豆	GB/T 10460—2008
136	绿豆	产品类	绿豆	GB/T 10462—2008
137	红小豆	产品类	地理标志产品 宝清红小豆	GB/T 20442—2006
138	蚕豆	产品类	蚕豆罐头	GB/T 13518—2015
139	青刀豆	产品类	青刀豆罐头	GB/T 13209—2015
140	青豌豆	产品类	青豌豆罐头	GB/T 13517—2008
141	豆类	生产管理类	粮食作物种子 第2部分：豆类	GB 4404.2—2010
142	高粱	产品类	高粱	GB/T 8231—2007
143	小米	产品类	地理标志产品 沁州黄小米	GB/T 19503—2008
144	小米	产品类	小米	GB/T 11766—2008
145	黍	产品类	黍	GB/T 13355—2008
146	黍米	产品类	黍米	GB/T 13356—2008
147	稷	产品类	稷	GB/T 13357—2008
148	稷米	产品类	稷米	GB/T 13358—2008
149	粟	产品类	粟	GB/T 8232—2008
150	大麦	产品类	裸大麦	GB/T 11760—2008
151	莜麦	产品类	莜麦粉	GB/T 13360—2008
152	粮食类	基础/通用类	辐照豆类、谷类及其制品卫生标准	GB 14891.8—1997
153	通用	基础/通用类	食品安全国家标准 食品中真菌毒素限量	GB 2761—2017
154	通用	基础/通用类	食品安全国家标准 食品中污染物限量	GB 2762—2017
155	通用	基础/通用类	食品安全国家标准 食品中农药最大残留限量	GB 2763—2016
156	通用	方法类	食品安全国家标准 食品中多种醚类除草剂残留量的测定 气相色谱-质谱法	GB 23200.28—2016
157	通用	方法类	食品安全国家标准 植物源性食品中取代脲类农药残留量的测定 液相色谱-质谱法	GB 23200.35—2016

续表

序号	产品	分类	标准名称	标准编号
158	通用	方法类	食品安全国家标准 食品中除虫脲残留量的测定 液相色谱-质谱法	GB 23200.45—2016
159	通用	方法类	食品安全国家标准 食品中苯酰胺类农药残留量的测定 气相色谱-质谱法	GB 23200.72—2016
160	通用	基础/通用类	食品安全国家标准 粮食	GB 2715—2016
161	大豆	产品类	大豆	GB 1352—2009
162	大豆	产品类	食用大豆粕	GB/T 13382—2008
163	大豆	产品类	低温食用豆粕	GB/T 21494—2008
164	小麦	产品类	低筋小麦粉	GB 8608—1988
165	小麦	生产管理类	小麦条锈病、吸浆虫防治技术规范 第2部分：小麦吸浆虫	GB/T 24501.2—2009

表 4-2 行业小麦、玉米、杂粮、豆类相关标准

序号	产品	分类	标准名称	标准编号
1	小麦	生产管理类	小麦实验制粉 第1部分：设备、样品制备和润麦	NY/T 1094.1—2006
2	小麦	生产管理类	小麦实验制粉 第2部分：布勒氏法用于硬麦	NY/T 1094.2—2006
3	小麦	生产管理类	小麦实验制粉 第3部分：布勒氏法用于软麦低提取率	NY/T 1094.3—2006
4	小麦	生产管理类	小麦实验制粉 第4部分：布勒氏法用于软麦统粉	NY/T 1094.4—2006
5	小麦	生产管理类	小麦实验制粉 第5部分：Brabender Quadrumat Jr.（Quadruplex）实验磨法	NY/T 1094.5—2006
6	小麦	生产管理类	农产品质量安全追溯操作规程 小麦粉及面条	NY/T 1994—2011
7	小麦	生产管理类	华北地区冬小麦公顷产量6000kg（亩产400kg）栽培技术规程	NY/T 205—1992
8	小麦	生产管理类	华北地区冬小麦公顷产量4500至5250kg（亩产300至350kg）栽培技术规程	NY/T 206—1992
9	小麦	生产管理类	冬小麦灾害田间调查及分级技术规范	NY/T 2283—2012
10	小麦	生产管理类	小麦产地环境技术条件	NY/T 851—2004
11	小麦	生产管理类	小麦机械化保护性耕作技术规范	NY/T 2085—2011
12	小麦	生产管理类	小麦赤霉病防治技术规范	NY/T 1608—2008
13	小麦	生产管理类	小麦白粉病测报调查规范	NY/T 613—2002
14	小麦	生产管理类	小麦纹枯病测报调查规范	NY/T 614—2002
15	小麦	生产管理类	小麦黄花叶病测报技术规范	NY/T 2040—2011

续表

序号	产品	分类	标准名称	标准编号
16	小麦	生产管理类	小麦叶锈病测报调查规范	NY/T 617—2002
17	小麦	生产管理类	小麦蚜虫测报调查规范	NY/T 612—2002
18	小麦	生产管理类	小麦吸浆虫测报调查规范	NY/T 616—2002
19	小麦	生产管理类	农作物品种区域试验技术规程 小麦	NY/T 1301—2007
20	小麦	产品类	东北地区硬红春小麦	NY/T 2121—2012
21	小麦	产品类	黄淮海地区强筋白硬冬小麦	NY/T 1218—2006
22	小麦	产品类	饲料用小麦	NY/T 117—1989
23	小麦	产品类	绿色食品 小麦及小麦粉	NY/T 421—2012
24	小麦	产品类	绿色食品 焙烤食品	NY/T 1046—2006
25	小麦	产品类	绿色食品 生面食、米粉制品	NY/T 1512—2014
26	小麦	产品类	绿色食品 熟粉及熟米制糕点	NY/T 2108—2011
27	小麦	产品类	绿色食品 速冻预包装面米食品	NY/T 1407—2007
28	小麦	产品类	绿色食品 蒸制类糕点	NY/T 1890—2010
29	小麦	产品类	饲料用小麦麸	NY/T 119—1989
30	小麦	产品类	面包用小麦粉	LS/T 3201—1993
31	小麦	产品类	面条用小麦粉	LS/T 3202—1993
32	小麦	产品类	饺子用小麦粉	LS/T 3203—1993
33	小麦	产品类	馒头用小麦粉	LS/T 3204—1993
34	小麦	产品类	发酵饼干用小麦粉	LS/T 3205—1993
35	小麦	产品类	酥性饼干用小麦粉	LS/T 3206—1993
36	小麦	产品类	蛋糕用小麦粉	LS/T 3207—1993
37	小麦	产品类	糕点用小麦粉	LS/T 3208—1993
38	小麦	产品类	自发小麦粉	LS/T 3209—1993
39	小麦	产品类	方便面	LS/T 3211—1995
40	小麦	产品类	挂面	LS/T 3212—2014
41	小麦	产品类	手工面	LS/T 3214—1992
42	小麦	产品类	速冻面米食品	SB/T 10412—2007
43	小麦	产品类	小麦胚（胚片、胚粉）	LS/T 3210—1993
44	小麦	方法类	小麦沉淀值测定 Zeleny法	NY/T 1095—2006
45	小麦	方法类	小麦抗穗发芽性检测方法	NY/T 1739—2009
46	小麦	方法类	小麦品种鉴定技术规程 SSR分子标记法	NY/T 2470—2013
47	小麦	方法类	普通小麦冬春性鉴定技术规程	NY/T 2644—2014
48	小麦	方法类	农作物品种审定规范 小麦	NY/T 967—2006

续表

序号	产品	分类	标准名称	标准编号
49	小麦	方法类	小麦矮腥黑穗病菌检疫检测与鉴定方法	NY/T 2289—2012
50	小麦	方法类	小麦抗病虫性评价技术规范 第1部分：小麦抗条锈病评价技术规范	NY/T 1443.1—2007
51	小麦	方法类	小麦抗病虫性评价技术规范 第2部分：小麦抗叶锈病评价技术规范	NY/T 1443.2—2007
52	小麦	方法类	小麦抗病虫性评价技术规范 第3部分：小麦抗秆锈病评价技术规范	NY/T 1443.3—2007
53	小麦	方法类	小麦抗病虫性评价技术规范 第4部分：小麦抗赤霉病评价技术规范	NY/T 1443.4—2007
54	小麦	方法类	小麦抗病虫性评价技术规范 第5部分：小麦抗纹枯病评价技术规范	NY/T 1443.5—2007
55	小麦	方法类	小麦抗病虫性评价技术规范 第6部分：小麦抗黄矮病评价技术规范	NY/T 1443.6—2007
56	小麦	方法类	小麦抗病虫性评价技术规范 第7部分：小麦抗蚜虫评价技术规范	NY/T 1443.7—2007
57	小麦	方法类	小麦抗病虫性评价技术规范 第8部分：小麦抗吸浆虫评价技术规范	NY/T 1443.8—2007
58	小麦	方法类	小麦储存品质品尝评分参考样品	LS/T 15211—2015
59	小麦	方法类	小麦粉湿面筋质量测定方法 面筋指数法	LS/T 6102—1995
60	小麦	方法类	小麦硬度指数标准样品制备技术规范	LS/T 1214—2008
61	小麦	方法类	出口谷朊粉检验规程	SN/T 0260—2015
62	小麦	方法类	出口烘烤类糕点中污物的检测	SN/T 3261—2012
63	小麦	方法类	出口粮谷中二硫代氨基甲酸酯残留量检验方法	SN 0139—1992
64	小麦	方法类	出口食品中多效唑残留量检测方法	SN/T 1477—2012
65	小麦	方法类	出口食品过敏原成分检测 第13部分：实时荧光PCR方法检测小麦成分	SN/T 1961.13—2013
66	小麦	方法类	进出口食品添加剂检验规程 第14部分：面粉处理剂	SN/T 2360.14—2009
67	小麦	方法类	出口面制品中溴酸盐的测定 柱后衍生离子色谱法	SN/T 3138—2012
68	小麦	方法类	进出口面粉检疫操作规程	SN/T 2478—2010
69	玉米	生产管理类	东北地区高淀粉玉米生产技术规程	NY/T 1425—2007
70	玉米	生产管理类	东北地区玉米生产技术规程	NY/T 146—1990
71	玉米	生产管理类	玉米灾害田间调查及分级技术规范	NY/T 2284—2012
72	玉米	生产管理类	玉米-大豆带状复合种植技术规程	NY/T 2632—2014

续表

序号	产品	分类	标准名称	标准编号
73	玉米	生产管理类	罐装甜玉米加工技术规范	NY/T 980—2006
74	玉米	环境安全类	玉米产地环境技术条件	NY/T 849—2004
75	玉米	生产管理类	旱地玉米机械化保护性耕作技术规范	NY/T 1409—2007
76	玉米	方法类	玉米粗缩病测报技术规范	NY/T 2621—2014
77	玉米	方法类	玉米螟测报技术规范	NY/T 1611—2008
78	玉米	方法类	玉米根萤叶甲监测技术规范	NY/T 2413—2013
79	玉米	生产管理类	农作物品种试验技术规程 玉米	NY/T 1209—2006
80	玉米	生产管理类	专用玉米杂交种繁育制种技术操作规程	NY/T 1211—2006
81	玉米	生产管理类	玉米机械化深松施肥播种作业技术规范	NY/T 2851—2015
82	玉米	生产管理类	农作物病害遥感监测技术规范 第3部分：玉米大斑病和小斑病	NY/T 2738.3—2015
83	玉米	生产管理类	农作物低温冷害遥感监测技术规范 第3部分：北方春玉米延迟型冷害	NY/T 2739.3—2015
84	玉米	生产管理类	旱作玉米全膜覆盖技术规范	NY/T 2686—2015
85	玉米	生产管理类	北方春玉米冷害评估技术规范	QX/T 167—2012
86	玉米	生产管理类	水稻、玉米冷害等级	QX/T 101—2009
87	玉米	产品类	食用玉米	NY/T 519—2002
88	玉米	产品类	糯玉米	NY/T 524—2002
89	玉米	产品类	高油玉米	NY/T 521—2002
90	玉米	产品类	高淀粉玉米	NY/T 597—2002
91	玉米	产品类	甜玉米	NY/T 523—2002
92	玉米	产品类	优质蛋白玉米	NY/T 520—2002
93	玉米	产品类	爆裂玉米	NY/T 522—2002
94	玉米	产品类	笋玉米	NY/T 690—2003
95	玉米	产品类	绿色食品 玉米及玉米粉	NY/T 418—2014
96	玉米	产品类	玉米干全酒糟（玉米DDGS)	NY/T 1968—2010
97	玉米	产品类	饲料用玉米蛋白粉	NY/T 685—2003
98	玉米	产品类	方便玉米粉	LS/T 3303—2014
99	玉米	产品类	玉米笋罐头	QB/T 4627—2014
100	玉米	方法类	植物新品种特异性、一致性和稳定性测试指南 玉米	NY/T 2232—2012
101	玉米	方法类	玉米种子纯度盐溶蛋白电泳鉴定方法	NY/T 449—2001
102	玉米	方法类	玉米品种鉴定技术规程 SSR标记法	NY/T 1432—2014

续表

序号	产品	分类	标准名称	标准编号
103	玉米	方法类	农作物品种审定规范　玉米	NY/T 1197—2006
104	玉米	方法类	玉米抗病虫性鉴定技术规范　第1部分：玉米抗大斑病鉴定技术规范	NY/T 1248.1—2006
105	玉米	方法类	玉米抗病虫性鉴定技术规范　第2部分：玉米抗小斑病鉴定技术规范	NY/T 1248.2—2006
106	玉米	方法类	玉米抗病虫性鉴定技术规范　第3部分：玉米抗丝黑穗病鉴定技术规范	NY/T 1248.3—2006
107	玉米	方法类	玉米抗病虫性鉴定技术规范　第4部分：玉米抗矮花叶病鉴定技术规范	NY/T 1248.4—2006
108	玉米	方法类	玉米抗病虫性鉴定技术规范　第5部分：玉米抗玉米螟鉴定技术规范	NY/T 1248.5—2006
109	玉米	方法类	玉米霜霉病菌检疫检测与鉴定方法	NY/T 2050—2011
110	玉米	方法类	玉米细菌性枯萎病监测技术规范	NY/T 2291—2012
111	玉米	方法类	植物种质资源鉴定方法　玉米的鉴定	SN/T 3297—2012
112	玉米	方法类	玉米细菌性枯萎病菌检疫鉴定方法 PCR方法	SN/T 3756—2013
113	玉米	方法类	植物检疫　玉米霜霉病菌检疫鉴定方法	SN/T 1155—2002
114	玉米	方法类	玉米细菌性枯萎病菌检疫鉴定方法	SN/T 1375—2004
115	玉米	方法类	大谷蠹的检疫和鉴定方法	SN/T 1257—2003
116	玉米	方法类	玉米晚枯病菌检疫鉴定方法	SN/T 1900—2007
117	杂粮	产品类	绿色食品　高粱	NY/T 895—2015
118	杂粮	产品类	绿色食品　粟米及粟米粉	NY/T 893—2014
119	杂粮	产品类	绿色食品　燕麦及燕麦粉	NY/T 892—2014
120	杂粮	产品类	绿色食品　大麦及大麦粉	NY/T 891—2014
121	杂粮	产品类	绿色食品　荞麦及荞麦粉	NY/T 894—2014
122	杂粮	产品类	高粱米	LS/T 3215—1985
123	杂粮	产品类	大麦	LS/T 3101—1985
124	杂粮	产品类	燕麦	LS/T 3102—1985
125	杂粮	产品类	方便杂粮粉	LS/T 3302—2014
126	杂粮	基础/通用类	禾谷类杂粮作物分类与术语	NY/T 1294—2007
127	杂粮	方法类	植物新品种特异性、一致性和稳定性测试指南　小黑麦	NY/T 2571—2014
128	杂粮	生产管理类	农作物品种试验技术规程　高粱	NY/T 2645—2014
129	杂粮	方法类	大麦品种鉴定技术规程　SSR分子标记法	NY/T 2466—2013

续表

序号	产品	分类	标准名称	标准编号
130	杂粮	方法类	高粱品种鉴定技术规程 SSR 分子标记法	NY/T 2467—2013
131	杂粮	方法类	植物新品种特异性、一致性和稳定性测试指南 高粱	NY/T 2233—2012
132	杂粮	方法类	植物新品种特异性、一致性和稳定性测试指南 大麦	NY/T 2224—2012
133	杂粮	方法类	植物新品种特异性、一致性和稳定性测试指南 谷子	NY/T 2425—2013
134	杂粮	方法类	植物新品种特异性、一致性和稳定性测试指南 黑麦	NY/T 2488—2013
135	杂粮	方法类	植物新品种特异性、一致性和稳定性测试指南 燕麦	NY/T 2355—2013
136	杂粮	方法类	植物新品种特异性、一致性和稳定性测试指南 荞麦	NY/T 2493—2013
137	杂粮	方法类	植物新品种特异性、一致性和稳定性测试指南 薏苡	NY/T 2572—2014
138	杂粮	方法类	荞麦及其制品中总黄酮含量的测定	NY/T 1295—2007
139	杂粮	方法类	假高粱检疫鉴定方法	SN/T 1362—2011
140	杂粮	方法类	高粱瘿蚊检疫鉴定方法	SN/T 1483.1—2004
141	杂粮	方法类	进境小麦、大麦检验检疫操作规程	SN/T 2088—2008
142	杂粮	方法类	细茎野燕麦检疫鉴定方法	SN/T 3073—2011
143	杂粮	方法类	高粱根腐病菌检疫鉴定方法	SN/T 3165—2012
144	杂粮	方法类	不实野燕麦的检疫鉴定方法	SN/T 3441—2012
145	杂粮	方法类	燕麦全蚀病菌检疫鉴定方法	SN/T 4074—2014
146	杂粮	方法类	禾草猩黑粉菌、剪股颖猩黑粉菌、黑麦草猩黑粉菌检疫鉴定方法	SN/T 1812—2006
147	杂粮	方法类	黑麦草腥黑穗病菌检疫鉴定方法	SN/T 2126—2008
148	食用豆	生产管理类	小粒大豆生产技术规程	NY/T 1424—2007
149	食用豆	生产管理类	大豆蛋白粉及制品辐照杀菌技术规范	NY/T 2317—2013
150	食用豆	生产管理类	无公害食品 豇豆生产技术规程	NY/T 5079—2002
151	食用豆	生产管理类	无公害食品 菜豆生产技术规程	NY/T 5081—2002
152	食用豆	生产管理类	无公害食品 绿豆生产技术规程	NY/T 5204—2004
153	食用豆	生产管理类	无公害食品 红小豆生产技术规程	NY/T 5206—2004
154	食用豆	生产管理类	无公害食品 豌豆生产技术规程	NY/T 5208—2004
155	食用豆	生产管理类	无公害食品 青蚕豆生产技术规程	NY/T 5210—2004
156	食用豆	生产管理类	无公害食品 四棱豆生产技术规程	NY/T 5254—2004

续表

序号	产品	分类	标准名称	标准编号
157	食用豆	生产管理类	豇豆流通规范	SB/T 10575—2010
158	食用豆	生产管理类	豆芽生产 HACCP 应用规范	SB/T 10751—2012
159	食用豆	生产管理类	豆制品现场加工管理技术规范	SB/T 10630—2011
160	食用豆	生产管理类	豆制品良好流通规范	SB/T 10828—2012
161	食用豆	生产管理类	豆制品企业良好操作规范	SB/T 10829—2012
162	食用豆	产品类	红小豆	NY/T 599—2002
163	食用豆	产品类	豇豆	NY/T 965—2006
164	食用豆	产品类	木豆	NY/T 1269—2007
165	食用豆	产品类	绿色食品 豆类	NY/T 285—2012
166	食用豆	产品类	绿色食品 豆制品	NY/T 1052—2014
167	食用豆	产品类	饲料原料 发酵豆粕	NY/T 2218—2012
168	食用豆	产品类	食用绿豆	NY/T 598—2002
169	食用豆	产品类	熟制豆类	SB/T 10948—2012
170	食用豆	产品类	膨化豆制品	SB/T 10453—2007
171	食用豆	产品类	黄豆复合调味酱	SB/T 10612—2011
172	食用豆	产品类	豆浆类	SB/T 10633—2011
173	食用豆	产品类	纳豆	SB/T 10528—2009
174	食用豆	产品类	菜豆（芸豆）、豇豆、精米豆（竹豆、榄豆）、扁豆	LS/T 3103—1985
175	食用豆	方法类	植物新品种特异性、一致性和稳定性测试指南 鹰嘴豆	NY/T 2487—2013
176	食用豆	方法类	农作物种质资源鉴定技术规程 豆科牧草	NY/T 1310—2007
177	食用豆	方法类	菜豆象检疫检测与鉴定方法	NY/T 2052—2011
178	食用豆	方法类	豆制品理化检验方法	SB/T 10229—1994
179	食用豆	方法类	出口油炸蚕豆检验规程	SN/T 0314—1994
180	食用豆	方法类	出口红豆馅检验规程	SN/T 0326—1994
181	食用豆	方法类	出口乳、蛋、豆类食品中蛋白质含量的测定 考马斯亮蓝法	SN/T 3926—2014
182	食用豆	方法类	出口食品过敏原成分检测 第17部分：实时荧光PCR方法检测羽扇豆成分	SN/T 1961.17—2013
183	食用豆	方法类	出口食品过敏原成分检测 第19部分：实时荧光PCR方法检测大豆成分	SN/T 1961.19—2013
184	食用豆	方法类	暗条豆象检疫鉴定方法	SN/T 1855—2006
185	食用豆	方法类	菜豆象的检疫和鉴定方法	SN/T 1274—2003

续表

序号	产品	分类	标准名称	标准编号
186	食用豆	方法类	巴西豆象检疫鉴定方法	SN/T 1278—2010
187	食用豆	方法类	灰豆象检疫鉴定方法	SN/T 1451—2004
188	食用豆	方法类	鹰嘴豆象检疫鉴定方法	SN/T 1452—2004
189	食用豆	方法类	菜豆细菌性萎蔫病菌检测方法	SN/T 1586.1—2005
190	食用豆	方法类	豇豆重花叶病毒检疫鉴定方法	SN/T 2055—2016
191	食用豆	方法类	出境速冻豆类检疫规程	SN/T 1804—2006
192	食用豆	方法类	美丽猪屎豆检疫鉴定方法	SN/T 1842—2006
193	食用豆	方法类	进境大豆检疫规程	SN/T 1849—2006
194	通用	环境安全类	无公害农产品 种植业产地环境条件	NY/T 5010—2016
195	通用	生产管理类	农产品质量安全追溯操作规程 谷物	NY/T 1765—2009
196	通用	生产管理类	豆类、谷类电子束辐照处理技术规范	NY/T 1895—2010
197	通用	生产管理类	无公害食品 粮食生产管理规范	NY/T 5336—2006
198	通用	生产管理类	进出口粮食储运卫生规范 第1部分：粮食储藏	SN/T 1882.1—2007
199	通用	生产管理类	进出口粮食储运卫生规范 第2部分：粮食运输	SN/T 1882.2—2007
200	通用	方法类	粮食、油料检验 脂肪酸值测定	NY/T 2333—2013
201	通用	方法类	无公害食品 产品抽样规范 第2部分：粮油	NY/T 5344.2—2006
202	通用	方法类	绿色食品 产品抽样准则	NY/T 896—2015
203	大豆	产品类	豆浆用大豆	LS/T 3241—2012
204	通用	方法类	食品中草甘膦残留量测定	NY/T 1096—2006
205	通用	方法类	谷物籽粒粗淀粉测定法	NY/T 11—1985
206	通用	方法类	谷类、豆类粗蛋白质含量的测定 杜马斯燃烧法	NY/T 2007—2011
207	通用	方法类	谷物、豆类作物种子粗蛋白测定法（半微量凯氏法）	NY/T 3—1982
208	通用	方法类	谷物、油料作物种子粗脂肪测定方法	NY/T 4—1982
209	通用	方法类	水稻、玉米、谷子籽粒直链淀粉测定法	NY/T 55—1987
210	通用	方法类	谷物籽粒粗纤维测定法	NY/T 13—1986
211	通用	方法类	谷物中戊聚糖含量的测定 分光光度法	NY/T 2335—2013
212	通用	方法类	谷物籽粒氨基酸测定的前处理方法	NY/T 56—1987
213	通用	方法类	谷类籽粒赖氨酸测定法 染料结合赖氨酸（DBL）法	NY/T 9—1984
214	通用	方法类	谷物籽粒色氨酸测定法	NY/T 57—1987

续表

序号	产品	分类	标准名称	标准编号
215	通用	方法类	粮油检验 粮食水分测定 水浸悬浮法	LS/T 6103—2010
216	通用	方法类	出口食品中脱氧雪腐镰刀菌烯醇、3-乙酰脱氧雪腐镰刀菌烯醇、15-乙酰脱氧雪腐镰刀菌烯醇及其代谢物的测定 液相色谱-质谱/质谱法	SN/T 3137—2012
217	通用	方法类	粮油检验 谷物中脱氧雪腐镰刀菌烯醇测定 胶体金快速测试卡法	LS/T 6110—2014
218	通用	方法类	粮油检验 谷物中黄曲霉毒素B_1的快速测定 免疫层析法	LS/T 6108—2014
219	通用	方法类	出口食品中黄曲霉毒素残留量的测定	SN/T 3263—2012
220	通用	方法类	进出口粮油、饲料检验 杂质检验方法	SN/T 0800.18—1999
221	通用	方法类	出口粮食、油料及饲料不完善粒检验方法	SN/T 0800.7—2016
222	通用	方法类	进出口粮食、饲料含盐量检验方法	SN/T 0800.11—1999
223	通用	方法类	出口花生、谷类及其制品中黄曲霉毒素、赭曲霉毒素、伏马毒素B_1、脱氧雪腐镰刀菌烯醇、T-2毒素、HT-2毒素的测定	SN/T 3136—2012
224	通用	方法类	进出口粮油、饲料检验抽样和制样方法	SN/T 0800.1—2016
225	通用	方法类	进出口食品中抑草磷、毒死蜱、甲基毒死蜱等33种有机磷农药的残留量检测方法	SN/T 2324—2009
226	通用	方法类	进出口食品中草甘膦残留量的检测方法 液相色谱-质谱/质谱法	SN/T 1923—2007
227	通用	方法类	进出口食品中氨基甲酸酯类农药残留量的测定 液相色谱-质谱/质谱法	SN/T 2560—2010
228	通用	方法类	进出口粮谷中多种氨基甲酸酯类农药残留量检测方法 液相色谱串联质谱法	SN/T 2085—2008
229	通用	方法类	出口粮谷中涕灭威、甲萘威、杀线威、恶虫威、抗蚜威残留量的测定	SN/T 1017.7—2014
230	通用	方法类	进出口食品中杀线威等12种氨基甲酸酯类农药残留量的检测方法 液相色谱-质谱/质谱法	SN/T 0134—2010
231	通用	方法类	进出口食品中莠去津残留量的检测方法 气相色谱-质谱法	SN/T 1972—2007
232	通用	方法类	进出口食品中稻瘟灵残留量的检测方法	SN/T 2229—2008

续表

序号	产品	分类	标准名称	标准编号
233	通用	方法类	进出口食品中狄氏剂和异狄氏剂残留量检测方法 气相色谱-质谱法	SN/T 1978—2007
234	通用	方法类	进出口植物性产品中吡虫啉残留量的检测方法 液相色谱串联质谱法	SN/T 2073—2008
235	通用	方法类	出口粮谷中克螨特残留量的测定	SN/T 0660—2016
236	通用	方法类	出口粮谷中磷胺残留量检验方法	SN 0701—1997
237	通用	方法类	进出口食品中敌百虫残留量检测方法 液相色谱-质谱/质谱法	SN/T 0125—2010
238	通用	方法类	进出口粮谷中马拉硫磷残留量检测方法	SN/T 0131—2010
239	通用	方法类	出口植物源性食品中多种菊酯残留量的检测方法 气相色谱-质谱法	SN/T 0217—2014
240	通用	方法类	出口粮谷中天然除虫菊素残留总量的检测方法 气相色谱-质谱法	SN/T 0218—2014
241	通用	方法类	出口植物源性食品中百草枯和敌草快残留量的测定 液相色谱-质谱/质谱法	SN/T 0293—2014
242	通用	方法类	出口粮谷中多种有机磷农药残留量测定方法 气相色谱-质谱法	SN/T 3768—2014
243	通用	方法类	进出口食品中丙环唑残留量的检测方法	SN/T 0519—2010
244	通用	方法类	出口粮谷中烯菌灵残留量测定方法 液相色谱-质谱/质谱法	SN/T 0520—2012
245	通用	方法类	出口粮谷中甲硫威（灭虫威）及代谢物残留量的检测方法 液相色谱-质谱/质谱法	SN/T 0527—2012
246	通用	方法类	出口粮谷及油籽中特普残留量检测方法	SN/T 0586—2012
247	通用	方法类	出口粮谷及油籽中稀禾定残留量检测方法 气相色谱-质谱法	SN/T 0596—2012
248	通用	方法类	出口植物源食品中四溴菊酯残留量检验方法 液相色谱-质谱/质谱法	SN/T 0603—2013
249	通用	方法类	出口粮谷中双苯唑菌醇残留量检测方法 液相色谱-质谱/质谱法	SN/T 0605—2012
250	通用	方法类	进出口粮谷和坚果中乙酯杀螨醇残留量的检测方法 气相色谱-质谱法	SN/T 0702—2011
251	通用	方法类	出口食品中二硝甲酚残留量的测定 液相色谱-质谱/质谱法	SN/T 0707—2014
252	通用	方法类	出口粮谷中调环酸钙残留量检测方法 液相色谱法	SN/T 0931—2013
253	通用	方法类	进出口粮谷中噻吩甲氯残留量检验方法	SN/T 0965—2000

续表

序号	产品	分类	标准名称	标准编号
254	通用	方法类	进出口植物性产品中氰草津、氟草隆、莠去津、敌稗、利谷隆残留量检验方法 高效液相色谱法	SN/T 1605—2005
255	通用	方法类	进出口植物性产品中苯氧羧酸类除草剂残留量检验方法 气相色谱法	SN/T 1606—2005
256	通用	方法类	进出口粮谷和油籽中多种有机磷农药残留量的检测方法 气相色谱串联质谱法	SN/T 1739—2006
257	通用	方法类	进出口粮谷中咪唑磺隆残留量检测方法 液相色谱法	SN/T 1866—2007
258	通用	方法类	进出口食品中联苯菊酯残留量的检测方法 气相色谱-质谱法	SN/T 1969—2007
259	通用	方法类	进出口食品中硫线磷残留量的检测方法	SN/T 2147—2008
260	通用	方法类	进出口食品中生物苄呋菊酯、氟丙菊酯、联苯菊酯等28种农药残留量的检测方法 气相色谱-质谱法	SN/T 2151—2008
261	通用	方法类	进出口食品中氟铃脲残留量检测方法 高效液相色谱-质谱/质谱法	SN/T 2152—2008
262	通用	方法类	进出口食品中苯线磷残留量的检测方法 气相色谱-质谱法	SN/T 2156—2008
263	通用	方法类	进出口食品中毒死蜱残留量检测方法	SN/T 2158—2008
264	通用	方法类	进出口食品中31种酸性除草剂残留量的检测方法 气相色谱-质谱法	SN/T 2228—2008
265	通用	方法类	进出口食品中三唑醇残留量的检测方法 气相色谱-质谱法	SN/T 2232—2008
266	通用	方法类	进出口食品中丙溴磷残留量检测方法 气相色谱法和气相色谱-质谱法	SN/T 2234—2008
267	通用	方法类	进出口食品中百菌清、苯氟磺胺、甲抑菌灵、克菌丹、灭菌丹、敌菌丹和四溴菊酯残留量检测方法 气相色谱质谱法	SN/T 2320—2009
268	通用	方法类	进出口食品中腈菌唑残留量检测方法 气相色谱质谱法	SN/T 2321—2009
269	通用	方法类	进出口食品中四唑嘧磺隆、甲基苯苏呋安、醚磺隆等45种农药残留量的检测方法 高效液相色谱-质谱/质谱法	SN/T 2325—2009
270	通用	方法类	进出口食品中哒螨灵残留量的检测方法	SN/T 2432—2010
271	通用	方法类	进出口食品中涕灭威、涕灭威砜、涕灭威亚砜残留量检测方法 液相色谱-质谱/质谱法	SN/T 2441—2010

续表

序号	产品	分类	标准名称	标准编号
272	通用	方法类	进出口食品中苯甲酰脲类农药残留量的测定 液相色谱-质谱/质谱法	SN/T 2540—2010
273	通用	方法类	进出口食品中苯并咪唑类农药残留量的测定 液相色谱-质谱/质谱法	SN/T 2559—2010
274	通用	方法类	出口植物源食品中二硝基苯胺类除草剂残留量测定 气相色谱-质谱/质谱法	SN/T 3628—2013
275	通用	方法类	出口食品中甲草胺、乙草胺、甲基吡恶磷等160种农药残留量的检测方法 气相色谱-质谱法	SN/T 2915—2011
276	通用	方法类	出口食品中三苯锡、苯丁锡残留量检测方法 气相色谱-质谱法	SN/T 3149—2012
277	通用	方法类	出口植物源食品中4种噻唑类杀菌剂残留量的测定 液相色谱-质谱/质谱法	SN/T 3699—2013
278	通用	方法类	出口食品中对氯苯氧乙酸残留量的测定	SN/T 3725—2013
279	通用	方法类	出口食品中烯肟菌酯残留量的测定	SN/T 3726—2013
280	通用	方法类	出口食品中氰氟虫腙残留量的测定 液相色谱-质谱/质谱法	SN/T 3852—2014
281	通用	方法类	出口食品中异恶唑草酮及代谢物的测定 液相色谱-质谱/质谱法	SN/T 3857—2014
282	通用	方法类	出口食品中沙蚕毒素类农药残留量的筛查测定 气相色谱法	SN/T 3862—2014
283	通用	方法类	出口食品中烯效唑类植物生长调节剂残留量的测定 气相色谱-质谱法	SN/T 3935—2014
284	通用	方法类	出口食品中异菌脲残留量的测定 气相色谱-质谱法	SN/T 4013—2013
285	通用	方法类	进出口粮食、饲料发芽势、发芽率检验方法	SN/T 0800.14—1999
286	通用	方法类	进出口粮食、饲料类型纯度及互混检验方法	SN/T 0800.17—1999
287	通用	方法类	进出口食品中砷、汞、铅、镉的检测方法 电感耦合等离子体质谱（ICP-MS）法	SN/T 0448—2011
288	通用	方法类	出口食品中过氧化苯甲酰含量的测定 高效液相色谱法	SN/T 3148—2012
289	通用	方法类	进出口粮食、饲料粗纤维含量检验方法	SN/T 0800.8—1999
290	通用	方法类	粮油检验 谷物中玉米赤霉烯酮测定 胶体金快速测试卡法	LS/T 6109—2014
291	通用	方法类	粮油检验 粮食中玉米赤霉烯酮测定 胶体金快速测定法	LS/T 6112—2015

续表

序号	产品	分类	标准名称	标准编号
292	通用	方法类	粮油检验 粮食中赭曲霉毒素 A 测定 胶体金快速定量法	LS/T 6114—2015
293	通用	方法类	粮油检验 粮食中脱氧雪腐镰刀菌烯醇测定 胶体金快速定量法	LS/T 6113—2015
294	通用	方法类	粮油检验 粮食中黄曲霉毒素 B_1 测定 胶体金快速定量法	LS/T 6111—2015
295	小麦	产品类	中国好粮油 小麦	LS/T 3109—2017
296	玉米	产品类	中国好粮油 食用玉米	LS/T 3110—2017
297	杂粮	产品类	中国好粮油 杂粮	LS/T 3112—2017
298	杂豆	产品类	中国好粮油 杂豆	LS/T 3113—2017
299	小麦粉	产品类	中国好粮油 小麦粉	LS/T 3248—2017
300	食用植物油	产品类	中国好粮油 食用植物油	LS/T 3249—2017
301	挂面	产品类	中国好粮油 挂面	LS/T 3304—2017
302	玉米	产品类	中国好粮油 饲用玉米	LS/T 3411—2017
303	通用	产品类	粮食初清筛试验方法	LS/T 3519—1988
304	通用	方法类	水浸悬浮法水分快速测定仪技术条件与试验方法	LS/T 3705—2010
305	通用	方法类	粮油检验 粮食中赭曲霉毒素 A 的测定 超高效液相色谱法	LS/T 6126—2017
306	通用	方法类	粮油检验 粮食中脱氧雪腐镰刀菌烯醇的测定 超高效液相色谱法	LS/T 6127—2017
307	通用	方法类	粮油检验 粮食中黄曲霉毒素 B_1、B_2、G_1、G_2 的测定 超高效液相色谱法	LS/T 6128—2017
308	通用	方法类	粮油检验 粮食中玉米赤霉烯酮的测定 超高效液相色谱法	LS/T 6129—2017
309	通用	方法类	粮油检验 粮食中伏马毒素 B_1、B_2 的测定 超高效液相色谱法	LS/T 6130—2017
310	通用	方法类	粮油检验 粮食中镉的快速测定 稀酸提取-石墨炉原子吸收光谱法	LS/T 6134—2018
311	通用	方法类	粮油检验 粮食中铅的快速测定 稀酸提取-石墨炉原子吸收光谱法	LS/T 6135—2018
312	通用	方法类	粮油检验仪器 水浸悬浮法粮食容重仪技术条件与试验方法	LS/T 6401—2016
313	通用	方法类	粮食作物名词术语	NY/T 1961—2010
314	通用	方法类	粮食(含谷物、豆类、薯类)及制品中铅、铬、镉、汞、硒、砷、铜、锌等八种元素限量	NY 861—2004
315	通用	生产管理类	主要粮食作物产量年景等级	QX/T 335—2016

表 4-3　小麦、玉米、杂粮、豆类各类作物产品标准涉及产品情况

分类 (产品/标准数量)	小麦	玉米	豆类	杂粮
通用标准	小麦	玉米 食用玉米 饲料用玉米	大豆 饲料用大豆 绿豆（有2项标准） 小豆 红小豆 豇豆 菜豆（芸豆） 精米豆（竹豆、榄豆） 扁豆 木豆 蚕豆 豌豆	大麦（有2项标准） 燕麦（莜麦） （有3项标准） 荞麦 高粱（有2项标准） 粟（有3项标准） 黍（有2项标准） 稷（有2项标准）
专用品种标准 （通用标准＋ 具体品标准）	优质小麦强筋小麦 优质小麦弱筋小麦 东北地区硬红春小麦 黄淮海地区强筋 白硬冬小麦 强筋、中筋、弱筋小麦	糯玉米 （有2项标准） 高油玉米 （有2项标准） 高淀粉玉米 淀粉发酵工业用玉米 甜玉米/甜玉米鲜苞 （有2项标准） 优质蛋白玉米 爆裂玉米 笋玉米	豆浆用大豆 小粒黄豆 地理标志产品 宝清红小豆 地理标志产品 郫县豆瓣	啤酒大麦 啤酒大麦扬农啤 地理标志产品　蔚 州贡米（蔚州小米） 地理标志产品 武安小米 地理标志产品 浦城薏米
种子标准（通用标准＋具体品标准）	春小麦宁春39号 春小麦青春40号 皖麦38号	杂交玉米组合 皖单4号 杂交玉米组合 皖单4号	粮食作物种子 第2部分：豆类 绿豆品种明绿1号 大豆品种皖豆10号 大豆品种皖豆12号 大豆品种皖豆13号 大豆品种吉育101 蚕豆戴韦 毛豆品种新六青	

续表

分类 (产品/标准数量)	小麦	玉米	豆类	杂粮
加工产品标准 (通用标准＋具体品标准)	小麦粉	玉米粉	豆制品（有2项标准）	方便杂粮粉
	高筋小麦粉	玉米糁	非发酵豆制品	
	低筋小麦粉	方便玉米粉	膨化豆制品	
	面包用小麦粉	玉米笋罐头	大豆蛋白制品 （有3项标准）	
	面条用小麦粉	甜玉米罐头	熟制豆类	
	饺子用小麦粉		豆粕（有2项标准）	
	馒头用小麦粉		豆芽（有2项标准）	
	发酵饼干用小麦粉		豆浆类/豆浆 （有2项标准）	
	酥性饼干用小麦粉		纳豆	
	蛋糕用小麦粉		黄豆酱 （有2项标准）	
	糕点用小麦粉		黄豆复合调味酱	
	自发小麦粉		盐水红豆罐头	
	营养强化小麦粉		绿豆芽罐头	
	裱花蛋糕 （有2项标准）		蚕豆罐头	
	挂面		青刀豆罐头	
	花色挂面		青豌豆罐头	
	手工面		豆浆晶	
	面包		豆腐干 （有2项标准）	
	法式面包		卤制豆腐干 （有2项标准）	
	小麦粉馒头		长汀豆腐干	
	速冻饺子 （有2项标准）		方便豆腐花	
	速冻面米食品		绿豆粉皮	
	方便面		腊八豆	
	调味面制食品		豆制品水豆腐	
	热干面		豆腐、半脱水豆制品、豆腐再加工制品	
	方便湿面		地理标志产品 八公山豆腐千张	

续表

分类 （产品/标准数量）	小麦	玉米	豆类	杂粮
加工产品标准 （通用标准＋具体品标准）	湿面		地理标志产品 八公山豆腐豆腐干 地理标志产品八公山豆腐水豆腐 豆制品油炸豆泡 豆制品腐皮 豆制品白页（千张）	
绿色食品标准	小麦及小麦粉 生面食、米粉制品 熟粉及熟米制糕点 速冻预包装面米食品 蒸制类糕点	玉米及玉米粉	绿色食品豆类 绿色食品豆制品	大麦及大麦粉 燕麦及燕麦粉 荞麦及荞麦粉 高粱 粟米及粟米粉
粮食副产品标准	食用小麦淀粉 小麦胚 （胚片、胚粉） 饲料用小麦麸	玉米干全酒糟 （有2项） 饲料用玉米蛋白粉 工业玉米淀粉 食用玉米淀粉 食用玉米变性淀粉 青贮玉米品质分级	大豆肽粉 大豆低聚糖 可溶性大豆多糖 大豆膳食纤维粉 大豆皂苷 大豆异黄酮	

我国小麦、玉米、杂粮、豆类等粮食和加工制品种类丰富，主类产品主要包括收储、食用、饲用产品。小麦、玉米、杂粮、豆类专用需求大，专用品种标准也较多。小麦和食用豆加工和产业链较长，加工品种类和标准数量有明显优势。随着我国粮食深加工业的不断扩展，加工产品标准比例也不断提高。绿色食品和种子标准多为综合类标准，其中品种标准主要集中在地方标准中。

目前，我国粮食产品质量标准中强制国标比例较低，主要包括小麦、小麦粉、玉米、大豆等主粮和粮食作物种子标准；行业标准仍是标准的主力，主要涉及各类专用玉米、小麦、小宗粮豆、饲料、专用小麦粉、粮食加工食品、副产品、绿色食品以及相关术语标准等。从表4-1和表4-2可以看出，我国各作物产品质量标准基本平衡，小麦和食用豆的加工品种类较多，玉米的专用品种标准略多，其他作物产品标准数量基本一致。

这些年随着粮食产业不断优化升级，国家投入和支持力度不断加大，我国粮食产品质量标准数量充足，结构基本趋于合理，各类粮食作物发展较为均衡，已形成了包含主类、专用品种、种子、加工品、绿色食品和副产品标准的粮食产品标准体系框架，覆盖到了整个产业链，有效保障了国家粮食和种业安全，在一定程度上指导了粮食生产、加工以及市场流通和消费，促进了粮食产业全面发展。

二、小麦、玉米、杂粮、豆类标准体系存在的问题

（一）产品标准存在的主要问题

在粮食产业发展初期，我国粮油专业人员短缺、资金匮乏、技术设备落后，政府相关部门支持力度有限，导致该领域许多标准未能得到及时更新，造成了标准内容过时、先进程度低、实用性较差等问题。进入"十一五"后，我国粮油标准数量不断增加，但整体结构仍不合理，国家和行业标准重复、交叉制定现象严重。从表4-1、表4-2可以看出，有20%左右的产品存在多标并存问题，产品分类和等级规格较为混乱，标准内容和参数设置重复、不协调，造成整个标准体系混乱、不清晰，影响了标准的使用和制定。

针对这一现状，对粮食产品质量标准整体梳理后发现，问题主要存在以下五方面问题：一是标准重复多，主要集中在标准重要定义、适用范围、参数检测依据等关键内容重复，影响标准参考使用；二是协调性差、不统一，主要是同类产品标准特别是术语定义标准和产品质量标准间参数设置不一致、定义不准确，有矛盾；三是标准分散不系统，大宗粮食和小宗粮豆中都存在分类过细问题，标准带有的检测方法附录与检测方法标准冲突，影响标准整体系统性；四是内容、格式陈旧需更新，部分国家标准、农业行业标准、粮食行业标准等引用标准更新不及时，还存在15年以上未更新标准，格式陈旧未及时修订；五是覆盖面仍不足，新型主粮加工品、小宗粮豆标准仍有缺失。

1. 部门间标准重复多

粮食生产加工涉及多个政府部门，部门间标准重复问题比较突出，近20%的标准存在标准重复的问题，主要涉及粮食术语、专用玉米、小麦和大豆制品等。多数标准存在新老标准不一致，或多部门同时制定类似标准问题。

（1）内容完全一致 经过多年的标准清理工作，发现现行有效的标准中仍有内容完全一致的2个标准，是2010年制定的《玉米干全酒糟》标准，起草单位、归口单位、主要内容和范围，完全一致，只有标准编号不同，具体情况见表4-4。

（2）关键内容重复 粮食涉及部分多，不同部门都有相应标准，时有针对同类产品出现多个标准的现象，主要是国家标准和行业标准间重复，涉及粮食术语、专用玉米、小麦和大豆制品等标准。标准间主要内容、适用范围、重要定义、主要参数和重要参照方法基本一致，个别参数设置略有不同，部分实例情况见

表 4-4 内容完全一致标准

标准编号	标准名称	标准类别	标准主要内容及范围	起草单位	归口单位
NY/T 1968—2010	玉米干全酒糟（玉米DDGS）	农业行业标准	规定了饲料用玉米干全酒糟（玉米DDGS）的定义、要求、试验方法、检验规则、标签、包装、运输和贮存；适用于采用玉米为原料通过干法酒精生产、半干法酒精生产和湿法酒精生产得到的干酒精糟及可溶物	中国农业大学动物科技学院	全国饲料工业标准化技术委员会
GB/T 25866—2010	玉米干全酒糟（玉米DDGS）	国家标准	规定了饲料用玉米干全酒糟（玉米DDGS）的定义、要求、试验方法、检验规则、标签、包装、运输和贮存；适用于采用玉米为原料通过干法酒精生产、半干法酒精生产和湿法酒精生产得到的干酒精糟及可溶物	中国农业大学动物科技学院	全国饲料工业标准化技术委员会

表4-5。同类产品标准归口不同，标准的重复出现造成了资源浪费，参照标准不统一，容易引起混乱。

2. 标准间协调性差、不统一

标准间协调性差、不统一是粮食产品质量标准的主要问题之一，其中近半标准同时伴有参数设置不统一、定义矛盾不准确两个问题。水稻、玉米、小麦、杂粮、豆类产品标准都存在参数设置和定义矛盾的问题，而杂粮标准突出的问题是作物学术名称不统一。国家标准之间、国家标准和行业标准之间、不同行业标准之间都存在该类问题。参数和定义是产品质量定等定级的主要依据，粮食生产流通涉及多个部门，虽然不同部门负责产业链环节不同、需求也不同，但对粮食产品质量的基本要求是相同的。国家和行业标准间不一致，使其在产业链中的有效流通受到影响，不利于整个产业的发展以及质量追溯。

（1）参数设置不一致

① 小麦 表4-6给出了专用小麦主要参数比较，表4-7给出了小麦粉的主要参数比较。其中专用小麦和小麦粉的参数设置不一致主要集中在粗蛋白质、湿面筋、稳定时间、最大拉伸阻力等质量参数。不同标准中对强筋小麦、中强筋小麦、中筋小麦、弱筋小麦的指标要求差异较大。

② 玉米 表4-8给出了玉米粉分级定等主要参数，主要是水分含量不一致。表4-9给出了玉米产品分级定等的主要参数情况，参数设置不一致主要集中在专用玉米、糯玉米、高油玉米、高淀粉玉米的不完善粒、生霉粒、粗淀粉含量，其中粗淀粉含量是高淀粉玉米的定等指标。

③ 食用豆 表4-10给出了部分豆类产品的主要参数情况，其中参数设置不一致主要集中在红小豆的水分含量。

表 4-5 玉米产品关键内容重复标准

标准	标准主要内容及范围	归口单位[①]	重要定义	主要参数	重要试验方法
GB/T 22326—2008《糯玉米》	规定了糯玉米的相关术语和定义、分类、质量要求和卫生要求、检验方法、标签标识、包装、储存和运输要求；适用于商品糯玉米	全国粮油标准化委员会	黏性较强的玉米。籽粒不透明、无光泽，呈蜡质状，胚乳淀粉主要是支链淀粉，直链淀粉含量较低	定等：直链淀粉含量。其他：容重、不完善粒、杂质、水分	直链淀粉含量检测，NY/T 55
NY/T 524—2002《糯玉米》	规定了籽粒糯玉米及鲜糯玉米的术语和定义、试验方法、要求、包装、标签等要求；适用于生产、加工、销售过程中对干籽粒糯玉米和鲜糯玉米质量的检测、评价和鉴定	农业部种植司提出	又称蜡质玉米，是玉米的一种类型。其干基籽粒粗淀粉中直链淀粉含量≤5%	定量：直链淀粉含量。其他：不完善粒、杂质、水分、玉米穗品质评价	直链淀粉含量检测，NY/T 55
GB/T 22503—2008《高油玉米》	规定了高油玉米的术语和定义、质量要求和卫生要求、标签标识、包装、检验规则、储存和运输要求；适用于生产、加工、销售等过程中对干籽粒高油玉米的检测、评价和鉴定	全国粮油标准化委员会	干基粗脂肪含量不低于最低指标（6.0%）的玉米	定等：粗脂肪。其他：不完善粒、杂质、水分	粗脂肪测定，GB/T 5512
NY/T 521—2002《高油玉米》	规定了高油玉米的木语和定义、要求、试验方法、标签、包装、贮运等要求；适用于生产、加工、销售中对高油玉米质量评价和鉴定	农业部种植司提出	籽粒粗脂肪含量≥6.0%的玉米	定等：粗脂肪。其他：不完善粒、杂质、水分、脂肪酸值	粗脂肪测定，NY/T 4

① 为标准发布时的机构名称。

表 4-6 专用小麦产品分级定等主要参数比较

标准编号	标准名称	等级	容重/(g/L)	不完善粒/%	硬度指数	降落数值/s	粗蛋白质(干基)/%	湿面筋(14%水分基)/%	面团稳定时间/min	吸水率/(mL/100g)	烘焙体积/cm³	最大拉伸阻力/EU	延伸性/mm	面团拉伸面积或能量/cm²
GB 1351—2008	小麦	一等	≥790											
		二等	≥770	≤6.0										
		三等	≥750	≤8.0										
		四等	≥730	≤10.0										
		五等	≥710											
GB/T 17892—1999	优质小麦 强筋小麦	一等	≥770	≤6.0		≥300	≥15.0	≥35.0	≥10.0					
		二等	≥750	≤6.0		≥300	≥14.0	≥32.0	≥7.0					
GB/T 17893—1999	优质小麦 弱筋小麦						≤11.5	≤22.0	≤2.5					
NY/T 2121—2012	东北地区硬 红春小麦	强筋一等			≥60	≥300	≥15.0	≥32.0	≥10.0	≥60.0	≥800	≥450	≥180	≥110
		强筋二等			≥60	≥250	≥14.0	≥30.0	≥8.0	≥58.0	≥750	≥350	≥170	≥80
		中强筋			≥50	≥250	≥13.0	≥28.0	≥6.0			≥300	≥160	≥90
		中筋			<50	≥250	≥12.0	≥26.0	≥3.0			—	—	—
NY/T 1218—2006	黄淮海地区 强筋白硬冬小麦	一等	≥770	≤6.0		≥250	≥14.50	≥33.0	≥12.0	≥60		≥350		
		二等	≥750				≥13.50	≥30.0	≥7.0	≥58		≥300		
GB/T 17320—2013	小麦品种品质分类	强筋					≥14.0	≥30	≥8.0	≥58		≥350		≥65
		中强筋					≥13.0	≥28	≥6.0	≥56		≥300		≥50
		中筋					≥12.5	≥26	≥3.0	<56		≥200		—
		弱筋					<12.5	<26	<3.0					

表 4-7 小麦粉产品分级定等主要参数比较

标准编号	标准名称	等级	水分/%	降落数值/s	粗蛋白质/%	湿面筋/%	稳定时间/min	灰分/%	含砂量/%	粗细度/%
GB 1355—1986	小麦粉	特制一等	≤14.0			≥26.0		≤0.70	≤0.02	全部通过 CB36 号筛,留存在 CB42 号筛上的不超过 10.0%
		特制二等	≤14.0			≥25.0		≤0.85	≤0.02	全部通过 CB30 号筛,留存在 CB36 号筛上的不超过 10.0%
		标准粉	≤13.5			≥24.0		≤1.10	≤0.02	全部通过 CB30 号筛,留存在 CQ20 号筛的不超过 10.0%
		普通粉	≤13.5			≥22.0		≤1.40	≤0.02	全部通过 CQ20 号筛
GB/T 8607—1988	高筋小麦粉	一等	≤14.5		≥12.2	≥30.0		≤0.70	≤0.02	全部通过 CB36 号筛,留存在 CB42 号筛上的不超过 10.0%
		二等						≤0.85		全部通过 CB30 号筛,留存在 CB36 号筛上的不超过 10.0%
GB/T 8608—1988	低筋小麦粉	一等	≤14.0		≤10.0	≤24.0		≤0.60	≤0.02	全部通过 CB36 号筛,留存在 CB42 号筛上的不超过 10.0%
		二等						≤0.80		全部通过 CB30 号筛,留存在 CB36 号筛上的不超过 10.0%
LS/T 3201—1993	面包用小麦粉	精制级	≤14.5	250~350		≥33	≥10	≤0.60	≤0.02	全部通过 CB36 号筛留存量不超过 15.0%
		普通级				≥30	≥7	≤0.75		

续表

标准编号	标准名称	等级	水分/%	降落数值/s	粗蛋白质/%	湿面筋/%	稳定时间/min	灰分/%	含砂量/%	粗细度/%
LS/T 3202—1993	面条用小麦粉	精制级	≤14.5	≥200		≥28	≥4.0	≤0.55	≤0.02	全部通过CB36号筛，CB42号筛留存量不超过10.0%
		普通级	≤14.5	≥200		≥26	≥3.0	≤0.70	≤0.02	全部通过CB36号筛，CB42号筛留存量不超过10.0%
LS/T 3203—1993	饺子用小麦粉	精制级	≤14.0	≥250		28~32	≥3.5	≤0.55	≤0.02	全部通过CB36号筛，CB42号筛留存量不超过10.0%
		普通级	≤14.0	≥250			≥3.0	≤0.70	≤0.02	全部通过CB36号筛，CB42号筛留存量不超过10.0%
LS/T 3204—1993	馒头用小麦粉	精制级	≤14.0	250~350		25.0~30.0	≥3.0	≤0.55	≤0.02	全部通过CB36号筛
		普通级	≤14.0			24~30	≤3.5	≤0.70	≤0.02	全部通过CB36号筛，CB42号筛留存量不超过10.0%
LS/T 3205—1993	发酵饼干用小麦粉	精制级	≤14.0	≥150		22~26	≤2.5	≤0.55	≤0.02	全部通过CB36号筛，CB42号筛留存量不超过10.0%
		普通级	≤14.0				≤3.5	≤0.70	≤0.02	全部通过CB36号筛，CB42号筛留存量不超过10.0%
LS/T 3206—1993	酥性饼干用小麦粉	精制级	≤14.0	≥250		≤22.0	≤1.5	≤0.55	≤0.02	全部通过CB36号筛，CB42号筛留存量不超过10.0%
		普通级	≤14.0			≤24.0	≤2.0	≤0.70	≤0.02	全部通过CB36号筛，CB42号筛留存量不超过10.0%
LS/T 3207—1993	蛋糕用小麦粉	精制级	≤14.0			≤22.0	≤1.5	≤0.53	≤0.02	全部通过CB36号筛
		普通级	≤14.0				≤2.0	≤0.65	≤0.02	全部通过CB36号筛，CB42号筛留存量不超过10.0%
LS/T 3208—1993	糕点用小麦粉	精制级	≤14.0	≥160		≤24.0		≤0.55	≤0.02	全部通过CB42号筛
		普通级	≤14.0					≤0.70	≤0.02	全部通过CB42号筛留存量不超过10.0%

表 4-8 玉米粉分级定等主要参数

标准编号	标准名称	分类	水分含量/%	灰分含量（干基）/%	粗脂肪（干基）/%	含砂量/%	磁性金属物含量/(g/kg)	脂肪酸值(KOH)/(mg/100g)	粒度大小
GB/T 10463—2008	玉米粉	脱胚玉米粉	≤14.5	≤1.0	≤2.0	≤0.02	≤0.003	≤60	全部通过 CQ10 号筛网
		全玉米粉	≤14.5	≤3.0	≤5.0			≤80	
GB/T 22496—2008	玉米糁	玉米糁子	≤14.0	杂质≤1.0	≤2.0	≤0.02	≤0.003	≤70	分为大、中、粗、细玉米糁，通过筛网留存情况型号不同判定
NY/T 418—2014	绿色食品玉米及玉米粉	脱胚玉米粉	≤14.0			≤0.02	≤0.003	≤60	无
		全玉米粉						≤80	

表 4-9 玉米产品分级定等主要参数

标准编号	标准名称	容重/(g/L)	不完善粒总量/%	其中生霉粒/%	杂质含量/%	水分含量/%	直链淀粉含量/%	玉米糖品质分	粗脂肪(干基)/%	脂肪酸值(KOH)/(mg/100g)	可溶性糖含量/%	粗淀粉(干基)/%	粗蛋白(干基)/%	赖氨酸(干基)/%	膨化倍数	爆花率
GB 1353—2018	玉米	3 等 ≥660	3 等 ≤8.0	≤2.0	≤1.0	≤14.0										
		5 等 ≥600	5 等 ≤15.0	≤2.0	≤1.0	≤14.0										
NY/T 519—2002	食用玉米	无	≤5.0	0	≤1.0	≤14.0			3 等 ≥3.0	≤40			3 等 ≥9.0	3 等 ≥0.25		
GB/T 17890—2008	饲料用玉米	三级 ≥660	三级 ≤8.0	≤2.0	≤1.0	≤14.0				≤60			≥8.0			
GB/T 22326—2008	糯玉米	≥660	≤6.0	≤0.5	≤1.0	≤14.0	3 等 ≤5.0①									
NY/T 524—2002	糯玉米	≥660	≤5.0	≤0	≤1.0	≤14.0	3 等 ≤5.0①	3 等 ≥60								
NY/T 523—2002	甜玉米							3 等 ≥60①			≥8					

续表

标准编号	标准名称	容重/(g/L)	不完善粒总量/%	其中生霉粒/%	杂质含量/%	水分含量/%	直链淀粉含量/%	玉米糖品质分	粗脂肪(干基)/%	脂肪酸值(KOH)/(mg/100g)	可溶性糖含量/%	粗淀粉(干基)/%	粗蛋白(干基)/%	赖氨酸(干基)/%	膨化倍数	爆花率
GB/T 22503—2008	高油玉米		≤6.0	≤0.5	≤1.0	≤14.0			3等 ≥6.0①							
NY/T 521—2002	高油玉米		≤5.0	≤0	≤1.0	≤14.0			3等 ≥6.0①	≤40.0						
GB/T 8613—1999	淀粉发酵工业用玉米		≤5.0	≤1.0	≤1.0	≤14.0						2等 ≥72① 3等 ≥69①				
NY/T 597—2002	高淀粉玉米		≤5.0	≤0	≤1.0	≤14.0						3等 ≥72①				
NY/T 520—2002	优质蛋白玉米	≥685	≤5.0	≤0	≤1.0	≤14.0							3等 ≥9.0①	3等 ≥0.40①		
NY/T 522—2002	爆裂玉米		≤1.0	≤0	≤0.5	11.0~14.0									3等 ≥20①	3等 ≥92①

① 专用玉米定等指标。

表 4-10 部分豆类产品分级定等主要参数

标准编号	标准名称	等级	水分/%	不完善粒/%	霉变粒/%	纯粮率/%	异色粒/%	粒径均匀度/%	百粒重/g	粗蛋白/%	淀粉/%	豆沙含量/%
GB/T 10462—2008	绿豆	1等	≤13.5	杂质≤1.0		≥97.0						
		2等				≥94.0						
		3等				≥91.0						
		等外				<91.0						
NY/T 598—2002	食用绿豆	1等	≤13.5	≤3.0	≤0.1		≤1.0	整齐		≥25.0	≥54.0	
		2等		≤3.0	≤0.1		≤3.0	整齐		≥23.0	≥52.0	
		3等		≤3.0	≤0.1		≤3.0	较整齐		≥21.0	≥50.0	
NY/T 599—2002	红小豆	一等	≤14.5	≤3.0			≤1	≥75				
		二等		≤5.0			≤2	≥70				
		三等		≤7.0			≤3	≥65				
GB/T 20442—2006	地理标志产品 宝清红小豆	一等	≤14.5	≤2.0		≥98.0	≤1		≥16	≥20.0	≥50.0	≥70.0
		二等		≤4.0		≥95.0	≤2		≥16	≥20.0	≥50.0	≥70.0
		三等		≤6.0		≥92.0	≤3		≥16	≥20.0	≥50.0	≥70.0
GB/T 10461—2008	小豆	1等	≤14.0									
		2等										
		3等										
		等外				<92.0						

④ 杂粮　表 4-11～表 4-13 给出了杂粮中高粱、粟、稷、黍、大麦主要参数的情况。杂粮涉及品种繁杂，不同品种以及其初级加工的质量要求各有不同。

（2）作物学术名不统一　问题主要集中在杂粮和豆类方面。比较粮食名词术语主要标准可以看出，问题主要集中在一个名称包含多种作物或有多个名称的作物中，如燕麦和莜麦、粟和谷子、黍和稷、赤豆和红小豆等，中文和英文叫法都有差异，如无植物学拉丁名标注，很难准确区分。具体标准和涉及作物见表 4-14、表 4-15。

（3）定义不准确、有矛盾　不同标准隶属于各直属标准委员会，标准间术语定义不准确、存在差异，术语定义标准和产品质量标准中产品定义不一致、有冲突。玉米、小麦和大豆等均涉及类似问题。国家粮食标准主要归口粮油标准委员会，其对粮食的定义与农业行业、进出口行业标准表述差异较大。其中农业行业标准从农学角度定义粮食，表述涵盖面最广、定义最全面；国家标准定义过于笼统，可参考性差；进出口标准粮食定义描述较全面，但未包括薯类等。粮食作为国家的重要经济生活命脉，在不同领域定义差异较大，没有统一完整定义，影响粮食生产的整体布局和发展。

玉米、小麦、大豆等作物定义中，主要是文字描述有差异、定义的重要参数要求不同，如大豆未熟粒、生霉粒、冻伤粒、完整粒描述不一致，专用玉米定义和粮食术语标准表述不统一，强筋、中筋、弱筋小麦品质定义要求不同。在标准执行和使用中，容易造成混乱，不利于管理。具体见表 4-16、表 4-17。

3. 标准分散不系统

粮食产品种类众多，相关标准数量仅次于检测方法，类似产品制定多个标准问题比较突出。产品类标准中部分标准制定分散，未能将类似产品汇总归类制定，造成使用者参照标准分散、不系统，也容易在标准制定过程中引起参数设置不合理、不统一。国家和行业产品类标准中常带有说明检测方法的附录标准。产品质量标准附带检测方法，是产品所需检测方法缺失时对应的解决办法。经过对标准逐一清理后，发现近半数附录方法已不再具有唯一性，或已有现行检测标准，但仍在使用附录，容易引起检测标准参照混乱，导致产品标准执行不畅，影响标准体系的系统性。

（1）产品标准过于细分　一些作物产品标准分类过细的情况见表 4-18。从表 4-18 中可以看出，玉米、小麦、杂粮、食用豆都有该问题存在，其中小麦最为突出。

（2）附录带检测方法　笔者梳理了国标和行业标准中 40 多个带有检测方法附录的标准，见表 4-19。由表可见，部分产品标准与独立的检测方法标准之间，制定实施的时间相差 5 年以上。在制定一些检测方法标准时，未对产品质量标准进行研究、清理，导致原产品标准中的附录和此后制定的检测方法重复或冲突。

表 4-11 高粱产品分级定等主要参数

标准编号	标准名称	等级	容重/(g/L)	不完善粒/%	带壳粒/%	杂质总量/%	水分含量/%	加工精度/%	碎米/%	单宁/%
GB/T 8231—2007	高粱	1等	≥740	≤3.0	≤5	≤1.0	≤14.0	无	无	≤0.5
		2等	≥720							
		3等	≥700							
LS/T 3215—1985	高粱米	1等	无	2.0	高粱壳含量≤0.03	≤0.30	≤14.5	75.0	≤3.0	无
		2等		3.0				65.0		
		3等		4.0				55.0		

表 4-12 粟、稷、黍产品分级定等主要参数

标准编号	标准名称	等级	容重/(g/L)	不完善粒/%	杂质总量/%	矿物质/%	水分含量/%	加工精度/%	碎米/%	互混限度/%
GB/T 8232—2008	粟	1等	≥670	≤1.5	≤2.0	≤0.5	≤13.5	无	无	无
		2等	≥650							
		3等	≥630							
GB/T 11766—2008	小米	1等	无	≤1.0	≤0.5	≤0.02	≤13.0	≥95	≤4.0	无
		2等		≤2.0	≤0.7			≥90		
		3等		≤3.0	≤1.0			≥85		
GB/T 13355—2008	黍	1等	≥690	≤2.0	≤2.0	≤0.5	≤14.0	无	无	无
		2等	≥670							
		3等	≥650							

续表

标准编号	标准名称	等级	容重/(g/L)	不完善粒/%	杂质总量/%	矿物质/%	水分含量/%	加工精度/%	碎米/%	互混限度/%
GB/T 13356—2008	秦米	1等	无	≤2.0	≤0.5	≤0.02	≤14.0	≥80	≤6.0	≤5
		2等		≤3.0	≤0.7			≥70		
		3等		≤4.0	≤1.0			≥60		
GB/T 13357—2008	稷	1等	≥760	≤3.0	≤2.0	≤0.5	≤14.0	无	无	无
		2等	≥740							
		3等	≥720							
GB/T 13358—2008	稷米	1等	无	≤2.0	≤0.5	≤0.02	≤14.0	≥75	≤6.0	≤5
		2等		≤3.0	≤0.7			≥65		
		3等		≤4.0	≤1.0			≥55		

表4-13 大麦产品分级定等主要参数

标准编号	标准名称	等级	容重/(g/L)	不完善粒/%	杂质总量/%	矿物质/%	水分含量/%	纯粮率/%
GB/T 11760—2008	裸大麦	1等	≥790	≤6.0	≤1.0	≤0.5	≤13.0	无
		2等	≥770					
		3等	≥750	≤8.0				
		4等	≥730					
		5等	≥710	≤10.0				
LS/T 3101—1985	大麦	1等	无	无	≤1.5	无	≤13.5	≥97.0
		2等						≥95.0
		3等						≥93.0

表 4-14 标准中部分杂粮作物名称

标准编号	标准名称	涉及不统一内容					
		燕麦	莜麦	粟	黍	稷
GB/T 22515—2008	粮油名词术语 粮食、油料及其加工产品	燕麦 common oats 分为皮燕麦和裸燕麦	莜麦，即裸燕麦 hulless oats; naked oats	粟 foxtail millet; millet in husk 亦称谷子	黍 broomcorn millet (glutinous); common millet	稷 broomcorn millet (non-glutinous)
NY/T 1961—2010	粮食作物名词术语	燕麦 oats 包括皮燕麦、裸燕麦	裸燕麦 拉丁名: Avena nuda L.	谷子 foxtail millet 又称小米、栗米 拉丁名: Setaria italica (L.) Beauv.	黍稷 common millet 糯性称黍 拉丁名: Panicum miliaceum L.	黍稷 common millet 粳性称稷 拉丁名: Panicum miliaceum L.
NY/T 1294—2007	禾谷类杂粮作物分类与术语	燕麦 oats 包括皮燕麦、裸燕麦	裸燕麦 拉丁名: Avena nuda L.	谷子 millet; foxtail millet; milletin husk 拉丁名: Setaria italica (L.) P. Beauv.	黍稷 common millet; broomcorn millet; panic 拉丁名: Panicum miliaceum L.	黍稷 common millet; broomcorn millet; panic 拉丁名: Panicum miliaceum L.
GB 4404.1—2008	粮食作物种子 第1部分：禾谷类	—	—	粟 拉丁名: Setaris italica	黍 拉丁名: Panicum miliaceum	—
GB 4404.4—2010	粮食作物种子 第4部分：燕麦	燕麦 拉丁名: Avena sativa L.	—	—	—	—

表 4-15 标准中豆类作物名称

标准编号	标准名称	大豆	赤豆（红小豆）	绿豆	蚕豆	豌豆	芸豆
GB/T 22515—2008	粮油名词术语 粮食、油料及其加工产品	大豆，分为黄大豆、青大豆、黑大豆、褐大豆、茶色大豆、赤大豆、花斑大豆等 soyabean; soya-bean; soya	小豆，根据种皮颜色分红小豆、白小豆、绿小豆等 small bean	绿豆，根据种皮颜色分为明绿豆、黄绿豆、灰绿豆 green beans	蚕豆，又称胡豆、罗汉豆、佛豆 broad bean	豌豆，又称麦豆、毕豆、淮豆 peas	芸豆，又称菜豆 kidney beans
NY/T 1961—2010	粮食作物名词术语	大豆，又称黄豆 soybean 拉丁名：*Glycine max* (L.) Merr.	小豆，又称红小豆、赤小豆 adzuki bean 拉丁名：*Vigna angularis* (Willd.) Ohashi	绿豆，又称植豆、支豆 mung bean 拉丁名：*Vigna radiata* (L.) Wilczek	蚕豆，又称胡豆、罗汉豆、佛豆 faba bean 拉丁名：*Vicia faba* L.	豌豆，又称麦豆、麦豌豆、荷兰豆、荚豌豆（软荚豌豆） pea 拉丁名：*Pisum sativum* L.	普通菜豆、芸豆、四季豆 common bean 拉丁名：*Phaseolus vulgaris* L.
GB 4404.2—2010	粮食作物种子 第2部分：豆类	大豆 拉丁名：*Glycine max* (L.) Merr	赤豆 拉丁名：*Vigna angularis* (Willd.) Ohwi & Ohashi	绿豆 拉丁名：*Vignaradiata* (L.) Wilczek	蚕豆 拉丁名：*Vicia faba* L.	—	—
GB/T 10461—2008	小豆	—	小豆，分红小豆、白小豆、杂小豆 small bean	—	—	—	—
GB/T 10459—2008	蚕豆	—	—	—	蚕豆 broad bean	—	—
GB/T 10460—2008	豌豆	—	—	—	—	豌豆 peas	—

表 4-16　不同小麦标准中的定义、术语

标准	强筋小麦	次强筋小麦	中筋小麦	弱筋小麦
GB/T 22515—2008《粮油名词术语 粮食、油料及其加工产品》	strong gluten wheat 面筋含量高、面团揉和性能、延伸性能好,硬度指数不低于60,适于生产面包粉以及搭配生产其他专用粉的硬质小麦	medium gluten wheat 面筋含量略低于强筋小麦,高于一般小麦,面团揉和性能、延伸性能较好,适于制作面条或馒头的硬质小麦		weak gluten wheat 胚乳呈粉质,面筋含量低、面团耐揉性、弹性弱,硬度指数不高于45,适于制作饼干、糕点的软质小麦
NY/T 1961—2010《粮食作物名词术语》	high gluten wheat 籽粒为硬质、面筋含量高、面团揉和性及延展性好、适于制作优质面包的小麦		medium gluten wheat 籽粒为硬质、半硬质或软质,面筋含量中等,面团揉和性及延展性较好,适于制作面条或馒头的小麦	low gluten wheat 籽粒为软质、面筋含量低、面团揉和性及弹性较差、适于制作饼干、糕点的小麦
GB/T 17892—1999《优质小麦 强筋小麦》	角质率不低于70%,加工成的小麦粉筋力强,适合于制作面包等食品			
GB/T 17893—1999《优质小麦 弱筋小麦》				粉质率不低于70%,加工成的小麦粉筋力弱,适合制作蛋糕和酥性饼干等食品

表 4-17　不同玉米标准中的定义、术语

产品	标准	定义和术语
糯玉米	GB/T 22515—2008《粮油名词术语 粮食、油料及其加工产品》	waxy corn 亦称蜡质玉米。籽粒不透明,无光泽,外观呈蜡质状,胚乳中支链淀粉含量较高,富有黏性的玉米
	GB/T 22326—2008《糯玉米》	waxy corn 黏性较强的玉米。籽粒不透明,无光泽,呈蜡质状,胚乳淀粉主要是支链淀粉,直链淀粉含量较低。(直链淀粉大于5%为等外)
	NY/T 524—2002《糯玉米》	又称蜡质玉米,是玉米的一种类型。其干基籽粒粗淀粉中直链淀粉含量≤5.0%
甜玉米	GB/T 22515—2008《粮油名词术语 粮食、油料及其加工产品》	sweet corn 籽粒中可溶性糖含量较高的玉米
	NY/T 523—2002《甜玉米》	玉米籽粒在最佳收获期可溶性糖含量≥8%

续表

产品	标准	定义和术语
高油玉米	GB/T 22515—2008《粮油名词术语 粮食、油料及其加工产品》	high-oil corn 籽粒中脂肪含量较高的玉米
	GB/T 22503—2008《高油玉米》	high oil corn 干基粗脂肪含量不低于本标准所规定最低指标的玉米
	NY/T 521—2002《高油玉米》	籽粒粗脂肪含量≥6.0%的玉米
高淀粉玉米	GB/T 22515—2008《粮油名词术语 粮食、油料及其加工产品》	high-starch corn 籽粒中淀粉含量较高的玉米
	NY/T 59—2002《高淀粉玉米》	籽粒中粗淀粉含量≥72%的玉米
高赖氨酸玉米	GB/T 22515—2008《粮油名词术语 粮食、油料及其加工产品》	high-lysine maize 籽粒中赖氨酸含量较一般玉米高的硬质或半硬质玉米
	NY/T 520—2002《优质蛋白玉米》	籽粒赖氨酸含量≥0.40%的硬质或半硬质玉米
玉米粉	GB/T 22515—2008《粮油名词术语 粮食、油料及其加工产品》	corn flour 亦称包米粉、棒子面。玉米加工而成的整粉状产品
	GB/T 10463—2008《玉米粉》	脱胚玉米粉，degermed maize flour，经除杂、去皮、脱胚、研磨等工序加工而成的产品，也可由玉米糁（糙）研磨加工而成 全玉米粉，whole maize flour，经清理除杂后直接研磨而成的产品
玉米糁	GB/T 22515—2008《粮油名词术语 粮食、油料及其加工产品》	corn grits 亦称玉米糙。玉米加工而成的颗粒状产品
	GB/T 22496—2008《玉米糁》	maize（corn）grits 经除杂、脱胚、研磨和筛分等系列工序加工而成的颗粒状产品

表 4-18 一些作物产品标准分类过细的情况

产品	标准项数	标准编号	标准名称	检测项目
小麦	2	GB/T 17892—1999	优质小麦 强筋小麦	容重、不完善粒、杂质、水分、色泽、气味、降落数值、粗蛋白质、湿面筋、面团稳定时间
		GB/T 17893—1999	优质小麦 弱筋小麦	容重、不完善粒、杂质、水分、色泽、气味、降落数值、粗蛋白质、湿面筋、面团稳定时间
	2	NY/T 2121—2012	东北地区硬红春小麦	降落数值、蛋白质、湿面筋、粉质曲线稳定时间、拉伸特性
		NY/T 1218—2006	黄淮海地区强筋白硬冬小麦	降落数值、蛋白质、湿面筋、粉质曲线稳定时间、拉伸特性

续表

产品	标准项数	标准编号	标准名称	检测项目
小麦粉	2	GB/T 8607—1988	高筋小麦粉	湿面筋、蛋白质、灰分、粉色、含砂量、粗细度、磁性金属物、脂肪酸值
		GB/T 8608—1988	低筋小麦粉	湿面筋、蛋白质、灰分、粉色、含砂量、粗细度、磁性金属物、脂肪酸值
	8	LS/T 3201—1993	面包用小麦粉	降落数值、湿面筋、稳定时间、灰分、含砂量、粗细度、磁性金属物
		LS/T 3202—1993	面条用小麦粉	降落数值、湿面筋、稳定时间、灰分、含砂量、粗细度、磁性金属物
		LS/T 3203—1993	饺子用小麦粉	降落数值、湿面筋、稳定时间、灰分、含砂量、粗细度、磁性金属物
		LS/T 3204—1993	馒头用小麦粉	降落数值、湿面筋、稳定时间、灰分、含砂量、粗细度、磁性金属物
		LS/T 3205—1993	发酵饼干用小麦粉	降落数值、湿面筋、稳定时间、灰分、含砂量、粗细度、磁性金属物
		LS/T 3206—1993	酥性饼干用小麦粉	降落数值、湿面筋、稳定时间、灰分、含砂量、粗细度、磁性金属物
		LS/T 3207—1993	蛋糕用小麦粉	降落数值、湿面筋、稳定时间、灰分、含砂量、粗细度、磁性金属物
		LS/T 3208—1993	糕点用小麦粉	降落数值、湿面筋、稳定时间、灰分、含砂量、粗细度、磁性金属物
专用玉米	9	GB/T 22326—2008	糯玉米	直链淀粉、容重、不完善粒、杂质、水分
		NY/T 524—2002	糯玉米	直链淀粉、不完善粒、杂质、水分、玉米穗品质评分
		GB/T 22503—2008	高油玉米	粗脂肪、不完善粒、杂质、水分
		NY/T 521—2002	高油玉米	粗脂肪、不完善粒、杂质、水分、脂肪酸值
		NY/T 597—2002	高淀粉玉米	粗淀粉、杂质、水分、不完善粒
		GB/T 8613—1999	淀粉发酵工业用玉米	粗淀粉、杂质、水分、不完善粒
		NY/T 523—2002	甜玉米	可溶性糖、品质
		NY/T 520—2002	优质蛋白玉米	粗蛋白、赖氨酸、容重、杂质、水分、不完善粒
		NY/T 522—2002	爆裂玉米	膨化倍数、爆花率、杂质、水分、不完善粒

续表

产品	标准项数	标准编号	标准名称	检测项目
玉米粉	2	GB/T 10463—2008	玉米粉	脂肪酸值、灰分、粗脂肪、粗细度、含砂量、磁性金属物、水分
		GB/T 22496—2008	玉米糁	粗细度、粗脂肪、脂肪酸值、灰分、含砂量、磁性金属物、水分
豆类	11	GB/T 10462—2008	绿豆	水分、杂质、矿物质、纯粮率
		NY/T 598—2002	食用绿豆	水分、杂质、矿物质、不完善粒、霉变粒、异色粒、整齐度、粗蛋白、粗淀粉
		NY/T 599—2002	红小豆	水分、不完善粒、异色粒、杂质、矿物质、粒径规格分类、粒径均匀度
		GB/T 20442—2006	地理标志产品 宝清红小豆	水分、不完善粒、异色粒、杂质、矿物质、百粒重、粗蛋白、淀粉、豆沙含量
		GB/T 24399—2009	黄豆酱	水分、氨基酸态氮
		SB/T 10309—1999	黄豆酱	水分、氨基酸态氮、铵盐
		SB/T 10612—2011	黄豆复合调味酱	水分、氨基酸态氮、食盐、总酸
		GB/T 13382—2008	食用大豆粕	水分、杂质、粗蛋白质、粗纤维素、粗脂肪、灰分、含砂量
		GB/T 21494—2008	低温食用豆粕	水分、杂质、粗蛋白质、粗纤维素、粗脂肪、灰分、含砂量、氮溶解指数
		GB/T 23494—2009	豆腐干	水分、蛋白质、食盐
		SB/T 10632—2011	卤制豆腐干	水分、蛋白质、过氧化值*
粟、黍稷、高粱	8	GB/T 8232—2008	粟	容重、不完善粒、杂质总量、矿物质、水分
		GB/T 11766—2008	小米	加工精度、碎米、不完善粒、杂质总量、矿物质、水分
		GB/T 13355—2008	黍	容重、不完善粒、杂质总量、矿物质、水分
		GB/T 13356—2008	黍米	加工精度、碎米、互混限度、不完善粒、杂质总量、矿物质、水分
		GB/T 13357—2008	稷	容重、不完善粒、杂质总量、矿物质、水分
		GB/T 13358—2008	稷米	加工精度、碎米、互混限度、不完善粒、杂质总量、矿物质、水分
		GB/T 8231—2007	高粱	容重、单宁、不完善粒、杂质总量、水分、带壳粒
		LS/T 3215—1985	高粱米	加工精度、碎米、不完善粒、杂质总量、水分、带壳粒

表 4-19 产品质量标准附录情况

标准编号	标准名称	附录内容	对应已有检测标准	针对附录的建议
GB/T 17320—2013	小麦品种品质分类	附录A 实验室馒头制作及评价方法	LS/T 3204—1993《馒头用小麦粉》附录A	加工方法不同,评分标准比例不一样。需统一后,制定馒头实验室制作评价方法标准
		附录B 实验室面条制作及评价方法	无鲜切面相关方法	需制定面条实验室制作和评价方法标准
NY/T 967—2006	农作物品种审定规范 小麦	附录A 小麦品种抗性评分	无	保留附录
GB/T 20571—2006	小麦储存品质判定规则	附录A 小麦蒸煮品质评定试验方法	无	保留附录。主要通过馒头气味和食味判断小麦储存品质
NY/T 421—2012	绿色食品 小麦及小麦粉	附录A 绿色食品 小麦、小麦粉和全麦粉产品认证检验项目	无	保留附录
LS/T 3201—1993	面包用小麦粉	附录A 制品(面包)评分	GB/T 14611—2008	不需保留
LS/T 3202—1993	面条用小麦粉	附录A 制品(面条)评分	无制作评价干面条方法	需制定面条实验室制作和评价方法标准
LS/T 3203—1993	饺子用小麦粉	附录A 饺子用小麦粉制品品质评分	无	暂时保留,再进一步制定相关标准
LS/T 3204—1993	馒头用小麦粉	附录A 制品(馒头)制作与评分	GB/T 17320—2013《小麦品种品质分类》附录A	加工方法不同,评分标准比例不一样。需统一后,制定馒头实验室制作评价方法标准
LS/T 3205—1993	发酵饼干用小麦粉	附录A 发酵饼干的制作、试验方法	无	暂时保留,再进一步制定检测标准
LS/T 3206—1993	酥性饼干用小麦粉	附录A 酥性饼干的制作、试验方法	无	暂时保留,再进一步制定检测标准
LS/T 3207—1993	蛋糕用小麦粉	附录A 制品(蛋糕)试验方法与评分标准	GB/T 24303—2009《粮油检验 小麦粉蛋糕烘焙品质试验 海绵蛋糕法》	制作配方、评分标准不同,需比对后,形成统一标准
LS/T 3208—1993	糕点用小麦粉	附录A 制品(苏式杏仁酥)试验方法与评分标准	无	保留附录

续表

标准编号	标准名称	附录内容	对应已有检测标准	针对附录的建议
LS/T 3209—1993	自发小麦粉	附录A 拉伸仪结构示意图	GB/T 14615—2006《小麦粉 面团的物理特性 流变学特性的测定 拉伸仪法》	不需保留
LS/T 3212—2014	挂面	附录A 口感检测；附录B 自然断条率的测定；附录C 熟断条率及烹调损失率测定	无	保留附录
GB/T 21122—2007	营养强化小麦粉	附录A 营养强化小麦铁含量及混合均匀度的测定方法	无	保留附录
NY/T 1512—2014	绿色食品 生面食、米粉制品	附录A 绿色食品生面食、米粉制品产品申报检验项目	无	保留附录
NY/T 524—2002	糯玉米	附录A 蒸煮品质试验方法	无	需制定
NY/T 523—2002	甜玉米	附录A 甜玉米蒸煮品质试验方法	无	需制定
NY/T 522—2002	爆裂玉米	附录A 爆花率、膨化倍数检验方法	无	保留附录
GB 12309—1990	工业玉米淀粉	全文附有水分、细度、斑点、酸度、等检测方法	GB/T 12087—2008《淀粉水分测定》；GB/T 22427.5—2008《淀粉细度测定》；GB/T 22427.4—2008《淀粉斑点测定》	需修订标准，保留部分附录
GB 1352—2009	大豆	附录A 完整粒率、损伤粒率、热损伤粒率检验方法	GB/T 5494 粮食油料杂质、不完善粒检验	虽有标准，但定义不明确，指导性差，需修订相关标准
LS/T 3241—2012	豆浆用大豆	附录A 豆浆用大豆食味品质评价方法	无	暂时保留，再进一步制定检测标准
GB/T 10462—2008	绿豆	附录A 绿豆硬实粒的检验方法	无	保留附录
NY/T 598—2002	食用绿豆	附录A 食用豆类粗淀粉测定方法	GB 5009.9—2016《食品安全国家标准 食品中淀粉的测定》	不需保留
GB/T 20442—2006	地理标志产品 宝清红小豆	附录B 豆沙含量测定方法	无	保留附录

续表

标准编号	标准名称	附录内容	对应已有检测标准	针对附录的建议
NY/T 1269—2007	木豆	附录A 豆象的安全防控方法	无	保留附录
GB/T 13382—2008	食用大豆粕	附录A 大豆粕中杂质的测定	GB/T 5494—2008	不需保留
GB/T 13382—2008	食用大豆粕	附录B 大豆粕中掺杂物的检验	无	保留附录
GB/T 21494—2008	低温食用豆粕	附录A 低温食用豆粕中杂质的测定方法	GB/T 5494—2008	不需保留
NY/T 2218—2012	饲料原料发酵豆粕	附录A 发酵豆粕水苏糖含量测定方法	QB/T 4260 中"6.3 水苏糖含量测定"	暂时保留，再进一步制定检测标准
GB/T 11766—2008	小米	附录A 小米加工精度检验（EMB）方法	GB/T 5502—2008《粮油检验 米类精度加工 精度检验》	不需保留
GB/T 13356—2008	黍米	附录A 黍米加工精度检验（EMB）方法		
GB/T 13358—2008	稷米	附录A 稷米加工精度检验（EMB）方法		

4. 内容、格式陈旧需更新

部分产品质量标准制定较早，随着国家安全法规不断完善，检测方法标准不断更新，其引用标准未及时更新。经过对所有标准梳理，发现许多标准存在更新不及时的问题。随着粮食产品生产结构布局优化、加工工艺提高，标准的制定、修订要求提高，一些产品质量标准标龄过久，格式已不符合要求。

（1）引用标准更新不及时　表4-20为一些产品质量标准引用未更新情况。从表4-20可以看出，产品质量标准引用标准未及时修订，主要集中在杂质、不完善粒、毒素、微生物等的检测方法上。产品质量标准在执行过程中，无明确指标限量参考，影响标准执行、产品流通。

（2）文本陈旧需修订　产品类标准中标龄10年以上的共计有76个，其中20年以上32个，主要是涉及饲料类标准《饲料用小麦》《饲料用小麦麸》等，以及《小麦粉》《高筋小麦粉》《低筋小麦粉》《自发小麦粉》和系类专用小麦粉标准，以及部分地方品种标准。经过梳理发现有多数标准，主要是小麦等标准，格式不符合要求，需进一步修订。限量标准虽然制定起步较晚，但最早制定的GB 14891.8—1997《辐照豆类、谷类及其制品卫生标准》，标龄已超15年，格式不符要求，需修订。

表 4-20　一些产品质量标准引用未更新情况

标准编号	标准名称	未更新内容	对应新标准	存在的问题及影响
NY/T 519—2002	食用玉米	引用 GB 1353—1999《玉米》："3.5 杂质"见 GB 1353—1999 中 3.3；"3.6 不完善粒"见 GB 1353—1999 中 3.2	GB 1353—2018《玉米》	杂质、不完善粒定义无影响
		引用 GB/T 5494—1985《粮油检验 粮食、油料的杂质、不完善粒检验》	GB/T 5494—2008	无
		引用 GB/T 15684—1955《谷物制品脂肪酸值测定法》	GB/T 15684—2015《谷物碾磨制品 脂肪酸值的测定》	检测条件变化，需比对确认
GB/T 22326—2008	糯玉米	引用 GB 1353—1999《玉米》："6.5 容重检验"按 GB 1353—1999 附录 A 执行，用 GHCS—1000 型谷物容重器	GB 1353—2018《玉米》	GB/T 5498 容重检测都允许
NY/T 524—2002	糯玉米	引用 GB/T 5494—1985《粮油检验 粮食、油料的杂质、不完善粒检验》	GB/T 5494—2008	无
		引用 GB/T 5514—1985《粮油检验 淀粉测定法》	GB 5009.9—2016	需比对确认
		引用 GB/T 15682—1995《稻米蒸煮试验品质评定》	GB/T 15682—2008	品评人员、时间等要求不同
		引用 GB 1353—1999《玉米》："3.6 杂质、不完善粒"见 GB 1353—1999 中 3.2/3.3	GB 1353—2018《玉米》	无
NY/T 521—2002	高油玉米	引用 GB/T 5494—1985《粮油检验 粮食、油料的杂质、不完善粒检验》	GB/T 5494—2008	无
		引用 GB/T 5510—1985 粮油检验 脂肪酸值测定法	GB/T 5510—2011	添加石油醚法、精密度

续表

标准编号	标准名称	未更新内容	对应新标准	存在的问题及影响
NY/T 521—2002	高油玉米	引用 GB 1353—1999《玉米》:"3.3 不完善粒"见 GB 1353—1999 中 3.2;"3.4 杂质"见 GB 1353—1999 中 3.3	GB 1353—2018《玉米》	无
NY/T 597—2002	高淀粉玉米	引用 GB/T 5494—1985《粮油检验 粮食、油料的杂质、不完善粒检验》	GB/T 5494—2008	无
		引用 GB/T 5514—1985《粮油检验 淀粉测定法》	GB 5009.9—2016	需比对确认
		引用 GB 1353—1999《玉米》:"3.3 不完善粒、杂质"按 GB 1353—1999 中 3.2/3.3 执行	GB 1353—2018《玉米》	无
GB/T 8613—1999	淀粉发酵工业用玉米	引用 GB/T 5514—1985《粮油检验 淀粉测定法》	GB 5009.9—2016	需比对确认
		引用 GB 1353—1999《玉米》:"3.1 不完善粒、杂质、色泽、气味"见 GB 1353—1999 中 3.2、3.3、3.4;"5.1 检验的一般原则"按 GB 1353—1999 中执行	GB 1353—2018《玉米》	GB 1353 中检测标准已修订
NY/T 523—2002	甜玉米	引用 GB/T 5513—1985《粮油检验 还原糖和非还原糖测定法》	GB/T 5513—2008	需比对确认
		引用 GB/T 6194—1986《水果、蔬菜 可溶性糖测定法》	已废止	

续表

标准编号	标准名称	未更新内容	对应新标准	存在的问题及影响
NY/T 520—2002	优质蛋白玉米	引用 GB/T 5494—1985 粮油检验 粮食、油料的杂质、不完善粒检验	GB/T 5494—2008	无
		引用 GB 1353—1999《玉米》：3.3、3.4、3.5 引用 GB 1353—1999；"5.3 容重检验"按 GB 1353—1999 中附录 A 执行，用 GHCS—1000 型谷物容重器	GB 1353—2018《玉米》	GB/T 5498 容重检测都允许
NY/T 522—2002	爆裂玉米	引用 GB/T 5494—1985 粮油检验 粮食、油料的杂质、不完善粒检验	GB/T 5494—2008	无
		引用 GB 1353—1999《玉米》：3.4、3.5 见 GB 1353—1999 3.3、3.2	GB 1353—2018《玉米》	无
GB/T 10463—2008	玉米粉	引用 GB/T 20570—2006《玉米储存品质判定规则》	GB/T 20570—2015	指标有变动
GB 12309—1990	工业玉米淀粉	引用 GB 191、GB 601、GB 602、GB 603、GB 604	GB/T 191—2008 GB/T 601—2016 GB/T 602—2002 GB/T 603—2002 GB/T 604—2002 已废止，被 HG/T 4015—2008 代替	
GB/T 22369—2008	甜玉米罐头	QB/T 3600《罐头食品包装、标志、运输和贮运》	QB/T 04631—2014	标准号已变更
NY/T 1407—2007	绿色食品速冻预包装面米食品	致病菌为不得检出，未给出采样方案	GB 19295—2011《食品安全国家标准 速冻面米制品》给出了微生物采样方案	安全指标与国家标准不一致
SB/T 10412—2007	速冻面米食品	铅、酸价、过氧化值、黄曲霉毒素 B_1、挥发性盐基氮、总砷按 GB 19295 执行	GB 19295—2011 在修订时取消了黄曲霉毒素 B_1、挥发性盐基氮、酸价、总砷的限量，修改了微生物限量	标准与 GB 19295 的衔接存在问题。标准中规定的黄曲霉毒素 B_1、挥发性碱式氮、酸价、总砷的指标要求不明确
GB/T 21122—2007	营养强化小麦粉	判定规则按 GB 1355—1986 的 6.4 进行判定	GB 1355—1986 标准中不含该条款	无法执行

续表

标准编号	标准名称	未更新内容	对应新标准	存在的问题及影响
GB/T 8608—1988	低筋小麦粉	安全指标按 GB 2715—1981	GB 2715—2016	不更新，无法执行
		安全指标按 GB 2761—1981	GB 2761—2017	
		GB 2762—1981	GB 2762—2017	
		GB 2763—1981	GB 2763—2016	
		GB 4809—1984	GB 4809—1984 已废止	
GB/T 8607—1988	高筋小麦粉	安全指标按 GB 2715—1981	GB 2715—2016	不更新，无法执行
		GB 2761—1981	GB 2761—2017	
		GB 2762—1981	GB 2762—2017	
		GB 2763—1981	GB 2763—2016	
		GB 4809—1984	GB 4809—1984 已废止	
GB/T 8231—2007	高粱	"5.2 卫生指标按 GB 2715 和国家有关标准和规定执行"	GB 2761—2017《食品安全国家标准 食品中真菌毒素限量》；GB 2762—2017《食品安全国家标准 食品中污染物限量》；GB 2763—2016《食品安全国家标准 食品中农药最大残留限量》	GB 2715 大部分内容已被 GB 2761、GB 2762、GB 2763 替代，卫生要求已变化
GB/T 11760—2008	裸大麦	"4.2.1 食用裸大麦按 GB 2715 及国家有关规定执行"		
GB/T 7416—2008	啤酒大麦	"5.3 卫生要求参照 GB 2715 和相关标准执行"		

（3）标准自相矛盾、表达不清问题 粮食产品质量标准除了上述几大问题外，还有标准自相矛盾、表述不清等问题，具体见表 4-21。

表 4-21 一些产品质量标准自相矛盾和表述不清的情况

标准编号	标准名称	标准正文内容	问题点	备注
GB/T 22496—2008	玉米糁	定义中大、中、粗、细玉米糁，通过不同 W 型号筛网留存情况判定	引用文件 GB/T 5507 粮食检验分类粗细度测定中，筛网只有 CQ10、CQ16、CQ20 等型号	自相矛盾
GB 8608—1988	低筋小麦粉	技术要求规定以面筋含量和灰分等	等级指标中面筋含量并未划分不同的等级	自相矛盾
GB 8607—1988	高筋小麦粉	技术要求规定以面筋含量和灰分等	等级指标中面筋含量并未划分不同的等级	自相矛盾

5. 覆盖面仍不足

粮食产品种类多、加工工序长，专用品、初级加工品、副产品等种类众多，在水稻、杂粮和食用豆方面产品标准仍然不足，在青贮饲料品质分级、鲜食玉米、黑麦、薏苡、各种杂粮豆，以及种质资源及加工品术语等标准方面仍有缺失。其中青贮饲料和地理标志产品建议在现有标准基础上，通过修订的方式并入新的产品标准。标准涵盖范围有待扩宽。粮食产品及其加工产品数量、种类不断增加，而现有的一些标准无法满足市场需求。例如在 GB 2761—2017《食品安全国家标准 食品中真菌毒素限量》、GB 2762—2017《食品安全国家标准 食品中污染物限量》中，薯类及其制品、谷物副产品米糠和麦麸等都无相关限量。

（二）小麦、玉米、杂粮、豆类生产规范类标准发展现状和主要问题

1. 生产规范标准总体情况和现状

生产规范标准制定总体起步较晚。20世纪90年代初开始制定了大宗粮食主产区栽培技术农业行业标准；2000年以后国家、各行业标准开始集中制定，主要集中在生产技术规程方面；近几年制定的标准主要集中在灾害、全程追溯、新兴栽培技术等方面。

经过近二十年的发展，生产规范在植保、种子生产、栽培和加工等方面形成了一定规模的标准框架。植保技术主要以小麦、玉米、大豆等主要粮食作物的病虫害防治、测报为重。种子生产标准中5个标准是强制性国标，主要是关于小麦种子生产的产地检疫标准，其他作物产地检疫标准为推荐性国标。栽培技术标准主要是：农业行业标准，涉及高油高蛋白大豆、冬小麦栽培技术；国家标准化指导文件，主要有杂豆等作物的生产规程。加工规程中，国家推荐标准主要涉及水稻、小麦、玉米干燥技术，豆类辐照杀虫技术，豆类及制品辐照杀菌技术规范，罐装甜玉米加工技术规范；商业标准，主要是豆制品加工流通规程、豆芽HACCP规程。

储运和全程标准也有一定规模。储运规程主要涉及谷类、油料、薯类仓储流通规程，农业行业标准主要涉及豆类，商业行业标准主要涉及出口粮食。全程管理主要包括：农业行业标准，主要涉及无公害谷物、豆类等的生产技术规范、农产品安全追溯等；国家标准，主要包括真菌毒素预防。

灾害和环境标准数量较少，仍是薄弱环节。环境标准都是农业行业标准，其中强制标准是无公害水稻环境条件，其他为推荐性标准，涉及小麦、玉米、大豆生产的环境要求。灾害标准中的国标是大豆食心虫测报调查规范，农业和气象行业标准主要涉及小麦、水稻、玉米的田间灾害、冷害调查、评估规范。

2. 生产规范标准存在的主要问题

（1）行业间标准重复　通过清理发现有2个标准存在该问题，具体见表4-22。主要是植保方面玉米螟防治和测报标准间，调查部分内容重复。

表 4-22 生产规范标准重复

标准	主要内容	适用范围	归口单位①	主要重复内容
GB/T 23391.3—2009《玉米大、小斑病和玉米螟防治技术规范 第3部分：玉米螟》	规定了玉米螟综合防治技术措施	适用于大田玉米及其制种田的玉米螟防治	农业部	都包含有玉米螟调查内容
NY/T 1611—2008《玉米螟测报技术规范》	规定了玉米螟发生世代分区、发生程度分级指标、越冬技术调查、各代化蛹和羽化进度调查、成虫调查、卵量调查、幼虫调查、发生期和发生程度预报方法及测报资料收集、汇总和汇报等方面的技术方法	适用于玉米田玉米螟调查和预报	农业部	

① 为标准发布时的机构名称。

（2）标准过于细分　粮食生产规范仍主要针对单种栽培方法、单种病虫害防治、单个加工环节制定标准，不同作物的各种栽培标准名目繁多，各种病虫害在防治、调查、测报等方面都有相应标准，标准过于细分，未能形成系统。玉米、小麦等主要作物的病虫害预测防治标准，问题比较突出，涉及标准21个。植保标准数量较多，主要是针对每种作物不同的病虫害制定相应标准，系统性差，不利于参考使用。可在现有植保标准的基础上，合并形成《玉米主要病害预测、预报和防治技术手册》《玉米主要虫害预测、预报和防治技术手册》《小麦主要病害预测、预报和防治技术手册》《小麦主要虫害预测、预报和防治技术手册》等综合性技术规程，并逐步整合需制定的相关技术规程，形成系统的粮食病虫害预测、预报、监测、防治技术规程。小麦栽培和豆制品加工的相关标准也存在类似问题，具体见表4-23。

表 4-23 生产规范标准细分情况

涉及方面	标准编号	标准名称	主要内容
玉米病害	GB/T 23391.1—2009	玉米大、小斑病和玉米螟防治技术规范　第1部分：玉米大斑病	主要是玉米各类病害的调查和防治规范，部分病害害重复，各标准分散不系统
	GB/T 23391.2—2009	玉米大、小斑病和玉米螟防治技术规范　第2部分：玉米小斑病	
	NY/T 2621—2014	玉米粗缩病测报技术规范	
玉米虫害	GB/T 23391.3—2009	玉米大、小斑病和玉米螟防治技术规范　第3部分：玉米螟	主要是玉米各类虫害的调查和防治规范，部分虫害标准重复，各标准分散不系统
	NY/T 1611—2008	玉米螟测报技术规范	
	NY/T 2413—2013	玉米根萤叶甲监测技术规范	

续表

涉及方面	标准编号	标准名称	主要内容
小麦病害	GB/T 15795—2011	小麦条锈病测报技术规范	主要是小麦各类病害的调查和防治规范，部分病害标准重复，各标准分散不系统
	GB/T 15796—2011	小麦赤霉病测报技术规范	
	GB/T 15797—2011	小麦丛矮病测报技术规范	
	NY/T 1608—2008	小麦赤霉病防治技术规范	
	NY/T 613—2002	小麦白粉病测报调查规范	
	NY/T 614—2002	小麦纹枯病测报调查规范	
	NY/T 2040—2011	小麦黄花叶病测报技术规范	
	NY/T 617—2002	小麦叶锈病测报调查规范	
小麦虫害	GB/T 24501.2—2009	小麦条锈病、吸浆虫防治技术规范 第2部分：小麦吸浆虫	主要是小麦各类虫害的调查和防治规范，分散不系统
	NY/T 612—2002	小麦蚜虫测报调查规范	
	NY/T 616—2002	小麦吸浆虫测报调查规范	
小麦栽培	NY/T 205—1992	华北地区冬小麦公顷产量6000kg（亩产400kg）栽培技术规程	针对华北地区冬小麦，主要通过调整部分栽培条件实现亩产
	NY/T 206—1992	华北地区冬小麦公顷产量4500至5250 kg（亩产300至350kg）栽培技术规程	
玉米栽培	NY/T 1425—2007	东北地区高淀粉玉米生产技术规程	主要设计东北地区玉米生产技术规程要求
	NY/T 146—1990	东北地区玉米生产技术规程	

（3）生产规范过于分散、综合性不足　目前粮食生产规范较为分散，各种作物不同的栽培标准较多，按区域制定了多种栽培模式的具体生产规范，如《长江中下游麦区小麦生产技术规程》《西南麦区小麦生产技术规程》《西北麦区小麦生产技术规程》《旱地玉米机械化保护性耕作技术规范》《玉米机械化深松施肥播种作业技术规范》等，属于非重要技术、无须统一要求，适用范区域小、参考性弱，建议降级为地方标准，方便管理。

三、建议修订、作废及制定的标准

建议修订、作废及制定的标准具体见表4-24、表4-25、表4-26。

表4-24　建议修订的小麦、玉米、杂粮、豆类标准名称

序号	产品	分类	标准名称	标准编号
1	小麦	生产管理类	小麦产地环境技术条件	NY/T 851—2004
2	小麦	生产管理类	小麦赤霉病防治技术规范	NY/T 1608—2008

续表

序号	产品	分类	标准名称	标准编号
3	小麦	生产管理类	小麦白粉病测报调查规范	NY/T 613—2002
4	小麦	生产管理类	小麦纹枯病测报调查规范	NY/T 614—2002
5	小麦	生产管理类	小麦黄花叶病测报技术规范	NY/T 2040—2011
6	小麦	生产管理类	小麦叶锈病测报调查规范	NY/T 617—2002
7	小麦	生产管理类	小麦蚜虫测报调查规范	NY/T 612—2002
8	小麦	生产管理类	小麦吸浆虫测报调查规范	NY/T 616—2002
9	小麦	生产管理类	农作物品种区域试验技术规程 小麦	NY/T 1301—2007
10	小麦	产品类	东北地区硬红春小麦	NY/T 2121—2012
11	小麦	产品类	黄淮海地区强筋白硬冬小麦	NY/T 1218—2006
12	小麦	产品类	饲料用小麦	NY/T 117—1989
13	小麦	产品类	绿色食品 焙烤食品	NY/T 1046—2006
14	小麦	产品类	绿色食品 速冻预包装面米食品	NY/T 1407—2007
15	小麦	产品类	绿色食品 蒸制类糕点	NY/T 1890—2010
16	小麦	产品类	饲料用小麦麸	NY/T 119—1989
17	小麦	产品类	面包用小麦粉	LS/T 3201—1993
18	小麦	产品类	面条用小麦粉	LS/T 3202—1993
19	小麦	产品类	饺子用小麦粉	LS/T 3203—1993
20	小麦	产品类	馒头用小麦粉	LS/T 3204—1993
21	小麦	产品类	发酵饼干用小麦粉	LS/T 3205—1993
22	小麦	产品类	酥性饼干用小麦粉	LS/T 3206—1993
23	小麦	产品类	蛋糕用小麦粉	LS/T 3207—1993
24	小麦	产品类	糕点用小麦粉	LS/T 3208—1993
25	小麦	产品类	自发小麦粉	LS/T 3209—1993
26	小麦	产品类	方便面	LS/T 3211—1995
27	小麦	产品类	挂面	LS/T 3212—2014
28	小麦	产品类	手工面	LS/T 3214—1992
29	小麦	产品类	速冻面米食品	SB/T 10412—2007
30	小麦	产品类	小麦胚（胚片、胚粉）	LS/T 3210—1993
31	小麦	基础/通用类	面条类生产工业用语	LS/T 1104—1993
32	小麦	基础/通用类	食品机械术语 第2部分：糕点加工机械	SB/T 10291.2—2012
33	小麦	方法类	小麦沉淀值测定 Zeleny法	NY/T 1095—2006
34	小麦	方法类	小麦抗穗发芽性检测方法	NY/T 1739—2009
35	小麦	方法类	小麦品种鉴定技术规程SSR分子标记法	NY/T 2470—2013

续表

序号	产品	分类	标准名称	标准编号
36	小麦	方法类	普通小麦冬春性鉴定技术规程	NY/T 2644—2014
37	小麦	方法类	农作物品种审定规范 小麦	NY/T 967—2006
38	小麦	方法类	小麦矮腥黑穗病菌检疫检测与鉴定方法	NY/T 2289—2012
39	小麦	方法类	小麦抗病虫性评价技术规范 第1部分：小麦抗条锈病评价技术规范	NY/T 1443.1—2007
40	小麦	方法类	小麦抗病虫性评价技术规范 第2部分：小麦抗叶锈病评价技术规范	NY/T 1443.2—2007
41	小麦	方法类	小麦抗病虫性评价技术规范 第3部分：小麦抗秆锈病评价技术规范	NY/T 1443.3—2007
42	小麦	方法类	小麦抗病虫性评价技术规范 第4部分：小麦抗赤霉病评价技术规范	NY/T 1443.4—2007
43	小麦	方法类	小麦抗病虫性评价技术规范 第5部分：小麦抗纹枯病评价技术规范	NY/T 1443.5—2007
44	小麦	方法类	小麦抗病虫性评价技术规范 第6部分：小麦抗黄矮病评价技术规范	NY/T 1443.6—2007
45	小麦	方法类	小麦抗病虫性评价技术规范 第7部分：小麦抗蚜虫评价技术规范	NY/T 1443.7—2007
46	小麦	方法类	小麦抗病虫性评价技术规范 第8部分：小麦抗吸浆虫评价技术规范	NY/T 1443.8—2007
47	小麦	方法类	小麦储存品质品尝评分参考样品	LS/T 15211—2015
48	小麦	方法类	小麦粉湿面筋质量测定方法 面筋指数法	LS/T 6102—1995
49	小麦	方法类	出口粮谷中二硫代氨基甲酸酯残留量检验方法	SN 0139—1992
50	玉米	生产管理类	东北地区高淀粉玉米生产技术规程	NY/T 1425—2007
51	玉米	生产管理类	东北地区玉米生产技术规程	NY/T 146—1990
52	玉米	生产管理类	玉米-大豆带状复合种植技术规程	NY/T 2632—2014
53	玉米	生产管理类	罐装甜玉米加工技术规范	NY/T 980—2006
54	玉米	生产管理类	旱地玉米机械化保护性耕作技术规范	NY/T 1409—2007
55	玉米	方法类	玉米粗缩病测报技术规范	NY/T 2621—2014
56	玉米	方法类	玉米螟测报技术规范	NY/T 1611—2008
57	玉米	方法类	玉米根萤叶甲监测技术规范	NY/T 2413—2013
58	玉米	生产管理类	专用玉米杂交种繁育制种技术操作规程	NY/T 1211—2006
59	玉米	生产管理类	玉米机械化深松施肥播种作业技术规范	NY/T 2851—2015

续表

序号	产品	分类	标准名称	标准编号
60	玉米	生产管理类	旱作玉米全膜覆盖技术规范	NY/T 2686—2015
61	玉米	产品类	糯玉米	NY/T 524—2002
62	玉米	产品类	高油玉米	NY/T 521—2002
63	玉米	产品类	高淀粉玉米	NY/T 597—2002
64	玉米	产品类	甜玉米	NY/T 523—2002
65	玉米	产品类	优质蛋白玉米	NY/T 520—2002
66	玉米	产品类	爆裂玉米	NY/T 522—2002
67	玉米	产品类	笋玉米	NY/T 690—2003
68	玉米	产品类	玉米干全酒糟（玉米DDGS）	NY/T 1968—2010
69	玉米	方法类	玉米霜霉病菌检疫检测与鉴定方法	NY/T 2050—2011
70	玉米	方法类	玉米细菌性枯萎病监测技术规范	NY/T 2291—2012
71	玉米	方法类	植物检疫 玉米霜霉病菌检疫鉴定方法	SN/T 1155—2002
72	玉米	方法类	玉米细菌性枯萎病菌检疫鉴定方法	SN/T 1375—2004
73	杂粮	产品类	绿色食品 高粱	NY/T 895—2015
74	杂粮	产品类	绿色食品 粟米及粟米粉	NY/T 893—2014
75	杂粮	产品类	绿色食品 燕麦及燕麦粉	NY/T 892—2014
76	杂粮	产品类	绿色食品 大麦及大麦粉	NY/T 891—2014
77	杂粮	产品类	绿色食品 荞麦及荞麦粉	NY/T 894—2014
78	杂粮	产品类	高粱米	LS/T 3215—1985
79	杂粮	产品类	大麦	LS/T 3101—1985
80	杂粮	产品类	燕麦	LS/T 3102—1985
81	杂粮	基础/通用类	禾谷类杂粮作物分类与术语	NY/T 1294—2007
82	杂粮	方法类	禾草猩黑粉菌、剪股颖猩黑粉菌、黑麦草猩黑粉菌检疫鉴定方法	SN/T 1812—2006
83	杂粮	方法类	黑麦草腥黑穗病菌检疫鉴定方法	SN/T 2126—2008
84	食用豆	生产管理类	大豆主要病害防治技术规程	NY/T 2159—2012
85	食用豆	产品类	大豆异黄酮	NY/T 1252—2006
86	食用豆	产品类	豇豆	NY/T 965—2006
87	食用豆	产品类	木豆	NY/T 1269—2007
88	食用豆	产品类	饲料原料 发酵豆粕	NY/T 2218—2012
89	食用豆	产品类	食用绿豆	NY/T 598—2002
90	食用豆	产品类	熟制豆类	SB/T 10948—2012
91	食用豆	产品类	膨化豆制品	SB/T 10453—2007

续表

序号	产品	分类	标准名称	标准编号
92	食用豆	基础/通用类	调味品名词术语 豆制品	SB/T 10325—1999
93	食用豆	方法类	菜豆象检疫检测与鉴定方法	NY/T 2052—2011
94	食用豆	方法类	出口油炸蚕豆检验规程	SN/T 0314—1994
95	食用豆	方法类	出口红豆馅检验规程	SN/T 0326—1994
96	食用豆	方法类	暗条豆象检疫鉴定方法	SN/T 1855—2006
97	食用豆	方法类	菜豆象的检疫和鉴定方法	SN/T 1274—2003
98	食用豆	方法类	巴西豆象检疫鉴定方法	SN/T 1278—2010
99	食用豆	方法类	灰豆象检疫鉴定方法	SN/T 1451—2004
100	食用豆	方法类	鹰嘴豆象检疫鉴定方法	SN/T 1452—2004
101	食用豆	方法类	豇豆重花叶病毒检疫鉴定方法	SN/T 2055—2016
102	通用	方法类	粮食、油料检验 脂肪酸值测定	NY/T 2333—2013
103	通用	方法类	食品中草甘膦残留量测定	NY/T 1096—2006
104	通用	方法类	谷物、豆类作物种子粗蛋白测定法（半微量凯氏法）	NY/T 3—1982
105	通用	方法类	谷物、油料作物种子粗脂肪测定方法	NY/T 4—1982
106	通用	方法类	水稻、玉米、谷子籽粒直链淀粉测定法	NY/T 55—1987
107	通用	方法类	谷物籽粒粗纤维测定法	NY/T 13—1986
108	通用	方法类	谷物籽粒氨基酸测定的前处理方法	NY/T 56—1987
109	通用	方法类	谷类籽粒赖氨酸测定法 染料结合赖氨酸（DBL）法	NY/T 9—1984
110	通用	方法类	谷物籽粒色氨酸测定法	NY/T 57—1987
111	通用	方法类	出口食品中黄曲霉毒素残留量的测定	SN/T 3263—2012
112	通用	方法类	进出口粮油、饲料检验 杂质检验方法	SN/T 0800.18—1999
113	通用	方法类	出口粮食、油料及饲料不完善粒检验方法	SN/T 0800.7—2016
114	通用	方法类	进出口粮食、饲料含盐量检验方法	SN/T 0800.11—1999
115	通用	方法类	进出口食品中抑草磷、毒死蜱、甲基毒死蜱等33种有机磷农药的残留量检测方法	SN/T 2324—2009
116	通用	方法类	进出口食品中草甘膦残留量的检测方法 液相色谱-质谱/质谱法	SN/T 1923—2007
117	通用	方法类	进出口食品中氨基甲酸酯类农药残留量的测定 液相色谱-质谱/质谱法	SN/T 2560—2010

续表

序号	产品	分类	标准名称	标准编号
118	通用	方法类	进出口粮谷中多种氨基甲酸酯类农药残留量检测方法 液相色谱串联质谱法	SN/T 2085—2008
119	通用	方法类	出口粮谷中涕灭威、甲萘威、杀线威、恶虫威、抗蚜威残留量的测定	SN/T 1017.7—2014
120	通用	方法类	进出口食品中杀线威等12种氨基甲酸酯类农药残留量的检测方法 液相色谱-质谱/质谱法	SN/T 0134—2010
121	通用	方法类	进出口食品中莠去津残留量的检测方法 气相色谱-质谱法	SN/T 1972—2007
122	通用	方法类	进出口食品中稻瘟灵残留量的检测方法	SN/T 2229—2008
123	通用	方法类	进出口食品中狄氏剂和异狄氏剂残留量检测方法 气相色谱-质谱法	SN/T 1978—2007
124	通用	方法类	进出口植物性产品中吡虫啉残留量的检测方法 液相色谱串联质谱法	SN/T 2073—2008
125	通用	方法类	出口粮谷中克螨特残留量的测定	SN/T 0660—2016
126	通用	方法类	进出口粮谷中咪唑磺隆残留量检测方法 液相色谱法	SN/T 1866—2007
127	通用	方法类	出口食品中对氯苯氧乙酸残留量的测定	SN/T 3725—2013
128	通用	方法类	进出口粮食、饲料粗纤维含量检验方法	SN/T 0800.8—1999

表4-25 建议作废的小麦、玉米、杂粮、豆类标准名称

序号	产品	分类	标准名称	标准编号
1	小麦	生产管理类	华北地区冬小麦公顷产量6000kg（亩产400kg）栽培技术规程	NY/T 205—1992
2	小麦	生产管理类	华北地区冬小麦公顷产量4500至5250kg（亩产300至350kg）栽培技术规程	NY/T 206—1992
3	食用豆	产品类	红小豆	NY/T 599—2002
4	食用豆	产品类	菜豆（芸豆）、豇豆、精米豆（竹豆、榄豆）、扁豆	LS/T 3103—1985
5	食用豆	方法类	豆制品理化检验方法	SB/T 10229—1994

表4-26 建议制定的小麦、玉米、杂粮、豆类标准名称

序号	产品	分类	建议标准名称
1	小麦	方法类	小麦粉及其制品色泽测定方法
2	玉米	产品类	玉米胚（胚芽粉、胚片）

续表

序号	产品	分类	建议标准名称
3	杂粮	产品类	禾谷类杂粮　薏苡
4	杂粮	产品类	谷物烘焙茶
5	食用豆	生产管理类	食用豆主要病虫草害防治技术规程
6	食用豆	生产管理类	食用豆感官指标检测技术规范
7	小麦	方法类	食用麸皮
8	小麦	方法类	小麦蒸煮品质评价　馒头实验室制作和评价方法
9	小麦	方法类	小麦蒸煮品质评价　面条实验室制作和评价方法
10	玉米	方法类	玉米蒸煮品质试验
11	食用豆	方法类	大豆低聚糖含量测定
12	食用豆	方法类	食用豆中可溶性多糖含量测定
13	食用豆	方法类	食用豆中肽相对分子质量分布及测定
14	食用豆	产品类	食用豆
15	通用	方法类	植物性食品中杂色曲霉素液相色谱-质谱/质谱法

第二节　水稻标准

水稻是禾本科稻属的一种植物，也是稻属中作为粮食的最主要最悠久的一种，原产中国，是世界主要粮食作物之一。中国水稻播种面积占全国粮食作物的 1/4，产量占粮食总产量的 35% 以上。按稻谷类型，水稻可以分为籼稻和粳稻、早稻和中晚稻、糯稻和非糯稻。还有其他分类。水稻一般栽培于水田，属于直接经济作物。水稻在我国广泛种植，是我国最重要的粮食作物。我国是世界最大稻米消费国，年均稻谷消费量约 18×10^{11} kg，全国有 65% 以上的人口以大米为主食。我国水稻生产处于国际领先地位。水稻标准体系建设对实施水稻标准化生产、确保市场稳定和粮食安全具有重要意义。

一、水稻标准体系

在 2000 年前，我国稻米标准体系已初成体系，经过近 20 年发展，我国的稻米标准体系不断完善改进。目前我国水稻标准体系见表 4-27、表 4-28。

表 4-27　现行国家水稻标准

序号	产品	分类	标准名称	标准编号
1	水稻	产品类	稻谷	GB 1350—2009
2	水稻	产品类	大米	GB/T 1354—2009

续表

序号	产品	分类	标准名称	标准编号
3	水稻	产品类	优质稻谷	GB/T 17891—2017
4	水稻	产品类	糙米	GB/T 18810—2002
5	水稻	产品类	地理标志产品 盘锦大米	GB/T 18824—2008
6	水稻	产品类	地理标志产品 五常大米	GB/T 19266—2008
7	水稻	产品类	地理标志产品 方正大米	GB/T 20040—2005
8	水稻	产品类	地理标志产品 原阳大米	GB/T 22438—2008
9	水稻	产品类	富硒稻谷	GB/T 22499—2008
10	水稻	产品类	方便米饭	GB/T 31323—2014
11	通用	方法类	食品安全国家标准 除草剂残留量检测方法 第1部分：气相色谱-质谱法测定 粮谷及油籽中酰胺类除草剂残留量	GB 23200.1—2016
12	通用	方法类	食品安全国家标准 食品中阿维菌素残留量的测定 液相色谱-质谱/质谱法	GB 23200.20—2016
13	通用	方法类	食品安全国家标准 除草剂残留量检测方法 第2部分：气相色谱-质谱法测定 粮谷及油籽中二苯醚类除草剂残留量	GB 23200.2—2016
14	通用	方法类	食品安全国家标准 粮谷和大豆中11种除草剂残留量的测定 气相色谱-质谱法	GB 23200.24—2016
15	通用	方法类	食品安全国家标准 食品中多种醚类除草剂残留量的测定 气相色谱-质谱法	GB 23200.28—2016
16	通用	方法类	食品安全国家标准 食品中丙炔氟草胺残留量的测定 气相色谱-质谱法	GB 23200.31—2016
17	通用	方法类	食品安全国家标准 除草剂残留量检测方法 第3部分：液相色谱-质谱/质谱法测定 食品中环己酮类除草剂残留量	GB 23200.3—2016
18	通用	方法类	食品安全国家标准 食品中丁酰肼残留量的测定 气相色谱-质谱法	GB 23200.32—2016
19	通用	方法类	食品安全国家标准 食品中解草嗪、莎稗磷、二丙烯草胺等110种农药残留量的测定 气相色谱-质谱法	GB 23200.33—2016
20	通用	方法类	食品安全国家标准 食品中涕灭砜威、吡唑醚菌酯、嘧菌酯等65种农药残留量的测定 液相色谱-质谱/质谱法	GB 23200.34—2016
21	通用	方法类	食品安全国家标准 植物源性食品中取代脲类农药残留量的测定 液相色谱-质谱法	GB 23200.35—2016

续表

序号	产品	分类	标准名称	标准编号
22	通用	方法类	食品安全国家标准 食品中烯啶虫胺、呋虫胺等20种农药残留量的测定 液相色谱-质谱/质谱法	GB 23200.37—2016
23	通用	方法类	食品安全国家标准 植物源性食品中环己烯酮类除草剂残留量的测定 液相色谱-质谱/质谱法	GB 23200.38—2016
24	通用	方法类	食品安全国家标准 食品中噻虫嗪及其代谢物噻虫胺残留量的测定 液相色谱-质谱/质谱法	GB 23200.39—2016
25	通用	方法类	食品安全国家标准 食品中噻节因残留量的检测方法	GB 23200.41—2016
26	通用	方法类	食品安全国家标准 除草剂残留量检测方法 第4部分：气相色谱-质谱/质谱法测定 食品中芳氧苯氧丙酸酯类除草剂残留量	GB 23200.4—2016
27	通用	方法类	食品安全国家标准 粮谷中氟吡禾灵残留量的检测方法	GB 23200.42—2016
28	通用	方法类	食品安全国家标准 食品中除虫脲残留量的测定 液相色谱-质谱法	GB 23200.45—2016
29	通用	方法类	食品安全国家标准 食品中嘧霉胺、嘧菌胺、腈菌唑、嘧菌酯残留量的测定 气相色谱-质谱法	GB 23200.46—2016
30	通用	方法类	食品安全国家标准 食品中苯醚甲环唑残留量的测定 气相色谱-质谱法	GB 23200.49—2016
31	通用	方法类	食品安全国家标准 食品中吡啶类农药残留量的测定 液相色谱-质谱/质谱法	GB 23200.50—2016
32	通用	方法类	食品安全国家标准 除草剂残留量检测方法 第5部分：液相色谱-质谱/质谱法测定 食品中硫代氨基甲酸酯类除草剂残留量	GB 23200.5—2016
33	通用	方法类	食品安全国家标准 食品中嘧菌环胺残留量的测定 气相色谱-质谱法	GB 23200.52—2016
34	通用	方法类	食品安全国家标准 食品中氟硅唑残留量的测定 气相色谱-质谱法	GB 23200.53—2016
35	通用	方法类	食品安全国家标准 食品中甲氧基丙烯酸酯类杀菌剂残留量的测定 气相色谱-质谱法	GB 23200.54—2016
36	通用	方法类	食品安全国家标准 食品中21种熏蒸剂残留量的测定 顶空气相色谱法	GB 23200.55—2016

续表

序号	产品	分类	标准名称	标准编号
37	通用	方法类	食品安全国家标准 食品中氯酯磺草胺残留量的测定 液相色谱-质谱/质谱法	GB 23200.58—2016
38	通用	方法类	食品安全国家标准 食品中敌草腈残留量的测定 气相色谱-质谱法	GB 23200.59—2016
39	通用	方法类	食品安全国家标准 食品中苯胺灵残留量的测定 气相色谱-质谱法	GB 23200.61—2016
40	通用	方法类	食品安全国家标准 食品中噻酰菌胺残留量的测定 液相色谱-质谱/质谱法	GB 23200.63—2016
41	通用	方法类	食品安全国家标准 食品中吡丙醚残留量的测定 液相色谱-质谱/质谱法	GB 23200.64—2016
42	通用	方法类	食品安全国家标准 食品中二硝基苯胺类农药残留量的测定 液相色谱-质谱/质谱法	GB 23200.69—2016
43	通用	方法类	食品安全国家标准 食品中三氟羧草醚残留量的测定 液相色谱-质谱/质谱法	GB 23200.70—2016
44	通用	方法类	食品安全国家标准 食品中二缩甲酰亚胺类农药残留量的测定 气相色谱-质谱法	GB 23200.71—2016
45	通用	方法类	食品安全国家标准 食品中井冈霉素残留量的测定 液相色谱-质谱/质谱法	GB 23200.74—2016
46	通用	方法类	食品安全国家标准 食品中氟啶虫酰胺残留量的检测方法	GB 23200.75—2016
47	通用	方法类	食品安全国家标准 食品中异稻瘟净残留量的检测方法	GB 23200.83—2016
48	通用	方法类	食品安全国家标准 粮谷中475种农药及相关化学品残留量的测定 气相色谱-质谱法	GB 23200.9—2016
49	通用	方法类	食品安全国家标准 食品中脱氧雪腐镰刀菌烯醇及其乙酰化衍生物的测定	GB 5009.111—2016
50	通用	方法类	食品安全国家标准 食品中总砷及无机砷的测定	GB 5009.11—2014
51	通用	方法类	食品安全国家标准 食品中T-2毒素的测定	GB 5009.118—2016
52	通用	方法类	食品安全国家标准 食品中铅的测定	GB 5009.12—2017

续表

序号	产品	分类	标准名称	标准编号
53	通用	方法类	食品安全国家标准 食品中铬的测定	GB 5009.123—2014
54	通用	方法类	食品安全国家标准 食品中氨基酸的测定	GB 5009.124—2016
55	通用	方法类	食品安全国家标准 食品中铜的测定	GB 5009.13—2017
56	通用	方法类	食品安全国家标准 食品中镍的测定	GB 5009.138—2017
57	通用	方法类	食品安全国家标准 食品中锌的测定	GB 5009.14—2017
58	通用	方法类	食品安全国家标准 食品中镉的测定	GB 5009.15—2014
59	通用	方法类	食品安全国家标准 食品中总汞及有机汞的测定	GB 5009.17—2014
60	通用	方法类	食品安全国家标准 食品中铝的测定	GB 5009.182—2017
61	通用	方法类	食品安全国家标准 食品中玉米赤霉烯酮的测定	GB 5009.209—2016
62	通用	方法类	食品安全国家标准 食品中黄曲霉毒素B族和G族的测定	GB 5009.22—2016
63	通用	方法类	食品安全国家标准 食品中桔青霉素的测定	GB 5009.222—2016
64	通用	方法类	食品安全国家标准 食品酸度的测定	GB 5009.239—2016
65	通用	方法类	品安全国家标准 食品中镁的测定	GB 5009.241—2017
66	通用	方法类	食品安全国家标准 食品中锰的测定	GB 5009.242—2017
67	通用	方法类	食品安全国家标准 食品中杂色曲霉素的测定	GB 5009.25—2016
68	通用	方法类	食品安全国家标准 食品中多元素的测定	GB 5009.268—2016
69	通用	方法类	食品安全国家标准 食品中水分的测定	GB 5009.3—2016
70	通用	方法类	食品安全国家标准 食品中蛋白质的测定	GB 5009.5—2016
71	通用	方法类	食品安全国家标准 食品中脂肪的测定	GB 5009.6—2016

续表

序号	产品	分类	标准名称	标准编号
72	通用	方法类	食品安全国家标准 食品中维生素B_1的测定	GB 5009.84—2016
73	通用	方法类	食品安全国家标准 食品中维生素B_2的测定	GB 5009.85—2016
74	通用	方法类	食品安全国家标准 食品中铁的测定	GB 5009.90—2016
75	通用	方法类	食品安全国家标准 食品中钾、钠的测定	GB 5009.91—2017
76	通用	方法类	食品安全国家标准 食品中淀粉的测定	GB 5009.9—2016
77	通用	方法类	食品安全国家标准 食品中钙的测定	GB 5009.92—2016
78	通用	方法类	食品安全国家标准 食品中硒的测定	GB 5009.93—2017
79	通用	方法类	食品安全国家标准 植物性食品中稀土元素的测定	GB 5009.94—2012
80	通用	方法类	食品安全国家标准 食品中赭曲霉毒素A的测定	GB 5009.96—2016
81	通用	方法类	粮食、油料检验 扦样、分样法	GB 5491—1985
82	通用	方法类	粮食、油料检验 黄粒米及裂纹粒检验法	GB 5496—1985
83	通用	方法类	粮油检验 谷物及淀粉糊化特性测定 粘度仪法	GB/T 14490—2008
84	通用	方法类	粮食、水果和蔬菜中有机磷农药测定的气相色谱法	GB/T 14553—2003
85	通用	方法类	粮油检验 稻谷、大米蒸煮食用品质感官评价方法	GB/T 15682—2008
86	通用	方法类	大米 直链淀粉含量的测定	GB/T 15683—2008
87	通用	方法类	谷物研磨制品 脂肪酸值测定法	GB/T 15684—2015
88	通用	方法类	米类加工精度异色相差分染色检验法（IDS法）	GB/T 18105—2000
89	通用	方法类	植物新品种特异性、一致性和稳定性测试指南 水稻	GB/T 19557.7—2004
90	通用	方法类	粮食、油料水分两次烘干测定法	GB/T 20264—2006
91	通用	方法类	三系杂交水稻及亲本 真实性和品种纯度鉴定 DNA分析方法	GB/T 20396—2006

续表

序号	产品	分类	标准名称	标准编号
92	通用	方法类	稻谷储存品质判定规则	GB/T 20569—2006
93	通用	方法类	粮谷中486种农药及相关化学品残留量的测定 液相色谱-串联质谱法	GB/T 20770—2008
94	通用	方法类	小麦粉与大米粉及其制品中甲醛次硫酸氢钠含量的测定	GB/T 21126—2007
95	通用	方法类	大米 稻谷和糙米潜在出米率的测定	GB/T 21499—2008
96	通用	方法类	稻谷整精米率检验法	GB/T 21719—2008
97	通用	方法类	谷物和豆类 散存粮食温度测定指南	GB/T 22184—2008
98	通用	方法类	大米、蔬菜、水果中氯氟吡氧乙酸残留量的测定	GB/T 22243—2008
99	通用	方法类	植物源产品中三聚氰胺、三聚氰酸一酰胺、三聚氰酸二酰胺和三聚氰酸的测定 气相色谱-质谱法	GB/T 22288—2008
100	通用	方法类	粮油检验 大米胶稠度的测定	GB/T 22294—2008
101	通用	方法类	粮油检验 粮食、油料纯粮（质）率检验	GB/T 22725—2008
102	通用	方法类	植物性产品中草甘膦残留量的测定 气相色谱-质谱法	GB/T 23750—2009
103	水稻	方法类	粮油检验 大米颜色黄度指数测定	GB/T 24302—2009
104	通用	方法类	谷物与豆类隐蔽性昆虫感染的测定 第1部分：总则	GB/T 24534.1—2009
105	通用	方法类	谷物与豆类隐蔽性昆虫感染的测定 第2部分：取样	GB/T 24534.2—2009
106	通用	方法类	谷物与豆类隐蔽性昆虫感染的测定 第3部分：基准方法	GB/T 24534.3—2009
107	通用	方法类	谷物与豆类隐蔽性昆虫感染的测定 第4部分：快速方法	GB/T 24534.4—2009
108	水稻	方法类	粮油检验 稻谷粒型检验方法	GB/T 24535—2009
109	水稻	方法类	大米及米粉糊化特性测定 快速粘度仪法	GB/T 24852—2010
110	水稻	方法类	粮油检验 稻谷水分含量测定 近红外法	GB/T 24896—2010
111	水稻	方法类	粮油检验 稻谷粗蛋白质含量测定 近红外法	GB/T 24897—2010

续表

序号	产品	分类	标准名称	标准编号
112	通用	方法类	粮油检验 粮食中麦角甾醇的测定 正相高效液相色谱法	GB/T 25221—2010
113	水稻	方法类	大米 蒸煮过程中米粒糊化时间的评价	GB/T 25226—2010
114	通用	方法类	粮食收获质量调查和品质测报技术规范	GB/T 26629—2011
115	水稻	方法类	水稻白叶枯病菌、水稻细菌性条斑病菌检疫鉴定方法	GB/T 28078—2011
116	水稻	方法类	水稻稻粒黑粉病菌检疫鉴定方法	GB/T 28079—2011
117	水稻	方法类	水稻细菌性条斑病菌的检疫鉴定方法	GB/T 28099—2011
118	水稻	方法类	水稻细菌性谷枯病菌检疫鉴定方法	GB/T 29396—2012
119	通用	方法类	粮油检验 谷物及制品脂肪酸值测定 仪器法	GB/T 29405—2012
120	通用	方法类	食品抽样检验通用导则	GB/T 30642—2014
121	通用	方法类	农作物种子检验规程 总则	GB/T 3543.1—1995
122	通用	方法类	农作物种子检验规程 扦样	GB/T 3543.2—1995
123	通用	方法类	农作物种子检验规程 净度分析	GB/T 3543.3—1995
124	通用	方法类	农作物种子检验规程 发芽试验	GB/T 3543.4—1995
125	通用	方法类	农作物种子检验规程 真实性和纯度鉴定	GB/T 3543.5—1995
126	通用	方法类	《农作物种子检验规程 真实性和纯度鉴定》国家标准第1号修改单	GB/T 3543.5—1995/XG1—2015
127	通用	方法类	农作物种子检验规程水分测定	GB/T 3543.6—1995
128	通用	方法类	农作物种子检验规程其他项目检验	GB/T 3543.7—1995
129	通用	方法类	植物类食品中粗纤维的测定	GB/T 5009.10—2003
130	通用	方法类	植物性食品中辛硫磷农药残留量的测定	GB/T 5009.102—2003
131	通用	方法类	植物性食品中甲胺磷和乙酰甲胺磷农药残留量的测定	GB/T 5009.103—2003
132	通用	方法类	植物性食品中氨基甲酸酯类农药残留量的测定	GB/T 5009.104—2003
133	通用	方法类	植物性食品中二氯苯醚菊酯残留量的测定	GB/T 5009.106—2003
134	通用	方法类	植物性食品中二嗪磷残留量的测定	GB/T 5009.107—2003

续表

序号	产品	分类	标准名称	标准编号
135	通用	方法类	植物性食品中氯氰菊酯、氰戊菊酯和溴氰菊酯残留量的测定	GB/T 5009.110—2003
136	水稻	方法类	大米和柑桔中喹硫磷残留量的测定	GB/T 5009.112—2003
137	水稻	方法类	大米中杀虫环残留量的测定	GB/T 5009.113—2003
138	水稻	方法类	大米中杀虫双残留量的测定	GB/T 5009.114—2003
139	水稻	方法类	稻谷中三环唑残留量的测定	GB/T 5009.115—2003
140	通用	方法类	植物性食品中三唑酮残留量的测定	GB/T 5009.126—2003
141	通用	方法类	大豆及谷物中氟磺胺草醚残留量的测定	GB/T 5009.130—2003
142	通用	方法类	植物性食品中亚胺硫磷残留量的测定	GB/T 5009.131—2003
143	通用	方法类	粮食中绿麦隆残留量的测定	GB/T 5009.133—2003
144	水稻	方法类	大米中禾草敌残留量的测定	GB/T 5009.134—2003
145	通用	方法类	植物性食品中灭幼脲残留量测定	GB/T 5009.135—2003
146	通用	方法类	植物性食品中五氯硝基苯残留量的测定	GB/T 5009.136—2003
147	通用	方法类	植物性食品中甲基异柳磷残留量的测定	GB/T 5009.144—2003
148	通用	方法类	植物性食品中有机磷和氨基甲酸酯类农药多残留的测定	GB/T 5009.145—2003
149	通用	方法类	植物性食品中有机氯和拟除虫菊酯类农药多种残留量的测定	GB/T 5009.146—2008
150	通用	方法类	植物性食品中除虫脲残留量的测定	GB/T 5009.147—2003
151	水稻	方法类	大米中稻瘟灵残留量的测定	GB/T 5009.155—2003
152	水稻	方法类	大米中丁草胺残留量的测定	GB/T 5009.164—2003
153	通用	方法类	粮食中2,4-滴丁酯残留量的测定	GB/T 5009.165—2003
154	通用	方法类	粮食和蔬菜中2,4-滴残留量的测定	GB/T 5009.175—2003
155	水稻	方法类	大米中敌稗残留量的测定	GB/T 5009.177—2003
156	水稻	方法类	稻谷、花生仁中恶草酮残留量的测定	GB/T 5009.180—2003
157	通用	方法类	食品中氟的测定	GB/T 5009.18—2003
158	通用	方法类	粮食、蔬菜中噻嗪酮残留量的测定	GB/T 5009.184—2003
159	通用	方法类	食品中有机氯农药多组分残留量的测定	GB/T 5009.19—2008

续表

序号	产品	分类	标准名称	标准编号
160	通用	方法类	食品中有机磷农药残留量的测定	GB/T 5009.20—2003
161	水稻	方法类	糙米中50种有机磷农药残留量的测定	GB/T 5009.207—2008
162	通用	方法类	粮、油、菜中甲萘威残留量的测定	GB/T 5009.21—2003
163	通用	方法类	粮谷中敌菌灵残留量的测定	GB/T 5009.220—2008
164	通用	方法类	粮食卫生标准的分析方法	GB/T 5009.36—2003
165	通用	方法类	粮食中二溴乙烷残留量的测定	GB/T 5009.73—2003
166	通用	方法类	粮油检验 一般规则	GB/T 5490—2010
167	通用	方法类	粮油检验 粮食、油料的色泽、气味、口味鉴定	GB/T 5492—2008
168	通用	方法类	粮油检验 类型及互混检验	GB/T 5493—2008
169	通用	方法类	粮油检验 粮食、油料的杂质、不完善粒检验	GB/T 5494—2008
170	水稻	方法类	粮油检验 稻谷出糙率检验	GB/T 5495—2008
171	通用	方法类	粮油检验 容重测定	GB/T 5498—2013
172	水稻	方法类	粮油检验 米类加工精度检验	GB/T 5502—2008
173	通用	方法类	粮油检验 碎米检验法	GB/T 5503—2009
174	通用	方法类	粮油检验 粉类粗细度测定	GB/T 5507—2008
175	通用	方法类	粮油检验 粉类粮食含砂量测定	GB/T 5508—2011
176	通用	方法类	粮油检验 粉类磁性金属物测定	GB/T 5509—2008
177	通用	方法类	粮油检验 粮食、油料脂肪酸值测定	GB/T 5510—2011
178	通用	方法类	粮油检验 粮食中还原糖和非还原糖测定	GB/T 5513—2008
179	通用	方法类	粮油检验 粮食中粗纤维素含量测定 介质过滤法	GB/T 5515—2008
180	通用	方法类	粮油检验 粮食运动粘度测定 毛细管粘度计法	GB/T 5516—2011
181	通用	方法类	粮油检验 粮食、油料相对密度的测定	GB/T 5518—2008
182	通用	方法类	谷物与豆类 千粒重的测定	GB/T 5519—2008
183	通用	方法类	粮油检验 谷物及其制品中α-淀粉酶活性的测定 比色法	GB/T 5521—2008

续表

序号	产品	分类	标准名称	标准编号
184	通用	方法类	粮油检验 粮食、油料的过氧化氢酶活动度的测定	GB/T 5522—2008
185	通用	方法类	粮油检验 粮食、油料的脂肪酶活动度的测定	GB/T 5523—2008
186	通用	方法类	粮油检验 谷物不溶性膳食纤维的测定	GB/T 9822—2008
187	通用	方法类	食品安全国家标准 食品中伏马毒素的测定	GB 5009.240—2016
188	通用	机械配套类	连续式粮食干燥机	GB/T 16714—2007
189	水稻	机械配套类	水稻插秧机 技术条件	GB/T 20864—2007
190	通用	机械配套类	免耕施肥播种机	GB/T 20865—2007
191	水稻	机械配套类	水稻割捆机	GB/T 24686—2009
192	水稻	机械配套类	水稻覆土直播机	GB/T 25418—2010
193	水稻	机械配套类	粮油机械 糙米精选机	GB/T 26591—2011
194	水稻	机械配套类	粮油机械 砻碾组合米机	GB/T 26896—2011
195	水稻	机械配套类	粮油机械 铁辊碾米机	GB/T 26897—2011
196	水稻	机械配套类	水稻插秧机 燃油消耗量指标及测量方法	GB/T 29004—2012
197	水稻	机械配套类	粮油机械 大米色选机	GB/T 29884—2013
198	通用	机械配套类	粮食干燥系统安全操作规范	GB/T 30466—2013
199	水稻	机械配套类	大米去石筛板	GB/T 31056—2014
200	水稻	机械配套类	水稻插秧机 试验方法	GB/T 6243—2003
201	通用	机械配套类	粮食干燥机试验方法	GB/T 6970—2007
202	通用	基础/通用类	粮食作物种子 第1部分：禾谷类	GB 4404.1—2008
203	通用	基础/通用类	粮油名词术语 粮食、油料及其加工产品	GB/T 22515—2008
204	通用	基础/通用类	粮油名词术语 理化特性和质量	GB/T 26631—2011
205	通用	基础/通用类	粮油名词术语 粮油仓储设备与设施	GB/T 26632—2011
206	水稻	基础/通用类	两系杂交水稻种子生产体系技术规范 第1部分：术语	GB/T 29371.1—2012
207	通用	基础/通用类	粮油通用技术、设备名词术语	GB/T 8874—2008
208	通用	基础/通用类	粮油术语 碾米工业	GB/T 8875—2008
209	水稻	生产管理类	稻瘟病测报调查规范	GB/T 15790—2009

续表

序号	产品	分类	标准名称	标准编号
210	水稻	生产管理类	稻纹枯病测报技术规范	GB/T 15791—2011
211	水稻	生产管理类	水稻二化螟测报调查规范	GB/T 15792—2009
212	水稻	生产管理类	稻纵卷叶螟测报技术规范	GB/T 15793—2011
213	水稻	生产管理类	稻飞虱测报调查规范	GB/T 15794—2009
214	水稻	生产管理类	稻谷干燥技术规范	GB/T 21015—2007
215	通用	生产管理类	主要农作物高温危害温度指标	GB/T 21985—2008
216	水稻	生产管理类	大米加工企业良好操作规范	GB/T 26630—2011
217	通用	生产管理类	南方水稻、油菜和柑桔低温灾害	GB/T 27959—2011
218	通用	物流类	食品安全国家标准 预包装食品营养标签通则	GB 28050—2011
219	通用	物流类	食品安全国家标准 预包装食品标签通则	GB 7718—2011
220	通用	物流类	粮食销售包装	GB/T 17109—2008
221	通用	物流类	粮食包装 麻袋	GB/T 24904—2010
222	通用	物流类	粮食加工、储运设备现场监测装置技术规范	GB/T 25227—2010
223	通用	物流类	谷物和豆类储存 第1部分：谷物储存的一般建议	GB/T 29402.1—2012
224	通用	物流类	谷物和豆类储存 第2部分：实用建议	GB/T 29402.2—2012
225	通用	物流类	谷物和豆类储存 第3部分：有害生物的控制	GB/T 29402.3—2012
226	通用	种质资源类	农作物种子标签通则	GB 20464—2006
227	通用	种质资源类	主要农作物种子包装	GB 7414—1987
228	水稻	种质资源类	水稻种子产地检疫规程	GB 8371—2009
229	通用	种质资源类	农作物薄膜包衣种子技术条件	GB/T 15671—2009
230	水稻	种质资源类	籼型杂交水稻三系原种生产技术操作规程	GB/T 17314—2011
231	水稻	种质资源类	水稻原种生产技术操作规程	GB/T 17316—2011
232	水稻	种质资源类	两系杂交水稻种子生产体系技术规范 第2部分：不育系原种生产技术规范	GB/T 29371.2—2012
233	水稻	种质资源类	两系杂交水稻种子生产体系技术规范 第3部分：不育系大田用种繁殖技术规范	GB/T 29371.3—2012

续表

序号	产品	分类	标准名称	标准编号
234	水稻	种质资源类	两系杂交水稻种子生产体系技术规范 第4部分：杂交制种技术规范	GB/T 29371.4—2012
235	水稻	种质资源类	两系杂交水稻种子生产体系技术规范 第5部分：种子纯度鉴定和不育系育性监测技术规范	GB/T 29371.5—2012
236	水稻	种质资源类	超级杂交稻制种气候风险等级	GB/T 32779—2016
237	通用	种质资源类	农作物种子储藏	GB/T 7415—2008

表4-28 现行行业水稻标准

序号	产品	分类	标准名称	标准编号
1	水稻	产品类	黑米	NY/T 832—2004
2	水稻	产品类	食用粳米	NY/T 594—2013
3	水稻	产品类	食用籼米	NY/T 595—2013
4	水稻	产品类	饲料用稻谷	NY/T 116—1989
5	水稻	产品类	饲料用米糠	NY/T 122—1989
6	水稻	产品类	饲料用米糠饼	NY/T 123—1989
7	水稻	产品类	饲料用米糠粕	NY/T 124—1989
8	水稻	产品类	饲料用碎米	NY/T 212—1992
9	水稻	产品类	香稻米	NY/T 596—2002
10	水稻	产品类	绿色食品 稻米	NY/T 419—2014
11	水稻	产品类	天津小站米	NY/T 1268—2007
12	水稻	产品类	食用稻品种品质	NY/T 593—2013
13	水稻	产品类	饲料稻	NY/T 1580—2007
14	水稻	产品类	米饭、米粥、米粉制品	SB/T 10652—2012
15	水稻	产品类	汤圆用水磨白糯米粉	LS/T 3240—2012
16	水稻	产品类	年糕	SB/T 10507—2008
17	水稻	方法类	水稻细菌性条斑病菌检疫检测与鉴定方法	NY/T 2287—2012
18	水稻	方法类	灰飞虱携带水稻条纹病毒检测技术 免疫斑点法	NY/T 2059—2011
19	水稻	方法类	稻水象甲检疫鉴定方法	NY/T 1482—2007
20	水稻	方法类	稻米中吡虫啉残留量的测定 高效液相色谱法	NY/T 1727—2009
21	水稻	方法类	稻米中总砷的测定 原子荧光光谱法	NY/T 1099—2006

续表

序号	产品	分类	标准名称	标准编号
22	水稻	方法类	转基因植物及其产品成分检测 抗虫耐除草剂水稻 G6H1 及其衍生品种定性 PCR 方法	农业部 2259 号公告—11—2015
23	水稻	方法类	转基因植物及其产品成分检测 抗虫水稻 TT51-1 及其衍生品种定性 PCR 方法	农业部 1193 号公告—3—2009
24	水稻	方法类	转基因植物及其产品成分检测 抗虫转 Bt 基因水稻定性 PCR 方法	农业部 953 号公告—6—2007
25	水稻	方法类	转基因植物及其产品成分检测 水稻内标准基因定性 PCR 方法	农业部 1861 号公告—1—2012
26	水稻	方法类	转基因植物及其产品成分检测 抗病水稻 M12 及其衍生品种定性 PCR 方法	农业部 1485 号公告—5—2010
27	水稻	方法类	转基因植物及其产品成分检测 抗虫水稻 TT51-1 及其衍生品种定量 PCR 方法	农业部 2122 号公告—8—2014
28	水稻	方法类	转基因植物及其产品成分检测 抗虫水稻科丰 2 号及其衍生品种定性 PCR 方法	农业部 2031 号公告—7—2013
29	水稻	方法类	转基因植物及其产品环境安全检测 抗病水稻 第 1 部分：对靶标病害的抗性	农业部 953 号公告—9.1—2007
30	水稻	方法类	转基因植物及其产品环境安全检测 抗病水稻 第 2 部分：生存竞争能力	农业部 953 号公告—9.2—2007
31	水稻	方法类	转基因植物及其产品环境安全检测 抗病水稻 第 3 部分：外源基因漂移	农业部 953 号公告—9.3—2007
32	水稻	方法类	转基因植物及其产品环境安全检测 抗病水稻 第 4 部分：生物多样性影响	农业部 953 号公告—9.4—2007
33	水稻	方法类	转基因植物及其产品环境安全检测 抗虫水稻 第 1 部分：抗虫性	农业部 953 号公告—8.1—2007
34	水稻	方法类	转基因植物及其产品环境安全检测 抗虫水稻 第 2 部分：生存竞争能力	农业部 953 号公告—8.2—2007
35	水稻	方法类	转基因植物及其产品环境安全检测 抗虫水稻 第 3 部分：外源基因漂移	农业部 953 号公告—8.3—2007
36	水稻	方法类	转基因植物及其产品环境安全检测 抗虫水稻 第 4 部分：生物多样性影响	农业部 953 号公告—8.4—2007

续表

序号	产品	分类	标准名称	标准编号
37	水稻	方法类	转基因植物及其产品环境安全检测 抗除草剂水稻 第1部分：除草剂耐受性	农业部2259号公告—15—2015
38	水稻	方法类	转基因植物及其产品环境安全检测 抗除草剂水稻 第2部分：生存竞争能力	农业部2259号公告—16—2015
39	水稻	方法类	农作物优异种质资源评价规范 野生稻	NY/T 2175—2012
40	水稻	方法类	农作物种质资源鉴定技术规程 野生稻	NY/T 1316—2007
41	水稻	方法类	水稻品种鉴定技术规程 SSR标记法	NY/T 1433—2014
42	水稻	方法类	水稻光、温敏雄性核不育系育性鉴定规程	NY/T 1215—2006
43	水稻	方法类	农作物品种审定规范 稻	NY/T 1090—2006
44	水稻	方法类	米质测定方法	NY/T 83—1988
45	水稻	方法类	稻米整精米率、粒型、垩白粒率、垩白度及透明度的测定 图像法	NY/T 2334—2013
46	水稻	方法类	水稻米粉糊化特性测定 快速黏度分析仪法	NY/T 1753—2009
47	水稻	方法类	稻米及制品中抗性淀粉的测定 分光光度法	NY/T 2638—2014
48	水稻	方法类	水稻、玉米、谷子籽粒直链淀粉测定法	NY/T 55—1987
49	水稻	方法类	稻米直链淀粉的测定 分光光度法	NY/T 2639—2014
50	水稻	方法类	农作物品种区域试验技术规范 水稻	NY/T 1300—2007
51	水稻	方法类	水稻品种抗条纹叶枯病鉴定技术规范	NY/T 2055—2011
52	水稻	方法类	水稻抗纹枯病鉴定技术规范	NY/T 2720—2015
53	水稻	方法类	水稻品种试验稻瘟病抗性鉴定与评价技术规程	NY/T 2646—2014
54	通用	方法类	食品中草甘膦残留量测定	NY/T 1096—2006
55	通用	方法类	无公害食品 产品抽样规范 第2部分：粮油	NY/T 5344.2—2006
56	通用	方法类	绿色食品 产品抽样准则	NY/T 896—2015
57	通用	方法类	粮食、油料检验 脂肪酸值测定	NY/T 2333—2013
58	通用	方法类	谷类籽粒赖氨酸测定法 染料结合赖氨酸（DBL）法	NY/T 9—1984

续表

序号	产品	分类	标准名称	标准编号
59	通用	方法类	谷物、豆类作物种子粗蛋白测定法（半微量凯氏法）	NY/T 3—1982
60	通用	方法类	谷物、油料作物种子粗脂肪测定方法	NY/T 4—1982
61	通用	方法类	谷类、豆类粗蛋白质含量的测定 杜马斯燃烧法	NY/T 2007—2011
62	通用	方法类	谷物籽粒粗纤维测定法	NY/T 13—1986
63	通用	方法类	谷物中戊聚糖含量的测定 分光光度法	NY/T 2335—2013
64	通用	方法类	谷物籽粒氨基酸测定的前处理方法	NY/T 56—1987
65	通用	方法类	谷物籽粒色氨酸测定法	NY/T 57—1987
66	水稻	方法类	水稻条纹病毒、水稻矮缩病毒、水稻黑条矮缩病毒的检测方法 普通RT-PCR方法和实时荧光RT-PCR方法	SN/T 1666—2005
67	水稻	方法类	水稻瘤矮病毒的检疫鉴定方法	SN/T 2635—2010
68	水稻	方法类	稻水象甲检疫鉴定方法	SN/T 1438—2004
69	水稻	方法类	水稻茎线虫检疫鉴定方法	SN/T 1136—2002
70	水稻	方法类	水稻干尖线虫检疫鉴定方法	SN/T 2505—2010
71	水稻	方法类	出口食品中转基因成分环介导等温扩增（LAMP）检测方法 第20部分：水稻Bt-63品系	SN/T 3767.20—2014
72	水稻	方法类	出口食品中转基因成分环介导等温扩增（LAMP）检测方法 第21部分：水稻KF6品系	SN/T 3767.21—2014
73	水稻	方法类	出口食品中转基因成分环介导等温扩增（LAMP）检测方法 第22部分：水稻KF8品系	SN/T 3767.22—2014
74	水稻	方法类	出口食品中转基因成分环介导等温扩增（LAMP）检测方法 第23部分：水稻KMD品系	SN/T 3767.23—2014
75	水稻	方法类	出口食品中转基因成分环介导等温扩增（LAMP）检测方法 第24部分：水稻LLrice62品系	SN/T 3767.24—2014
76	水稻	方法类	出口食品中转基因成分环介导等温扩增（LAMP）检测方法 第25部分：水稻M12品系	SN/T 3767.25—2014
77	水稻	方法类	出口食品中转基因成分环介导等温扩增（LAMP）检测方法 第26部分：水稻T1C-19品系	SN/T 3767.26—2014

续表

序号	产品	分类	标准名称	标准编号
78	水稻	方法类	出口食品中转基因成分环介导等温扩增（LAMP）检测方法 第27部分：水稻T2A-1品系	SN/T 3767.27—2014
79	水稻	方法类	水稻及其产品中转基因成分实时荧光PCR检测方法	SN/T 2584—2010
80	水稻	方法类	转基因大米PCR-DHPLC检测方法	SN/T 3690—2013
81	水稻	方法类	出口杂交水稻种子检疫管理规范	SN/T 2512—2010
82	水稻	方法类	植物种质资源鉴定方法 稻属植物的鉴定	SN/T 2612—2010
83	水稻	方法类	植物种质资源鉴定方法 第1部分：斑点野生稻的鉴定	SN/T 2869.1—2011
84	水稻	方法类	三系杂交水稻种子真伪分子鉴定方法	SN/T 2669—2010
85	水稻	方法类	两系水稻品种真实性与纯度鉴定 DNA分析法	SN/T 3402—2012
86	水稻	方法类	泰国茉莉香米品种鉴定及纯度检验方法	SN/T 2643—2010
87	水稻	方法类	粮油检验 稻谷整精米率测定 图像分析法	LS/T 6104—2012
88	水稻	方法类	进出口糙米检验规程	SN/T 1801—2006
89	通用	方法类	出口花生、谷类及其制品中黄曲霉毒素、赭曲霉毒素、伏马毒素B_1、脱氧雪腐镰刀菌烯醇、T-2毒素、HT-2毒素的测定	SN/T 3136—2012
90	通用	方法类	粮油检验 谷物中脱氧雪腐镰刀菌烯醇测定 胶体金快速测试卡法	LS/T 6110—2014
91	通用	方法类	出口食品中脱氧雪腐镰刀菌烯醇、3-乙酰脱氧雪腐镰刀菌烯醇、15-乙酰脱氧雪腐镰刀菌烯醇及其代谢物的测定 液相色谱-质谱/质谱法	SN/T 3137—2012
92	通用	方法类	粮油检验 谷物中黄曲霉毒素B_1的快速测定 免疫层析法	LS/T 6108—2014
93	通用	方法类	出口食品中黄曲霉毒素残留量的测定	SN/T 3263—2012
94	通用	方法类	粮油检验 谷物中玉米赤霉烯酮测定 胶体金快速测试卡法	LS/T 6109—2014
95	通用	方法类	进出口食品中氨基甲酸酯类农药残留量的测定 液相色谱-质谱/质谱法	SN/T 2560—2010
96	通用	方法类	进出口粮谷中多种氨基甲酸酯类农药残留量检测方法 液相色谱串联质谱法	SN/T 2085—2008

续表

序号	产品	分类	标准名称	标准编号
97	通用	方法类	进出口食品中狄氏剂和异狄氏剂残留量检测方法 气相色谱-质谱法	SN/T 1978—2007
98	通用	方法类	进出口植物性产品中吡虫啉残留量的检测方法 液相色谱串联质谱法	SN/T 2073—2008
99	通用	方法类	出口植物源性食品中百草枯和敌草快残留量的测定 液相色谱-质谱/质谱法	SN/T 0293—2014
100	通用	方法类	进出口食品中丙环唑残留量的检测方法	SN/T 0519—2010
101	通用	方法类	出口植物源食品中四溴菊酯残留量检验方法 液相色谱-质谱/质谱法	SN/T 0603—2013
102	通用	方法类	出口食品中二硝甲酚残留量的测定 液相色谱-质谱/质谱法	SN/T 0707—2014
103	通用	方法类	进出口粮谷中咪唑磺隆残留量检测方法 液相色谱法	SN/T 1866—2007
104	通用	方法类	进出口食品中扑草净残留量检测方法 气相色谱—质谱法	SN/T 1968—2007
105	通用	方法类	出口食品中三环锡（三唑锡）和苯丁锡含量的测定	SN/T 4558—2016
106	通用	方法类	进出口食品中生物苄呋菊酯、氟丙菊酯、联苯菊酯等28种农药残留量的检测方法 气相色谱-质谱法	SN/T 2151—2008
107	通用	方法类	进出口食品中氟铃脲残留量检测方法 高效液相色谱-质谱/质谱法	SN/T 2152—2008
108	通用	方法类	进出口粮谷中苄嘧磺隆残留量的检测方法 液相色谱法	SN/T 2212—2008
109	通用	方法类	进出口食品中三唑醇残留量的检测方法 气相色谱-质谱法	SN/T 2232—2008
110	通用	方法类	进出口食品中甲氰菊酯残留量检测方法	SN/T 2233—2008
111	通用	方法类	进出口食品中涕灭威、涕灭威砜、涕灭威亚砜残留量检测方法 液相色谱-质谱/质谱法	SN/T 2441—2010
112	通用	方法类	进出口食品中苯甲酰脲类农药残留量的测定 液相色谱-质谱-质谱法	SN/T 2540—2010
113	通用	方法类	进出口食品中苯并咪唑类农药残留量的测定 液相色谱-质谱-质谱法	SN/T 2559—2010
114	通用	方法类	出口植物源食品中二硝基苯胺类除草剂残留量测定 气相色谱-质谱/质谱法	SN/T 3628—2013
115	通用	方法类	进出口蔬菜、水果、粮谷中氟草烟残留量检测方法	SN/T 2806—2011

续表

序号	产品	分类	标准名称	标准编号
116	通用	方法类	出口食品中烯酰吗啉残留量检测方法	SN/T 2917—2011
117	通用	方法类	出口食品中三苯锡、苯丁锡残留量检测方法 气相色谱-质谱法	SN/T 3149—2012
118	通用	方法类	出口食品中噁唑类杀菌剂残留量的测定	SN/T 3303—2012
119	通用	方法类	出口食品中2-氯苯胺含量的测定 液相色谱-质谱/质谱法	SN/T 3622—2013
120	通用	方法类	出口食品中对氯苯氧乙酸残留量的测定	SN/T 3725—2013
121	通用	方法类	出口食品中异噁唑草酮及代谢物的测定 液相色谱-质谱/质谱法	SN/T 3857—2014
122	通用	方法类	出口食品中吡蚜酮残留量的测定 液相色谱-质谱/质谱法	SN/T 3860—2014
123	通用	方法类	出口食品中六氯对二甲苯残留量的检测方法	SN/T 3861—2014
124	通用	方法类	出口食品中沙蚕毒素类农药残留量的筛查测定 气相色谱法	SN/T 3862—2014
125	通用	方法类	出口食品中烯效唑类植物生长调节剂残留量的测定 气相色谱-质谱法	SN/T 3935—2014
126	通用	方法类	出口食品中异菌脲残留量的测定 气相色谱-质谱法	SN/T 4013—2013
127	通用	方法类	进出口食品中丙溴磷残留量检测方法 气相色谱法和气相色谱-质谱法	SN/T 2234—2008
128	通用	方法类	进出口食品中抑草磷、毒死蜱、甲基毒死蜱等33种有机磷农药的残留量检测方法	SN/T 2324—2009
129	通用	方法类	进出口食品中草甘膦残留量的检测方法 液相色谱-质谱/质谱法	SN/T 1923—2007
130	通用	方法类	出口粮谷中涕灭威、甲萘威、杀线威、恶虫威、抗蚜威残留量的测定	SN/T 1017.7—2014
131	通用	方法类	进出口食品中杀线威等12种氨基甲酸酯类农药残留量的检测方法 液相色谱-质谱/质谱法	SN/T 0134—2010
132	通用	方法类	进出口食品中莠去津残留量的检测方法 气相色谱-质谱法	SN/T 1972—2007
133	通用	方法类	进出口食品中稻瘟灵残留量的检测方法	SN/T 2229—2008
134	通用	方法类	出口粮谷中克螨特残留量的测定	SN/T 0660—2016
135	通用	方法类	出口粮谷及油籽中禾草灵残留量检验方法	SN 0687—1997

续表

序号	产品	分类	标准名称	标准编号
136	通用	方法类	出口粮谷中磷胺残留量检验方法	SN 0701—1997
137	通用	方法类	进出口食品中敌百虫残留量检测方法 液相色谱-质谱/质谱法	SN/T 0125—2010
138	通用	方法类	进出口粮谷中马拉硫磷残留量检测方法	SN/T 0131—2010
139	通用	方法类	出口植物源性食品中多种菊酯残留量的检测方法 气相色谱-质谱法	SN/T 0217—2014
140	通用	方法类	出口粮谷中天然除虫菊素残留总量的检测方法 气相色谱-质谱法	SN/T 0218—2014
141	通用	方法类	出口粮谷中烯菌灵残留量测定方法 液相色谱-质谱/质谱法	SN/T 0520—2012
142	通用	方法类	出口粮谷中甲硫威（灭虫威）及代谢物残留量的检测方法 液相色谱-质谱/质谱法	SN/T 0527—2012
143	通用	方法类	出口粮谷及油籽中特普残留量检测方法	SN/T 0586—2012
144	通用	方法类	出口粮谷及油籽中稀禾定残留量检测方法 气相色谱-质谱法	SN/T 0596—2012
145	通用	方法类	出口粮谷中双苯唑菌醇残留量检测方法 液相色谱-质谱/质谱法	SN/T 0605—2012
146	通用	方法类	进出口粮谷和坚果中乙酯杀螨醇残留量的检测方法 气相色谱-质谱法	SN/T 0702—2011
147	通用	方法类	出口粮谷中调环酸钙残留量检测方法 液相色谱法	SN/T 0931—2013
148	通用	方法类	进出口粮谷中噻吩甲氯残留量检验方法	SN/T 0965—2000
149	通用	方法类	出口食品中多效唑残留量检测方法	SN/T 1477—2012
150	通用	方法类	进出口植物性产品中氰草津、氟草隆、莠去津、敌稗、利谷隆残留量检验方法 高效液相色谱法	SN/T 1605—2005
151	通用	方法类	进出口植物性产品中苯氧羧酸类除草剂残留量检验方法 气相色谱法	SN/T 1606—2005
152	通用	方法类	进出口粮谷和油籽中多种有机磷农药残留量的检测方法 气相色谱串联质谱法	SN/T 1739—2006
153	通用	方法类	进出口食品中联苯菊酯残留量的检测方法 气相色谱-质谱法	SN/T 1969—2007
154	通用	方法类	进出口食品中硫线磷残留量的检测方法	SN/T 2147—2008
155	通用	方法类	进出口食品中苯线磷残留量的检测方法 气相色谱-质谱法	SN/T 2156—2008

续表

序号	产品	分类	标准名称	标准编号
156	通用	方法类	进出口食品中毒死蜱残留量检测方法	SN/T 2158—2008
157	通用	方法类	进出口食品中31种酸性除草剂残留量的检测方法 气相色谱-质谱法	SN/T 2228—2008
158	通用	方法类	进出口食品中百菌清、苯氟磺胺、甲抑菌灵、克菌丹、灭菌丹、敌菌丹和四溴菊酯残留量检测方法 气相色谱-质谱法	SN/T 2320—2009
159	通用	方法类	进出口食品中腈菌唑残留量检测方法 气相色谱质谱法	SN/T 2321—2009
160	通用	方法类	进出口食品中四唑嘧磺隆、甲基苯苏呋安、醚磺隆等45种农药残留量的检测方法 高效液相色谱-质谱/质谱法	SN/T 2325—2009
161	通用	方法类	出口食品中甲草胺、乙草胺、甲基吡恶磷等160种农药残留量的检测方法 气相色谱-质谱法	SN/T 2915—2011
162	通用	方法类	出口食品中烯肟菌酯残留量的测定	SN/T 3726—2013
163	通用	方法类	出口食品中氰氟虫腙残留量的测定 液相色谱-质谱/质谱法	SN/T 3852—2014
164	通用	方法类	出口食品中过氧化苯甲酰含量的测定 高效液相色谱法	SN/T 3148—2012
165	通用	方法类	进出口食品中砷、汞、铅、镉的检测方法 电感耦合等离子体质谱(ICP-MS)法	SN/T 0448—2011
166	通用	方法类	进出口粮油、饲料检验 抽样和制样方法	SN/T 0800.1—2016
167	通用	方法类	粮油检验 粮食水分测定 水浸悬浮法	LS/T 6103—2010
168	通用	方法类	进出口粮食、饲料含盐量检验方法	SN/T 0800.11—1999
169	通用	方法类	进出口粮食、饲料发芽势、发芽率检验方法	SN/T 0800.14—1999
170	通用	方法类	进出口粮食、饲料类型纯度及互混检验方法	SN/T 0800.17—1999
171	通用	方法类	进出口粮食、饲料杂质检验方法	SN/T 0800.18—1999
172	通用	方法类	出口粮食、油料及饲料不完善粒检验方法	SN/T 0800.7—2016
173	通用	方法类	进出口粮食、饲料粗纤维含量检验方法	SN/T 0800.8—1999
174	水稻	环境安全类	水稻产地环境技术条件	NY/T 847—2004
175	通用	环境安全类	无公害农产品 种植业产地环境条件	NY/T 5010—2016

续表

序号	产品	分类	标准名称	标准编号
176	通用	环境安全类	绿色食品　产地环境质量	NY/T 391—2013
177	通用	环境安全类	农田土壤环境质量监测技术规范	NY/T 395—2012
178	通用	环境安全类	农田土壤墒情监测技术规范	NY/T 1782—2009
179	通用	环境安全类	农用水源环境质量监测技术规范	NY/T 396—2000
180	通用	环境安全类	农区环境空气质量监测技术规范	NY/T 397—2000
181	通用	环境安全类	无公害农产品　产地环境评价准则	NY/T 5295—2015
182	通用	环境安全类	无公害食品　产地环境质量调查规范	NY/T 5335—2006
183	通用	环境安全类	绿色食品　产地环境调查、监测与评价规范	NY/T 1054—2013
184	通用	环境安全类	农产品产地安全质量适宜性评价技术规范	NY/T 2149—2012
185	通用	环境安全类	农产品产地禁止生产区划分技术指南	NY/T 2150—2012
186	通用	环境安全类	基本农田环境质量保护技术规范	NY/T 1259—2007
187	通用	环境安全类	农、畜、水产品污染监测技术规范	NY/T 398—2000
188	通用	环境安全类	农田污染区登记技术规范	NY/T 1261—2007
189	通用	环境安全类	农业环境污染事故等级划分规范	NY/T 1262—2007
190	通用	环境安全类	农业环境污染事故损失评价技术准则	NY/T 1263—2007
191	通用	环境安全类	食用农产品产地环境质量评价标准	HJ/T 332—2006
192	水稻	机械配套类	人力打稻机产品质量分等	NY/T 378—1999
193	水稻	机械配套类	水稻机插钵形毯状育秧盘	NY/T 2674—2015
194	水稻	机械配套类	水稻育秧塑料钵体软盘	NY/T 390—2000
195	水稻	机械配套类	水稻插秧机适用性评价方法	NY/T 2191—2012
196	水稻	机械配套类	水稻机插秧作业技术规范	NY/T 2192—2012
197	水稻	机械配套类	稻麦割脱机　质量评价技术规范	NY/T 1141—2006
198	水稻	机械配套类	水稻工厂化（标准化）育秧设备试验方法	NY/T 1635—2008
199	水稻	机械配套类	碾米成套设备　质量评价技术规范	NY/T 2202—2012
200	水稻	机械配套类	水稻插秧机　修理质量	NY/T 2465—2013
201	水稻	机械配套类	秸秆粉碎还田机　修理质量	NY/T 504—2016
202	水稻	机械配套类	稻谷干燥机械　作业质量	NY/T 988—2006
203	水稻	机械配套类	水稻联合收割机　作业质量	NY/T 498—2013
204	通用	机械配套类	秧盘成型机	NY/T 1125—2006

续表

序号	产品	分类	标准名称	标准编号
205	通用	机械配套类	农用塑料薄膜安全使用控制技术规范	NY/T 1224—2006
206	通用	机械配套类	种子初清机试验鉴定方法	NY/T 369—1999
207	通用	机械配套类	联合收获机械 安全标志	NY 2608—2014
208	通用	机械配套类	脱粒机 质量评价技术规范	NY/T 1014—2006
209	通用	机械配套类	脱粒机安全技术要求	NY 642—2013
210	通用	机械配套类	粮食清选机安全技术要求	NY 1410—2007
211	通用	机械配套类	粮食干燥机质量评价规范	NY/T 463—2001
212	通用	机械配套类	谷物联合收割机修理技术条件	NY/T 998—2006
213	通用	机械配套类	农业机械维修业开业技术条件 第2部分：农业机械专项维修点	NY/T 1138.2—2016
214	水稻	机械配套类	砻碾组合米机	JB/T 9818—2013
215	水稻	机械配套类	分离式杂粮碾米机	JB/T 11434—2013
216	水稻	机械配套类	喷风式碾米机	JB/T 6286—2013
217	水稻	机械配套类	分离式稻谷碾米机	JB/T 9792—2013
218	水稻	机械配套类	砂辊碾米机通用技术条件	LS/T 3522—1995
219	水稻	机械配套类	喷风碾米机通用技术条件	LS/T 3523—1995
220	水稻	机械配套类	平转白米分离筛通用技术条件	LS/T 3525—1995
221	通用	机械配套类	复式粮食清选机	JB/T 7721—2011
222	通用	机械配套类	粮食初清筛试验方法	LS/T 3519—1988
223	通用	机械配套类	粮食干燥机技术条件	LS/T 3516—1988
224	通用	机械配套类	粮食烘干机操作规程	LS/T 1205—2002
225	水稻	基础/通用类	节水抗旱稻 术语	NY/T 2862—2015
226	通用	基础/通用类	禾谷类杂粮作物分类与术语	NY/T 1294—2007
227	通用	基础/通用类	粮食作物名词术语	NY/T 1961—2010
228	通用	基础/通用类	进出口粮油、饲料检验 检验名词术语	SN/T 0798—1999
229	通用	基础/通用类	粮食、油料及其加工产品性质和质量的名词术语	LS/T 1102—1988
230	通用	基础/通用类	粮油仓储设备名词术语	LS/T 1101—1988
231	通用	基础/通用类	粮食信息术语 仓储	LS/T 1801—2016
232	水稻	生产管理类	鱼塘专用稻种植技术规程	NY/T 2680—2015
233	水稻	生产管理类	无公害食品 稻田养鱼技术规范	NY/T 5055—2001
234	水稻	生产管理类	水稻工厂化育秧技术要求	NY/T 1534—2007
235	水稻	生产管理类	机插育秧技术规程	NY/T 1922—2010

续表

序号	产品	分类	标准名称	标准编号
236	水稻	生产管理类	水稻免耕抛秧栽培技术规程	NY/T 1532—2007
237	水稻	生产管理类	水稻抛秧技术规程	NY/T 1607—2008
238	水稻	生产管理类	东北地区移植水稻生产技术规程	NY/T 145—1990
239	水稻	生产管理类	黑龙江省水稻旱育稀植生产技术规程	NY/T 307—1995
240	水稻	生产管理类	水稻冷害田间调查及分级技术规范	NY/T 2285—2012
241	水稻	生产管理类	农作物低温冷害遥感监测技术规范 第2部分：北方水稻延迟型冷害	NY/T 2739.2—2015
242	水稻	生产管理类	节水抗旱稻抗旱性鉴定技术规范	NY/T 2863—2015
243	水稻	生产管理类	无公害食品 水稻生产技术规程	NY/T 5117—2002
244	水稻	生产管理类	有机食品 水稻生产技术规程	NY/T 1733—2009
245	水稻	生产管理类	有机水稻生产质量控制技术规范	NY/T 2410—2013
246	水稻	生产管理类	稻米生产良好农业规范	NY/T 1752—2009
247	水稻	生产管理类	无公害食品 稻米加工技术规范	NY/T 5190—2002
248	水稻	生产管理类	水稻主要病害防治技术规程	NY/T 2156—2012
249	水稻	生产管理类	水稻条纹叶枯病防治技术规程	NY/T 2385—2013
250	水稻	生产管理类	水稻条纹叶枯病测报技术规范	NY/T 1609—2008
251	水稻	生产管理类	水稻黑条矮缩病防治技术规程	NY/T 2386—2013
252	水稻	生产管理类	水稻黑条矮缩病测报技术规范	NY/T 2730—2015
253	水稻	生产管理类	南方水稻黑条矮缩病测报技术规范	NY/T 2631—2014
254	水稻	生产管理类	稻田稗属杂草抗药性监测技术规程	NY/T 2728—2015
255	水稻	生产管理类	水稻二化螟防治标准	NY/T 59—1987
256	水稻	生产管理类	水稻二化螟抗药性监测技术规程	NY/T 2058—2014
257	水稻	生产管理类	稻纵卷叶螟和稻飞虱防治技术规程 第1部分：稻纵卷叶螟	NY/T 2737.1—2015
258	水稻	生产管理类	稻纵卷叶螟和稻飞虱防治技术规程 第2部分：稻飞虱	NY/T 2737.2—2015
259	水稻	生产管理类	水稻褐飞虱抗药性监测技术规程	NY/T 1708—2009
260	水稻	生产管理类	稻瘿蚊测报技术规范	NY/T 2041—2011
261	水稻	生产管理类	稻水象甲防治技术规范	NY/T 796—2004
262	水稻	生产管理类	稻水象甲监测技术规范	NY/T 2412—2013
263	通用	生产管理类	农作物低温冷害遥感监测技术规范 第1部分：总则	NY/T 2739.1—2015
264	通用	生产管理类	农区鼠害监测技术规范	NY/T 1481—2007
265	通用	生产管理类	农区鼠害控制技术规程	NY/T 1856—2010

续表

序号	产品	分类	标准名称	标准编号
266	通用	生产管理类	无公害食品 粮食生产管理规范	NY/T 5336—2006
267	通用	生产管理类	无公害农产品 生产质量安全控制技术规范 第1部分：通则	NY/T 2798.1—2015
268	通用	生产管理类	无公害农产品 生产质量安全控制技术规范 第2部分：大田作物产品	NY/T 2798.2—2015
269	通用	生产管理类	除草剂安全使用技术规范通则	NY/T 1997—2011
270	通用	生产管理类	除草剂对后茬作物影响试验方法	NY/T 1853—2010
271	通用	生产管理类	灰飞虱抗药性监测技术规程	NY/T 2622—2014
272	通用	生产管理类	农作物害虫性诱监测技术规范（螟蛾类）	NY/T 2732—2015
273	通用	生产管理类	蝗虫防治技术规范	NY/T 2736—2015
274	水稻	生产管理类	稻田养鱼技术规范	SC/T 1009—2006
275	水稻、玉米	生产管理类	水稻、玉米冷害等级	QX/T 101—2009
276	水稻	生产管理类	水稻冷害评估技术规范	QX/T 182—2013
277	通用	生产管理类	有机食品技术规范	HJ/T 80—2001
278	通用	生产管理类	进出口粮食储运卫生规范 第1部分：粮食储藏	SN/T 1882.1—2007
279	通用	生产管理类	进出口粮食储运卫生规范 第2部分：粮食运输	SN/T 1882.2—2007
280	通用	生产管理类	杂草风险分析技术要求	SN/T 1893—2007
281	通用	物流类	粮食包装 麻袋	LS/T 3801—1987
282	通用	物流类	农作物种子定量包装	NY/T 611—2002
283	通用	种质资源类	对境外繁育农作物种子检疫规程	SN/T 1581—2014

现有的水稻相关标准覆盖了水稻生产过程中涉及的种子生产、栽培、收获、加工、储运、产品质量等产前、产中、产后的各个环节，同时也覆盖了生产过程中涉及的投入品、机械配套及各类检测方法。因此，目前我国现有的水稻标准体系框架覆盖比较全面，分类细致，基本满足各级部门对水稻产品管理的需要。

1. 水稻标准的等级分布

从国家标准、行业标准、地方标准的数量分布来看，行业标准占水稻相关标准的比例最大，达44.9%，其中农业行业标准22.0%、其他行业标准22.9%。从其他行业标准分布的具体情况可以看出，大部分的其他行业标准为商检行业标准（主要为农残检测技术），占所有其他行业标准的83.1%，其次分别为粮食行业标准、机械行业标准、气象行业标准。

2. 标准的性质分布

依据标准的性质，可将水稻标准分为基础通用类标准、产品类标准、方法类标准、环境安全类标准、种质资源类标准、生产管理类标准、物流类标准、机械配套类标准八个大类。从标准数量分布来看，水稻标准中方法标准比重最大，约占53.5%；其次是生产管理标准，占19.4%；机械配套标准占9.5%，产品标准占6.2%，种质资源标准均占5.3%，环境安全标准占2.6%；基础通用标准和物流标准最少，只占2.6%和1.5%。可以看出方法标准比重非常大，这与近年来对食品质量安全越来越重视，相关检测标准制定及时有重要关系。

从各类标准在国家标准、行业标准和地方标准中的分布可以看出，国家标准和行业标准均偏重于方法标准，分别占总数的74.4%和58.2%。而地方标准则偏重于生产管理标准，占总数的52.9%。

具体分为：国家标准，基础/通用类标准2.3%，产品类标准4.2%，生产管理类标准3%，种质资源类标准5.5%，机械配套类标准5.9%，物流类标准3.4%，分析方法类标准74.4%；行业标准，基础/通用类标准2.9%，产品类标准5.2%，生产管理类标准16.3%，种质资源类标准0.3%，机械配套类标准11.1%，物流类标准0.7%，环境安全标准5.9%，分析方法类标准58.2%。

通过分析通用型标准与水稻专属标准分布（通用型标准是指适用于水稻但并不是针对水稻而制定的标准，如适用于粮食的标准；水稻专属标准是指专门为水稻或者水稻产品而制定的标准，只适用于水稻或水稻产品）可以看出，基础通用标准、方法标准、环境安全标准、物流标准等标准中通用型标准占较大比重，而环境安全标准、种质资源标准、生产管理标准、产品标准基本为水稻专属标准。这与实际需求基本一致。

二、水稻标准体系存在的问题

1. 标准体系问题

（1）标准体系有待进一步完善　　目前水稻标准数量较多，涉及内容众多。但一些有实际需求的标准仍存在"有待补充"的问题。比如，目前还未制定水稻质量追溯相关的标准。除质量追溯这一大类外，其他各类标准的体系也有待进一步完善。

以产品标准大类为例，从现有的产品标准来看，水稻产品标准基本覆盖了稻谷、糙米、大米等一系列常规的稻米产品，同时也涉及部分初级加工品及副产品。对稻米产品的评价及市场流通提供了很好的保障。但对于市场上越来越受到重视的特殊专用稻和特殊稻米产品的覆盖还不够，有待补充。如市场已出现了较多的紫黑米、红米、蒸谷米、发芽糙米等具有特殊营养功能的稻米产品，已越来越受到消费者的喜爱，市场需求和关注度也会越来越高。而目前标准体系中，只有富硒稻谷、富硒大米及黑米等少数几个标准。为合理评价此类功能性稻米产品，规范市场流通，保证产品质量，对此类特殊稻米产品的标准进行补充和完善是非常必要的。米制品在市场上也占有一定的份额，如米粉、米线、汤圆、年糕等。而这些米制品对稻米品种及品质均有一定的要求，因此制定米制品专用稻的标准对保证米制品的质量也非常有必要。而对于大米粉这种市场上非常常见的初级加工品，也需要制定相应的标准来规范其品质评价及流通。

以生产管理标准大类为例，缺少社会化服务标准，服务质量纠纷处理没有依据，亟须制定相关标准。从本书收集的标准来看，生产管理标准目前基本为相关的生产技术规范标准，包括病虫害防治、水稻种植生产技术等。随着农业集约化、专业化的推进，水稻生产方式正在进行转变，专业的育秧、插秧、施肥、病虫草害防治、收割、烘干等专业服务队伍不断在壮大。在新兴农业生产方式中，制定服务质量评价，保障生产质量，尤其是使其成为后期纠纷的重要评价依据显得尤为重要。因此，生产管理标准中应该增加社会化服务领域相关标准，制定服务质量评价标准，如稻田机械化耕地、整地服务质量要求，水稻工厂化集中育秧技术条件与质量标准，水稻机插秧质量标准，水稻病虫害统防统治质量标准，水稻机械化收割质量标准等。社会化服务标准缺乏，服务质量纠纷处理没有依据，不利于水稻生产的创新发展。因此，此类标准应当是今后制定的重点之一。

在基础/通用类标准大类中，水稻专属的术语定义标准较少，只有两项。基础标准是其他标准的依据，水稻各类标准是否满足当前发展的需要很大程度上取决于基础标准是否充实，而仅有的两项水稻生产术语定义标准必定不能满足现阶段水稻生产的需要。此外，综合性标准分布不集中，对水稻从业者在实际使用时不够便利。因此，制定水稻专属的术语定义标准非常有必要。建议制定较为全面的水稻专属的术语定义标准"水稻名词术语"，内容包括水稻种质描述术语、水稻生长性状术语、种植和加工等过程中涉及的所有相关术语。在基础/通用标准中还涉及一类比较重要的标准，即规定标准如何编写的基础标准。此类标准用于规范某类相同标准的编写流程和方式，使编写的标准更合理化、科学化、规范化、标准化。而与水稻相关的此类标准尚欠缺。比如我国水稻品种繁多，但从目前水稻品种相关标准来看，品种描述不全。为规范水稻品种的描述，有必要制定一项基础标准"水稻品种描述规范"，用于明确规范品种描述应该包含的内容。目前以标准形式公布的水稻地理标志产品有方正大米、盘锦大米、五常大米、原阳大米等，其标准均为国家标准。此外还有天津小站米、辽星1号大米、芜湖大米、马坝油黏米等地方特色大米产品的标准。总起来说，地理标志产品/地方特色产品标准管理较差，国家标准、农业行业标准和地方标准均有涉及，并且文本要求不一致。因此有必要对此类标准的编制进行统一规范。建议编制"地理标志产品标准编写规范"，规定地理标志产品标准编制过程中涉及的要点。

(2) 标准分类过细、交叉重复，需进一步整合

① 标准分类过细，不利于使用。比如稻谷的产品标准包括 GB 1350—2009《稻谷》、NY/T 116—1989《饲料用稻谷》和 GB/T 17891—2017《优质稻谷》、GB/T 22499—2008《富硒稻谷》等。大米的产品标准包含 GB 1354—2009《大

米》、NY/T 595—2013《食用籼米》、NY/T 594 2013《食用粳米》、NY/T 419—2014《绿色食品 稻米》、NY/T 596—2002《香稻米》等。这些标准涉及的主要参数基本类似，对参数的限值稍有差异。分别制定虽然可以更加清晰明确地将各类标准分开，但不利于实际使用。此外，容易出现一个标准中的定义或者指标修改后，其他引用标准未及时更新，造成指标冲突的情况。ISO 标准 ISO 7301：2002 *Rice-Specification* 和 CAC 标准 CODEX STAN 198-1995 *CODEX STANDARD FOR RICE*（CAC），都是在一个标准中规定了稻米产品的所有指标，使用过程中只需关注一个标准即可，使用方便。当然，国内水稻产品丰富，仅制定一个标准不切实际。建议借鉴 ISO 及 CAC 标准，将几个同类且评价指标相似的产品标准合并为一个标准。如将 GB/T 1354—2009《大米》、NY/T 595—2013《食用籼米》、NY/T 594—2013《食用粳米》等标准整合修订为一个大米产品标准，规定其通用性参数指标及特殊参数指标。通用性参数是指所有大米均应达到的参数。特殊参数是指对某类大米（食用籼米、食用粳米）有要求而对其他普通大米没做规定的指标参数或是要求有差异的指标参数，如食用籼米和食用粳米的蒸煮食用品质。这样整合可以使标准体系更加简洁明了，更加有利于标准的使用及后续的修订，不会造成某个标准修订不及时造成指标参数矛盾、冲突。

② 标准交叉重复的现象在方法标准中表现得较为突出。常见有多个标准采用相同的检测方法。如原 GB 7648—1987《水稻、玉米、谷子籽粒直链淀粉测定法》，1993 年标准清理时降为行业标准（NY/T 55—1987）；但 1995 年又颁布了 GB/T 15683—1995《稻米直链淀粉含量的测定》，现被 GB/T 15683—2008《大米 直链淀粉含量的测定》替代，其技术方法与 NY/T 55—1987 基本一致。标准之间重复交叉的问题在农药残留检测技术标准方面表现得更为严重。农药种类繁多，标准制定者随意制定，导致了标准之间（国家标准和行业标准，或者国家标准之间，或者行业标准之间）重复制定类似的检测标准，或者涉及的农药种类交叉。如 GB/T 23750—2009《植物性产品中草甘膦残留量的测定 气相色谱-质谱法》与 NY/T 1096—2006《食品中草甘膦残留量测定》均为气相色谱-质谱联用法测定草甘膦含量，此外 SN/T 1923—2007《进出口食品中草甘膦残留量的检测方法 液相色谱-质谱/质谱法》也是草甘膦检测方法的标准。草甘膦的测定在国家标准、农业行业标准和商检行业标准中都各有标准。

（3）标准定位不合理 生产管理标准中包括种植标准、植保标准及产品加工标准，其中种植标准和植保标准占多数。由于缺乏对农作物生长生理的研究，缺少农作物生长环境基础数据资料，生产技术规程仅简单地将科技成果转化为标准文本，没有在不同环境下的操作方法，不能适应中国面积很大、地域气候条件复杂的国情，基层的农技人员很难应用，更说不上农民使用。农业作为一种特殊的产业，其生产受自然环境等因素影响大，即使按标准执行相关的规范规程也可能无法达到标准的效果。因此，种植和植保相关的标准应定位于农技人员和农民的需求，按地域特色开展深入的、符合地域生态环境特点的研究，制定符合需求的标准，确实将标准化落实到农业生产中。

此外，标准的文本一般较为简单凝练，不利于农民的阅读。据此，需要以科学的形式制定生产管理内容，标准、技术图书、模式图、指导手册等形式相结合。建议根据地方特色，将水稻种植相关的标准整合为水稻标准化生产指南，将所有的病虫害相关的标准整合为水稻病虫害防治地方标准。为便于农技人员及农民的使用，标准的形式可以不局限于现有标准的文本形式，而是制作为内容丰富易懂的小册子形式。

(4) 标准间、标准体系间的衔接有待进一步完善

① 产品标准间存在定义不一致、指标有差异的问题。如稻米的糙米量有出糙率和糙米率说法，容易造成混乱。在定等分级方面，部分标准对整精米和碎米的定义不一致。GB 18810—2002《糙米》中定义整精米为长度大于完整米粒长度的五分之四以上的米粒；GB 5503《碎米检验法》于 2009 年修订时将整精米定义从整米粒平均长度的三分之二修改为四分之三，与 ISO 和 CAC 标准接轨；GB/T 1354《大米》于 2009 年修订时将碎米的定义从"留存在直径 2.0 mm 圆孔筛上，不足本批正常整米三分之二的碎粒"修改为"长度小于同批试样米粒平均长度四分之三，留存 1.0 mm 圆孔筛上不完整米粒"，并按此进行分级。这几个标准中对整精米和碎米的界定存在差异，造成相应的指标之间没有可比性。而引用这些标准的标准并未对整精米率或者碎米指标作出及时修订。如现行标准 GB/T 19266—2008《地理标准产品　五常大米》等中的碎米检测仍按 GB 5503—1985《粮食、油料检验　碎米检验法》执行，碎米指标偏高。因此，完善标准间的衔接，尤其是指标的衔接，对水稻标准体系的建设具有重要意义。

② 水稻作为粮食的一种，其标准与其他粮食标准肯定会存在交叉的问题。通用型标准可以较好地解决衔接问题。环境安全标准、种质资源标准、生产管理标准、产品标准等标准主要与产品特性有关，因此制定的标准为水稻专属标准。而水稻术语、检测指标等与其他粮食作物存在交叉，基础/通用标准和方法标准因此既有较多专属标准也有较多通用型标准。如涉及稻谷、玉米、小麦等粮食的水分测定方法的标准就有 5 个。对于此类标准，建议统一整合，利于各产品标准之间的衔接，简练和完善标准体系。

2. 标准管理问题

(1) 标准的基础研究较薄弱　标准应当是共同利益的各有关方面合作起草并协商一致或基本同意而制定的适于公用并经标准化机构批准的技术规范和其他文件。虽然标准是在已有成果的基础上制定，但也应当取得各方的协商一致，不是简单地把成果变为文本。

2000 年以前，我国对标准制定的投入较低，一个国家标准只有几千元，仅够咨询费；一个行业标准几万元，可以开审定会。鉴于经费困难，有些制标单位采

用拉赞助方式解决，缺乏公正性；有些制标单位直接将国外标准、论文转为标准格式，不仅实际操作时无法使用，而且影响到农产品生产。标准的基础研究较薄弱也使我国在农产品国际标准制定中难于发言，极少有我国标准能成为国际公认的标准。

近年来，我国对标准越来越重视，投入的资金及人员成本均有明显的增加。水稻作为我国的主要粮食作物，对我国粮食安全至关重要。为推进水稻生产，确保农民增收、农业增效，水稻标准制定受到各方重视。目前水稻专属标准已有300余项，涵盖质量评价、检测方法、生产技术规程、病虫草害预测预报防控、水稻生产机械等方面，对水稻标准化生产起到了积极的作用。但存在的问题是，标准制定存在随意性，未能从整体把握框架，不同单位随意制定标准，未能有很好的制定计划，导致标准利用率低、重复交叉、定位不合理等现象，影响到标准的使用。因此，应从宏观角度研究标准的整体框架，合理制定标准的制定、修订计划，确保标准框架体系的科学性。在此基础上，应加强标准制定、修订的基础研究，严格把握制定、修订的质量，确保标准的科学性、实用性。

（2）标准人才的队伍建设　从标准制定上看，标准起草单位一般具有专业的制标团队，标准审定单位具有专业的审定专家队伍，这确保了制定标准的科学性和专业性。但从管理角度看，目前标准涉及的标准起草单位、归口单位众多，工作交叉、重复，没有良好的沟通，造成资源的浪费重复，甚至造成标准间的冲突。从标准执行角度看，没有相应的部门来推广标准，标准推广不够，更新不及时，标准利用率不高，标准没有落到实处。标准制定与标准使用脱节。主要的原因是对标准的管理、推广的重视不够，没有相应的团队支撑。应当建设专业的标准体系研究和管理、推广团队，以确保标准体系的科学性、实用性。

3. 标准需求

（1）产业发展　目前水稻标准体系覆盖广，涉及标准多，存在重复、交叉、矛盾等问题，部分标准制定原则性不强、目标不明确。因此需要对现有标准进行完善改进，构建一套科学、合理、可行的水稻标准体系，以用于指导水稻生产工作。主要原则为：a. 标准体系总体规划，按需按级制定标准，各级标准层次分明，相互衔接；b. 专属标准和综合标准有机结合；c. 科学丰富标准化的表现形式。应对目前尚缺乏的标准进行补充，如水稻专属的基础标准、水稻品种及地理标志产品的标准编写规范类标准、特殊品种稻米产品标准及社会化服务标准等。同时，针对我国标准在快速发展阶段制定的水稻相关标准数量多导致重复、交叉、过时问题，需要集中进行研究清理，精炼标准体系。

（2）政府管理　增强对标准的重视程度，加强标准各个环节的管理，包括标准整体框架的构建及标准的制定、推广及更新等。首先，需要发挥标准委员会作用，保证标准框架体系的科学性。标准委员会从全局考虑和布局整个标准体系框架的建设，按需制订标准的制定、修订计划，杜绝标准随意制定的现象。其次，标准相关部门分工协作，逐步完善体系。通过国家、民间（协会）、地方和企业之间的相互交流协作，充分了解品种选育者、生产者、消费者、管理者的需求，分工协作，与时俱进，逐步完善符合国情的水稻标准体系，满足对水稻产品的管理需求，提高产品竞争力。最后，加强标准推广力度，建立标准反馈机制，完善标准体系。通过对标准的宣传、推广、示范等途径推广其应用，使标准不仅仅局限于文本，而是落到实处。

三、水稻标准的发展方向

1. 完善标准体系建设

（1）合理布局标准分布　标准的目的是指导和保障水稻标准化生产。水稻作为我国第一大粮食作物，涉及的行业和部门较多，因此要加强标准体系建设，需突破行业、部门限制，从产业需求和发展角度出发，系统、合理布局标准分布，并在此基础上按需制定、修订或废止标准。构建以国家标准、行业标准为主，地方标准为辅的标准体系。基础/通用标准以国家标准为主；产品类标准以国家标准和行业标准为主；种质资源、方法标准以行业标准为主；生产管理标准则以地方标准为主。

（2）完善专用标准引导稻米生产结构平衡　稻米除了直接食用普通精米外，还有制造特色功能性食品、味精、饲料等以及酿造等用途，丰富稻米的产品结构有利于调整产量丰缺，稳定水稻生产，提高农民效益，保障粮食安全。稻米产品标准目前主要在直接食用的普通精米上，其他方面尚缺。在名特优新产品方面也缺乏统一的规范，难于对这些产品进行有效评价。

（3）规范生产过程质量控制的关键点　生产过程的质量控制是水稻产品质量的重要保障手段。国家建立了病虫害测报、植物保护、有害生物综合防治、耕地地力评价和土肥服务体系标准，颁布了禁止使用农药和限制使用农药名录。在生产服务应用过程中，应加以规范，统一操作方式，统一评价体系，强化各系统之间的协调性，提高效率，降低运行成本，有效地保障产品和生产环境的安全，维护种植业生产的可持续性发展。

（4）建立水稻生产专业化服务的标准　随着农业集约化、专业化的推进，水稻生产方式正在进行转变，专业的育秧、插秧、施肥、病虫草害防治、收割、烘干等服务队伍在不断壮大。标准缺乏，服务质量纠纷处理没有依据，不利于水稻生产的创新发展。因此，建立这些标准应当是今后工作的重点之一。

2. 发挥专业标准化技术委员会的作用

发挥专业标准化技术委员会的作用，实现标准的专业化管理。在现有条件基础上逐步完善水稻产品标准体系框架，从技术上完善标准制定、修订、清理程序，保障标准的代表性、科学性、先进性、适用性和简明性。成立专业的标准推广团队，开放标准权限，推广标准的应用。

建立标准终身负责制。每个标准均应由专业的制标团队负责从标准制定到后期修订的各项事宜，确保标准的连贯性和科学性。

3. 加强推广宣传

（1）推进标准的推广，使标准落到实处　目前水稻标准数量较多，涉及内容众多，但真正应用于实际操作中的较少，标准利用率不高。目前有些标准为了制定而定制，存在"重制定，轻实施"的问题，造成资源浪费。部分标准因农技人员不会使用，或是操作性不强，成为了摆设。如何推广标准的应用，使标准落到实处，提高标准的使用率，使标准真正发挥其作用，使水稻生产得以标准化，是今后标准发展的一个重要方向。

（2）建立反馈机制，完善标准体系　标准的制定与使用之间可能存在一定错位。因此，建立良好的标准反馈机制是保证标准的科学性、合理性和实用性的关键。应及时跟踪标准的使用情况，充分征集和收集标准评价及反馈意见，及时梳理反馈意见、评估标准实施效果，制订标准修订计划，定期开展标准清理和修订，优化标准结构，提高标准体系对产业发展的服务指导作用。

4. 建议修订、制定的水稻标准

建议修订、制定的国家和行业标准水稻标准具体见表4-29、表4-30、表4-31。

表4-29　建议修订的国家水稻标准

序号	产品	分类	标准名称	标准编号
1	水稻	产品类	糙米	GB/T 18810—2002
2	水稻	产品类	地理标志产品　盘锦大米	GB/T 18824—2008
3	水稻	产品类	地理标志产品　五常大米	GB/T 19266—2008
4	水稻	产品类	地理标志产品　方正大米	GB/T 20040—2005
5	水稻	产品类	地理标志产品　原阳大米	GB/T 22438—2008
6	通用	方法类	食品安全国家标准　食品中玉米赤霉烯酮的测定	GB 5009.209—2016
7	通用	方法类	食品安全国家标准　食品中杂色曲霉素的测定	GB 5009.25—2016
8	通用	方法类	粮食、油料检验　扦样、分样法	GB 5491—1985
9	通用	方法类	粮食、油料检验　黄粒米及裂纹粒检验法	GB 5496—1985
10	通用	方法类	粮油检验 稻谷、大米蒸煮食用品质感官评价方法	GB/T 15682—2008
11	通用	方法类	谷物研磨制品　脂肪酸值测定法	GB/T 15684—2015
12	通用	方法类	米类加工精度异色相差分染色检验法（IDS法）	GB/T 18105—2000
13	通用	方法类	粮食、油料水分两次烘干测定法	GB/T 20264—2006

续表

序号	产品	分类	标准名称	标准编号
14	通用	方法类	稻谷储存品质判定规则	GB/T 20569—2006
15	通用	方法类	粮油检验 粮食、油料纯粮（质）率检验	GB/T 22725—2008
16	水稻	方法类	粮油检验 稻谷粒型检验方法	GB/T 24535—2009
17	水稻	方法类	大米及米粉糊化特性测定 快速粘度仪法	GB/T 24852—2010
18	水稻	方法类	粮油检验 稻谷水分含量测定 近红外法	GB/T 24896—2010
19	综合	方法类	粮食收获质量调查和品质测报技术规范	GB/T 26629—2011
20	水稻	方法类	水稻白叶枯病菌、水稻细菌性条斑病菌检疫鉴定方法	GB/T 28078—2011
21	水稻	方法类	水稻细菌性条斑病菌的检疫鉴定方法	GB/T 28099—2011
22	水稻	方法类	水稻细菌性谷枯病菌检疫鉴定方法	GB/T 29396—2012
23	通用	方法类	食品抽样检验通用导则	GB/T 30642—2014
24	通用	方法类	农作物种子检验规程 总则	GB/T 3543.1—1995
25	通用	方法类	农作物种子检验规程 扦样	GB/T 3543.2—1995
26	通用	方法类	农作物种子检验规程 净度分析	GB/T 3543.3—1995
27	通用	方法类	农作物种子检验规程 发芽试验	GB/T 3543.4—1995
28	通用	方法类	农作物种子检验规程 真实性和纯度鉴定	GB/T 3543.5—1995
29	通用	方法类	农作物种子检验规程 水分测定	GB/T 3543.6—1995
30	通用	方法类	农作物种子检验规程 其他项目检验	GB/T 3543.7—1995
31	通用	方法类	植物类食品中粗纤维的测定	GB/T 5009.10—2003
32	通用	方法类	粮油检验 粮食、油料的杂质、不完善粒检验	GB/T 5494—2008
33	水稻	方法类	粮油检验 稻谷出糙率检验	GB/T 5495—2008
34	通用	方法类	粮油检验 容重测定	GB/T 5498—2013
35	水稻	方法类	粮油检验 米类加工精度检验	GB/T 5502—2008
36	通用	方法类	粮油检验 粮食、油料脂肪酸值测定	GB/T 5510—2011
37	通用	方法类	粮油检验 粮食中还原糖和非还原糖测定	GB/T 5513—2008
38	通用	方法类	粮油检验 粮食中粗纤维素含量测定 介质过滤法	GB/T 5515—2008
39	通用	方法类	谷物与豆类 千粒重的测定	GB/T 5519—2008

续表

序号	产品	分类	标准名称	标准编号
40	水稻	机械配套类	水稻插秧机 技术条件	GB/T 20864—2007
41	水稻	机械配套类	粮油机械 砻碾组合米机	GB/T 26896—2011
42	水稻	机械配套类	粮油机械 铁辊碾米机	GB/T 26897—2011
43	水稻	机械配套类	水稻插秧机 试验方法	GB/T 6243—2003
44	通用	基础/通用类	粮食作物种子 第1部分：禾谷类	GB 4404.1—2008
45	通用	基础/通用类	粮油名词术语 粮食、油料及其加工产品	GB/T 22515—2008
46	通用	基础/通用类	粮油名词术语 理化特性和质量	GB/T 26631—2011
47	通用	基础/通用类	粮油名词术语 粮油仓储设备与设施	GB/T 26632—2011
48	通用	基础/通用类	粮油通用技术、设备名词术语	GB/T 8874—2008
49	通用	基础/通用类	粮油术语 碾米工业	GB/T 8875—2008
50	水稻	生产管理类	稻瘟病测报调查规范	GB/T 15790—2009
51	水稻	生产管理类	稻纹枯病测报技术规范	GB/T 15791—2011
52	水稻	生产管理类	水稻二化螟测报调查规范	GB/T 15792—2009
53	水稻	生产管理类	稻纵卷叶螟测报技术规范	GB/T 15793—2011
54	水稻	生产管理类	稻飞虱测报调查规范	GB/T 15794—2009
55	通用	物流类	粮食包装 麻袋	GB/T 24904—2010

表 4-30 建议修订的行业水稻标准

序号	产品	分类	标准名称	标准编号
1	水稻	产品类	黑米	NY/T 832—2004
2	水稻	产品类	食用粳米	NY/T 594—2013
3	水稻	产品类	食用籼米	NY/T 595—2013
4	水稻	产品类	饲料用米糠	NY/T 122—1989
5	水稻	产品类	饲料用米糠饼	NY/T 123—1989
6	水稻	产品类	饲料用米糠粕	NY/T 124—1989
7	水稻	产品类	饲料用碎米	NY/T 212—1992
8	水稻	产品类	天津小站米	NY/T 1268—2007
9	水稻	方法类	水稻细菌性条斑病菌检疫检测与鉴定方法	NY/T 2287—2012
10	水稻	方法类	稻水象甲检疫鉴定方法	NY/T 1482—2007
11	水稻	方法类	米质测定方法	NY/T 83—1988
12	水稻	方法类	稻米整精米率、粒型、垩白粒率、垩白度及透明度的测定 图像法	NY/T 2334—2013

续表

序号	产品	分类	标准名称	标准编号
13	水稻	方法类	水稻米粉糊化特性测定 快速黏度分析仪法	NY/T 1753—2009
14	水稻	方法类	水稻、玉米、谷子籽粒直链淀粉测定法	NY/T 55—1987
15	水稻	方法类	稻米直链淀粉的测定 分光光度法	NY/T 2639—2014
16	通用	方法类	粮食、油料检验 脂肪酸值测定	NY/T 2333—2013
17	通用	方法类	谷类籽粒赖氨酸测定法 染料结合赖氨酸（DBL）法	NY/T 9—1984
18	通用	方法类	谷物、豆类作物种子粗蛋白测定法（半微量凯氏法）	NY/T 3—1982
19	通用	方法类	谷物、油料作物种子粗脂肪测定方法	NY/T 4—1982
20	通用	方法类	谷物籽粒粗纤维测定法	NY/T 13—1986
21	通用	方法类	谷物籽粒氨基酸测定的前处理方法	NY/T 56—1987
22	通用	方法类	谷物籽粒色氨酸测定法	NY/T 57—1987
23	水稻	方法类	稻水象甲检疫鉴定方法	SN/T 1438—2004
24	水稻	方法类	出口杂交水稻种子检疫管理规范	SN/T 2512—2010
25	水稻	方法类	粮油检验 稻谷整精米率测定 图像分析法	LS/T 6104—2012
26	通用	方法类	进出口粮食、饲料含盐量检验方法	SN/T 0800.11—1999
27	通用	方法类	进出口粮食、饲料杂质检验方法	SN/T 0800.18—1999
28	通用	方法类	出口粮食、油料及饲料不完善粒检验方法	SN/T 0800.7—2016
29	通用	方法类	进出口粮食、饲料粗纤维含量检验方法	SN/T 0800.8—1999
30	水稻	机械配套类	水稻机插秧作业技术规范	NY/T 2192—2012
31	水稻	机械配套类	砻碾组合米机	JB/T 9818—2013
32	水稻	机械配套类	分离式杂粮碾米机	JB/T 11434—2013
33	水稻	机械配套类	喷风式碾米机	JB/T 6286—2013
34	水稻	机械配套类	分离式稻谷碾米机	JB/T 9792—2013
35	水稻	机械配套类	砂辊碾米机通用技术条件	LS/T 3522—1995
36	水稻	机械配套类	喷风碾米机通用技术条件	LS/T 3523—1995
37	通用	机械配套类	粮食初清筛试验方法	LS/T 3519—1988
38	通用	机械配套类	粮食干燥机技术条件	LS/T 3516—1988
39	通用	机械配套类	粮食烘干机操作规程	LS/T 1205—2002
40	通用	基础/通用类	粮食作物名词术语	NY/T 1961—2010

续表

序号	产品	分类	标准名称	标准编号
41	通用	基础/通用类	粮食、油料及其加工产品性质和质量的名词术语	LS/T 1102—1988
42	水稻	生产管理类	水稻工厂化育秧技术要求	NY/T 1534—2007
43	水稻	生产管理类	水稻免耕抛秧栽培技术规程	NY/T 1532—2007
44	水稻	生产管理类	水稻抛秧技术规程	NY/T 1607—2008
45	水稻	生产管理类	东北地区移植水稻生产技术规程	NY/T 145—1990
46	水稻	生产管理类	水稻主要病害防治技术规程	NY/T 2156—2012
47	水稻	生产管理类	水稻条纹叶枯病防治技术规程	NY/T 2385—2013
48	水稻	生产管理类	水稻条纹叶枯病测报技术规范	NY/T 1609—2008
49	水稻	生产管理类	水稻黑条矮缩病防治技术规程	NY/T 2386—2013
50	水稻	生产管理类	水稻黑条矮缩病测报技术规范	NY/T 2730—2015
51	水稻	生产管理类	南方水稻黑条矮缩病测报技术规范	NY/T 2631—2014
52	水稻	生产管理类	水稻二化螟防治标准	NY/T 59—1987
53	水稻	生产管理类	水稻褐飞虱抗药性监测技术规程	NY/T 1708—2009
54	水稻	生产管理类	稻瘿蚊测报技术规范	NY/T 2041—2011
55	水稻	生产管理类	稻水象甲防治技术规范	NY/T 796—2004
56	水稻	生产管理类	稻水象甲监测技术规范	NY/T 2412—2013
57	通用	物流类	粮食包装 麻袋	LS/T 3801—1987
58	通用	物流类	农作物种子定量包装	NY/T 611—2002
59	通用	种质资源类	对境外繁育农作物种子检疫规程	SN/T 1581—2014

表 4-31 建议制定的行业水稻标准

序号	产品	分类	建议标准名称
1	水稻	产品类	发芽糙米
2	水稻	产品类	米制品专用稻
3	水稻	产品类	蒸谷米
4	水稻	产品类	大米粉
5	水稻	方法类	稻米中硒代半胱氨酸和硒代蛋氨酸的测定 液相色谱-电感耦合等离子体质谱法
6	水稻	方法类	水稻中植物螯合肽含量的测定 液相色谱串联质谱法
7	水稻	方法类	稻米产品中氟吡菌酰胺残留量的测定
8	水稻	方法类	稻米产品中敌螨普残留量的测定

第三节 油料标准

油料作物是以榨取油脂为主要用途的一类作物。这类作物主要有油菜、大豆、花生、芝麻、向日葵、棉籽、蓖麻、紫苏、油用亚麻和大麻等。世界四大主要油料作物为大豆、油菜、花生、向日葵。我国四大（五大）主要油料作物为大豆、油菜、花生、芝麻（向日葵）。食用植物油质量与安全隐患中的一部分，来自油料作物的种植、收割、储藏、加工、销售和食用各个环节，包括：油料作物在种植、收割、储藏、加工过程中产生的多种天然毒素；除草剂、杀虫剂等农药残留；油料种植过程中重金属累积和油脂加工过程中生产设备的重金属迁移；储藏过程中油脂出现氧化、酸败导致的酸价和过氧化值升高；非法添加和掺假使伪。针对食用植物油质量安全风险隐患和过程控制及监管需求，我国已经研究制定了比较系统的油料作物全程质量控制技术标准体系。油料质量安全标准体系方面，我国已经研究制定了系统配套的双低油菜、花生、大豆全程质量控制标准体系。食用植物油质量标准方面，主要植物油品种都有严格的质量标准。进入21世纪以来，我国油料标准化事业快速发展，标准体系初步形成，应用范围不断扩大，水平持续提升，国际影响力显著增强，全社会标准化意识普遍提高。

一、油料标准体系

我国油料国家标准和行业标准见表4-32、表4-33。

表4-32 现行国家油料标准

序号	产品	分类	标准名称	标准编号
1	大豆	产品类	大豆油	GB/T 1535—2003
2	大豆	产品类	食品安全国家标准 食品添加剂 改性大豆磷脂	GB 1886.238—2016
3	大豆	产品类	大豆蛋白粉	GB/T 22493—2008
4	大豆	产品类	大豆	GB 1352—2009
5	大豆	产品类	饲料添加剂 大豆磷脂	GB/T 23878—2009
6	大豆	产品类	食品安全国家标准 食品添加剂 酶解大豆磷脂	GB 30607—2014
7	大豆	产品类	大豆膳食纤维粉	GB/T 22494—2008
8	芝豆	产品类	大豆肽粉	GB/T 22492—2008
9	大豆	产品类	饲料用大豆粕	GB/T 19541—2004
10	大豆	产品类	大豆低聚糖	GB/T 22491—2008
11	大豆	产品类	饲料用大豆	GB/T 20411—2006

续表

序号	产品	分类	标准名称	标准编号
12	大豆	产品类	大豆皂苷	GB/T 22464—2008
13	大豆	产品类	食用大豆粕	GB/T 13382—2008
14	大豆	方法类	饲料用大豆制品中尿素酶活性的测定	GB/T 8622—2006
15	大豆	方法类	食品安全国家标准 粮谷和大豆中11种除草剂残留量的测定 气相色谱-质谱法	GB 23200.24—2016
16	大豆	方法类	食品安全国家标准 大豆制品中胰蛋白酶抑制剂活性的测定	GB 5009.224—2016
17	大豆	方法类	大豆中咪唑啉酮类除草剂残留量的测定	GB/T 23818—2009
18	大豆	方法类	大豆中磺酰脲类除草剂残留量的测定	GB/T 23817—2009
19	大豆	方法类	大豆中三嗪类除草剂残留量的测定	GB/T 23816—2009
20	大豆	方法类	保健食品中大豆异黄酮的测定方法 高效液相色谱法	GB/T 23788—2009
21	大豆	方法类	粮油检验 大豆异黄酮含量测定 高效液相色谱法	GB/T 26625—2011
22	大豆	方法类	大豆及谷物中氟磺胺草醚残留量的测定	GB/T 5009.130—2003
23	大豆	方法类	花生、大豆中异丙甲草胺残留量的测定	GB/T 5009.174—2003
24	大豆	方法类	大豆、花生、豆油、花生油中的氟乐灵残留量的测定	GB/T 5009.172—2003
25	大豆	方法类	粮油检验 大豆粗蛋白质、粗脂肪含量的测定 近红外法	GB/T 24870—2010
26	大豆	方法类	大豆种子品种鉴定实验方法 简单重复序列间区法	GB/T 19563—2004
27	大豆	方法类	植物新品种特异性、一致性和稳定性测试指南 大豆	GB/T 19557.4—2004
28	大豆	方法类	大豆制品甲酚红指数的测定	GB/T 15403—1994
29	大豆	生产管理类	大豆储存品质判定规则	GB/T 31785—2015
30	大豆	生产管理类	大豆原种生产技术操作规程	GB/T 17318—2011
31	大豆	生产管理类	大豆种子产地检疫规程	GB 12743—2003
32	大豆	生产管理类	大豆食心虫测报调查规范	GB/T 19562—2004
33	大豆	生产管理类	农药田间药效试验准则（二） 第147部分：大豆生长调节剂试验	GB/T 17980.147—2004
34	大豆	生产管理类	农药田间药效试验准则（二） 第125部分：除草剂防治大豆田杂草	GB/T 17980.125—2004
35	大豆	生产管理类	农药田间药效试验准则（二） 第88部分：杀菌剂防治大豆根腐病	GB/T 17980.88—2004
36	大豆	生产管理类	农药田间药效试验准则（二） 第89部分：杀菌剂防治大豆锈病	GB/T 17980.89—2004

续表

序号	产品	分类	标准名称	标准编号
37	大豆	生产管理类	农药田间药效试验准则（二） 第71部分：杀虫剂防治大豆食心虫	GB/T 17980.71—2004
38	油菜籽	产品类	油菜籽	GB/T 11762—2006
39	菜籽粕	产品类	饲料用菜籽粕	GB/T 23736—2009
40	菜籽粕	产品类	菜籽粕	GB/T 22514—2008
41	菜籽油	产品类	菜籽油（含第1号修改单）	GB/T 1536—2004
42	油菜籽	方法类	油菜籽叶绿素含量测定 分光光度计法	GB/T 22182—2008
43	油菜籽	方法类	油菜籽中芥酸及硫苷的测定 分光光度法	GB/T 23890—2009
44	花生	产品类	花生油	GB/T 1534—2003
45	花生	产品类	花生	GB/T 1532—2008
46	花生	产品类	食用花生饼、粕	GB/T 13383—2008
47	花生	产品类	地理标志产品 新昌花生（小京生）	GB/T 19693—2008
48	花生	方法类	食品安全国家标准 食品添加剂 花生四烯酸油脂（发酵法）	GB 26401—2011
49	花生	方法类	花生仁、棉籽油、花生油中涕灭威残留量测定方法	GB/T 14929.2—1994
50	花生	方法类	稻谷、花生仁中恶草酮残留量的测定	GB/T 5009.180—2003
51	花生	方法类	粮油检验 花生中白藜芦醇的测定 高效液相色谱法	GB/T 24903—2010
52	花生	生产管理类	农药 田间药效试验准则（二） 第84部分：杀菌剂防治花生锈病	GB/T 17980.84—2004
53	棉花	生产管理类	农药 田间药效试验准则（二） 第134部分：棉花生长调节剂试验	GB/T 17980.134—2004
54	花生	生产管理类	农药 田间药效试验准则（二） 第85部分：杀菌剂防治花生叶斑病	GB/T 17980.85—2004
55	花生	生产管理类	农药 田间药效试验准则（二） 第126部分：除草剂防治花生田杂草	GB/T 17980.126—2004
56	芝麻	产品类	芝麻油	GB/T 8233—2008
57	芝麻	产品类	芝麻粕	GB/T 22477—2008
58	芝麻	产品类	芝麻	GB/T 11761—2006
59	芝麻	产品类	黑芝麻糊	GB/T 23781—2009
60	黄豆	产品类	黄豆酱	GB/T 24399—2009
61	芝麻	方法类	粮油检验 芝麻油中芝麻素和芝麻林素的测定 高效液相色谱法	GB/T 31579—2015
62	亚麻	产品类	亚麻籽油	GB/T 8235—2008

续表

序号	产品	分类	标准名称	标准编号
63	亚麻	产品类	亚麻籽	GB/T 15681—2008
64	亚麻	方法类	食品安全国家标准　保健食品中α-亚麻酸、二十碳五烯酸、二十二碳五烯酸和二十二碳六烯酸的测定	GB 28404—2012
65	棉籽	产品类	棉籽油	GB/T 1537—2003
66	棉籽	产品类	饲料用棉籽粕	GB/T 21264—2007
67	棉籽	产品类	棉籽	GB/T 11763—2008

表 4-33　现行油料行业标准

序号	产品	分类	标准名称	标准编号
1	向日葵	产品类	食用向日葵籽	NY/T 1581—2007
2	亚麻	方法类	植物新品种特异性、一致性和稳定性测试指南　亚麻	NY/T 2562—2014
3	大豆	产品类	农作物品种审定规范　大豆	NY/T 1298—2007
4	大豆	产品类	大豆品质同质性评价技术规范	NY/T 1010—2006
5	大豆	产品类	大豆异黄酮	NY/T 1252—2006
6	大豆	方法类	大豆品种鉴定技术规程 SSR 分子标记法	NY/T 2595—2014
7	大豆	方法类	大豆及制品中磷脂组分和含量的测定　高效液相色谱法	NY/T 2004—2011
8	大豆	方法类	大豆疫霉病菌检疫检测与鉴定方法	NY/T 2114—2012
9	大豆	方法类	大豆水溶性蛋白含量的测定	NY/T 1205—2006
10	大豆	方法类	转基因植物及其产品检测　大豆定性 PCR 方法	NY/T 675—2003
11	大豆	方法类	转基因大豆环境安全检测技术规范　第3部分：对生物多样性影响的检测	NY/T 719.3—2003
12	大豆	方法类	转基因大豆环境安全检测技术规范　第2部分：外源基因流散的生态风险检测	NY/T 719.2—2003
13	大豆	方法类	转基因大豆环境安全检测技术规范　第1部分：生存竞争能力检测	NY/T 719.1—2003
14	大豆	方法类	大豆中异黄酮含量的测定　高效液相色谱法	NY/T 1740—2009
15	大豆	方法类	大豆热损伤率的测定	NY/T 1599—2008
16	大豆	生产管理类	大豆主要病害防治技术规程	NY/T 2159—2012
17	大豆	生产管理类	大豆蛋白粉及制品辐照杀菌技术规范	NY/T 2317—2013
18	大豆	生产管理类	大豆疫霉病检测技术规范	NY/T 2115—2012

续表

序号	产品	分类	标准名称	标准编号
19	大豆	生产管理类	大豆等级规格	NY/T 1933—2010
20	大豆	生产管理类	小粒大豆生产技术规程	NY/T 1424—2007
21	大豆	机械配套类	大豆磨浆机质量评价技术规范	NY/T 1414—2007
22	大豆	生产管理类	东北地区大豆生产技术规程	NY/T 495—2002
23	大豆	方法类	大豆品种纯度鉴定技术规程 SSR 分子标记法	NY/T 1788—2009
24	大豆	机械配套类	大豆带式精选机质量评价技术规范	NY/T 1359—2007
25	大豆	生产管理类	东北高油大豆栽培技术规范	NY/T 1216—2006
26	大豆	生产管理类	黄淮海地区高蛋白夏大豆栽培技术规程	NY/T 1293—2007
27	大豆	机械配套类	大豆联合收割机械作业质量	NY/T 738—2003
28	大豆	基础/通用类	大豆栽培工	NY/T 1542—2007
29	大豆	环境安全类	大豆产地环境技术条件	NY/T 850—2004
30	植物油	产品类	绿色食品 食用植物油	NY/T 751—2017
31	菜籽油	产品类	低芥酸菜籽色拉油	NY/T 1273—2007
32	油菜籽	产品类	高芥酸油菜籽	NY/T 1990—2011
33	油菜籽	产品类	低芥酸低硫苷油菜籽	NY/T 415—2000
34	菜籽油	产品类	低芥酸菜籽油	NY/T 416—2000
35	菜籽粕	产品类	饲料用菜籽粕	NY/T 126—2005
36	菜籽粕	产品类	饲料用低硫苷菜籽饼（粕）	NY/T 417—2000
37	油菜籽	方法类	油菜籽中叶绿素含量的测定 光度法	NY/T 1287—2007
38	菜籽油	方法类	菜籽油中芥酸的测定	NY/T 2002—2011
39	菜籽油	方法类	菜籽油氧化稳定性的测定 加速氧化试验	NY/T 2003—2011
40	菜籽饼粕	方法类	菜籽饼粕及其饲料中噁唑烷硫酮的测定 紫外分光光度法	NY/T 1799—2009
41	油菜籽	方法类	油菜籽芥酸硫苷的测定（光度法）	NY/T 792—2004
42	油菜籽	方法类	油菜籽中游离脂肪酸的测定 滴定法	NY/T 1797—2009
43	油菜籽	方法类	油菜籽中硫代葡萄糖苷的测定 高效液相色谱法	NY/T 1582—2007
44	油菜籽	生产管理类	油菜籽干燥与储藏技术规程	NY/T 1087—2006
45	油菜籽	产品类	双低油菜籽等级规格	NY/T 1795—2009
46	花生	产品类	绿色食品 花生及制品	NY/T 420—2009
47	花生	产品类	油用花生	NY/T 1068—2006
48	花生	产品类	食用花生	NY/T 1067—2006

续表

序号	产品	分类	标准名称	标准编号
49	花生	产品类	花生酱	NY/T 958—2006
50	花生	方法类	花生仁中氨基酸含量测定　近红外法	NY/T 2794—2015
51	花生	方法类	花生黄曲霉侵染抗性鉴定方法	NY/T 2310—2013
52	花生	生产管理类	低温压榨花生油生产技术规范	NY/T 2786—2015
53	花生	生产管理类	花生热风干燥技术规范	NY/T 2785—2015
54	花生	生产管理类	花生黄曲霉毒素污染控制技术规程	NY/T 2308—2013
55	花生	生产管理类	花生栽培观察记载技术规范	NY/T 2408—2013
56	花生	生产管理类	花生防早衰适期晚收高产栽培技术规程	NY/T 2407—2013
57	花生	生产管理类	花生防空秕栽培技术规程	NY/T 2406—2013
58	花生	生产管理类	花生连作高产栽培技术规程	NY/T 2405—2013
59	花生	生产管理类	花生单粒精播高产栽培技术规程	NY/T 2404—2013
60	花生	生产管理类	旱薄地花生高产栽培技术规程	NY/T 2403—2013
61	花生	生产管理类	高蛋白花生生产技术规程	NY/T 2402—2013
62	花生	生产管理类	覆膜花生机械化生产技术规程	NY/T 2401—2013
63	花生	生产管理类	绿色食品　花生生产技术规程	NY/T 2400—2013
64	花生	生产管理类	花生种子生产技术规程	NY/T 2399—2013
65	花生	生产管理类	夏直播花生生产技术规程	NY/T 2398—2013
66	花生	生产管理类	高油花生生产技术规程	NY/T 2397—2013
67	花生	生产管理类	麦田套种花生生产技术规程	NY/T 2396—2013
68	花生	生产管理类	花生田主要杂草防治技术规程	NY/T 2395—2013
69	花生	生产管理类	花生主要病害防治技术规程	NY/T 2394—2013
70	花生	生产管理类	花生主要虫害防治技术规程	NY/T 2393—2013
71	花生	生产管理类	花生田镉污染控制技术规程	NY/T 2392—2013
72	花生	生产管理类	农作物品种区域试验与审定技术规程　花生	NY/T 2391—2013
73	花生	生产管理类	花生干燥与贮藏技术规程	NY/T 2390—2013
74	花生	产品类	加工用花生等级规格	NY/T 1893—2010
75	花生	生产管理类	黄河流域棉花生产技术规程	NY/T 1387—2007
76	花生	生产管理类	花生摘果机　作业质量	NY/T 993—2006
77	花生	生产管理类	花生剥壳机　作业质量	NY/T 994—2006
78	芝麻	产品类	绿色食品　芝麻及其制品	NY/T 1509—2007
79	芝麻	方法类	芝麻中芝麻素含量的测定　高效液相色谱法	NY/T 1595—2008

续表

序号	产品	分类	标准名称	标准编号
80	芝麻	方法类	农药田间药效试验准则 第18部分：除草剂防治芝麻田杂草	NY/T 1464.18—2017
81	芝麻	生产管理类	芝麻油冷榨技术规范	NY/T 2307—2013
82	亚麻	产品类	饲料用亚麻仁粕	NY/T 217—1992
83	亚麻	产品类	饲料用亚麻仁饼	NY/T 216—1992
84	亚麻	方法类	亚麻纤维细度快速检测 显微图像法	NY/T 2338—2013
85	棉籽	方法类	棉籽中棉酚旋光体的测定 高效液相色谱法	NY/T 1382—2007
86	大豆	产品类	小粒黄豆	NY/T 954—2006
87	大豆	产品类	大豆蛋白制品	SB/T 10649—2012
88	大豆	产品类	豆浆用大豆	LS/T 3241—2012
89	大豆	基础/通用类	大豆食品工业术语	SB/T 10686—2012
90	大豆	基础/通用类	大豆食品分类	SB/T 10687—2012
91	黄豆	方法类	大豆疫霉病菌实时荧光PCR检测方法	SN/T 2474—2010
92	黄豆	产品类	黄豆酱	SB/T 10309—1999
93	黄豆	产品类	豆浆类	SB/T 10633—2011
94	黄豆	产品类	调味品名词术豆制品	SB/T 10325—1999

二、油料标准存在的问题

1. 标准体系问题

（1）定义、术语不准确、矛盾、内容重复等问题 见表4-34、表4-35。

表4-34 不同大豆标准中的定义、术语不准确、有矛盾情况

标准	高油大豆	高蛋白质大豆	未熟粒	生霉粒	冻伤粒	完整粒
NY/T 1933—2010《大豆等级规格》	高油大豆：粗脂肪含量（干基）不低于20.0%的大豆	高蛋白大豆：粗蛋白质含量（干基）不低于40.0%的大豆				
GB 1352—2009《大豆》	粗脂肪含量不低于20.0%的大豆	高蛋白质大豆：粗蛋白质含量不低于40.0%的大豆	籽粒不饱满，瘪缩达粒面1/2及以上或子叶青色部分达1/2及以上（青仁大豆除外）的，与正常粒显著不同的颗粒	粒面生霉的颗粒	因受冰冻伤害籽粒透明或子叶僵硬呈暗绿色的颗粒	籽粒完好正常的颗粒

续表

标准	高油大豆	高蛋白质大豆	未熟粒	生霉粒	冻伤粒	完整粒
GB/T 20411—2006《饲料用大豆》			未成熟籽粒不饱满，瘪缩达粒面1/2以上或子叶绿色达1/2以上（绿仁大豆除外）与正常粒显著不同的大豆粒	粒面或子叶生霉的大豆粒	籽粒透明或子叶僵硬呈暗绿色的大豆粒	
LS/T 3241—2012《豆浆用大豆》						籽粒完整或虽有破损但破损部分小于1/4的颗粒

表4-35 大豆关键内容重复标准情况

标准	标准主要内容及范围	归口单位	涉及重复内容		
			重要定义	主要参数	重要试验方法
GB/T 24399—2009《黄豆酱》	规定了黄豆酱的技术要求、试验方法、检验规则及标签、包装、运输、贮存的要求	全国调味品标准化委员会	黄豆为主要原料，经微生物发酵酿制的酱类	氨基酸态氮、水分	氨基酸态氮 GB/T 5009.40；水分 GB/T 5009.3
SB/T 10309—1999《黄豆酱》	适用于以黄豆、小麦粉为原料的酿造豆酱	商业部	黄豆、小麦粉为原料的酿制豆酱		按照 SB/T 10310—1999执行（现已作废）
SB/T 10325—1999《调味品名词术 豆制品》	适用于以大豆或大豆饼粕为主要原料，经加工制成的豆类副食品	商业部			
SB/T 10686—2012《大豆食品工业术语》	规定了大豆食品加工中常用的术语与定义；适用于大豆食品生产、加工、贸易、管理和科研、教学工作	商业部	豆浆、豆腐、南豆腐、北豆腐、油炸豆制品、豆腐干、腐竹、豆粉、全脂豆粉、脱脂豆粉、低脂豆粉等定义重复		
SB/T 10687—2012《大豆食品分类》	规定了大豆食品的分类、定义；适用于大豆食品的管理、生产、检验、科研、教学及其他有关领域	商业部			

（2）油料产品功能与危害成分检测、评价标准不足　我国油料检测方法标准与其他产品标准情况类同，对于功能性成分、危害成分的检测方法（包括非法添加物等有害成分的识别与定量检测）的研究需要进一步加强，现有检测方法主要涉及油料、油脂中磷脂，大豆中异黄酮，植物油中甾醇、维生素 E，芝麻中芝麻素，花生中白藜芦醇。随着人民生活水平的提高，消费者对油料产品的认识从能提供油脂和蛋白质的载体上升到特色营养功能成分的有效提供者。开展油料作物产品中功能、危害成分检测方法标准与产品的分级评价标准研究，如罂粟碱、地沟油、调和油成分比例的检测等，可以为提升油料产品市场竞争力、净化市场提供技术支撑。

（3）油料产品标准中新技术方法的采用迟缓　当前近红外技术已经十分普及，油菜中含油量的近红外测定方法和技术也相对成熟，但这种快速、准确的检测方法仍未纳入相关标准中，标准方法修订滞后于当前技术的发展。

（4）油料作物真菌毒素污染防控标准的针对性不强　油料作物极易遭受真菌侵染而产生真菌毒素，造成巨大损失。目前仅有 NY/T 2308—2013《花生黄曲霉毒素污染控制技术规程》用来预防和降低谷物、花生中真菌毒素。其预防效果如何，还有待进一步确认。此类标准的制定缺乏具体技术数据的支持。此外，因不同油料作物会受到不同的菌种侵染产生不同的毒素，因此，需要根据不同油料产品制定各自的真菌毒素污染防控标准，以降低毒素污染风险，保障油料供给。而现有的油料产品标准体系中，多数还没有针对特定油料作物制定的真菌毒素污染防控技术规程。

（5）缺乏农机农艺配套标准　目前，我国农村劳动力日渐缺乏，油料产品市场竞争力不足，大力发展油料种植业机械化生产，是我国今后一个时期油料创新研究的一个重点方向。但目前，我国油料除了油菜机械化收获中关注的核心指标——油菜籽抗裂角指数及其分级指标有标准之外，其他油料作物的农机农艺配套标准缺乏，远远不能满足当前农业机械化发展的需要。应当加大油料农机农艺配套技术标准的制定力度，同时通过农业合作组织或种植大户在油料主产区逐步进行机械化生产的推广，快速推动我国油料产业质量效益的提高。

（6）部分油料产品标准缺乏系统性　我国现有油料标准体系主要以产品标准为主，大约有 70% 以上的检测技术标准是与食品、粮食共用的检测方法标准，适合高含油量的油料专用检测方法标准较少。目前国际上是以油料专用系统配套的技术标准为主，涉及油料生产的产前、产中、产后各个环节，从良种繁育等基础工作入手，覆盖田间管理、收获、收购、加工、包装、标识、储藏、运输、检验、销售的整个过程，通过全过程质量控制有效保证最终产品的质量。因此制定油料产品的系统配套标准体系较为重要。近年来，在农业部（现为农业农村部）标准制定、修订专项资金的支持下，我国已经建立了较为完善的油菜全程质量安全控制标准体系；花生标准体系的多数标准，是采用制标单位自筹资金的方式发布实施。但我国市场较大的芝麻、向日葵等油料产品标准体系建设还处于起步阶段，需要制定芝麻、向日葵等油料产品的产前品种审定、种子质量控制标准，产中生产过程控制标准，产后质量安全标准及配套的专有成分的检测方法标准，以产品为主线，构建芝麻等油料作物产品标准体系。

2. 标准管理问题

（1）我国参与国际标准化工作的水平需要进一步提高　当前我国参与国际标准化活动能力还有待进一步提高，我国参与和主导制定的国际标准数量还较少，在国际标准化组织中的话语权不足。针对此类问题，在我国油料标准体系的建立完善过程中，应该积极推进与主要贸易伙伴国家的标准互认，积极参与国际标准的制定工作。逐步提高我国油料标准在国际标准化工作中的水平地位。

（2）标准人才队伍需要加强和相对稳定　目前，国内不少高校设置了相关的标准化专业，引入专业人才培养机制。标准化人才在微观上需要具有专业化的深度，在宏观上要求知识面要广泛。最好的标准化人才应该是从各专业研究、教学、生产一线的专家中产生，通过了解、掌握标准化知识，结合自己精深的专业基础知识，制定专业化的标准。现在的一些标准化研究机构，缺乏专业研究背景，只为标准而标准，充其量只能是一个标准的收集管理部门。目前，我国标准化人才，特别是适应国际标准化工作发展的专业人才不足，需要进一步加强。同时，我国标准化人才的队伍稳定性差，大多是项目型的，完成一个标准后团队解散，各成员基本就与标准化工作没什么联系了。如何稳定标准化人才，以确保标准化人才队伍的持续发展，需要进一步探索。

三、油料标准发展的方向

1. 完善标准体系建设

政府主导制定的标准与市场自主制定的标准需要协同发展、协调配套，充分发挥强制性标准守底线、推荐性标准保基本、企业标准强质量的作用。以大豆、油菜、花生、芝麻、向日葵等主要油料作物为主，率先建立完善相关油料作物的标准体系，在此基础上，再构建其他油料产品的标准体系。

2. 加强油料产品质量安全体系建设

油料作物易被真菌毒素污染，真菌毒素对人与牲畜具有致癌、致畸、致突变作用，严重威胁油料消费安全和产业发展。油料作物真菌毒素预警与全程防控已成为我国油料产业健康发展迫切需要解决的瓶颈问题之一。应开展油料产品质量安全标准体系建设，构建油料作物产品真菌毒素检测方法标准、真菌毒素污染油料的分级标准和不同油料作物中不同毒素的全程污染防控技术规程，真正做到从基地生产到产品收购与储藏加工的全程污染控制，促进我国油料作物产业发展由"产量型"到"质量型"的重大转变。

3. 研究制定油料产品营养标准体系，推动农业供给侧结构性改革

研究制定我国油料产品营养标准，包括油料产品基础营养标准、特异性营养标准和功能营养标准，是完善我国油料标准体系建设的一个重要方面。

4. 建议制定的油料标准

建议制定的油料行业标准目录见表4-36。

表 4-36 建议制定的油料行业标准

序号	产品	分类	建议标准名称
1	大豆	产品类	大豆生育期组划分
2	大豆	产品类	鲜食大豆品种
3	大豆	方法类	大豆及其制品中胰蛋白活性抑制测定
4	大豆	生产管理类	大豆机械化生产技术规程
5	大豆	生产管理类	大豆玉米间作套种生产技术规程
6	大豆	生产管理类	大豆食叶害虫危害监测技术规范
7	大豆	生产管理类	大豆抗食心虫鉴定技术规程
8	大豆	生产管理类	大豆花叶病毒抗性鉴定技术规程
9	大豆	生产管理类	黄淮夏大豆机械化免耕栽培技术规程
10	大豆	生产管理类	大豆化学除草技术规程
11	油菜	产品类	"菜油两用"型油菜品种
12	油菜	产品类	高油酸油菜品种
13	油菜	产品类	三熟制早熟油菜品种
14	油菜	产品类	北方强冬性油菜品种
15	油菜	产品类	油菜机械化品种
16	油菜	产品类	高油酸油菜籽
17	油菜	产品类	油菜化学杀雄杂交品种
18	油菜	方法类	油菜籽中芥子醇的测定　气相色谱质谱联用法
19	油菜	方法类	油菜籽中粗蛋白质含量的测定　近红外法
20	油菜	方法类	油菜籽中灰分含量的测定　近红外法
21	油菜	方法类	油菜籽中芥子酶活性的测定
22	油菜	方法类	油菜籽中水分含量的测定　近红外法
23	油菜	方法类	油菜籽粗蛋白质的含量测定　近红外法
24	油菜	方法类	油菜籽生育酚的含量测定　近红外法
25	油菜	方法类	油菜籽中硫代葡萄糖苷的测定　近红外光谱法
26	油菜	生产管理类	油菜抗倒性鉴定技术规程
27	油菜	生产管理类	油菜抗（耐）菌核病性鉴定技术规程
28	油菜	生产管理类	油菜裂角抗性鉴定技术规程
29	油菜	生产管理类	油菜抗冻性鉴定技术规程

续表

序号	产品	分类	建议标准名称
30	油菜	生产管理类	油菜蚜虫防治技术规程
31	油菜	生产管理类	油菜黑胫病抗性鉴定技术规程
32	油菜	方法类	油菜籽总酚的测定 福林酚法
33	油菜	方法类	油菜籽及饼粕中酚酸类化合物的测定 高效液相色谱法
34	油菜	生产管理类	三熟制油菜品种生产技术规程
35	油菜	生产管理类	北方冬油菜良种繁育技术规程
36	油菜	生产管理类	北方白菜型冬油菜品种区域试验记载规范
37	油菜	生产管理类	北方白菜型冬油菜栽培技术规程
38	油菜	生产管理类	油菜缓释施肥技术规程
39	油菜	生产管理类	春油菜机械化生产技术规程
40	油菜	生产管理类	稻油两熟制油菜轻简化生产技术规程
41	油菜	生产管理类	油菜机械化直播农机农艺技术规范
42	油菜	生产管理类	油菜毯状苗移栽机质量评价技术规范
43	油菜	生产管理类	油菜根肿病防治与抗性评价标准
44	油菜	生产管理类	富硒双低油菜病虫防治技术规程
45	油菜	生产管理类	油菜化学除草技术规程
46	油菜	机械配套类	油菜籽脱皮机与皮仁分离系统
47	油菜	机械配套类	油菜机械化精量联合直播机技术条件
48	油菜	产地环境	富硒双低油菜产地环境条件
49	花生	方法类	花生中含油量的测定 近红外法
50	花生	方法类	花生中灰分含量的测定 近红外法
51	花生	方法类	花生中水分含量的测定 近红外法
52	花生	方法类	花生及其制品中白藜芦醇测定方法
53	花生	方法类	花生田间测产方法
54	花生	方法类	花生品种鉴定技术规程 SSR分子标记法
55	花生	生产管理类	花生植株形态与农艺性状调查技术规程
56	花生	生产管理类	花生抗旱性鉴定技术规程
57	花生	生产管理类	花生种子休眠性鉴定及评价技术规程
58	花生	生产管理类	花生种子繁育技术规程
59	花生	生产管理类	旱薄地花生膜下滴灌技术规程
60	花生	生产管理类	春玉米间作花生生产技术规程
61	花生	生产管理类	甘薯间作花生栽培技术规程
62	花生	生产管理类	花生与玉米轮作栽培技术规程
63	花生	生产管理类	花生肥效后移防衰增产栽培技术规程
64	花生	生产管理类	盐碱地花生生产技术规程
65	花生	生产管理类	花生渍涝灾害防控技术规程

续表

序号	产品	分类	建议标准名称
66	花生	生产管理类	南方红壤旱地花生栽培技术规程
67	花生	生产管理类	花生良好农业生产技术规范
68	花生	生产管理类	花生疮痂病防治技术规程
69	花生	生产管理类	花生网斑病防治技术规程
70	花生	生产管理类	花生耐渍性鉴定技术标准
71	花生	生产管理类	花生蚜虫防治技术规程
72	花生	生产管理类	花生缺铁性黄化症防治技术规程
73	花生	生产管理类	花生充气密闭储藏技术规程
74	花生	生产管理类	花生果真空入味烘烤加工技术规程
75	花生	生产管理类	产后花生防霉包装技术规程
76	花生	生产管理类	产后花生熏蒸防霉技术规程
77	花生	生产管理类	花生黄曲霉毒素臭氧脱毒技术规程
78	花生	生产管理类	花生黄曲霉毒素紫外光脱毒技术规程
79	花生	生产管理类	花生田间病害鉴定技术规程
80	芝麻	产品类	芝麻生育期组划分
81	芝麻	产品类	高油、高蛋白芝麻
82	芝麻	产品类	高芝麻素芝麻
83	芝麻	产品类	冷榨芝麻油
84	芝麻	产品类	芝麻
85	芝麻	产品类	芝麻蛋白粉
86	芝麻	产品类	芝麻饼粕
87	芝麻	方法类	芝麻中粗蛋白质含量的测定　近红外法
88	芝麻	方法类	芝麻中含油量的测定　近红外法
89	芝麻	方法类	芝麻中灰分含量的测定　近红外法
90	芝麻	方法类	芝麻中水分含量的测定　近红外法
91	芝麻	方法类	芝麻品种鉴定技术规程　SSR分子标记法
92	芝麻	生产管理类	芝麻抗旱性鉴定技术规程
93	芝麻	生产管理类	芝麻耐湿性鉴定技术规程
94	芝麻	生产管理类	芝麻茎点枯病抗性鉴定技术规程
95	芝麻	生产管理类	芝麻枯萎病抗性鉴定技术规程
96	芝麻	生产管理类	芝麻青枯病抗性鉴定技术规程
97	芝麻	生产管理类	农作物品种试验技术规程　芝麻
98	芝麻	生产管理类	芝麻种子繁育技术规程
99	芝麻	生产管理类	芝麻高产轻简化栽培技术规程
100	芝麻	生产管理类	芝麻隐性核不育三系配套杂交制种技术规程

续表

序号	产品	分类	建议标准名称
101	芝麻	生产管理类	芝麻生产技术规程
102	芝麻	生产管理类	芝麻青枯病防控技术规程
103	芝麻	生产管理类	芝麻农机农艺生产技术规程
104	芝麻	生产管理类	芝麻储藏技术规程
105	芝麻	产地环境	绿色芝麻基地环境
106	芝麻	产地环境	有机芝麻基地环境
107	胡麻	方法类	胡麻粗脂肪及其组分测定技术　近红外检测
108	胡麻	方法类	胡麻木酚素及其组分测定技术　近红外检测
109	胡麻	方法类	胡麻粗蛋白质及其组分测定技术　近红外检测
110	胡麻	生产管理类	胡麻抗旱性鉴定技术规程
111	胡麻	生产管理类	胡麻枯萎病抗性鉴定技术规程
112	胡麻	生产管理类	胡麻区域试验技术规程
113	胡麻	生产管理类	胡麻杂交种纯度分子鉴定技术规程
114	胡麻	生产管理类	胡麻种子加工及储藏技术规程
115	胡麻	生产管理类	胡麻草害化学控制技术规程
116	胡麻	生产管理类	胡麻有机栽培技术规程
117	胡麻	生产管理类	胡麻全程机械化技术规程
118	胡麻	生产管理类	灌区胡麻节水高效种植技术规程
119	胡麻	生产管理类	高亚麻酸胡麻生产技术规程
120	胡麻	生产管理类	地膜重复利用胡麻栽培技术规程
121	胡麻	生产管理类	胡麻高效施肥技术规程
122	胡麻	生产管理类	旱地胡麻垄膜集雨沟播抗旱增产栽培技术规程
123	胡麻	生产管理类	胡麻蚜虫无公害防控技术规程
124	胡麻	生产管理类	胡麻田杂草无公害防除技术规程
125	胡麻	生产管理类	胡麻枯萎病防控技术规程
126	胡麻	生产管理类	胡麻蚜虫防控技术规程
127	胡麻	生产管理类	胡麻有机栽培与绿色防控集成技术规程
128	胡麻	生产管理类	胡麻油食用安全生产技术
129	胡麻	生产管理类	胡麻籽木酚素高效提取技术
130	胡麻	生产管理类	胡麻籽胶高效提纯技术
131	胡麻	生产管理类	胡麻籽高附加值产品加工技术
132	胡麻	生产管理类	胡麻籽冷榨固体吸附精炼生产技术
133	胡麻	环境安全类	高亚麻酸胡麻基地环境

续表

序号	产品	分类	建议标准名称
134	胡麻	环境安全类	有机胡麻基地环境
135	蓖麻	生产管理类	蓖麻生态区划
136	蓖麻	生产管理类	蓖麻生产技术规程
137	红花	生产管理类	红花生态区划
138	红花	生产管理类	红花种子生产技术规程
139	红花	生产管理类	红花病虫害综合防控技术规程
140	红花	产品类	红花花瓣
141	向日葵	产品类	仁用向日葵籽
142	向日葵	方法类	向日葵杂交种及亲本纯度鉴定 电泳法
143	向日葵	方法类	向日葵菌核病检疫鉴定方法
144	向日葵	方法类	向日葵霜霉病检疫鉴定方法
145	向日葵	方法类	向日葵茎腐病检疫鉴定方法
146	向日葵	生产管理类	向日葵种质资源繁殖更新技术规程
147	向日葵	生产管理类	向日葵套种瓜类栽培技术规程
148	向日葵	生产管理类	有机农产品 向日葵栽培技术规程
149	向日葵	生产管理类	绿色农产品 向日葵栽培技术规程
150	向日葵	生产管理类	无公害农产品 向日葵栽培技术规程
151	向日葵	生产管理类	向日葵机械化收获技术规程
152	向日葵	生产管理类	向日葵机械化除草技术规程
153	向日葵	生产管理类	向日葵膜下滴管高效灌溉技术规程
154	向日葵	生产管理类	向日葵螟防治技术规程
155	向日葵	生产管理类	向日葵菌核病综合防控技术规程
156	向日葵	生产管理类	向日葵霜霉病综合防控技术规程
157	向日葵	生产管理类	向日葵茎腐病综合防控技术规程
158	向日葵	生产管理类	向日葵储藏技术规程
159	向日葵	生产管理类	向日葵常规种繁殖技术
160	植物油	方法类	食用植物油中的植物甾醇的测定 气相色谱-质谱联用法
161	植物油	方法类	食用植物油中三氯丙二醇的测定 气相色谱法
162	植物油	方法类	食用植物油中甘油三酯组成和含量的测定 液相色谱-质谱联用法
163	植物油	方法类	拟南芥微量种子中脂肪酸组成和含量的测定 气相色谱法
164	植物油	方法类	食用植物油中棉籽油的鉴别
165	植物油	方法类	油料中甘油三酯含量的测定 液相色谱-串联质谱法
166	植物油	方法类	油料中硫苷含量的测定 液相色谱-串联质谱法

续表

序号	产品	分类	建议标准名称
167	植物油	方法类	油料种子油和含水量的同步测量 脉冲核磁共振法
168	植物油	方法类	植物油料油酸的含量测定 近红外法
169	植物油	方法类	植物油中多酚的测定 液相色谱-串联质谱法
170	植物油	方法类	油脂中甾醇的测定 气相色谱-质谱法
171	植物油	方法类	植物油脂中辣椒素的测定 免疫分析法
172	植物油	方法类	植物油中异黄酮的测定 液相色谱-串联质谱法
173	植物油	方法类	油料中全谱脂肪酸的测定 气相色谱-质谱法
174	植物油	产品类	富硒双低菜籽油
175	植物油	产品类	冷榨菜籽油
176	植物油	产品类	玉米胚芽油
177	植物油	产品类	番茄籽油
178	植物油	产品类	牡丹籽油
179	植物油	产品类	沙棘籽油
180	葵花籽	产品类	食用葵花籽
181	葵花籽	产品类	油用葵花籽
182	葵花籽	生产管理类	食葵机械化精量播种技术规程
183	葵花籽	生产管理类	油葵机械化精量播种技术
184	葵花籽	生产管理类	油葵膜下滴管高效灌溉技术规程
185	饲料	产品类	饲料用发酵菜粕
186	亚麻籽	方法类	亚麻籽及其制品中木酚素的测定
187	大麻	生产管理类	大麻主要病虫害防治技术规范
188	紫苏	生产管理类	紫苏生产技术规程
189	油菜籽	机械配套类	油茶籽脱壳分离组合装置
190	其他	方法类	农产品赭曲霉菌株产毒力鉴定方法
191	其他	生产管理类	黄曲霉生防菌活性鉴定技术规程

第四节 粮食检测方法类标准发展现状

一、检测方法标准总体情况和现状

目前，我国粮食检测方法标准400多个，按检测的不同环节，分为抽样、理化、品质、毒素、农残、元素、营养、植保、食品添加剂、违禁添加品、其他、种子检验等。粮食检验方法中农残和植保是主要的检测标准，占所有检测标准的半数以上。

随着国家大规模地更新标准，检测方法标准中的强制性国标比例不断增加，目前已有将近70个，其他绝大部分是推荐性国标、推荐性农业标准和推荐性进出口标准。强制性国标主要集中在食品安全国家标准中食品中水分、蛋白质、淀粉、脂肪的含量等理化和营养指标的测定，以及毒素、农残检测；推荐性国标主要集中在理化指标检测、品质评定、农残检测等；推荐性行业标准主要是农业和出入境行业标准，涉及转基因、种子检验、农残和植保。从不同检测环节的归口情况看，理化和品质检测方法标准，主要是推荐性国家标准，多归口在粮油标准化委员会，以及商业和农业管理等部门；毒素和农残方法标准，主要为推荐性国标、推荐性进出口行业标准；元素和营养标准，推荐性国标比例最高；转基因、植保和种子检验，更多的集中在推荐性农业、进出口行业标准。

我国检测方法标准历经多年发展，已经覆盖粮食理化性质和安全限量的方方面面，为指导粮食生产和消费，提供了有力保障。粮食检测方法标准涉及农业、粮食、商业、进出口等多个部门，各部门有自己分管的领域，部门之间也有重合交叉的环节，检测方法标准数量不断增加，涉及参数不断增多，加之分析检验方法不断更新、发展，我国粮食检测方法标准体系中，很多参数都有不同归口、不同类型的检测方法。不同特性参数涉及化学分析、色谱、光谱等多种检测方法，从多个层次满足了检测需求。同一参数有多种方法、多个标准可参考，不同部门基本形成了独立系统的检测方法。可以说，检测方法的不断完善和发展，为玉米、小麦和杂粮生产、加工和流通等各环节提供了支撑和保障。

二、检测方法类标准存在的主要问题

随着粮食相关行业的发展壮大，涉及范围领域增加，行业间的交叉重合不断加剧，粮食检测方法也随之出现了国家和行业标准之间、各行业标准之间、行业标准内部之间的重复、交叉、散乱等问题，目前，理化、品质、毒素、农药、元素、营养等检测方法中，都存在一种类型方法多个部门制定、适用范围略有不同形成多个标准、一个参数多个标准涉及等现象。为了更好地服务于粮食产业，适应现代检测需求，保证检测方法标准体系多而不乱、繁而不杂、协调统一，笔者对现有检测方法标准进行了梳理统计，发现目前检测方法标准中仍存在四方面问题：一是检测方法内容大部分重复，这是检测方法一直存在的问题，如今比例已降低到4.1%，主要集中在元素、植保标准中，其他检测方法也有类似问题；二是检测方法分散零碎，七成以上集中在理化和农药检测方法中；三是标准涉及的不同行业的检测关键步骤和换算指数差异较大，是方法标准矛盾的主要方面，该问题涉及标准数量不多，却因关系检测结果的可参照性，不能忽视；四是部分检测技术落后、更新慢，标龄15年以上标准30个，占7.1%，其中4%格式不规范，方法陈旧实用性差的标准仍有7个；五是标准再现性差、检出限缺失。随着粮食产业改革升级、区域优势布局加快，新兴领域尚未制定新标准，更高效更准确的新方法也未及时制定。

1. 检测方法内容重复

一些参数的检测方法内容出现了重复，其适用范围、基本原理和操作细节几乎完全一致，见表4-37。从表4-37中可以看出，每个参数检测标准的归口不同，在不同行业中都有需求，在制定过程中，虽然其检测方法和原理基本一致，但最终形成各自的方法标准。

表4-37 检测方法大部分重复情况

参数	标准	主要内容	适用范围	归口单位①	相同点	不同点
品质						
小麦沉淀值	NY/T 1095—2006《小麦沉淀值测定 Zeleny法》	规定了Zeleny法测定小麦沉淀值的方法	仅适用于普通小麦	农业部	方法、原理、试剂和设备一样	水分、灰分等引用国标
小麦沉淀值	GB/T 21119—2007《小麦沉淀指数测定法 Zeleny试验》	规定了用于评价与小麦粉烘焙性能有关的小麦品质的一种试验方法，称为Zeleny沉淀指数试验	仅适用于普通小麦（Triticum aestivum L.）	全国粮油标准化技术委员会	方法、原理、试剂和设备一样	水分、灰分等引用ISO标准
糊化特性	GB/T 24852—2010《大米及米粉糊化特性测定 快速粘度仪法》	规定了米粉糊化特性的快速黏度分析仪测定方法	适用于大米及米粉的糊化特性测定	全国粮油标准化技术委员会	方法、原理、试剂和设备一样	95℃测试程序起始、结束时间相差3s
糊化特性	NY/T 1753—2009《水稻米粉糊化特性测定 快速黏度分析仪法》	规定了采用快速黏度分析仪测定水稻米粉糊化特性的方法	适用于水稻米粉糊化特性的测定	农业部种植业管理司		
元素						
砷	GB 5009.11—2014《食品安全国家标准 食品中总砷及无机砷的测定》"第一篇 第二法 氢化物发生原子荧光光谱法"	第一篇第二法规定了氢化物发生原子荧光光谱法测定各类食品中总砷的方法	适用于食品	—	测定砷元素的方法、原理和设备一样，均为原子荧光法、硫脲+抗坏血酸作基体改进剂	检出限：0.010mg/kg
砷	NY/T 1099—2006《稻米中总砷的测定 原子荧光光谱法》	规定了用原子荧光光谱法测定稻米中总砷的方法	适用于稻米	农业部		检出限为0.007mg/kg；定量测定范围为0.02mg/kg~10.0mg/kg

续表

参数	标准	主要内容	适用范围	归口单位[①]	相同点	不同点
营养						
粗纤维	GB/T 5009.10—2003《植物类食品中粗纤维的测定》	规定了植物类食品中粗纤维含量的测定方法	适用于植物类食品	卫生部	方法、原理、主要试剂和设备一样	碱：用1.25%氢氧化钾 灰化：550℃
	NY/T 13—1986《谷物籽粒粗纤维测定法》	适用于测定谷物籽粒粗纤维含量；1.25%酸碱剂洗涤法为仲裁法，3.14%酸碱剂洗涤法为快速法	适用于谷物籽粒	农牧渔业部		碱：用1.25%氢氧化钠 灰化：600℃
	SN/T 0800.8—1999《进出口粮食、饲料粗纤维含量检验方法》	规定了进出口粮食、饲料粗纤维含量的测定方法	适用于进出口粮食、饲料	国家出入境检验检疫局		碱：用1.25%氢氧化钠 灰化：550℃

① 为标准发布时的机构名称。

2. 测方法分散零碎

表4-38所列为类似参数多个检测方法的情况，可以看出理化、农药检测方法分散比较严重。品质、元素、营养检测方法的相关内容中也存在许多问题：杂质相关参数操作步骤相近，样品来源一致，分成多个检测方法，不利于节约人力资源，效率低；不同产品理化、农残等参数检测，基本原理、设备试剂和操作步骤一样，分散成多个检测标准，不利于参考比较；原理类似的检测方法，不同提取、净化步骤，制定不同标准，标准过于细分，不利于操作；部分参数，其检测方法分散在各类作物检验方法标准中，系统性差，不利于管理。

3. 标准涉及行业多，存在矛盾

我国粮食检测方法标准涉及行业领域众多，其中理化、品质、营养、植保等检测方法行业间重复交叉较多，在蛋白质、水分、脂肪、淀粉的含量等基础参数的相关标准，以及黄曲霉毒素、呕吐毒素、草甘膦、菊酯类农残等的检测标准中，部分重要检测步骤和参数指标存在不统一问题。

(1) 重要内容、检测步骤不一致　表4-39为直链淀粉检测方法的矛盾情况，可以看出直链淀粉分光光度法的波长不一致，对检测结果影响程度有待验证。

(2) 参数指标不统一　以蛋白质折算系数和感官评价体系指标为例。蛋白质是粮食定等定级的重要判定指标，在不同的标准方法中蛋白质换算系数差异很大（表4-40），特是在大豆、大麦、高粱、小米中最为明显，其中最大差值为0.61。"全小麦粉"和"普通小麦"蛋白质折算系数不同，蛋白质含量计算结果差异大，严重影响行业间产品等级判定。小麦制品品质评价评分情况见表4-41，可见加工方法、配方和评分参数设置都存在不同程度的差异，某些参数缺失、评分比例不同等问题影响制品的最终评分。

表 4-38 类似参数多个检测方法情况

参数	标准编号	标准名称	主要内容及范围	主要问题
理化	GB/T 22725—2008	粮油检验 粮食、油料检验 纯粮（质）率检验	规定了粮食、油料中纯粮率、纯质率检验的术语和定义、仪器和用具、灯光和环境要求、样品制备、操作方法以及结果计算；适用于粮食、油料中纯粮率、纯质率的测定	针对不同作物标准过细，操作不方便
	GB/T 5500—2008	粮油检验 甘薯片纯质率检验	规定了甘薯片纯质率检验的术语和定义、抽样、试样制备、测定及结果计算；适用于商品甘薯片纯质率的测定	
	GB/T 5494—2008	粮油检验 粮食、油料的杂质、不完善粒检验	规定了粮食、油料中杂质、不完善粒、样品制备、照明要求、操作方法、杂质、不完善粒含量的测定	
	GB/T 21124—2007	小麦黑胚粒检验法	规定了小麦黑胚粒的定义和检验方法；适用于小麦黑胚粒的检验	
杂质、不完善粒、纯粮率	SN/T 0800.18—1999	进出口粮食、饲料杂质检验方法	规定了进出口粮食、饲料中杂质的检验	
	SN/T 0800.7—2016	进出口粮食、饲料不完善粒检验方法	规定了进出口粮食、饲料中不完善粒的检验	
	GB/T 15666—1995	豆类试验方法	其中"4 杂质的测定"规定了豆类籽粒杂质的测定方法；适用于收获后脱壳未经加工而准备作为人类食用或动物饲料的豆类籽粒	
	GB/T 5501—2008	粮油检验 鲜薯检验	其中"6 杂质检验"规定了鲜薯的杂质检验方法；适用于商品鲜薯检验	
	SN/T 1801—2006	进出口糙米检验规程	规定了进出口糙米的杂质检验方法；适用于进出口糙米（籼糙米、粳糙米、糯糙米）的检验	

续表

参数	标准编号	标准名称	主要内容及范围	主要问题
水分含量	GB 5009.3—2016	食品安全国家标准 食品中水分的测定	规定了食品中水分的测定方法。第一法（直接干燥法）适用于在101～105℃下，对热稳定的谷物及其制品、水产品、豆制品、乳制品、肉制品、蔬菜、茶叶、罐头、调味品、糖果、淀粉及茶叶等食品中水分的测定。第二法（减压干燥法）适用于高温易分解的样品及水分较多的样品（如糖浆、味精等）及油脂、添加过其他原料的糖果（如奶糖、软糖等）等食品中水分的测定，不适用于水分含量小于0.5g/100g的样品的测定，不适用于粮食中水分的测定（糖和味精除外）	均为常规法，设备、原理基本一致，针对不同作物、水分高低制订不同标准，不利于参考
	GB/T 10362—2008	粮油检验 玉米水分测定	规定了粉碎玉米、整粒玉米水分测定的原理、仪器和用具、操作步骤、水分测定和结果的表示；适用于粉碎玉米、整粒玉米水分含量的测定	
	GB/T 20264—2006	粮食、油料水分两次烘干测定法	规定了粮食、油料水分两次烘干测定法。适用于水分在16.0%（含）以上，油料水分在13.0%以上的商品粮食、油料	
	GB/T 24898—2010	粮油检验 小麦水分含量测定 近红外法	适用于小麦水分含量的快速测定；不适用于仲裁检验	方法、原理一样，针对不同作物制订不同标准
	GB/T 24900—2010	粮油检验 玉米水分含量测定 近红外法	适用于玉米水分含量的快速测试；不适用于仲裁检验	
	GB/T 24896—2010	粮油检验 稻谷水分含量测定 近红外法	适用于稻谷、糙米及大米水分含量的快速测定；不适用于仲裁检验	
酸度	GB 5009.239—2016	食品安全国家标准 食品酸度的测定	规定了粮食及制品酸度测定的术语和定义、原理、试剂和材料、仪器和用具、抽样、操作步骤及结果计算表示的要求；适用于粮食及其制品酸度的测定	都为滴定法
	SB/T 10229—1994	豆制品理化检验方法	"7 总酸测定"部分规定了大豆豆制品中总酸含量的检验方法；适用于以大豆为原料生产的豆制品以及豆类淀粉为原料生产的豆类淀粉产品	

第四章 粮食类标准 159

续表

参数	标准编号	标准名称	主要内容及范围	主要问题
脂肪酸值	GB/T 5510—2011	粮油检验 粮食、油料脂肪酸值测定	标准中的苯提取法适用于小麦粉等粮食脂肪酸值的测定，石油醚提取法适用于大豆、花生、芝麻、菜花籽、玉米胚芽等脂肪酸值的测定；不适用于其他油料脂肪酸值的测定	均采用滴定法，GB/T 5510 为苯和石油醚提取，NY/T 2333、GB/T 15684、GB/T 20569 附录A、GB/T 20570附录A中为95%乙醇提取，其他基本一致，适用范围有交叉
	NY/T 2333—2013	粮食、油料检验 脂肪酸值测定	规定了粮食、油料中脂肪酸值的测定方法；95%乙醇提取	
	GB/T 15684—2015	谷物研磨制品 脂肪酸值测定法	适用于小麦和杜伦麦研磨得到的面粉和颗粒粉，通心粉等面制品，也适用于原粮、玉米粉和玉米颗粒粉，以及黑麦粉和燕麦片。95%乙醇提取	
	GB/T 20569—2006	稻谷储存品质判定规则	附录A中规定了稻谷脂肪酸值测定方法。适用于评价在安全储存水分和正常储存条件下稻谷的储存品质	
	GB/T 20570—2015	玉米储存品质判定规则	附录A中规定了玉米脂肪酸值测定方法。适用于评价在安全储存水分和正常储存条件下玉米的储存品质	
蛋白质	NY/T 3—1982	谷物、豆类作物种子粗蛋白质测定法（半微量凯氏法）	适用于测定各类、豆类作物种子粗蛋白质含量	都是凯氏定氮法，方法分散，部分作物在不同标准中蛋白质换算系数不同
	GB 5009.5—2016	食品安全国家标准 食品中蛋白质的测定	规定了食品中蛋白质的测定。第一法和第二法适用于各种食品中蛋白质的测定，第三法适用于蛋白质含量在10g/100g以上的粮食、奶粉、米粉、豆类等固体试样以及液体试样。豆奶粉、奶粉中蛋白质的测定。不适用于添加无机含氮物质、有机非蛋白质含氮物质的食品的测定	
	GB/T 24901—2010	粮油检验 玉米粗蛋白质含量测定 近红外法	规定了近红外分析方法测玉米粗蛋白质含量（干基）；适用于玉米粗蛋白质含量（干基）的快速测定；不适用于仲裁检验	都为近红外法测蛋白质定，不同作物特性有差异
	GB/T 24899—2010	粮油检验 小麦粗蛋白质含量测定 近红外法	规定了近红外分析方法测小麦粗蛋白质含量（干基）；适用于小麦粗蛋白质含量（干基）的快速测定；不适用于仲裁检验	

续表

参数	标准编号	标准名称	主要内容及范围	主要问题
蛋白质	GB/T 24871—2010	粮油检验 小麦粉粗蛋白质含量测定 近红外法	规定了近红外方法测定小麦粉粗蛋白质含量（干基）的快速确准；适用于小麦粉粗蛋白质含量（干基）的仲裁检验	都为近红外法测定，不同仪器特性有差异
	GB/T 24897—2010	粮油检验 稻谷粗蛋白质含量测定 近红外法	规定了近红外分析方法测定稻谷、糙米及大米粗蛋白质含量（干基）；适用于稻谷、糙米及大米粗蛋白质含量（干基）含量的快速测试；不适用于仲裁检验	
脂肪	GB 5009.6—2016	食品安全国家标准 食品中脂肪的测定	规定了食品中脂肪含量的测定方法；适用于水果、蔬菜及其制品、粮食及粮食制品、肉及肉制品、蛋及蛋制品、水产及其制品、焙烤食品、糖果及结着脂肪及游离态脂肪总态的测定、乳及乳制品、婴幼儿配方食品中脂肪的测定	都是索氏抽提法，溶剂都为乙醚或石油醚，称样量略有不同，回流时间在4~12h之间
	NY/T 4—1982	谷物、油料作物种子粗脂肪测定方法	油重法适用于测定油料作物种子的粗脂肪含量（适用于测定大量样品时，可采用残余法，以油重法为仲裁法）；在测定油料作物种子大量样品的粗脂肪含量的测定	
	NY/T 55—1987	水稻、玉米、谷子籽粒直链淀粉测定法	适用于水稻、玉米、谷子籽粒直链淀粉含量的测定	
直链淀粉	GB/T 15683—2008	大米直链淀粉含量的测定	规定了非熟化大米直链淀粉含量的基准测定方法。在延伸应用于直链淀粉含量高于5%（质量分数）的大米直链淀粉范围得到确认后，也可以用于糙米、玉米、小米和其他谷物的测定	原长有相同，所用波长分别是720nm、620nm和620nm，影响检测结果的可比性
	NY/T 2639—2014	稻米直链淀粉的测定 分光光度法	规定了稻米直链淀粉的分光光度法测定方法；适用于稻米直链淀粉的测定；不适用于熟化稻米直链淀粉的测定	

续表

参数	标准编号	标准名称	主要内容及范围	主要问题
品质				
糊化特性	GB/T 24853—2010	小麦、黑麦及其粉类和淀粉糊化特性测定 快速粘度仪法	规定了小麦、黑麦及其粉类糊化特性的快速黏度分析仪测定法	都使用快速黏度分析仪，测试程序条件一致，关键时间点不同，产品样量有差异
	GB/T 24852—2010	大米及米粉糊化特性测定 快速粘度仪法	规定了使用快速黏度分析仪测定大米及米粉的糊化特性	
	NY/T 1753—2009	水稻米粉糊化特性测定 快速黏度分析仪法	规定了采用快速黏度分析仪测定水稻米粉糊化特性的方法	
农药	GB/T 14553—2003	粮食、水果和蔬菜中有机磷农药测定 气相色谱法	规定了粮食（大米、小麦、玉米）等中速灭磷、甲拌磷、二嗪磷、异稻瘟净、杀螟硫磷、溴硫磷、甲基对硫磷、稻丰散、蔬菜等多组分残留农药分组液液萃取净化、气相色谱测定。适用于粮食、水果、蔬菜等作物中有机磷农药的测定。A法：玻璃柱，二氯甲烷提取，汽化室230℃；柱温200℃；N₂流速250℃；石英毛细管柱HP-5；柱温130℃，恒温3min，5℃/min升温至140℃，保持65min；NPD检测器3.5mL/min B法：石英毛细管柱DB-17；柱温150℃，恒温3min，8℃/min升温至250℃，保持10min；FPD检测器9.8mL/min C法：石英毛细管柱OV-101；柱温140℃，50℃/min升温至235℃，保持1min	均为气相色谱测定法。提取、净化方法基本类似；气相分离条件差异大。采用标准的石英玻璃柱或毛细磷柱、柱温条件均存在较大差异。依据不同粮食产品和不同农药分别制定，不利于使用
	GB/T 5009.145—2003	植物性食品中有机磷和氨基甲酸酯类农药多种残留的测定	规定了粮食、蔬菜中敌敌畏、久效磷、乙酰甲胺磷、甲基对硫磷、甲拌磷、乐果、甲基嘧啶磷、马拉硫磷、对硫磷、杀扑磷、倍硫磷、异丙威、仲丁威、甲萘威、甲基异柳磷、杀死畏、速灭磷、乙硫磷等有机磷及氨基甲酸酯类农药的残留量分析。适用于植物性食物中过敌敌畏等有机磷残留农药的测定方法。二氯甲烷丙酮提取，气相色谱条件：石英毛细管柱BP5；柱温185℃，恒温2min，10℃/min升温至235℃；N₂流速50mL/min；FTD检测器	

续表

参数	标准编号	标准名称	主要内容及范围	主要问题
速灭磷、甲拌磷、二嗪磷、杀螟硫磷、甲基对硫磷、稻丰散、敌敌畏、乐果、毒死蜱、久效磷、甲基嘧啶磷、克线磷、对硫磷、乙硫磷等多种有机磷类农药	GB/T 5009.20—2003	食品中有机磷农药残留量的测定	规定了水果、蔬菜、谷类中敌敌畏、速灭磷、甲拌磷、胺丙畏、二嗪磷、乙嘧硫磷、甲基嘧啶磷、甲基对硫磷、氧化喹硫磷、稻瘟净、水胺硫磷、氧乐果、稻丰散、杀扑磷、乙硫磷、乐果、喹硫磷、对硫磷、杀螟硫磷、杀硫磷、久效磷、治螟磷等二十种农药制剂的残留分析方法。适用于使用过敌敌畏等农药作物的残留量分析。蔬菜、谷类等农作物的残留量分析。气相色谱净化-水/丙酮提取，二氯甲烷液液萃取净化；玻璃柱；柱温240℃；FTD检测器；N₂流速50mL/min	
	GB/T 5009.207—2008	糙米中50种有机磷农药残留量的测定	规定了糙米中50种有机磷农药残留量的测定方法。在糙米中除甲基吡嘧磷、甲基吡嘧硫磷外，其余农药的检出限均为0.005 mg/kg。乙酸乙酯提取，GPC纯化。气相色谱条件：石英毛细管柱HP-5；柱温70℃，恒温2min，15℃/min升温至150℃；3℃/min升温至185℃，2℃/min升温至210℃，10℃/min升温至280℃；NPD检测器；N₂流速9.0mL/min	均为气相色谱测定法。提取、净化方法基本类似；气相分离条件标准间差异大，采用的柱子为玻璃柱或石英毛细管柱，柱温及载气条件均存在较大差异。依据不同粮食产品和不同农药分别制定，不利于使用
	SN/T 2324—2009	进出口食品中抑草磷、甲基毒死蜱等33种有机磷农药残留量检测方法	规定了进出口食品中33种有机磷农药残留量。敌敌畏、杀螟硫磷、甲基毒死蜱、甲基毒死蜱、地虫硫磷、异柳磷、氧异柳磷、丙线磷、毒虫畏（E）、毒虫畏（Z）、苯硫磷、甲基乙拌磷、丰索磷、马拉硫磷、治螟磷、杀虫畏、甲基嘧啶磷、完灭硫磷砜的气相色谱检测及质谱确证方法；适用于进出口大米、玉米、大麦、小麦中33种有机磷农药残留的测定和确证。水/丙酮提取，二氯甲烷液液萃取净化-GPC净化-固相萃取净化。气相色谱条件：石英毛细管柱DB-1701；柱温50℃，30℃/min升温至170℃，1.2℃/min升温至210℃，30℃/min升温至260℃，恒温20min；FPD检测器；N₂流速60mL/min	

续表

参数	标准编号	标准名称	主要内容及范围	主要问题
α-六六六、β-六六六、γ-六六六、δ-六六六、七氯、艾氏剂、p,p'-滴滴伊、o,p'-滴滴涕、p,p'-滴滴涕等多种有机氯类农药	GB/T 5009.146—2008	植物性食品中有机氯和拟除虫菊酯农药多种残留量的测定	规定了粮食、蔬菜中16种有机氯和拟除虫菊酯农药和蔬菜中16种有机氯农药残留量的测定方法。适用于粮食、蔬菜农药残留量的测定。石油醚提取，弗罗里硅土净化。气相条件：毛细管柱(OV-101固定液)；N₂流速40mL/min，分流比1:50；柱温180℃，升至230℃，保持30min	两个标准均为气相色谱法。提取和分离条件略有差异；色谱分离条件采用的柱子不同，故不利于产品制备
	GB/T 5009.19—2008	食品中有机氯农药多组分残留量的测定	第一法规定了食品中六六六(HCH)、滴滴涕(DDD)、氯丹、灭蚊灵、七氯、五氯硝基苯的测定方法。第二法适用于食品和植物性食品(含油脂)中六六六、滴滴涕(DDT)残留量的测定方法。第二法适用于食品中六六六、滴滴涕各类食品中HCH、DDT残留量的测定。丙酮/石油醚提取，凝胶色谱分离净化。气相分离条件：DM-5 石英毛细管柱 90℃，40℃/min 上升至170℃，2.3℃/min 上升至230℃，40℃/min 上升至280℃；N₂流速1mL/min	针对不同的产品，GB/T 5009.19—2008 所适用的农药种类覆盖GB/T 5009.146—2008中所列的10种农药，不利于标准的选择使用
速灭威、异丙威等多种氨基甲酸酯类农药	GB/T 5009.104—2003	植物性食品中氨基甲酸酯类农药残留量的测定	规定了粮食、蔬菜中六种氨基甲酸酯杀虫剂残留的测定方法。适用于粮食、蔬菜中速灭威、异丙威、克百威、抗蚜威和甲萘威的残留分析。无水甲醇提取，液液萃取净化。柱温190℃；FTD检测器240℃；N₂流速50mL/min	两个标准均为气相色谱法。提取所用溶剂有差异；气相色谱条件差异大，分别为玻璃柱和石英毛细管柱；气流速及柱温条件有所不同，分别有恒温和程序升温
甲拌磷、久效磷、乐果、倍硫磷、马拉硫磷、对硫磷、异丙威、杀扑磷、速灭威、甲基嘧啶磷、乙硫磷、苯硫磷、仲丁威、甲萘威等有机磷及氨基甲酸酯类农药	GB/T 5009.145—2003	植物性食品中有机磷和氨基甲酸酯类农药残留量的测定	规定了粮食、蔬菜、水果、乐果、甲基对硫磷、乙酰甲胺磷、甲胺磷、马拉硫磷、对氧硫磷、杀扑磷、甲拌磷、甲基嘧啶磷、甲萘威、毒死蜱、杀扑磷、甲萘威等有机磷及氨基甲基酸酯农药残留量分析。丙酮提取，液液萃取净化。气相色谱条件：石英毛细管柱 BP5 或 OV-101；柱温140℃，50℃/min 升温至185℃，恒温2min，10℃/min 升温至235℃，保持1min；FTD检测器；N₂流速65mL/min	适用范围交叉重复，不利于选择使用

续表

参数	标准编号	标准名称	主要内容及范围	主要问题
灭多威、抗蚜威、噻虫威、甲萘威、仲丁威、涕灭威、克百威、异丙威、氨基甲酸酯类农药	SN/T 0134—2010	进出口食品中杀线威等12种氨基甲酸酯类农药残留量的检测方法 液相色谱/质谱法	规定了食品中杀线威、灭多威、抗蚜威、涕灭威、噻虫威、甲萘威、乙硫甲威、异丙威、乙霉威和仲丁威等12种氨基甲酸酯类农药残留量检测方法；适用于玉米、大麦、小麦、大豆等中相关农药残留量检测和确证。乙腈提取，二氯甲烷液液萃取，正己烷液液分配-活性炭-弗罗里硅土固相柱净化；液相色谱分离条件：Zorbax C₈柱；流动相为甲醇/水（1%甲酸）；梯度淋洗；柱温40℃	均采用液相色谱-质谱检测和确证。提取方法类似，液相色谱分离有一定差异，采用C₁₈柱或C₈柱，流动相因柱子的不同存在较大差异
	SN/T 2085—2008	进出口粮谷中多种氨基甲酸酯类农药残留量检测方法 液相色谱串联质谱法	规定了粮谷中甲硫威、噻虫威、灭多威、克百威、抗蚜威、甲萘威、仲丁威等氨基甲酸酯类农药残留量的测定方法。适用于大米和小麦中相关农药残留的检测。乙腈提取，中性氧化铝柱净化。C₁₈柱；流动相为甲醇-0.005mol/L乙酸铵；柱温20℃	针对不同粮食产品，不利于选择制定。其中灭多威、克百威、异丙威、涕灭威、噻虫威、甲萘威、仲丁威等多种氨基甲酸酯类农药交叉重复
	SN/T 2560—2010	进出口食品中氨基甲酸酯类农药残留量的测定 液相色谱-质谱/质谱法	规定了食品中灭多威、久效威、残杀威、混杀威、仲丁威、甲萘威、甲硫威和锰杀威等20种氨基甲酸酯类农药残留量检测确证和测定方法。乙腈提取，C₁₈或石墨化碳氨基复合小柱；流动相为乙腈/0.1%乙酸；条件：C₁₈柱；柱温30℃	灭多威、涕灭威、涕灭威砜、涕灭威亚砜、克百威、抗蚜威、灭除威、异丙威、甲萘威、甲基硫菌威酯等 适用于大米中相关农药残留分离。液相色谱分离；梯度淋洗；柱温30℃

续表

参数	标准编号	标准名称	主要内容及范围	主要问题
吡啶草酮、禾草灭、噻草酮、苯草酮、烯禾啶、烯草酮等多种环己烯酮类农药	GB 23200.38—2016	食品安全国家标准 植物源性食品中环己烯酮类除草剂残留量的测定 液相色谱-质谱法	规定了大米、大豆、玉米、马铃薯等中吡啶草酮、禾草灭、噻草酮、苯草酮、烯禾啶、烯草酮和环己烯酮等6种环己烯酮类除草剂残留量的检测方法。适用于大米、大豆、玉米、马铃薯等中6种环己烯酮类农药残留量的检测与确证。其他食品可参照执行。条件：Acquity BEH C_{18} 和 Envi-Carb 固相萃取柱净化；柱温40℃；流动相为0.1%乙酸水溶液/乙腈；梯度淋洗	均为液相色谱质谱法测定多种环己烯酮类农药，其测定过程原理相同，具体操作参数略有不同。依据不同的农药和适用范围制定。其中 GB 23200.3 适用中的农药，GB 23200.38 中的所有农药
	GB 23200.3—2016	食品安全国家标准 食品残留量检测方法 第3部分：液相色谱/质谱/质谱法测定食品中环己酮类除草剂残留量	规定了食品中吡啶草酮、禾草灭、噻草酮、丁苯草酮、三苯草酮、环禾草酮、烯禾啶等环己烯酮类除草剂残留量的液相色谱/质谱/质谱测定和确证。适用于大米、大豆等中环己烯酮类除草剂残留量的测定和确证。酸性乙腈提取，N-丙基乙二胺、石墨化碳黑净化。色谱分离条件：C_{18}柱；柱温30℃；流动相为甲酸水溶液/乙腈；梯度淋洗	
营养				
氨基酸	GB 5009.124—2016	食品安全国家标准 食品中氨基酸的测定	规定了用氨基酸分析仪（由三酮柱后衍生离子交换色谱仪）测定食品中氨基酸的方法。适用于食品中酸水解氨基酸的测定，包括天冬氨酸、苏氨酸、丝氨酸、谷氨酸、脯氨酸、甘氨酸、丙氨酸、蛋氨酸、异亮氨酸、亮氨酸、酪氨酸、苯丙氨酸、组氨酸、赖氨酸和精氨酸等16种氨基酸	针对不同种作物及不同种氨基酸、前处理和检测方法不方便参考
	NY/T 56—1987	谷物籽粒氨基酸的前处理方法	适用于氨基酸测定前处理	
	NY/T 9—1984	谷类籽粒赖氨酸测定 染料结合赖氨酸（DBL）法	适用于测定水稻、玉米、高粱、麦类等谷类籽粒中结合氨基酸含量	

续表

参数	标准编号	标准名称	主要内容及范围	主要问题
植保				
豆象	NY/T 2052—2011	菜豆象检疫检测与鉴定方法	规定了菜豆象的检疫检测与鉴定方法。适用于豆类生产及储存、调运过程中对菜豆象的检疫检测与鉴定	都是豆象检疫方法，针对不同种类。检疫方法不同，这对不同作物及不同环节，操作不方便
	SN/T 1274—2003	菜豆象的检疫和鉴定方法	规定了菜豆象的检疫和鉴定方法。适用于菜豆类进出境时对菜豆象的检疫和鉴定	
	SN/T 1278—2010	巴西豆象检疫鉴定方法	规定了巴西豆象的检疫和鉴定方法。适用于巴西豆类进出境时对巴西豆象的检疫和鉴定	
	SN/T 1451—2004	灰豆象检疫鉴定方法	规定了进出境植物检疫中对灰豆象的检疫和鉴定方法。适用于进出境豆类中灰豆象的检疫和鉴定	
	SN/T 1452—2004	鹰嘴豆象检疫鉴定方法	规定了进出境植物检疫中对鹰嘴豆象的检疫和鉴定方法。适用于进出境豆类中鹰嘴豆象的检疫和鉴定	
	SN/T 1855—2006	暗条豆象检疫鉴定方法	规定了暗条豆象的检疫和鉴定方法。适用于暗条豆象的检疫和鉴定	

表 4-39 直链淀粉检测方法标准矛盾情况

标准编号	标准名称	主要问题	主要影响
GB/T 15683—2008	大米直链淀粉含量的测定	均为分光光度法,所用波长有差异,波长分别是720nm、620nm和620nm	分光光度计的波长不同,对直链淀粉含量影响不明确,数值可比性差
NY/T 55—1987	水稻、玉米、谷子籽粒直链淀粉测定法		
NY/T 2639—2014	稻米直链淀粉的测定 分光光度法		

表 4-40 蛋白质检测方法蛋白质折算系数

产品		GB 5009.5—2016《食品安全国家标准 食品中蛋白质的测定》	NY/T 3—1982《谷物、豆类作物种子粗蛋白质测定法（半微量凯氏法）》	NY/T 2007—2011《谷类、豆类粗蛋白质含量的测定 杜马斯燃烧法》
麦类	大麦	5.83	5.70	5.70
	小麦	全小麦粉5.83；普通小麦、面粉5.70	5.70	5.70
	小麦研磨制品	麦糠麸皮6.31；麦胚芽5.80；麦胚粉5.70	5.70	5.70
	黑麦	黑麦5.70；黑麦粉5.83	5.70	5.70
	黑小麦	6.25	5.70	5.70
	燕麦	5.83	5.70	5.70
	裸麦	5.83	5.70	5.70
水稻		—	5.95	5.95
大米		5.95	—	—
玉米		6.25	6.25	6.25
高粱		6.25	5.83	5.83
小米		5.83	6.25	6.25
其他谷类		—	6.25	6.25
豆类	大豆	5.71（含粗加工制品）	6.25	6.25
	蛋白质制品	6.25	—	—
	其他豆类	—	5.7	5.7
油籽饼粕		—	—	—
饲料		—	—	—

表 4-41　小麦制品品质评价评分情况

标准编号	产品类型	制作工艺	感官小组	评分参数
LS/T 3204—1993	馒头	手工和面、固定加水量，38℃发酵	4~5人	比容20分、外观形状15分、色泽10分、结构15分、弹韧性20分、黏性15分、气味5分
GB/T 17320—2013	馒头	机械和面，按吸水率75%加水，无醒发温度	无	比容15分、高5分、表面色泽10分、表面结构10分、外观形状10分、弹性10分、结构15分、韧性10、黏性10分、气味5分
LS/T 3202—1993	面条	机械和面，按吸水率44%加水，六次压片，干燥10h	5~6人	色泽10分、表观状态10分、适口性（软硬）20分、黏性25分、光滑性5分、食味5分、韧性25分
GB/T 17320—2013	面条	机械和面，以面团含水量定加水量，七次压片	5人	色泽20分、表观状态10分、硬度20分、黏弹性30分、光滑性15分、食味5分
GB/T 24303—2009	海绵蛋糕	面粉100g、鸡蛋130g、糖110g	无	比容30分、内部结构30分、口感20分、表面状况10分、弹柔性10分。评分要求描述模糊、不易判断
LS/T 3207—1993	海绵蛋糕	面粉100g、鸡蛋100g、糖100g	无	比容30分、芯部结构20分、口感25分、外观25分。评分要求描述明确、细致，易于打分

4. 部分检测技术落后、更新慢

（1）标龄长、格式不规范　我国的标准在不断更新，但仍有标龄15年以上的标准，占现有标准7.1%左右，需要修订。格式不规范问题严重的标准占4%，主要集中在理化、农残和种子检验中标准上，需加快修订，适应新的标准格式要求。

（2）方法陈旧、实用性差　检测方法陈旧标准7个，见表4-42，可以看出问题主要集中在农残检测标准中。比色法或分光光度法的农残检测方法，技术相对落后，费时费力，效率不高；前处理仍采用传统索氏提取、液/液分配、柱色谱分离等方法，操作烦琐复杂、耗时长、选择性差、溶剂毒性大、用量多，方法检测限和灵敏度较低。

5. 未给出检测方法的再现性、检出限

重复性和再现性等是检测方法的重要参数，当实验结果不同时，可以用重复性标准差和再现性标准差来决定差异是否允许。我国一些检测标准制定较早，重复性一致是关注的重点，但再现性、检出限仍是短板。根据以下几种情况逐一梳理检测方法标准：重复性和再现性是所有检测方法应具备基本要求；有检出限要求的毒素、农残、重金属、违禁添加剂等的检测方法，应提供检出限，营养元素不考量此项；回收率是实验室准确度的考量参数，是检测过程不可缺少的部分，在液相、气相、液质、气质等检测方法中，应提供相应的回收率参考，方便标准执行。

表 4-42 检测方法标准中方法陈旧、实用性差情况

标准编号	标准名称	测定方法	前处理方法及主要问题	试剂及主要问题	设备及主要问题
GB/T 5009.21—2003	粮、油、菜中甲萘威残留量的测定	第一法 高效液相色谱法	用50mL苯提取	苯毒性大、致癌、用量大，可采用水-乙腈提取	高效液相色谱仪、带紫外检测器（280nm）
GB/T 5009.21—2003	粮、油、菜中甲萘威残留量的测定	第二法 比色法	费时费力、实际消耗量大	—	分光光度计（475nm）
GB/T 5009.36—2003	粮食卫生标准的分析方法	马拉硫磷（铜络合物比色法）	四氯化碳提取、氢氧化钠水解生成二甲基二硫代磷酸酯后与铜盐生成黄色络合物、前处理时间长	—	分光光度计费时耗试剂
GB/T 5009.73—2003	粮食中二溴乙烷残留量的测定	二溴乙烷（蒸馏法和浸渍法）	前处理烦琐、时间长。蒸馏法需48h以上	—	—
GB 23200.44—2016	食品安全国家标准 粮谷中二硫化碳、四氯化碳、二溴乙烷残留量的检测方法	GC-ECD测定	异辛烷和硫酸溶液蒸馏提取、提取液经脱水后占容、前处理烦琐	试剂消耗用量300mL以上	—
SN 0600—1996	出口粮谷中氟乐灵残留量检验方法	GC-ECD	前处理频频（甲醇提取）二氯甲烷液液分配-浓缩蒸干-正己烷溶解-弗罗里硅土柱净化-苯复溶）	苯毒性大、致癌	配有电子俘获检测的气相色谱仪
NY/T 9—1984	谷类籽粒赖氨酸测定 染料结合赖氨酸（DBL）法	差减染色法	方法原理落后、费时	特殊生化染料试剂，污染与毒性大，难以购买	专用蛋白质分析仪器落后，灵敏度低

梳理各类检测方法缺失情况后发现，检测方法标准都或多或少的存在问题，特别是再现性标准差缺失问题突出。理化和品质检测方法标准中，部分标准制定较早，并且也未系统修订，重复性标准差缺失，近六成标准无再现性标准差，等同或是修改采用 ISO 标准的不存在该类问题；毒素检测方法中半数无重复性标准差，几乎都无再现性标准差表述；农残检测方法更新标准多，大部分未重视回收率和检出限，重复性标准差和再现性标准差缺失；元素和营养检测方法主要是再现性标准差缺失；种子检验方法涉及部分理化检验指标，主要是再现性标准差缺失问题。

6. 覆盖面有限、有待拓宽

目前，粮食加工制品品质检测主要以产品标准附录为主，但附录之间、附录和检测方法标准之间不一致，应系统整理后形成统一的品质检测方法标准。我国农药限量指标中涉及粮食的指标有 200 多项，约有十几项指标有残留限量但没有相应检测方法。如糙米中四聚乙醛有最大残留量规定，但没有四聚乙醛的检测标准。针对缺失标准应及时更新补充，加强对农药的安全监测。粮食中以转基因产品为原料加工的食品或食品原料领域，相应标准方法仍较少，需进一步完善补充。粮食中营养元素含量、碳水化合物含量、肽分子量分布等无检测方法，或只能参照药材的检测方法。种子市场发展快速，应完善种子检验标准覆盖面，拓展涉及参数和种类，为种子市场监管和质量检测提供技术支持，提升种子资源保护与利用。

三、标准整改建议

1. 严把标准制定申报关

对重复比例过大的标准不予以审批，对少部分重复的标准在已有标准基础上修订，对与现有标准矛盾易引起产业混乱的标准不予以审批。

2. 联合各部门协作，统一相关内容

联合各部门协作，针对产品质量标准名称、定义、分等分级、分类、参数设置不统一、不协调、衔接差等问题，按照统一分类要求进行修改，使各标准中的相关内容保持一致，并引入作物拉丁文属种名作为最终品种辨识标志。

3. 明确分工加强协调

对粮食产品类标准制定工作，应明确具体主抓部门、配合部门，制定标准过程中采用部门联动机制，成立协调小组，明确分工，避免部门间沟通差、存在矛盾的问题。

4. 建立信息共享查新平台

依托农业标准数据库和相关网站，建立高效、准确的标准信息发布、交流、反馈平台；建立标准查新系统，对新制定和已制定的标准进行系统查新，避免重复或矛盾标准出现；在粮食类农产品集中生产、加工的地区、无公害、绿色生产基地和标准化示范区设立信息网点，委派专职或兼职人员收集、整理实施中出现的问题，以及相关标准需求。

第五章 蔬菜类标准

蔬菜,是指可以做菜、烹饪成为食品的,除了粮食以外的其他植物(多属于草本植物)。蔬菜是人们日常饮食中必不可少的食物之一。蔬菜可提供人体所必需的多种维生素、矿物质、碳水化合物、蛋白质、脂肪等。目前果蔬常见分类包括植物学分类法、食用(产品)器官分类法、农业生物学分类法。

1. 植物学分类法

根据植物学分类法,我国普遍栽培的蔬菜虽约有 20 多个科。但常见的一些种或变种主要集中在八大科。

(1) 十字花科　包括萝卜、白菜(含大白菜、白菜亚种)、苤蓝、甘蓝(含结球甘蓝、花椰菜、青花菜等变种)、芥菜(含根用芥、雪里蕻变种)等。

(2) 伞形科　包括芹菜、胡萝卜、小茴香、芫荽等。

(3) 茄科　包括番茄、茄子、辣椒(含甜椒变种)。

(4) 葫芦科　包括黄瓜、西葫芦、南瓜、笋瓜、冬瓜、丝瓜、瓠瓜、苦瓜、佛手瓜以及西瓜、甜瓜等。

(5) 豆科　包括菜豆(含矮生菜豆、蔓生菜豆变种)、豇豆、豌豆、蚕豆、毛豆(即大豆)、扁豆、刀豆等。

(6) 百合科　包括韭菜、大葱、洋葱、大蒜、韭葱、金针菜(即黄花菜)、石刁柏(芦笋)、百合等。

(7) 菊科　包括莴苣(含结球莴苣、皱叶莴苣变种)、莴笋、茼蒿、牛蒡、菊芋、朝鲜蓟等。

(8) 藜科　包括菠菜、甜菜(含根甜菜、叶甜菜变种)等。

2. 食用产品器官分类法

(1) 根菜类　以肥大的根部为产品器官的蔬菜属于这一类。

① 肉质根　以种子胚根生长肥大的主根为产品,如萝卜、胡萝卜、根用芥菜、辣根、美洲防风等。

② 块根类　以肥大的侧根或营养芽发生的根膨大为产品,如牛蒡、豆薯、甘薯、葛等。

(2) 茎菜类　以肥大的茎部为产品的蔬菜。

① 肉质茎类　以肥大的地上茎为产品,有莴笋、茭白、茎用芥菜、球茎甘蓝等。

② 嫩茎类　以萌发的嫩芽为产品,如石刁柏、竹笋、香椿等。

③ 块茎类　以肥大的块茎为产品,如马铃薯、菊芋、草石蚕、银条菜等。

④ 根茎类　以肥大的根茎为产品,如莲藕、姜、蘘荷等。

⑤ 球茎类　以地下的球茎为产品,如慈姑、芋、荸荠等。

(3) 叶菜类　以鲜嫩叶片及叶柄为产品的蔬菜。

① 普通叶菜类　小白菜、叶用芥菜、乌塌菜、薹菜、芥蓝、荠菜、菠菜、苋菜、番杏、叶用甜菜、莴苣、茼蒿、芹菜等。

② 结球叶菜类　结球甘蓝、大白菜、结球莴苣、包心芥菜等。

③ 辛香叶菜类　大葱、韭菜、分葱、茴香、芫荽等。

(4) 鳞茎类　由叶鞘基部膨大形成的鳞茎为产品的蔬菜,如洋葱、大蒜、胡葱、百合等。

(5) 花菜类　以花器或肥嫩的花枝为产品,如金针菜、朝鲜蓟、花椰菜、紫菜薹等。

(6) 果菜类　以果实及种子为产品的蔬菜。

① 瓠果类　南瓜、黄瓜、西瓜、甜瓜、冬瓜、丝瓜、苦瓜、蛇瓜、佛手瓜等。

② 浆果类　番茄、辣椒、茄子。

③ 荚果类　菜豆、豇豆、刀豆、豌豆、蚕豆、毛豆等。

④ 杂果类　甜玉米、草莓、菱角、秋葵等。

3. 农业生物学分类法

分为瓜类、绿叶类、茄果类、白菜类、块茎类、真根类、葱蒜类、甘蓝类、豆荚类、多年生菜类、水生菜类、菌类、其他类。

我国是蔬菜生产和消费大国,目前蔬菜产业已经成为种植业中仅次于粮食的第二大产业。蔬菜的质量安全问题关系到蔬菜产业的发展和全体国民的健康。我国的蔬菜标准体系,是以国家的相关法律和法规为依据,以市场和社会需求为导向,经过多年的建设和发展,逐步建立起蔬菜"产前、产中、产后"全过程标准的体系。目前,主要的蔬菜生产、加工及贸易过程都有标可依,初步建立了蔬菜标准体系,促进了我国蔬菜产业标准化生产,为实现蔬菜行业升级、农民增收和农业增效提供了技术支撑作用。

第一节 蔬菜标准

一、蔬菜标准体系

1. 现行的蔬菜国家标准

见表 5-1。

表 5-1 现行的蔬菜国家标准

序号	产品	分类	标准名称	标准编号
1	水果、蔬菜	基础/通用类	新鲜水果和蔬菜 词汇	GB/T 23351—2009
2	水果、蔬菜	基础/通用类	水果和蔬菜 形态学和结构学术语	GB/T 26430—2010
3	蔬菜	基础/通用类	蔬菜名称（一）	GB/T 8854—1988
4	水果、蔬菜	基础/通用类	水果和蔬菜 冷库中物理条件 定义和测量	GB/T 9829—2008
5	水果、蔬菜	方法类	水果和蔬菜产品 pH 值的测定方法	GB 10468—1989
6	水果、蔬菜	方法类	食品安全国家标准 水果和蔬菜中乙烯利残留量的测定 气相色谱法	GB 23200.16—2016
7	水果、蔬菜	方法类	食品安全国家标准 水果和蔬菜中噻菌灵残留量的测定 液相色谱法	GB 23200.17—2016
8	水果、蔬菜	方法类	食品安全国家标准 蔬菜中非草隆等15种取代脲类除草剂残留量的测定 液相色谱法	GB 23200.18—2016
9	水果、蔬菜	方法类	食品安全国家标准 水果和蔬菜中阿维菌素残留量的测定 液相色谱法	GB 23200.19—2016
10	通用	方法类	食品安全国家标准 食品中阿维菌素残留量的测定 液相色谱-质谱/质谱法	GB 23200.20—2016
11	通用	方法类	食品安全国家标准 食品中地乐酚残留量的测定 液相色谱-质谱/质谱法	GB 23200.23—2016
12	通用	方法类	食品安全国家标准 食品中多种醚类除草剂残留量的测定 气相色谱-质谱法	GB 23200.28—2016
13	水果、蔬菜	方法类	食品安全国家标准 水果和蔬菜中唑螨酯残留量的测定 液相色谱法	GB 23200.29—2016
14	通用	方法类	食品安全国家标准 食品中环氟菌胺残留量的测定 气相色谱-质谱法	GB 23200.30—2016
15	通用	方法类	食品安全国家标准 食品中丙炔氟草胺残留量的测定 气相色谱-质谱法	GB 23200.31—2016
16	通用	方法类	食品安全国家标准 除草剂残留量检测方法 第3部分：液相色谱-质谱/质谱法测定 食品中环己酮类除草剂残留量	GB 23200.3—2016

续表

序号	产品	分类	标准名称	标准编号
17	通用	方法类	食品安全国家标准 食品中丁酰肼残留量的测定 气相色谱-质谱法	GB 23200.32—2016
18	通用	方法类	食品安全国家标准 食品中解草嗪、莎稗磷、二丙烯草胺等110种农药残留量的测定 气相色谱-质谱法	GB 23200.33—2016
19	通用	方法类	食品安全国家标准 食品中涕灭砜威、吡唑醚菌酯、嘧菌酯等65种农药残留量的测定 液相色谱-质谱/质谱法	GB 23200.34—2016
20	通用	方法类	食品安全国家标准 植物源性食品中取代脲类农药残留量的测定 液相色谱-质谱法	GB 23200.35—2016
21	通用	方法类	食品安全国家标准 植物源性食品中氯氟吡氧乙酸、氟硫草定、氟吡草腙和噻唑烟酸除草剂残留量的测定 液相色谱-质谱/质谱法	GB 23200.36—2016
22	通用	方法类	食品安全国家标准 食品中烯啶虫胺、呋虫胺等20种农药残留量的测定 液相色谱-质谱/质谱法	GB 23200.37—2016
23	通用	方法类	食品安全国家标准 植物源性食品中环己烯酮类除草剂残留量的测定 液相色谱-质谱/质谱法	GB 23200.38—2016
24	通用	方法类	食品安全国家标准 食品中噻虫嗪及其代谢物噻虫胺残留量的测定 液相色谱-质谱/质谱法	GB 23200.39—2016
25	通用	方法类	食品安全国家标准 食品中噻节因残留量的检测方法	GB 23200.41—2016
26	通用	方法类	食品安全国家标准 除草剂残留量检测方法 第4部分：气相色谱-质谱/质谱法测定 食品中芳氧苯氧丙酸酯类除草剂残留量	GB 23200.4—2016
27	通用	方法类	食品安全国家标准 食品中除虫脲残留量的测定 液相色谱-质谱法	GB 23200.45—2016
28	通用	方法类	食品安全国家标准 食品中嘧霉胺、嘧菌胺、腈菌唑、嘧菌酯残留量的测定 气相色谱-质谱法	GB 23200.46—2016
29	通用	方法类	食品安全国家标准 食品中四螨嗪残留量的测定 气相色谱-质谱法	GB 23200.47—2016
30	通用	方法类	食品安全国家标准 食品中野燕枯残留量的测定 气相色谱-质谱法	GB 23200.48—2016
31	通用	方法类	食品安全国家标准 食品中苯醚甲环唑残留量的测定 气相色谱-质谱法	GB 23200.49—2016

续表

序号	产品	分类	标准名称	标准编号
32	通用	方法类	食品安全国家标准 食品中吡啶类农药残留量的测定 液相色谱-质谱/质谱法	GB 23200.50—2016
33	通用	方法类	食品安全国家标准 食品中呋虫胺残留量的测定 液相色谱-质谱/质谱法	GB 23200.51—2016
34	通用	方法类	食品安全国家标准 除草剂残留量检测方法 第5部分：液相色谱-质谱/质谱法测定 食品中硫代氨基甲酸酯类除草剂残留量	GB 23200.5—2016
35	通用	方法类	食品安全国家标准 食品中嘧菌环胺残留量的测定 气相色谱-质谱法	GB 23200.52—2016
36	通用	方法类	食品安全国家标准 食品中氟硅唑残留量的测定 气相色谱-质谱法	GB 23200.53—2016
37	通用	方法类	食品安全国家标准 食品中甲氧基丙烯酸酯类杀菌剂残留量的测定 气相色谱-质谱法	GB 23200.54—2016
38	通用	方法类	食品安全国家标准 食品中21种熏蒸剂残留量的测定 顶空气相色谱法	GB 23200.55—2016
39	通用	方法类	食品安全国家标准 食品中喹氧灵残留量的检测方法	GB 23200.56—2016
40	通用	方法类	食品安全国家标准 食品中乙草胺残留量的检测方法	GB 23200.57—2016
41	通用	方法类	食品安全国家标准 食品中氯酯磺草胺残留量的测定 液相色谱-质谱/质谱法	GB 23200.58—2016
42	通用	方法类	食品安全国家标准 食品中敌草腈残留量的测定 气相色谱-质谱法	GB 23200.59—2016
43	通用	方法类	食品安全国家标准 食品中炔草酯残留量的检测方法	GB 23200.60—2016
44	通用	方法类	食品安全国家标准 食品中苯胺灵残留量的测定 气相色谱-质谱法	GB 23200.61—2016
45	通用	方法类	食品安全国家标准 除草剂残留量检测方法 第6部分：液相色谱-质谱/质谱法测定 食品中杀草强残留量	GB 23200.6—2016
46	通用	方法类	食品安全国家标准 食品中氟烯草酸残留量的测定 气相色谱-质谱法	GB 23200.62—2016
47	通用	方法类	食品安全国家标准 食品中噻酰菌胺残留量的测定 液相色谱-质谱/质谱法	GB 23200.63—2016
48	通用	方法类	食品安全国家标准 食品中吡丙醚残留量的测定 液相色谱-质谱/质谱法	GB 23200.64—2016
49	通用	方法类	食品安全国家标准 食品中四氟醚唑残留量的检测方法	GB 23200.65—2016

续表

序号	产品	分类	标准名称	标准编号
50	通用	方法类	食品安全国家标准 食品中吡螨胺残留量的测定 气相色谱-质谱法	GB 23200.66—2016
51	通用	方法类	食品安全国家标准 食品中炔苯酰草胺残留量的测定 气相色谱-质谱法	GB 23200.67—2016
52	通用	方法类	食品安全国家标准 食品中啶酰菌胺残留量的测定 气相色谱-质谱法	GB 23200.68—2016
53	通用	方法类	食品安全国家标准 食品中二硝基苯胺类农药残留量的测定 液相色谱-质谱/质谱法	GB 23200.69—2016
54	通用	方法类	食品安全国家标准 食品中三氟羧草醚残留量的测定 液相色谱-质谱/质谱法	GB 23200.70—2016
55	通用	方法类	食品安全国家标准 食品中二缩甲酰亚胺类农药残留量的测定 气相色谱-质谱法	GB 23200.71—2016
56	通用	方法类	食品安全国家标准 食品中苯酰胺类农药残留量的测定 气相色谱-质谱法	GB 23200.72—2016
57	通用	方法类	食品安全国家标准 食品中鱼藤酮和印楝素残留量的测定 液相色谱-质谱/质谱法	GB 23200.73—2016
58	通用	方法类	食品安全国家标准 食品中井冈霉素残留量的测定 液相色谱-质谱/质谱法	GB 23200.74—2016
59	通用	方法类	食品安全国家标准 食品中氟啶虫酰胺残留量的检测方法	GB 23200.75—2016
60	通用	方法类	食品安全国家标准 食品中氟苯虫酰胺残留量的测定 液相色谱-质谱/质谱法	GB 23200.76—2016
61	通用	方法类	食品安全国家标准 食品中苄螨醚残留量的检测方法	GB 23200.77—2016
62	水果、蔬菜	方法类	食品安全国家标准 水果和蔬菜中500种农药及相关化学品残留量的测定 气相色谱-质谱法	GB 23200.8—2016
63	通用	方法类	食品安全国家标准 食品中异稻瘟净残留量的检测方法	GB 23200.83—2016
64	通用	方法类	食品安全国家标准 食品中有机磷农药残留量的测定 气相色谱-质谱法	GB 23200.93—2016
65	通用	方法类	食品安全国家标准 食品中总砷及无机砷的测定	GB 5009.11—2014
66	通用	方法类	食品安全国家标准 食品中铅的测定	GB 5009.12—2017
67	通用	方法类	食品安全国家标准 食品中铬的测定	GB 5009.123—2014
68	通用	方法类	食品安全国家标准 食品中氨基酸的测定	GB 5009.124—2016

续表

序号	产品	分类	标准名称	标准编号
69	通用	方法类	食品安全国家标准　食品中铜的测定	GB 5009.13—2017
70	通用	方法类	食品安全国家标准　食品中锑的测定	GB 5009.137—2016
71	通用	方法类	食品安全国家标准　食品中镍的测定	GB 5009.138—2017
72	通用	方法类	食品安全国家标准　食品中诱惑红的测定	GB 5009.141—2016
73	通用	方法类	食品安全国家标准　食品中锌的测定	GB 5009.14—2017
74	通用	方法类	食品安全国家标准　食品中镉的测定	GB 5009.15—2014
75	通用	方法类	食品安全国家标准　食品中植酸的测定	GB 5009.153—2016
76	通用	方法类	食品安全国家标准　食品中维生素B_6的测定	GB 5009.154—2016
77	通用	方法类	食品安全国家标准　食品有机酸的测定	GB 5009.157—2016
78	通用	方法类	食品安全国家标准　食品中维生素K_1的测定	GB 5009.158—2016
79	通用	方法类	食品安全国家标准　食品中锡的测定	GB 5009.16—2014
80	通用	方法类	食品安全国家标准　食品中总汞及有机汞的测定	GB 5009.17—2014
81	通用	方法类	食品安全国家标准　食品中铝的测定	GB 5009.182—2017
82	通用	方法类	食品安全国家标准　食品中展青霉素的测定	GB 5009.185—2016
83	通用	方法类	食品安全国家标准　食品中米酵菌酸的测定	GB 5009.189—2016
84	通用	方法类	食品安全国家标准　食品中玉米赤霉烯酮的测定	GB 5009.209—2016
85	通用	方法类	食品安全国家标准　食品中泛酸的测定	GB 5009.210—2016
86	通用	方法类	食品安全国家标准　食品中叶酸的测定	GB 5009.211—2014
87	通用	方法类	食品安全国家标准　食品中桔青霉素的测定	GB 5009.222—2016
88	水果、蔬菜	方法类	食品安全国家标准　水果、蔬菜及其制品中甲酸的测定	GB 5009.232—2016
89	通用	方法类	食品安全国家标准　食品 pH 值的测定	GB 5009.237—2016
90	通用	方法类	食品安全国家标准　食品水分活度的测定	GB 5009.238—2016
91	通用	方法类	食品安全国家标准　食品酸度的测定	GB 5009.239—2016

续表

序号	产品	分类	标准名称	标准编号
92	通用	方法类	食品安全国家标准 食品中伏马毒素的测定	GB 5009.240—2016
93	通用	方法类	食品安全国家标准 食品中镁的测定	GB 5009.241—2017
94	通用	方法类	食品安全国家标准 食品中锰的测定	GB 5009.242—2017
95	通用	方法类	食品安全国家标准 食品中聚葡萄糖的测定	GB 5009.245—2016
96	通用	方法类	食品安全国家标准 食品中叶黄素的测定	GB 5009.248—2016
97	通用	方法类	食品安全国家标准 食品中棉子糖的测定	GB 5009.258—2016
98	通用	方法类	食品安全国家标准 食品中生物素的测定	GB 5009.259—2016
99	通用	方法类	食品安全国家标准 食品中多元素的测定	GB 5009.268—2016
100	通用	方法类	食品安全国家标准 食品中水分的测定	GB 5009.3—2016
101	通用	方法类	食品安全国家标准 食品中亚硝酸盐与硝酸盐的测定	GB 5009.33—2016
102	通用	方法类	食品安全国家标准 食品中二氧化硫的测定	GB 5009.34—2016
103	通用	方法类	食品安全国家标准 食品中氰化物的测定	GB 5009.36—2016
104	通用	方法类	食品安全国家标准 食品中灰分的测定	GB 5009.4—2016
105	通用	方法类	食品安全国家标准 食品中氯化物的测定	GB 5009.44—2016
106	通用	方法类	食品安全国家标准 食品中蛋白质的测定	GB 5009.5—2016
107	通用	方法类	食品安全国家标准 食品中脂肪的测定	GB 5009.6—2016
108	通用	方法类	食品安全国家标准 食品中还原糖的测定	GB 5009.7—2016
109	通用	方法类	食品安全国家标准 食品中果糖、葡萄糖、蔗糖、麦芽糖、乳糖的测定	GB 5009.8—2016
110	通用	方法类	食品安全国家标准 食品中维生素A、D、E的测定	GB 5009.82—2016
111	通用	方法类	食品安全国家标准 食品中胡萝卜素的测定	GB 5009.83—2016
112	通用	方法类	食品安全国家标准 食品中维生素B_1的测定	GB 5009.84—2016

续表

序号	产品	分类	标准名称	标准编号
113	通用	方法类	食品安全国家标准 食品中维生素B_2的测定	GB 5009.85—2016
114	通用	方法类	食品安全国家标准 食品中抗坏血酸的测定	GB 5009.86—2016
115	通用	方法类	食品安全国家标准 食品中磷的测定	GB 5009.87—2016
116	通用	方法类	食品安全国家标准 食品中膳食纤维的测定	GB 5009.88—2014
117	通用	方法类	食品安全国家标准 食品中烟酸和烟酰胺的测定	GB 5009.89—2016
118	通用	方法类	食品安全国家标准 食品中铁的测定	GB 5009.90—2016
119	通用	方法类	食品安全国家标准 食品中钾、钠的测定	GB 5009.91—2017
120	通用	方法类	食品安全国家标准 食品中淀粉的测定	GB 5009.9—2016
121	通用	方法类	食品安全国家标准 食品中钙的测定	GB 5009.92—2016
122	通用	方法类	食品安全国家标准 食品中硒的测定	GB 5009.93—2017
123	通用	方法类	食品安全国家标准 植物性食品中稀土元素的测定	GB 5009.94—2012
124	通用	方法类	食品安全国家标准 食品中赭曲霉毒素A的测定	GB 5009.96—2016
125	马铃薯	方法类	马铃薯种薯产地检疫规程	GB 7331—2003
126	大蒜	方法类	脱水大蒜中挥发性有机硫化合物的测定方法	GB 8862—1988
127	水果、蔬菜	方法类	水果和蔬菜产品中挥发性酸度的测定方法	GB/T 10467—1989
128	水果、蔬菜	方法类	速冻水果和蔬菜 矿物杂质测定方法	GB/T 10470—2008
129	水果、蔬菜	方法类	速冻水果和蔬菜 净重测定方法	GB/T 10471—2008
130	粮食、水果、蔬菜	方法类	粮食、水果和蔬菜中有机磷农药测定的气相色谱法	GB/T 14553—2003
131	通用	方法类	食品中葡萄糖的测定 酶-比色法和酶-电极法	GB/T 16285—2008
132	黄瓜	方法类	农药田间药效试验准则（二） 第110部分：杀菌剂防治黄瓜细菌性角斑病	GB/T 17980.110—2004
133	番茄	方法类	农药田间药效试验准则（二） 第111部分：杀菌剂防治番茄叶霉病	GB/T 17980.111—2004
134	瓜类	方法类	农药田间药效试验准则（二） 第112部分：杀菌剂防治瓜类炭疽病	GB/T 17980.112—2004
135	瓜类	方法类	农药田间药效试验准则（二） 第113部分：杀菌剂防治瓜类枯萎病	GB/T 17980.113—2004

续表

序号	产品	分类	标准名称	标准编号
136	大白菜	方法类	农药田间药效试验准则（二）第114部分：杀菌剂防治大白菜软腐病	GB/T 17980.114—2004
137	大白菜	方法类	农药田间药效试验准则（二）第115部分：杀菌剂防治大白菜霜霉病	GB/T 17980.115—2004
138	通用	方法类	农药田间药效试验准则（二）第127部分：除草剂行间喷雾防治作物田杂草	GB/T 17980.127—2004
139	十字花科蔬菜	方法类	农药田间药效试验准则（一）杀虫剂防治十字花科蔬菜的鳞翅目幼虫	GB/T 17980.13—2000
140	马铃薯	方法类	农药田间药效试验准则（二）第133部分：马铃薯脱叶干燥剂试验	GB/T 17980.133—2004
141	通用	方法类	农药田间药效试验准则（二）第135部分：除草剂防治草毒地杂草	GB/T 17980.135—2004
142	马铃薯	方法类	农药田间药效试验准则（二）第137部分：马铃薯抑芽剂试验	GB/T 17980.137—2004
143	通用	方法类	农药田间药效试验准则（二）第138部分：除草剂防治水生杂草	GB/T 17980.138—2004
144	黄瓜	方法类	农药田间药效试验准则（二）第141部分：黄瓜生长调节剂试验	GB/T 17980.141—2004
145	蔬菜	方法类	农药田间药效试验准则（一）杀虫剂防治菜螟	GB/T 17980.14—2000
146	番茄	方法类	农药田间药效试验准则（二）第142部分：番茄生长调节剂试验	GB/T 17980.142—2004
147	通用	方法类	农药田间药效试验准则（二）第149部分：杀虫剂防治红火蚁	GB/T 17980.149—2009
148	马铃薯	方法类	农药田间药效试验准则（一）杀虫剂防治马铃薯等作物蚜虫	GB/T 17980.15—2000
149	蔬菜	方法类	农药田间药效试验准则（一）杀虫剂防治温室白粉虱	GB/T 17980.16—2000
150	豆类、蔬菜	方法类	农药田间药效试验准则（一）杀螨剂防治豆类、蔬菜叶螨	GB/T 17980.17—2000
151	十字花科蔬菜	方法类	农药田间药效检验准则（一）杀虫剂防治十字花科蔬菜黄条跳甲	GB/T 17980.18—2000
152	黄瓜	方法类	农药田间药效试验准则（一）杀菌剂防治黄瓜霜霉病	GB/T 17980.26—2000
153	通用	方法类	农药田间药效试验准则（一）杀菌剂防治蔬菜叶斑病	GB/T 17980.27—2000
154	通用	方法类	农药田间药效试验准则（一）杀菌剂防治蔬菜灰霉病	GB/T 17980.28—2000
155	通用	方法类	农药田间药效试验准则（一）杀菌剂防治蔬菜锈病	GB/T 17980.29—2000

续表

序号	产品	分类	标准名称	标准编号
156	黄瓜	方法类	农药田间药效试验准则（一） 杀菌剂防治黄瓜白粉病	GB/T 17980.30—2000
157	番茄	方法类	农药田间药效试验准则（一） 杀菌剂防治番茄早疫病和晚疫病	GB/T 17980.31—2000
158	辣椒	方法类	农药田间药效试验准则（一） 杀菌剂防治辣椒疫病	GB/T 17980.32—2000
159	辣椒	方法类	农药田间药效试验准则（一） 杀菌剂防治辣椒炭疽病	GB/T 17980.33—2000
160	马铃薯	方法类	农药田间药效试验准则（一） 杀菌剂防治马铃薯晚疫病	GB/T 17980.34—2000
161	种子	方法类	农药田间药效试验准则（一） 杀菌剂种子处理防治苗期病害	GB/T 17980.36—2000
162	蔬菜	方法类	农药田间药效试验准则（一） 杀线虫剂防治胞囊线虫病	GB/T 17980.37—2000
163	根	方法类	农药田间药效试验准则（一） 杀线虫剂防治根部线虫病	GB/T 17980.38—2000
164	叶菜类	方法类	农药田间药效试验准则（一） 除草剂防治叶菜类作物地杂草	GB/T 17980.43—2000
165	果菜类	方法类	农药田间药效试验准则（一） 除草剂防治露地果菜类作物地杂草	GB/T 17980.46—2000
166	根菜类	方法类	农药田间药效试验准则（一） 除草剂防治根菜类蔬菜田杂草	GB/T 17980.47—2000
167	通用	方法类	农药田间药效试验准则（一） 除草剂防治非耕地杂草	GB/T 17980.51—2000
168	马铃薯	方法类	农药田间药效试验准则（一） 除草剂防治马铃薯地杂草	GB/T 17980.52—2000
169	通用	方法类	农药田间药效试验准则（一） 除草剂防治轮作作物间杂草	GB/T 17980.53—2000
170	蔬菜	方法类	农药田间药效试验准则（二） 第66部分：杀虫剂防治蔬菜潜叶蝇	GB/T 17980.66—2004
171	韭菜	方法类	农药田间药效试验准则（二） 第67部分：杀虫剂防治韭菜韭蛆、根蛆	GB/T 17980.67—2004
172	通用	方法类	农药田间药效试验准则（二） 第68部分：杀虫剂防治农田害鼠	GB/T 17980.68—2004
173	通用	方法类	农药田间药效试验准则（二） 第69部分：杀虫剂防治旱地蜗牛及蛞蝓	GB/T 17980.69—2004
174	通用	方法类	农药田间药效试验准则（二） 第72部分：杀虫剂防治旱地地下害虫	GB/T 17980.72—2004
175	蔬菜	方法类	蔬菜中有机磷及氨基甲酸酯农药残留量的简易检验方法（酶抑制法）	GB/T 18630—2002

续表

序号	产品	分类	标准名称	标准编号
176	大白菜	方法类	植物新品种特异性、一致性和稳定性测试指南 大白菜	GB/T 19557.5—2004
177	水果、蔬菜	方法类	水果和蔬菜中450种农药及相关化学品残留量的测定 液相色谱-串联质谱法	GB/T 20769—2008
178	辣椒	方法类	辣椒辣度的感官评价方法	GB/T 21265—2007
179	辣椒	方法类	辣椒及辣椒制品中辣椒素类物质测定及辣度表示方法	GB/T 21266—2007
180	大米、蔬菜、水果	方法类	大米、蔬菜、水果中氯氟吡氧乙酸残留量的测定	GB/T 22243—2008
181	水果、蔬菜及茶叶	方法类	水果、蔬菜及茶叶中吡虫啉残留的测定 高效液相色谱法	GB/T 23379—2009
182	水果、蔬菜	方法类	水果、蔬菜中多菌灵残留的测定 高效液相色谱法	GB/T 23380—2009
183	水果、蔬菜	方法类	水果、蔬菜中啶虫脒残留量的测定 液相色谱-串联质谱法	GB/T 23584—2009
184	菜豆荚	方法类	菜豆荚斑驳病毒检疫鉴定方法	GB/T 28063—2011
185	蚕豆	方法类	蚕豆染色病毒检疫鉴定方法	GB/T 28064—2011
186	豌豆	方法类	丁香假单胞杆菌豌豆致病型检疫鉴定方法	GB/T 28066—2011
187	蔬菜	方法类	根螨检疫鉴定方法	GB/T 28069—2011
188	黄瓜	方法类	黄瓜绿斑驳花叶病毒检疫鉴定方法	GB/T 28071—2011
189	蔬菜	方法类	南芥菜花叶病毒检疫鉴定方法	GB/T 28073—2011
190	菜豆	方法类	萨氏假单胞杆菌菜豆生致病型检疫鉴定方法	GB/T 28075—2011
191	刺茄	方法类	刺茄检疫鉴定方法	GB/T 28087—2011
192	葱类	方法类	葱类黑粉病菌检疫鉴定方法	GB/T 28089—2011
193	马铃薯	方法类	马铃薯银屑病菌检疫鉴定方法	GB/T 28093—2011
194	辣椒及其油树脂	方法类	辣椒及其油树脂 总辣椒碱含量的测定 高效液相色谱法	GB/T 30388—2013
195	辣椒及其油树脂	方法类	辣椒及其油树脂 总辣椒碱含量的测定 分光光度法	GB/T 30389—2013
196	通用	方法类	品牌价值评价 农产品	GB/T 31045—2014
197	马铃薯	方法类	马铃薯商品薯分级与检验规程	GB/T 31784—2015
198	通用	方法类	植物类食品中粗纤维的测定	GB/T 5009.10—2003
199	通用	方法类	植物性食品中辛硫磷农药残留量的测定	GB/T 5009.102—2003
200	通用	方法类	植物性食品中甲胺磷和乙酰甲胺磷农药残留量的测定	GB/T 5009.103—2003

续表

序号	产品	分类	标准名称	标准编号
201	通用	方法类	植物性食品中氨基甲酸酯类农药残留量的测定	GB/T 5009.104—2003
202	黄瓜	方法类	黄瓜中百菌清残留量的测定	GB/T 5009.105—2003
203	通用	方法类	植物性食品中二氯苯醚菊酯残留量的测定	GB/T 5009.106—2003
204	通用	方法类	植物性食品中二嗪磷残留量的测定	GB/T 5009.107—2003
205	通用	方法类	植物性食品中氯氰菊酯、氰戊菊酯和溴氰菊酯残留量的测定	GB/T 5009.110—2003
206	通用	方法类	植物性食品中三唑酮残留量的测定	GB/T 5009.126—2003
207	通用	方法类	植物性食品中亚胺硫磷残留量的测定	GB/T 5009.131—2003
208	通用	方法类	食品安全国家标准 食品中铜的测定	GB/T 5009.13—2017
209	通用	方法类	食品中莠去津残留量的测定	GB/T 5009.132—2003
210	通用	方法类	植物性食品中灭幼脲残留量的测定	GB/T 5009.135—2003
211	通用	方法类	植物性食品中五氯硝基苯残留量的测定	GB/T 5009.136—2003
212	通用	方法类	食品中镍的测定	GB/T 5009.138—2003
213	通用	方法类	食品安全国家标准 食品中锌的测定	GB/T 5009.14—2017
214	通用	方法类	植物性食品中吡氟禾草灵、精吡氟禾草灵残留量的测定	GB/T 5009.142—2003
215	蔬菜、水果、食用油	方法类	蔬菜、水果、食用油中双甲脒残留量的测定	GB/T 5009.143—2003
216	通用	方法类	植物性食品中甲基异柳磷残留量的测定	GB/T 5009.144—2003
217	通用	方法类	植物性食品中有机磷和氨基甲酸酯类农药多种残留的测定	GB/T 5009.145—2003
218	通用	方法类	植物性食品中有机氯和拟除虫菊酯类农药多种残留量的测定	GB/T 5009.146—2008
219	通用	方法类	植物性食品中除虫脲残留量的测定	GB/T 5009.147—2003
220	通用	方法类	食品中锗的测定	GB/T 5009.151—2003
221	通用	方法类	粮食和蔬菜中2,4-滴残留量的测定	GB/T 5009.175—2003
222	通用	方法类	食品中氟的测定	GB/T 5009.18—2003
223	粮食、蔬菜	方法类	粮食、蔬菜中噻酮残留量的测定	GB/T 5009.184—2003
224	水果、蔬菜	方法类	蔬菜、水果中甲基托布津、多菌灵的测定	GB/T 5009.188—2003
225	通用	方法类	食品中有机氯农药多组分残留量的测定	GB/T 5009.19—2008
226	蔬菜	方法类	蔬菜中有机磷和氨基甲酸酯类农药残留量的快速检测	GB/T 5009.199—2003

续表

序号	产品	分类	标准名称	标准编号
227	通用	方法类	食品中有机磷农药残留量的测定	GB/T 5009.20—2003
228	粮、油、菜	方法类	粮、油、菜中甲萘威残留量的测定	GB/T 5009.21—2003
229	水果、蔬菜	方法类	水果和蔬菜中多种农药残留量的测定	GB/T 5009.218—2008
230	水果、蔬菜	方法类	蔬菜、水果卫生标准的分析方法	GB/T 5009.38—2003
231	水果、蔬菜	方法类	新鲜水果和蔬菜 取样方法	GB/T 8855—2008
232	蔬菜	物流类	蔬菜塑料周转箱	GB 8868—1988
233	瓜类	种质资源类	瓜菜作物种子 第1部分：瓜类	GB 16715.1—2010
234	白菜类	种质资源类	瓜菜作物种子 第2部分：白菜类	GB 16715.2—2010
235	茄果类	种质资源类	瓜菜作物种子 第3部分：茄果类	GB 16715.3—2010
236	甘蓝类	种质资源类	瓜菜作物种子 第4部分：甘蓝类	GB 16715.4—2010
237	绿叶菜类	种质资源类	瓜菜作物种子 第5部分：绿叶菜类	GB 16715.5—2010
238	马铃薯	种质资源类	马铃薯种薯	GB 18133—2012
239	芹菜籽	种质资源类	芹菜籽	GB/T 22303—2008
240	南瓜籽	产品类	地理标志产品 宝清大白板南瓜籽	GB/T 24712—2009
241	马铃薯	生产管理类	农林机械 安全 第16部分：马铃薯收获机	GB 10395.16—2010
242	水果、蔬菜	生产管理类	辐照新鲜水果、蔬菜类卫生标准	GB 14891.5—1997
243	脱水蔬菜	生产管理类	脱水蔬菜辐照杀菌工艺	GB/T 18526.3—2001
244	大蒜	生产管理类	大蒜辐照抑制发芽工艺	GB/T 18527.2—2001
245	蔬菜	生产管理类	蔬菜加工企业 HACCP 体系审核指南	GB/T 19537—2004
246	水果、蔬菜	生产管理类	良好农业规范 第5部分：水果和蔬菜控制点与符合性规范	GB/T 20014.5—2013
247	十字花科蔬菜	生产管理类	十字花科蔬菜病虫害测报技术规范 第1部分：霜霉病	GB/T 23392.1—2009
248	十字花科蔬菜	生产管理类	十字花科蔬菜病虫害测报技术规范 第2部分：软腐病	GB/T 23392.2—2009
249	十字花科蔬菜	生产管理类	十字花科蔬菜病虫害测报技术规范 第3部分：小菜蛾	GB/T 23392.3—2009
250	十字花科蔬菜	生产管理类	十字花科蔬菜病虫害测报技术规范 第4部分：甜菜夜蛾	GB/T 23392.4—2009
251	蔬菜	生产管理类	蔬菜病虫害安全防治技术规范 第1部分：总则	GB/T 23416.1—2009
252	茄果类	生产管理类	蔬菜病虫害安全防治技术规范 第2部分：茄果类	GB/T 23416.2—2009
253	瓜类	生产管理类	蔬菜病虫害安全防治技术规范 第3部分：瓜类	GB/T 23416.3—2009

续表

序号	产品	分类	标准名称	标准编号
254	甘蓝类	生产管理类	蔬菜病虫害安全防治技术规范 第4部分：甘蓝类	GB/T 23416.4—2009
255	白菜类	生产管理类	蔬菜病虫害安全防治技术规范 第5部分：白菜类	GB/T 23416.5—2009
256	绿叶菜类	生产管理类	蔬菜病虫害安全防治技术规范 第6部分：绿叶菜类	GB/T 23416.6—2009
257	豆类	生产管理类	蔬菜病虫害安全防治技术规范 第7部分：豆类	GB/T 23416.7—2009
258	根菜类	生产管理类	蔬菜病虫害安全防治技术规范 第8部分：根菜类	GB/T 23416.8—2009
259	葱蒜类	生产管理类	蔬菜病虫害安全防治技术规范 第9部分：葱蒜类	GB/T 23416.9—2009
260	果汁、蔬菜汁类	生产管理类	食品安全管理体系 果汁和蔬菜汁类生产企业要求	GB/T 27305—2008
261	百合	生产管理类	百合、马蹄莲、唐菖蒲种球采后处理技术规程	GB/T 28681—2012
262	水果、蔬菜	生产管理类	速冻水果和速冻蔬菜生产管理规范	GB/T 31273—2014
263	菠菜	生产管理类	菠菜生产技术规范	GB/Z 26573—2011
264	蚕豆	生产管理类	蚕豆生产技术规范	GB/Z 26574—2011
265	大葱	生产管理类	大葱生产技术规范	GB/Z 26577—2011
266	大蒜	生产管理类	大蒜生产技术规范	GB/Z 26578—2011
267	黄瓜	生产管理类	黄瓜生产技术规范	GB/Z 26581—2011
268	结球甘蓝	生产管理类	结球甘蓝生产技术规范	GB/Z 26582—2011
269	辣椒	生产管理类	辣椒生产技术规范	GB/Z 26583—2011
270	姜	生产管理类	生姜生产技术规范	GB/Z 26584—2011
271	甜豌豆	生产管理类	甜豌豆生产技术规范	GB/Z 26585—2011
272	西兰花	生产管理类	西兰花生产技术规范	GB/Z 26586—2011
273	小菘菜	生产管理类	小菘菜生产技术规范	GB/Z 26588—2011
274	洋葱	生产管理类	洋葱生产技术规范	GB/Z 26589—2011
275	辣椒干	产品类	辣椒干	GB 10465—1989
276	通用	产品类	食品安全国家标准 食品中真菌毒素限量	GB 2761—2017
277	黄花菜	产品类	黄花菜	GB 7949—1987
278	洋葱	产品类	脱水洋葱	GB 8860—1988
279	大蒜	产品类	脱水大蒜	GB 8861—1988
280	菜豆	产品类	速冻菜豆	GB 8864—1988
281	豌豆	产品类	速冻豌豆	GB 8865—1988

续表

序号	产品	分类	标准名称	标准编号
282	蚕豆	产品类	蚕豆	GB/T 10459—2008
283	豌豆	产品类	豌豆	GB/T 10460—2008
284	藕	产品类	地理标志产品　宝应荷（莲）藕	GB/T 19906—2005
285	怀山药	产品类	地理标志产品　怀山药	GB/T 20351—2006
286	大蒜	产品类	地理标志产品　中牟大白蒜	GB/T 21002—2007
287	大蒜	产品类	地理标志产品　金乡大蒜	GB/T 22212—2008
288	辣椒粉	产品类	辣椒粉	GB/T 23183—2009
289	甜椒	产品类	甜椒	GB/T 26431—2010
290	西瓜	产品类	无籽西瓜分等分级	GB/T 27659—2011
291	辣椒	产品类	辣椒（整的或粉状）	GB/T 30382—2013
292	生姜	产品类	生姜	GB/T 30383—2013
293	洋葱	产品类	地理标志产品　梅里斯洋葱	GB/T 30723—2014
294	竹笋	产品类	主要竹笋质量分级	GB/T 30762—2014
295	蔬菜	生产管理类	出口蔬菜质量安全控制规范	GB/Z 21724—2008
296	芦笋	物流类	芦笋　贮藏指南	GB/T 16870—2009
297	黄瓜	物流类	黄瓜贮藏和冷藏运输	GB/T 18518—2001
298	花椰菜	物流类	花椰菜　冷藏和冷藏运输指南	GB/T 20372—2006
299	水果、蔬菜	物流类	水果和蔬菜　气调贮藏技术规范	GB/T 23244—2009
300	大蒜	物流类	大蒜　冷藏	GB/T 24700—2010
301	根菜类	物流类	根菜类　冷藏和冷藏运输	GB/T 25867—2010
302	马铃薯	物流类	早熟马铃薯　预冷和冷藏运输指南	GB/T 25868—2010
303	洋葱	物流类	洋葱　贮藏指南	GB/T 25869—2010
304	甜瓜	物流类	甜瓜　冷藏和冷藏运输	GB/T 25870—2010
305	结球生菜	物流类	结球生菜　预冷和冷藏运输指南	GB/T 25871—2010
306	马铃薯	物流类	马铃薯　通风库贮藏指南	GB/T 25872—2010
307	结球甘蓝	物流类	结球甘蓝　冷藏和冷藏运输指南	GB/T 25873—2010
308	蔬菜	物流类	新鲜蔬菜贮藏与运输准则	GB/T 26432—2010
309	水果、蔬菜	物流类	新鲜水果、蔬菜包装和冷链运输通用操作规程	GB/T 33129—2016
310	马铃薯	物流类	马铃薯贮藏设施设计规范	GB/T 51124—2015
311	蒜薹	物流类	蒜薹简易气调冷藏技术	GB/T 8867—2001
312	马铃薯	生产管理类	马铃薯商品薯质量追溯体系的建立与实施规程	GB/T 31575—2015
313	通用	方法类	食品安全国家标准　食品中农药最大残留限量	GB 2763—2016

2. 现行的蔬菜行业标准

见表 5-2。

表 5-2　现行的蔬菜行业标准

序号	产品	分类	标准名称	标准编号
1	通用	基础/通用类	农产品追溯编码导则	NY/T 1431—2007
2	蔬菜	基础/通用类	蔬菜名称及计算机编码	NY/T 1741—2009
3	通用	基础/通用类	农产品等级规格标准编写通则	NY/T 2113—2012
4	通用	基础/通用类	农产品市场信息分类与计算机编码	NY/T 2137—2012
5	蔬菜	基础/通用类	蔬菜加工名词术语	NY/T 2780—2015
6	薯类	基础/通用类	薯类及薯制品名词术语	NY/T 2963—2016
7	马铃薯	基础/通用类	马铃薯主食产品　分类和术语	NY/T 3100—2017
8	韭菜	方法类	韭菜中甲胺磷等七种农药残留检测方法	NY/T 447—2001
9	蔬菜	方法类	蔬菜上有机磷和氨基甲酸酯类农药残毒快速检测方法	NY/T 448—2001
10	蒜薹、青椒、柑橘、葡萄	方法类	蒜薹、青椒、柑橘、葡萄中仲丁胺残留量测定	NY/T 946—2006
11	蔬菜	方法类	蔬菜及其制品中铜、铁、锌的测定	NY/T 1201—2006
12	水果、蔬菜	方法类	蔬菜、水果中吡虫啉残留量的测定	NY/T 1275—2007
13	蔬菜	方法类	蔬菜中异菌脲残留量的测定　高效液相色谱法	NY/T 1277—2007
14	蔬菜	方法类	蔬菜及其制品中可溶性糖的测定　铜还原碘量法	NY/T 1278—2007
15	通用	方法类	植物产品中氟的测定　离子色谱法	NY/T 1374—2007
16	蔬菜	方法类	蔬菜中 334 种农药多残留的测定　气相色谱质谱法和液相色谱质谱法	NY/T 1379—2007
17	水果、蔬菜	方法类	蔬菜、水果中 51 种农药多残留的测定　气相色谱-质谱法	NY/T 1380—2007
18	辣椒	方法类	辣椒素的测定　高效液相色谱法	NY/T 1381—2007
19	蔬菜	方法类	蔬菜中 2,4-D 等 13 种除草剂多残留的测定液相色谱质谱法	NY/T 1434—2007
20	水果、蔬菜	方法类	水果、蔬菜及其制品中二氧化硫总量的测定	NY/T 1435—2007
21	水果、蔬菜	方法类	蔬菜及水果中多菌灵等 16 种农药残留测定　液相色谱-质谱-质谱联用法	NY/T 1453—2007
22	水果、蔬菜	方法类	蔬菜和水果中有机磷、有机氯、拟除虫菊酯和氨基甲酸酯类农药多残留的测定	NY/T 761—2008
23	食用菌	方法类	食用菌中粗多糖含量的测定	NY/T 1676—2008

续表

序号	产品	分类	标准名称	标准编号
24	水果、蔬菜	方法类	水果、蔬菜及其制品中单宁含量的测定 分光光度法	NY/T 1600—2008
25	蔬菜	方法类	蔬菜中溴氰菊酯残留量的测定 气相色谱法	NY/T 1603—2008
26	蔬菜	方法类	蔬菜及制品中番茄红素的测定 高效液相色谱法	NY/T 1651—2008
27	水果、蔬菜	方法类	蔬菜、水果中克螨特残留量的测定 气相色谱法	NY/T 1652—2008
28	通用	方法类	植物性食品中氨基甲酸酯类农药残留的测定 液相色谱-串联质谱法	NY/T 1679—2009
29	水果、蔬菜	方法类	蔬菜水果中多菌灵等4种苯并咪唑类农药残留量的测定 高效液相色谱法	NY/T 1680—2009
30	水果、蔬菜	方法类	水果、蔬菜中杀铃脲等七种苯甲酰脲类农药残留量的测定 高效液相色谱法	NY/T 1720—2009
31	蔬菜	方法类	蔬菜中敌菌灵残留量的测定 高效液相色谱法	NY/T 1722—2009
32	蔬菜	方法类	蔬菜中灭蝇胺残留量的测定 高效液相色谱法	NY/T 1725—2009
33	蔬菜	方法类	蔬菜中非草隆等15种取代脲类除草剂残留量的测定 液相色谱法	NY/T 1726—2009
34	大蒜	方法类	大蒜及制品中大蒜素的测定 气相色谱法	NY/T 1800—2009
35	通用	方法类	植物性食品中稀土元素的测定 电感耦合等离子体发射光谱法	NY/T 1938—2010
36	通用	方法类	植物中氮、磷、钾的测定	NY/T 2017—2011
37	水果、蔬菜	方法类	水果蔬菜中有机酸和阴离子的测定 离子色谱法	NY/T 2277—2012
38	水果、蔬菜	方法类	水果和蔬菜可溶性固形物含量的测定 折射仪法	NY/T 2637—2014
39	通用	方法类	植物源性食品中花青素的测定 高效液相色谱法	NY/T 2640—2014
40	通用	方法类	植物源性食品中白藜芦醇和白藜芦醇苷的测定 高效液相色谱法	NY/T 2641—2014
41	通用	方法类	农产品中 ^{137}Cs 的测定 无源效率刻度 γ 能谱分析法	NY/T 2652—2014
42	通用	方法类	植物性食品中腈苯唑残留量的测定 气相色谱-质谱法	NY/T 2819—2015
43	通用	方法类	植物性食品中抑食肼、虫酰肼、甲氧虫酰肼、呋喃虫酰肼和环虫酰肼5种双酰肼类农药残留量的同时测定	NY/T 2820—2015

续表

序号	产品	分类	标准名称	标准编号
44	水果、蔬菜	方法类	水果、蔬菜及制品中叶绿素含量的测定 分光光度法	NY/T 3082—2017
45	蔬菜	环境安全类	蔬菜地分等	NY/T 294—1995
46	通用	环境安全类	农用水源环境质量监测技术规范	NY/T 396—2000
47	通用	环境安全类	农、畜、水产品污染监测技术规范	NY/T 398—2000
48	通用	环境安全类	无公害食品 产地认定规范	NY/T 5343—2006
49	通用	环境安全类	无公害食品 产地环境质量调查规范	NY/T 5335—2006
50	通用	基础/通用类	农产品产地编码规则	NY/T 1430—2007
51	通用	环境安全类	耕地质量监测技术规程	NY/T 1119—2012
52	通用	环境安全类	农产品产地禁止生产区划分技术指南	NY/T 2150—2012
53	通用	环境安全类	绿色食品 产地环境质量	NY/T 391—2013
54	通用	环境安全类	绿色食品 食品添加剂使用准则	NY/T 392—2013
55	通用	环境安全类	绿色食品 农药使用准则	NY/T 393—2013
56	通用	环境安全类	绿色食品 肥料使用准则	NY/T 394—2013
57	通用	环境安全类	农田土壤环境质量监测技术规范	NY/T 395—2012
58	通用	环境安全类	绿色食品 产地环境调查、监测与评价规范	NY/T 1054—2013
59	通用	环境安全类	无公害食品 产地环境评价准则	NY/T 5295—2015
60	通用	环境安全类	无公害食品 种植业产地环境条件	NY 5010—2016
61	黄瓜	环境安全类	农药室内生物测定试验准则 杀菌剂 第3部分：抑制黄瓜霜霉病菌试验 平皿叶片法	NY/T 1156.3—2006
62	黄瓜	环境安全类	农药室内生物测定试验准则 杀菌剂 第7部分：防治黄瓜霜霉病试验 盆栽法	NY/T 1156.7—2006
63	瓜类	环境安全类	农药室内生物测定试验准则 杀菌剂 第11部分：防治瓜类白粉病试验 盆栽法	NY/T 1156.11—2008
64	瓜类	环境安全类	农药室内生物测定试验准则 杀菌剂 第14部分：防治瓜类炭疽病试验 盆栽法	NY/T 1156.14—2008
65	通用	环境安全类	农药理化性质测定试验导则 第1部分：pH值	NY/T 1860.1—2016
66	黄瓜	环境安全类	农药室内生物测定试验准则 植物生长调节剂 第3部分：促进抑制生长试验 黄瓜子叶扩张法	NY/T 2061.3—2012
67	黄瓜	环境安全类	农药室内生物测定试验准则 植物生长调节剂 第4部分：促进抑制生根试验 黄瓜子叶生根法	NY/T 2061.4—2012

续表

序号	产品	分类	标准名称	标准编号
68	木薯	种质资源类	木薯种茎	NY/T 356—1999
69	马铃薯	种质资源类	脱毒马铃薯种薯（苗）病毒检测技术规程	NY/T 401—2000
70	姜	种质资源类	脱毒生姜种姜（苗）病毒检测技术规程	NY/T 404—2000
71	大蒜	种质资源类	脱毒大蒜种蒜（苗）病毒检测技术规程	NY/T 405—2000
72	甘薯	种质资源类	脱毒甘薯种薯（苗）病毒检测技术规程	NY/T 402—2016
73	魔芋	种质资源类	魔芋种芋繁育技术规程	NY/T 715—2003
74	甘薯	种质资源类	甘薯脱毒种薯	NY/T 1200—2006
75	马铃薯	种质资源类	马铃薯脱毒种薯繁育技术规程	NY/T 1212—2006
76	豆类蔬菜	种质资源类	豆类蔬菜种子繁育技术规程	NY/T 1213—2006
77	黄瓜	种质资源类	黄瓜种子繁育技术规程	NY/T 1214—2006
78	马铃薯	种质资源类	农作物种质资源鉴定技术规程 马铃薯	NY/T 1303—2007
79	甘薯	种质资源类	农作物种质资源鉴定技术规程 甘薯	NY/T 1320—2007
80	马铃薯	种质资源类	农作物品种试验技术规程 马铃薯	NY/T 1489—2007
81	马铃薯	种质资源类	农作物品种审定规范 马铃薯	NY/T 1490—2007
82	芋	种质资源类	农作物种质资源鉴定评价技术规范 芋	NY/T 2327—2013
83	马铃薯	种质资源类	马铃薯种薯生产技术操作规程	NY/T 1606—2008
84	木薯	种质资源类	木薯嫩茎枝种苗快速繁殖技术规程	NY/T 1685—2009
85	胡椒	种质资源类	胡椒种苗黄瓜花叶病毒检测技术规范	NY/T 1805—2009
86	木薯	种质资源类	木薯种质资源描述规范	NY/T 1943—2010
87	通用	种质资源类	植物品种鉴定 DNA分子标记法 总则	NY/T 2594—2016
88	马铃薯	种质资源类	马铃薯品种鉴定	NY/T 1963—2010
89	茄果类蔬菜	种质资源类	茄果类蔬菜穴盘育苗技术规程	NY/T 2312—2013
90	番茄	种质资源类	番茄品种鉴定技术规程 Indel分子标记法	NY/T 2471—2013
91	结球甘蓝	种质资源类	结球甘蓝品种鉴定技术规程 SSR分子标记法	NY/T 2473—2013
92	黄瓜	种质资源类	黄瓜品种鉴定技术规程 SSR分子标记法	NY/T 2474—2013
93	辣椒	种质资源类	辣椒品种鉴定技术规程 SSR分子标记法	NY/T 2475—2013
94	大白菜	种质资源类	大白菜品种鉴定技术规程 SSR分子标记法	NY/T 2476—2013

续表

序号	产品	分类	标准名称	标准编号
95	大葱	种质资源类	植物新品种特异性、一致性和稳定性测试指南　大葱	NY/T 2340—2013
96	山药	种质资源类	植物新品种特异性、一致性和稳定性测试指南　山药	NY/T 2495—2013
97	芦笋	种质资源类	植物新品种特异性、一致性和稳定性测试指南　芦笋	NY/T 2496—2013
98	魔芋	种质资源类	植物新品种特异性、一致性和稳定性测试指南　魔芋	NY/T 2500—2013
99	丝瓜	种质资源类	植物新品种特异性、一致性和稳定性测试指南　丝瓜	NY/T 2501—2013
100	芋	种质资源类	植物新品种特异性、一致性和稳定性测试指南　芋	NY/T 2502—2013
101	菊芋	种质资源类	植物新品种特异性、一致性和稳定性测试指南　菊芋	NY/T 2503—2013
102	瓠瓜	种质资源类	植物新品种特异性、一致性和稳定性测试指南　瓠瓜	NY/T 2504—2013
103	姜	种质资源类	植物新品种特异性、一致性和稳定性测试指南　姜	NY/T 2505—2013
104	茼蒿	种质资源类	植物新品种特异性、一致性和稳定性测试指南　茼蒿	NY/T 2507—2013
105	莴苣	种质资源类	植物新品种特异性、一致性和稳定性测试指南　莴苣	NY/T 2559—2014
106	胡萝卜	种质资源类	植物新品种特异性、一致性和稳定性测试指南　胡萝卜	NY/T 2561—2014
107	菜薹	种质资源类	植物新品种特异性、一致性和稳定性测试指南　菜薹	NY/T 2574—2014
108	韭菜	生产管理类	无公害食品　韭菜生产技术规程	NY/T 5002—2001
109	大白菜	生产管理类	无公害食品　大白菜生产技术规程	NY/T 5004—2001
110	番茄	生产管理类	无公害食品　番茄露地生产技术规程	NY/T 5006—2001
111	番茄	生产管理类	无公害食品　番茄保护地生产技术规程	NY/T 5007—2001
112	结球甘蓝	生产管理类	无公害食品　结球甘蓝生产技术规程	NY/T 5009—2001
113	黄瓜	生产管理类	无公害食品　黄瓜生产技术规程	NY/T 5075—2002
114	苦瓜	生产管理类	无公害食品　苦瓜生产技术规程	NY/T 5077—2002
115	豇豆	生产管理类	无公害食品　豇豆生产技术规程	NY/T 5079—2002
116	菜豆	生产管理类	无公害食品　菜豆生产技术规程	NY/T 5081—2002
117	萝卜	生产管理类	无公害食品　萝卜生产技术规程	NY/T 5083—2002
118	胡萝卜	生产管理类	无公害食品　胡萝卜生产技术规程	NY/T 5085—2002

续表

序号	产品	分类	标准名称	标准编号
119	菠菜	生产管理类	无公害食品 菠菜生产技术规程	NY/T 5090—2002
120	芹菜	生产管理类	无公害食品 芹菜生产技术规程	NY/T 5092—2002
121	蕹菜	生产管理类	无公害食品 蕹菜生产技术规程	NY/T 5094—2002
122	豌豆	生产管理类	无公害食品 豌豆生产技术规程	NY/T 5208—2004
123	青蚕豆	生产管理类	无公害食品 青蚕豆生产技术规程	NY/T 5210—2004
124	普通白菜	生产管理类	无公害食品 普通白菜生产技术规程	NY/T 5214—2004
125	芥蓝	生产管理类	无公害食品 芥蓝生产技术规程	NY/T 5216—2004
126	茼蒿	生产管理类	无公害食品 茼蒿生产技术规程	NY/T 5218—2004
127	西葫芦	生产管理类	无公害食品 西葫芦生产技术规程	NY/T 5220—2004
128	马铃薯	生产管理类	无公害食品 马铃薯生产技术规程	NY/T 5222—2004
129	洋葱	生产管理类	无公害食品 洋葱生产技术规程	NY/T 5224—2004
130	姜	生产管理类	无公害食品 生姜生产技术规程	NY/T 5226—2004
131	大蒜	生产管理类	无公害食品 大蒜生产技术规程	NY 5228—2004
132	芦笋	生产管理类	无公害食品 芦笋生产技术规程	NY/T 5231—2004
133	竹笋	生产管理类	无公害食品 竹笋干生产技术规程	NY/T 5233—2004
134	萝卜	生产管理类	无公害食品 小型萝卜生产技术规程	NY/T 5235—2004
135	叶用莴苣	生产管理类	无公害食品 叶用莴苣生产技术规程	NY/T 5237—2004
136	四棱豆	生产管理类	无公害食品 四棱豆生产技术规程	NY/T 5254—2004
137	茄子	生产管理类	茄子生产技术规程	NY/T 1383—2007
138	木薯	生产管理类	木薯生产良好操作规范	NY/T 1681—2009
139	蔬菜	生产管理类	农药田间药效试验准则 第6部分：杀虫剂防治蔬菜蓟马	NY/T 1464.6—2007
140	番茄	生产管理类	农药田间药效试验准则 第8部分：杀菌剂防治番茄病毒病	NY/T 1464.8—2007
141	辣椒	生产管理类	农药田间药效试验准则 第9部分：杀菌剂防治辣椒病毒病	NY/T 1464.9—2007
142	番茄	生产管理类	农药田间药效试验准则 第20部分：除草剂防治番茄田杂草	NY/T 1464.20—2007
143	黄瓜	生产管理类	农药田间药效试验准则 第21部分：除草剂防治黄瓜田杂草	NY/T 1464.21—2007
144	大蒜	生产管理类	农药田间药效试验准则 第22部分：除草剂防治大蒜田杂草	NY/T 1464.22—2007
145	十字花科蔬菜	生产管理类	农药田间药效试验准则 第27部分：杀虫剂防治十字花科蔬菜蚜虫	NY/T 1464.27—2010
146	姜	生产管理类	农药田间药效试验准则 第31部分：杀菌剂防治生姜姜瘟病	NY/T 1464.31—2010

续表

序号	产品	分类	标准名称	标准编号
147	番茄	生产管理类	农药田间药效试验准则 第32部分：杀菌剂防治番茄青枯病	NY/T 1464.32—2010
148	豇豆	生产管理类	农药田间药效试验准则 第33部分：杀菌剂防治豇豆锈病	NY/T 1464.33—2010
149	茄子	生产管理类	农药田间药效试验准则 第34部分：杀菌剂防治茄子黄萎病	NY/T 1464.34—2010
150	蔬菜	生产管理类	农药田间药效试验准则 第35部分：除草剂防治直播蔬菜田杂草	NY/T 1464.35—2010
151	黄瓜	生产管理类	农药田间药效试验准则 第38部分：杀菌剂防治黄瓜黑星病	NY/T 1464.38—2011
152	莴苣	生产管理类	农药田间药效试验准则 第39部分：杀菌剂防治莴苣霜霉病	NY/T 1464.39—2011
153	马铃薯	生产管理类	农药田间药效试验准则 第42部分：杀虫剂防治马铃薯二十八星瓢虫	NY/T 1464.42—2012
154	蔬菜	生产管理类	农药田间药效试验准则 第43部分：杀虫剂防治蔬菜烟粉虱	NY/T 1464.43—2012
155	番茄	生产管理类	番茄主要病害抗病性鉴定技术规程 第1部分：番茄抗晚疫病鉴定技术规程	NY/T 1858.1—2010
156	番茄	生产管理类	番茄主要病害抗病性鉴定技术规程 第2部分：番茄抗叶霉病鉴定技术规程	NY/T 1858.2—2010
157	番茄	生产管理类	番茄主要病害抗病性鉴定技术规程 第3部分：番茄抗枯萎病鉴定技术规程	NY/T 1858.3—2010
158	番茄	生产管理类	番茄主要病害抗病性鉴定技术规程 第4部分：番茄抗青枯病鉴定技术规程	NY/T 1858.4—2010
159	番茄	生产管理类	番茄主要病害抗病性鉴定技术规程 第5部分：番茄抗疮痂病鉴定技术规程	NY/T 1858.5—2010
160	番茄	生产管理类	番茄主要病害抗病性鉴定技术规程 第6部分：番茄抗番茄花叶病毒病鉴定技术规程	NY/T 1858.6—2010
161	番茄	生产管理类	番茄主要病害抗病性鉴定技术规程 第7部分：番茄抗黄瓜花叶病毒病鉴定技术规程	NY/T 1858.7—2010
162	番茄	生产管理类	番茄主要病害抗病性鉴定技术规程 第8部分：番茄抗南方根结线虫病鉴定技术规程	NY/T 1858.8—2010
163	辣椒	生产管理类	辣椒抗病性鉴定技术规程 第1部分：辣椒抗疫病鉴定技术规程	NY/T 2060.1—2011
164	辣椒	生产管理类	辣椒抗病性鉴定技术规程 第2部分：辣椒抗青枯病鉴定技术规程	NY/T 2060.2—2011
165	辣椒	生产管理类	辣椒抗病性鉴定技术规程 第3部分：辣椒抗烟草花叶病毒病鉴定技术规程	NY/T 2060.3—2011

续表

序号	产品	分类	标准名称	标准编号
166	辣椒	生产管理类	辣椒抗病性鉴定技术规程 第4部分：辣椒抗黄瓜花叶病毒病鉴定技术规程	NY/T 2060.4—2011
167	辣椒	生产管理类	辣椒抗病性鉴定技术规程 第5部分：辣椒抗南方根结线虫病鉴定技术规程	NY/T 2060.5—2011
168	黄瓜	生产管理类	黄瓜主要病害抗病性鉴定技术规程 第1部分：黄瓜抗霜霉病鉴定技术规程	NY/T 1857.1—2010
169	黄瓜	生产管理类	黄瓜主要病害抗病性鉴定技术规程 第2部分：黄瓜抗白粉病鉴定技术规程	NY/T 1857.2—2010
170	黄瓜	生产管理类	黄瓜主要病害抗病性鉴定技术规程 第3部分：黄瓜抗枯萎病鉴定技术规程	NY/T 1857.3—2010
171	黄瓜	生产管理类	黄瓜主要病害抗病性鉴定技术规程 第4部分：黄瓜抗疫病鉴定技术规程	NY/T 1857.4—2010
172	黄瓜	生产管理类	黄瓜主要病害抗病性鉴定技术规程 第5部分：黄瓜抗黑星病鉴定技术规程	NY/T 1857.5—2010
173	黄瓜	生产管理类	黄瓜主要病害抗病性鉴定技术规程 第6部分：黄瓜抗细菌性角斑病鉴定技术规程	NY/T 1857.6—2010
174	黄瓜	生产管理类	黄瓜主要病害抗病性鉴定技术规程 第7部分：黄瓜抗黄瓜花叶病毒病鉴定技术规程	NY/T 1857.7—2010
175	黄瓜	生产管理类	黄瓜主要病害抗病性鉴定技术规程 第8部分：黄瓜抗南方根结线虫病鉴定技术规程	NY/T 1857.8—2010
176	水果、蔬菜	生产管理类	西花蓟马鉴定技术规范	NY/T 2867—2015
177	马铃薯	生产管理类	马铃薯收获机质量评价技术规范	NY/T 648—2002
178	马铃薯	生产管理类	马铃薯种植机械 作业质量	NY/T 990—2006
179	魔芋	生产管理类	魔芋精粉机	NY/T 1124—2006
180	马铃薯	生产管理类	马铃薯收获机械	NY/T 1130—2006
181	通用	生产管理类	残地膜回收机 作业质量	NY/T 1227—2006
182	马铃薯	生产管理类	马铃薯种植机质量评价技术规范	NY/T 1415—2007
183	通用	生产管理类	铺膜机质量评价技术规范	NY/T 1552—2007
184	番茄	生产管理类	番茄收获机作业质量	NY/T 1824—2009
185	蔬菜	方法类	蔬菜清洗机洗净度测试方法	NY/T 2135—2012
186	蔬菜	方法类	蔬菜清洗机耗水性能测试方法	NY/T 2532—2013
187	蔬菜	生产管理类	脱水蔬菜原料通用技术规范	NY/T 1081—2006
188	葱、蒜	生产管理类	葱蒜热风脱水加工技术规范	NY/T 1208—2006
189	蔬菜	生产管理类	鲜切蔬菜加工技术规范	NY/T 1529—2007

续表

序号	产品	分类	标准名称	标准编号
190	蔬菜	生产管理类	蔬菜安全生产关键控制技术规程	NY/T 1654—2008
191	马铃薯	生产管理类	马铃薯晚疫病防治技术规范	NY/T 1783—2009
192	蔬菜	生产管理类	菜豆象检疫检测与鉴定方法	NY/T 2052—2011
193	蔬菜	生产管理类	蔬菜育苗基质	NY/T 2118—2012
194	蔬菜	生产管理类	蔬菜穴盘育苗 通则	NY/T 2119—2012
195	马铃薯	生产管理类	马铃薯辐照抑制发芽技术规范	NY/T 2210—2012
196	番茄	生产管理类	番茄溃疡病菌检疫检测与鉴定方法	NY/T 2286—2012
197	甘蓝	生产管理类	甘蓝抗枯萎病鉴定技术规程	NY/T 2313—2013
198	马铃薯	生产管理类	马铃薯主要病虫害防治技术规程	NY/T 2383—2013
199	茄果类蔬菜	生产管理类	有机茄果类蔬菜生产质量控制技术规范	NY/T 2409—2013
200	辣椒	生产管理类	泡椒类食品辐照杀菌技术规范	NY/T 2650—2014
201	蔬菜	生产管理类	十字花科小菜蛾抗药性监测技术规范	NY/T 2360—2013
202	马铃薯	生产管理类	旱作马铃薯全膜覆盖技术规范	NY/T 2866—2015
203	通用	生产管理类	植物源农产品中农药残留贮藏稳定性试验准则	NY/T 3094—2017
204	蔬菜	生产管理类	无公害食品 蔬菜生产管理规范	NY/T 5363—2010
205	蔬菜	生产管理类	蔬菜集约化育苗场建设标准	NY/T 2442—2013
206	蔬菜	生产管理类	蔬菜产地批发市场建设标准	NY/T 2776—2015
207	胡萝卜	产品类	胡萝卜	NY/T 493—2002
208	黄瓜	产品类	黄瓜	NY/T 578—2002
209	韭菜	产品类	韭菜	NY/T 579—2002
210	芹菜	产品类	芹菜	NY/T 580—2002
211	茄子	产品类	茄子	NY/T 581—2002
212	莴苣	产品类	莴苣	NY/T 582—2002
213	结球甘蓝	产品类	结球甘蓝	NY/T 583—2002
214	芦笋	产品类	芦笋	NY/T 760—2004
215	丝瓜	产品类	丝瓜	NY/T 776—2004
216	紫菜薹	产品类	紫菜薹	NY/T 778—2004
217	花椰菜	产品类	花椰菜	NY/T 962—2006
218	苦瓜	产品类	苦瓜	NY/T 963—2006
219	菠菜	产品类	菠菜	NY/T 964—2006
220	豇豆	产品类	豇豆	NY/T 965—2006
221	洋葱	产品类	洋葱	NY/T 1071—2006

续表

序号	产品	分类	标准名称	标准编号
222	荔浦芋	产品类	荔浦芋	NY/T 1079—2006
223	姜	产品类	姜	NY/T 1193—2006
224	萝卜	产品类	萝卜	NY/T 1267—2007
225	木薯	产品类	木薯	NY/T 1520—2007
226	芥菜	产品类	加工用芥菜	NY/T 706—2003
227	番茄	产品类	加工用番茄	NY/T 1517—2007
228	马铃薯	产品类	加工用马铃薯 油炸	NY/T 1605—2008
229	蔬菜	产品类	鲜切蔬菜	NY/T 1987—2011
230	胡萝卜汁	产品类	胡萝卜汁	NY/T 874—2004
231	菠菜	产品类	速冻菠菜	NY/T 952—2006
232	番茄酱	产品类	番茄酱	NY/T 956—2006
233	番茄粉	产品类	番茄粉	NY/T 957—2006
234	速冻马蹄片	产品类	速冻马蹄片	NY/T 1069—2006
235	脱水姜片和姜粉	产品类	脱水姜片和姜粉	NY/T 1073—2006
236	魔芋粉	产品类	魔芋粉	NY/T 494—2010
237	甘薯干	产品类	甘薯干	NY/T 708—2016
238	食用木薯淀粉	产品类	食用木薯淀粉	NY/T 875—2012
239	辣椒酱	产品类	辣椒酱	NY/T 1070—2006
240	水果、蔬菜脆片	产品类	绿色食品 水果、蔬菜脆片	NY/T 435—2012
241	白菜类蔬菜	产品类	绿色食品 白菜类蔬菜	NY/T 654—2012
242	茄果类蔬菜	产品类	绿色食品 茄果类蔬菜	NY/T 655—2012
243	绿叶类蔬菜	产品类	绿色食品 绿叶类蔬菜	NY/T 743—2012
244	葱蒜类蔬菜	产品类	绿色食品 葱蒜类蔬菜	NY/T 744—2012
245	根菜类蔬菜	产品类	绿色食品 根菜类蔬菜	NY/T 745—2012
246	甘蓝类蔬菜	产品类	绿色食品 甘蓝类蔬菜	NY/T 746—2012
247	瓜类蔬菜	产品类	绿色食品 瓜类蔬菜	NY/T 747—2012
248	豆类蔬菜	产品类	绿色食品 豆类蔬菜	NY/T 748—2012
249	蔬菜	产品类	绿色食品 脱水蔬菜	NY/T 1045—2014
250	蔬菜罐头	产品类	绿色食品 水果、蔬菜罐头	NY/T 1047—2014
251	薯芋类蔬菜	产品类	绿色食品 薯芋类蔬菜	NY/T 1049—2015
252	芥菜类蔬菜	产品类	绿色食品 芥菜类蔬菜	NY/T 1324—2015
253	芽苗类蔬菜	产品类	绿色食品 芽苗类蔬菜	NY/T 1325—2015

续表

序号	产品	分类	标准名称	标准编号
254	蔬菜	产品类	绿色食品　多年生蔬菜	NY/T 1326—2015
255	蔬菜	产品类	绿色食品　水生蔬菜	NY/T 1405—2015
256	蔬菜	产品类	绿色食品　速冻蔬菜	NY/T 1406—2007
257	山野菜	产品类	绿色食品　山野菜	NY/T 1507—2016
258	辣椒制品	产品类	绿色食品　辣椒制品	NY/T 1711—2009
259	魔芋	产品类	绿色食品　魔芋及其制品	NY/T 2981—2016
260	淀粉类蔬菜粉	产品类	绿色食品　淀粉类蔬菜粉	NY/T 2984—2016
261	番茄	产品类	番茄等级规格	NY/T 940—2006
262	青花菜	产品类	青花菜等级规格	NY/T 941—2006
263	茎用莴苣	产品类	茎用莴苣等级规格	NY/T 942—2006
264	大白菜	产品类	大白菜等级规格	NY/T 943—2006
265	辣椒	产品类	辣椒等级规格	NY/T 944—2006
266	蒜薹	产品类	蒜薹等级规格	NY/T 945—2006
267	菜豆	产品类	菜豆等级规格	NY/T 1062—2006
268	芥蓝	产品类	芥蓝等级规格	NY/T 1064—2006
269	山药	产品类	山药等级规格	NY/T 1065—2006
270	马铃薯	产品类	马铃薯等级规格	NY/T 1066—2006
271	洋葱	产品类	洋葱等级规格	NY/T 1584—2008
272	芦笋	产品类	芦笋等级规格	NY/T 1585—2008
273	结球甘蓝	产品类	结球甘蓝等级规格	NY/T 1586—2008
274	黄瓜	产品类	黄瓜等级规格	NY/T 1587—2008
275	苦瓜	产品类	苦瓜等级规格	NY/T 1588—2008
276	大蒜	产品类	大蒜等级规格	NY/T 1791—2009
277	大葱	产品类	大葱等级规格	NY/T 1835—2010
278	西葫芦	产品类	西葫芦等级规格	NY/T 1837—2010
279	茄子	产品类	茄子等级规格	NY/T 1894—2010
280	丝瓜	产品类	丝瓜等级规格	NY/T 1982—2011
281	胡萝卜	产品类	胡萝卜等级规格	NY/T 1983—2011
282	叶用莴苣	产品类	叶用莴苣等级规格	NY/T 1984—2011
283	菠菜	产品类	菠菜等级规格	NY/T 1985—2011
284	姜	产品类	农产品等级规格　姜	NY/T 2376—2013
285	甘薯	产品类	甘薯等级规格	NY/T 2642—2014

续表

序号	产品	分类	标准名称	标准编号
286	蔬菜	产品类	脱水蔬菜 根菜类	NY/T 959—2006
287	蔬菜	产品类	脱水蔬菜 叶菜类	NY/T 960—2006
288	蔬菜	产品类	脱水蔬菜 茄果类	NY/T 1393—2007
289	蔬菜	产品类	露地蔬菜产品认证申报审核规范	NY/T 1840—2010
290	通用	产品类	无公害食品 认定认证现场检查规范	NY/T 5341—2006
291	通用	产品类	无公害食品 产品认证准则	NY/T 5342—2006
292	通用	产品类	无公害农产品检测目录	农办质〔2015〕4号
293	通用	物流类	绿色食品 包装通用准则	NY/T 658—2015
294	胡萝卜	物流类	胡萝卜贮藏与运输	NY/T 717—2003
295	通用	物流类	绿色食品 贮藏运输准则	NY/T 1056—2006
296	豆类蔬菜	物流类	豆类蔬菜贮藏保鲜技术规程	NY/T 1202—2006
297	茄果类蔬菜	物流类	茄果类蔬菜贮藏保鲜技术规程	NY/T 1203—2006
298	蔬菜	物流类	蔬菜包装标识通用准则	NY/T 1655—2008
299	蔬菜	物流类	干制蔬菜贮藏导则	NY/T 2320—2013
300	薯类	物流类	薯类贮藏技术规范	NY/T 2789—2015
301	瓜类蔬菜	物流类	瓜类蔬菜采后处理与产地贮藏技术规范	NY/T 2790—2015
302	大白菜	物流类	大白菜贮运技术规范	NY/T 2868—2015
303	姜	物流类	姜贮运技术规范	NY/T 2869—2015
304	通用	生产管理类	无公害农产品 生产质量安全控制技术规范 第1部分：通则	NY/T 2798.1—2015
305	通用	生产管理类	无公害农产品 生产质量安全控制技术规范 第1部分：大田作物产品	NY/T 2798.2—2015
306	通用	生产管理类	无公害农产品 生产质量安全控制技术规范 第3部分：蔬菜	NY/T 2798.3—2015
307	通用	生产管理类	蔬菜农药残留检测抽样规范	NY/T 762—2004
308	通用	生产管理类	绿色食品 产品抽样准则	NY/T 896—2015
309	通用	生产管理类	绿色食品 产品检验规则	NY/T 1055—2015
310	通用	生产管理类	无公害食品 产品检验规范	NY/T 5340—2006
311	通用	生产管理类	农产品质量安全追溯操作规程 通则	NY/T 1761—2009
312	通用	生产管理类	农产品质量安全追溯操作规程 蔬菜	NY/T 1993—2011
313	通用	生产管理类	蔬菜抽样技术规范	NY/T 2103—2011
314	通用	生产管理类	农产品质量追溯信息交换接口规范	NY/T 2531—2013
315	通用	生产管理类	无公害食品 产品抽样规范 第1部分：通则	NY/T 5344.1—2006

3. 农药残留安全限量标准逐步完善

我国农药残留限量标准，首先从国家层面实现了统一。目前，农药残留安全限量标准是我国监管食品中农药残留的强制性国家标准。截至目前，农药残留标准在标准的数量和产品覆盖上共规定了 400 多种农药的 4000 多项最大残留限量，配套的检测方法标准有 400 多项，基本覆盖了我国常用农药品种和主要食品农产品的种类，为规范科学合理地使用农药和农产品质量安全监管、打击非法使用和滥用农药行为提供了依据。从蔬菜标准的角度分析，基础通用类标准较为薄弱；从标准类别看，农业行业标准的数量远高于国家标准的数量；从生产环节看，种植过程标准所占的比例最高，有害生物防治标准次之，收获环节标准最少。

4. 蔬菜标准的制定理念逐步与国际接轨

目前，我国蔬菜农药残留标准的制定采用与国际接轨的方式进行。在技术上，已严格遵循国际食品法典委员会（CAC）风险评估原则，根据农药的毒理学数据、农药在农作物中代谢分布数据以及我国居民的膳食消费数据，对人通过食物间接摄入农药残留产生的风险进行定性和定量评价，作为制定标准的基本依据。在程序上，按照《食品安全法》和世界贸易组织（WTO）对透明度的要求，农药残留限量标准制定全程向社会公开，向 WTO 成员通报并接受评议。在国际标准制定修订中，主动承担农药残留法典委员会（Codex Committee on Pesticide Resicues，CCPR）主席国工作，先后参与制定了 3 种农药共 6 项国际标准，并对 106 种农药在 79 种食品中 1259 项国际限量标准进行评估转化，加快了我国农药残留限量标准制定步伐。我国的农药残留限量水平与 CAC 标准达到了一致或更严。

二、蔬菜标准体系存在的问题

1. 蔬菜标准存在的技术问题

（1）标准体系的系统性不强　限于长期以来缺乏协调机制的多头管理体制，我国标准体系建设和发展缺乏统一性的规划，导致在局部出现重复性问题，而在全局出现系统性、互补性、配套性和一致性较差的问题。如目前蔬菜产品的国家标准中方法类的有 400 多个，而质量安全追溯类标准仅有 1 个，标准体系的组成成分比例不当。国家标准中蔬菜产品分等分级类数量很少。另外我国现行农产品质量标准中，基本上全部是针对产品制定的具体标准，仅有 NY/T 2113—2012《农产品等级规格标准编写通则》等极少数基础通用性标准。农产品涉及种植、畜牧、水产等不同行业，这些行业涵盖的产业类别之间产品特性差异性很大，产业类别内部产品特性具有相似性，因此，需要结合产业特点和具体标准制定、修订需求，补齐通用性标准，更好地发挥通用性标准对具体标准制定的规范和指导作用。目前产品类标准整体多而不成体系，且存在标准重复交叉。主要反映在标准规范对象和适用范围部分或完全重合，或者一项标准的规范对象和适用范围完全被另一项标准所覆盖。除了绿色食品外,其他产品标准既有单独产品标准,还有产品等级规格标准,一般来说产品标准又涉及等级规格内容,如 NY/T 776—2004《丝瓜》和 NY/T 1982—2011《丝瓜等级规格》。

(2) 部分标准的针对性有待提升　在我国标准体系中,有些标准的针对性很强,如 GB/T 5009.105—2003《黄瓜中百菌清残留量的测定》,不仅写明了哪种蔬菜,而且写明了哪种农药。但部分标准的针对性不强,存在重复交叉的问题。另外,种苗繁育、种植技术、病虫害防治、采收各环节的标准存在重叠。

(3) 部分标准的科学性有待增强　比如 NY/T 447—2001《韭菜中甲胺磷等七种农药残留检测方法》、NY/T 448—2001《蔬菜上有机磷和氨基甲酸酯类农药残毒快速检测方法》等方法,已不再列入 GB 2763—2016《食品安全国家标准　食品中农药最大残留限量》推荐方法。同时,在 GB 2763—2016《食品安全国家标准　食品中农药最大残留限量》标准中,由于农药残留试验的产品限制,限量标准不能覆盖所有的农药品种。另外,同为地理标志产品标准,有些是国家标准等级(如 GB/T 20351—2006《地理标志产品　怀山药》等),而大部分属于地方标准,这就会让使用者对地理标志的不同级别产生疑惑。因此解决标准的科学性问题,不管从短期还是长远来看,都是农业标准研究和制定工作的一项重要任务。

(4) 标准的制定、修订与农业产业发展结合不紧密　目前,针对污染物限量等这一类型的食品安全国家标准,在现行的标准制定和发布机制下,行业主管部门的意见很难被采纳,导致部分涉及农产品安全卫生等方面的限量与农业产业脱节,不适应现代农业产业发展的需要。例如早在 2004 年,就有黄花菜中二氧化硫残留量卫生指标之争。生产技术标准难以满足实际生产需要,没有足够的科学种植技术、用药指南等标准,农技指导人员、农业生产主体无章可循,无法从技术规范上保障农产品质量安全,检测和判定标准落后于实际工作需要。

(5) 部分标准的时效性较差　例如在统计的蔬菜产品国家标准中,有十余个标准仍然为 20 世纪 80 年代制定,距今约有 30 年的时间,标准的格式、要求等与现行标准不匹配,标准的时效性较差。再如目前的生产技术规程类标准年代较为久远,相关标准主要集中在 2010 年以前,且涉及产品品种有限。需要根据标准体系规划,对生产技术规程类标准及时更新,为农业标准化生产提供技术支撑。

(6) 部分类别的标准缺失　农业投入品种类繁多,目前有很多检测方法还没有制定为正式的检测标准方法;或者有检测方法标准而无限量标准要求,导致对此类产品或指标不能进行检测和判定。实际执行中,常出现执法过程中取证难,只能绕行的情况。为了适应现代化农业发展的需求,需要对农业现代化生产中的新产品、新技术提出相应的标准规范,促进农业现代化转型升级。

(7) 国际先进标准借鉴与引用程度低　与种植业相关的国际通用生产过程管控标准主要有良好农业规范(good agricultural practice,GAP)、危害分析及关键控制点（hazard analysis and critical control point，HACCP）、良好生产规范（good manufacturing practice，GMP）、有机生产管理等，主要是通过体系认证的方式推进标准化。我国的农产品标准体系已开始借鉴与引用国外先进的过程管控理念与技术。我国GAP参考欧盟（EU）的GLOBALGAP，已形成31项标准：国家标准27项，农业行业标准4项。这27项国家标准均是对大类产品控制点和符合性规范的要求，真正的生产过程技术规范仅有4项，仅涉及双低油菜等4个种类产品。我国HACCP体系是参考CAC标准建立，已形成20项标准（国家标准14项，农业行业标准6项），但大部分是食品加工的标准，尚无针对种植业农产品的HACCP标准。我国的GMP参考EU标准，已形成12项标准（国家标准10项，农业行业标准2项），仅有1项NY/T 1681—2009《木薯生产良好操作规范》涉及种植业初级生产。我国有机生产的相关标准有12项（国家标准4项，农业行业标准8项），涉及的种植业农产品仅有茄果类蔬菜等4个种类。虽然目前这些国际先进生产过程管控标准在有效指导和规范我国农业生产行为、提升农业标准化水平方面发挥了积极的引导和促进作用，但从涵盖的农产品种类、囊括的产业链环节来说还有待扩展，关于建立农产品生产过程管控标准体系的工作还需要进一步加强。

2. 标准管理问题

（1）标准管理职能不明确 目前，我国蔬菜标准制定的参与者众多，标准委员会、农业、质检、商业、供销等部门都参与相关标准的制定、修订和实施。这种多头管理方式，导致责任界定不明，标准制定不协调、不统一，造成一品多标、指标矛盾等问题。相对于标准制定，标准实施则体现为部门缺位，没有一个部门针对农产品质量分级建立相应的管理制度和体系队伍，农产品质量标准实施以企业自我声明为主，缺乏监督管理与市场认可。

政府关于农业标准化的管理上，虽然在示范区的标准化和监测机构的建设方面取得了一定的成绩，但重复建设的问题十分突出。政府农产品安全的管理职能已不能适应当前的经济发展需要，条块不清、管理缺失的情况时有发生，很多管理目标和职能都是错位的。权利分配上，很多部门难以实现整合。许多农民没有形成自己的合作组织，经营上十分分散，不利于有效控制农产品的质量安全。

（2）标准制定、修订机制有待完善 自2001年农业部（现为农业农村部）实施无公害食品行动计划，设立农业标准制定、修订专项资金以来，农业部年均下达标准项目计划300多项。但是，项目承担单位一直比较广泛，因制标单位来自不同层次和不同水平，导致一些同类型的标准项目甚至是系列标准的水平参差不齐。而且由于项目分散，单个标准项目经费一直维持在较低水平。

（3）部分类别的标准立项要慎重 例如施肥技术和病虫害防治技术应包括在该类蔬菜作物的生产技术规程中，如果把生产技术规程中的某个环节单独制定标准，就不符合标准体系化的要求。此外，如果只是申报单位自己用，仅仅用在科研上，原则上也不宜立项。如果确实对行业发展有用，也不宜制定单个作物的标准，检测方法标准原则上应制定植物源食品或农产品的通用标准。目前存在一种现象——为制定标准而制定标准。不是什么样的技术规范都需要制定标准，对蔬菜产业或质量安全不会造成重大影响的就不需要制定标准。

三、蔬菜标准需求

1. 物流产业的需求

目前，我国在物流方面的标准，主要是针对某种产品。标准内容主要涉及温度、包装和运输方面，最新的 GB/T 33129—2016《新鲜水果、蔬菜包装和冷链运输通用操作规程》对水果、蔬菜的包装、运输等进行了通用性规定。但标准中也存在部分问题：a. 对包装后的标签标识没有相关规定，而很多小包装的产品是需要在包装上进行标识的，方便消费者选购与溯源；b. 在包装前或包装后是否需要对产品预处理，比如紫外杀菌、分等分级之类的，目前标准中未规定；c. 该通用性标准比较概括，可能会对特色蔬菜（如水生蔬菜等）不适合，仍需要制定有针对性的蔬菜物流类标准。

2. 溯源技术的需求

农产品溯源技术在美国、日本、欧盟等被广泛应用，溯源系统的使用有效地促进了农产品的质量安全。自 20 世纪后期开始，我国对农产品质量安全问题越发重视，目前，我国农业生产比较分散，集中生产的农产品数量较少，不利于溯源标准的施行。我国的农产品溯源目前处于起步阶段，需要进行这方面的进一步研究。

3. 农产品分等分级的需求

当前，发达国家均有对农产品的分等分级标准。例如美国农业部的农产品分级是由政府部门负责管理，农业市场服务局负责肉类和畜产品的分级管理，农业部负责管理粮食、水稻等的分级，国家海洋渔业局负责鱼类、壳类的分级。分级标准包含了多个强制性的内容。在农产品的分级标准上，美国国家层面的标准有 300 多个，包括奶类产品、蔬菜和水果、加工产品、粮食、豆类、烟草类的分级等。很多农产品分级都采用资源选用的方法，不同产品的分等分级水平也不同，体现了标准化和产品差异的关系。农产品差异化的质量标准，提升了名牌农产品的标准化水平，保证了消费者对品牌的忠诚度，将企业的品牌开发和农产品标准化统一协调起来。

4. 在国际标准组织中需增加话语权

在很多技术性较强的标准委员会会议的讨论中，我国由于与会人员的准备不足以及知识欠缺，往往只能在大会召开前夕临时召开多部门准备会议，而在标准文本起草工作的讨论中也不能充分深入讨论，意见空泛，因而很多关键决策都是仓促决定。这样做的后果就是我国报送的意见得不到大会的重视，甚至曾因为报送时间太晚而不能纳入大会文件。本身起步就晚，表现又不佳，因而很难得到其他成员国的重视。缺乏对食品安全标准的"政治性认识"，对国际食品安全标准的影响力不足，使得我国面对国际贸易摩擦或他国的技术贸易壁垒时往往处于被动地位，为此要加强在国际标准方面的话语权。

四、蔬菜标准发展方向

1. 完善蔬菜标准体系建设

对于我国蔬菜标准体系建设，首先需要全面分析国际标准体系和发达国家标准体系的构成情况，根据我国蔬菜的生产、加工、安全要求，在行业标准方面，重点完善生产加工环境要求及评价、种质及繁育检验评价、农业投入品质量要求及评价、农业投入品使用技术、动植物疫病防治及检测技术、生产加工规程及管理规范、产品质量要求及测试、安全限量及测试、产品等级规格、包装标识、储藏技术等全程控制体系，完善我国蔬菜标准体系。在国家标准层面，重点突出农药残留限量及检测方法、产地环境控制、农产品质量要求以及通用生产管理规范等标准。农产品生产技术规范、操作规程类标准由地方标准来配套，使每个县域、每个基地、每个产品、每个环节、每个流程都有标可依、有标必依。在标准化信息体系建设方面，要做好农业标准信息公开，提高农业标准化服务水平，有效解决公众查标准难、用标准难的现实问题。

2. 蔬菜专家团队建设

加强对学科领域的细分，在蔬菜相关标准方面，形成蔬菜产品质量安全、蔬菜育种、蔬菜栽培与田间管理、蔬菜储藏保鲜等方面的专家人才库，组织专家对标准制定、修订项目进行立项评审和项目结题验收评审；在标准项目实施过程中，鼓励形成以中青年专业技术人员为项目负责人，由项目首席专家进行技术指导的标准研究团队，加强标准研究人员的培训力度。

3. 加强推广宣传

标准的贯彻和实施是整个农业标准化活动中一个关键环节，其重要性主要表现在以下几个方面。

① 实施标准有助于提升产业经济，尤其是从小农经济走向规模经营。标准化包含两个方面的内容：一是标准制定、修订；二是标准的组织实施及监督。目前我国已基本建立了一套与国际接轨的农产品质量安全技术标准体系，农产品质量安全监管、农业生产指导基本实现了有标可依。将标准应用于农业生产实际中，提高农业专业化、规模化、产业化水平，是推动农产品生产方式转变，提升农产品市场竞争力的重要途径。

② 实施标准有助于推广先进技术经验。标准是对重复性事物和概念所做的统一规定，它是科学、技术和实践经验的总结。实施标准是科研、生产、使用三者之间的桥梁。一项科研成果或者先进技术，一旦纳入相应标准，就得到了推广和应用的良好载体。因此，实施标准，也就是标准化，可使新技术和新科研成果得到迅速推广应用，从而促进技术进步。同时，标准的实施过程也是标准发展、完善和提高的过程。随着科学技术的不断发展和进步，各种标准也随之更新和修订。

③ 实施标准有助于提高政府管理效率。在政府监管中，标准的重要价值在于它架起了法律与科学之间的桥梁；提高了行政决定过程的公开性与结果的准确性；为规范和控制行政裁量权提供了工具。标准的实施为提高政府管理效率提供了便捷技术措施。我国的食品安全国家标准中的限量指标，就是政府实施食品和农产品质量安全管理的便捷、高效的技术措施。

因此，应大力加强宣传和贯彻农产品标准化知识，健全和完善农业标准推广体系。可以探索以下几个主要途径：

① 通过报纸、广播、电视等各种媒体，加强农业标准化的科普宣传力度，大力宣传标准化在农业生产及管理中的作用，促进农民的观念转变和思想更新，加强农民的标准化知识培训，使他们掌握与其相关的农业标准化基本知识。

② 建立标准化推广网络。充分利用现有农业技术推广体系，发挥各级农业技术推广人员主力军的作用，并以此为骨干，建立由省级到村级的各级示范区（示范户），形成标准推广网络，让农民亲眼看到农产品标准化的效益。

③ 充分发挥龙头企业的带动性。加大农业产业化经营力度，充分利用龙头企业的带动作用，把成千上万农户的生产经营引导到农业标准化轨道上来，从而加快农业标准化进程。

4. 发展信息化农业，培养新型农民

转变农业发展方式，实行标准化的生产，大力引进各类信息化的专业性人才，同时注重培养新型职业农民。构建以学校教育为基础，在职培训为重点的农业信息化人才培养体系。定期对农业信息化人员开展有针对性的培训及交流，并及时更新，以此带动农产品溯源系统的发展。

5. 全面提升标准化生产能力

高度重视标准实施问题：一是要推广按标生产技术，尤其是规模化生产经营主体；二是要扩大建设规模，抓好"三园两场"（果园、菜园、茶园、畜禽养殖场、水产养殖场），充分发挥辐射带动作用；三是要加强品牌培育，抓好"三品一标"（无公害农产品、绿色食品、有机农产品、地理标志农产品），打造一批安全优质的知名农产品品牌和生产基地。

6. 继续强化风险评估机制

风险评估是食品安全风险分析体系乃至食品安全标准制定的基础。加强我国

风险评估相关的体制机制,建立有效数据链接,力求膳食消费资料和报告与国际对接,加快我国农药残留标准国际化步伐。确保标准制定、登记批准、风险评估、免除残留限量等农药产品生命周期理念得到有效应用,形成了一个风险评估-风险管理的有机体系。

7. 加强国际间交流与合作

关注国际农药残留和重金属监管动态,积极参与国际农药残留和重金属管理事务,加强与相关国际组织及发达国家或地区农药、有害物质管理机构的交流与合作。提升我国蔬菜安全监管水平和能力。逐步实现国家标准与国际标准对接,监测资源合作利用与共享。

第二节 食用菌标准

食用菌是指子实体硕大、可供食用的蕈菌(大型真菌),通称为蘑菇。中国食用菌资源十分丰富,品种极多,已辨识的品种超过900种,其中超过50种进行了商业规模的栽培。常见的食用菌多属担子菌亚门,有香菇、草菇、蘑菇、木耳、银耳、猴头菇、竹荪、松口蘑(松茸)、口蘑、红菇、灵芝、虫草、松露、白灵菇和牛肝菌等;少数属于子囊菌亚门,有羊肚菌、马鞍菌、块菌等。上述真菌分别生长在不同的地区、不同的生态环境中。

一、食用菌标准体系

1. 食用菌国家标准

见表5-3。

表5-3 现行的食用菌国家标准

序号	产品	分类	标准名称	标准编号
1	食用菌	基础/通用类	食用菌术语	GB/T 12728—2006
2	食用菌	产品类	食品安全国家标准 食用菌及其制品	GB/T 7096—2014
3	食用菌	产品类	食用菌罐头卫生标准	GB/T 7098—2015
4	食用菌	方法类	食用菌灰分测定	GB/T 12532—2008
5	食用菌	方法类	食用菌杂质测定	GB/T 12533—2008
6	食用菌	方法类	食用菌中440种农药及相关化学品残留量的测定 液相色谱-串联质谱法	GB/T 23200.12—2016
7	食用菌	方法类	食用菌中503种农药及相关化学品残留量的测定 气相色谱-质谱法	GB/T 23200.15—2016
8	食用菌	方法类	食用菌中粗蛋白含量的测定	GB/T 15673—2009

续表

序号	产品	分类	标准名称	标准编号
9	食用菌	方法类	食用菌中粗脂肪含量的测定	GB/T 15674—2009
10	食用菌	方法类	食用菌中总糖含量的测定	GB/T 15672—2009
11	银耳	方法类	银耳中米酵菌酸的测定	GB/T 5009.189—2003
12	灵芝孢子粉	生产管理类	灵芝孢子粉采收及加工技术规范	GB/T 29344—2012
13	食用菌	种质资源类	食用菌品种选育技术规范	GB/T 21125—2007
14	草菇	种质资源类	草菇菌种	GB/T 23599—2009
15	双孢蘑菇	种质资源类	双孢蘑菇菌种	GB/T 19171—2003
16	黑木耳	种质资源类	黑木耳菌种	GB/T 19169—2003
17	平菇	种质资源类	平菇菌种	GB/T 19172—2003
18	香菇	种质资源类	香菇菌种	GB/T 19170—2003
19	香菇	生产管理类	香菇生产技术规范	GB/Z 26587—2011
20	银耳	生产管理类	银耳菌种生产技术规范	GB/T 29368—2012
21	银耳	生产管理类	银耳生产技术规范	GB/T 29369—2012
22	黑木耳	产品类	地理标志产品 卢氏黑木耳	GB/T 23395—2009
23	泌阳花菇	产品类	地理标志产品 泌阳花菇	GB/T 22746—2008
24	庆元香菇	产品类	地理标志产品 庆元香菇	GB/T 19087—2008
25	黑木耳	产品类	黑木耳	GB/T 6192—2008
26	牛肝菌	产品类	牛肝菌 美味牛肝菌	GB/T 23191—2008
27	平菇	产品类	平菇	GB/T 23189—2008
28	菌粉	产品类	食品安全国家标准 食品营养强化剂 富硒食用菌粉	GB/T 1903.22—2016
29	双孢蘑菇	产品类	双孢蘑菇	GB/T 23190—2008
30	松茸	产品类	松茸	GB/T 23188—2008
31	食用菌	产品类	压缩食用菌	GB/T 23775—2009

2. 食用菌行业标准

见表5-4。

表5-4 食用菌行业标准

序号	产品	分类	标准名称	标准编号
1	食用菌	基础/通用类	食用菌品种描述技术规范	NY/T 1098—2006
2	食用菌	环境安全类	无公害食品 食用菌产地环境条件	NY 5358—2007
3	食用菌	生产管理类	无公害食品 食用菌栽培基质安全技术要求	NY 5099—2002
4	草菇	方法类	植物新品种特异性、一致性和稳定性测试指南 草菇	NY/T 2525—2013

续表

序号	产品	分类	标准名称	标准编号
5	黑木耳	方法类	植物新品种特异性、一致性和稳定性测试指南 黑木耳	NY/T 2588—2014
6	香菇	方法类	植物新品种特异性、一致性和稳定性测试指南 香菇	NY/T 2560—2014
7	食用菌	生产管理类	食用菌栽培基质质量安全要求	NY/T 1935—2010
8	食用菌	基础/通用类	农作物品种审定规范 食用菌	NY/T 1844—2010
9	香菇	生产管理类	出口干香菇检验规程	SN/T 0627.7—2016
10	食用菌	生产管理类	出口速冻蔬菜检验规程 食用菌	SN/T 0626.7—1997
11	松茸	生产管理类	出口鲜松茸检验规程	SN/T 3693—2013
12	食用菌	生产管理类	出口盐渍食用菌检验规程	SN/T 0633—1997
13	食用菌	方法类	出口蘑菇罐头中尿素残留量检验方法	SN/T 1004—2001
14	食用菌	方法类	出口蘑菇罐头中硒的测定方法 荧光分光光度法	SN/T 0860—2000
15	食用菌	方法类	辐照食用菌鉴定 热释光法	NY/T 2213—2012
16	灵芝	方法类	灵芝产品中灵芝酸含量的测定 高效液相色谱法	NY/T 2278—2012
17	灵芝孢子粉	方法类	破壁灵芝孢子粉破壁率的测定	NY/T 1677—2008
18	食用菌	方法类	食用菌菌种真实性鉴定 ISSR法	NY/T 1730—2009
19	食用菌	方法类	食用菌菌种真实性鉴定 RAPD法	NY/T 1743—2009
20	食用菌	方法类	食用菌菌种真实性鉴定 酯酶同工酶电泳法	NY/T 1097—2006
21	食用菌	方法类	食用菌菌种中杂菌及害虫的检验	NY/T 1284—2007
22	食用菌	方法类	食用菌中粗多糖含量的测定	NY/T 1676—2008
23	食用菌	方法类	食用菌中亚硫酸盐的测定 充氮蒸馏-分光光度计法	NY/T 1373—2007
24	食用菌	方法类	食用菌中岩藻糖、阿糖醇、海藻糖、甘露醇、甘露糖、葡萄糖、半乳糖、核糖的测定 离子色谱法	NY/T 2279—2012
25	食用菌	方法类	食用菌中荧光物质的检测	NY/T 1257—2006
26	双孢蘑菇	方法类	双孢蘑菇中蘑菇氨酸的测定 高效液相色谱法	NY/T 2280—2012
27	香菇	方法类	香菇中甲醛含量的测定	NY/T 1283—2007
28	食用菌	方法类	主要食用菌中转基因成分定性 PCR检测方法	SN/T 2074—2008
29	食用菌	物流类	食用菌流通规范	SB/T 11099—2014
30	食用菌	生产管理类	食用菌热风脱水加工技术规范	NY/T 1204—2006
31	双孢蘑菇、金针菇	物流类	双孢蘑菇、金针菇贮运技术规范	NY/T 1934—2010
32	双孢蘑菇	物流类	双孢蘑菇冷藏及冷链运输技术规范	NY/T 2117—2012

续表

序号	产品	分类	标准名称	标准编号
33	松口蘑	生产管理类	松口蘑采收及保鲜技术规程	LY/T 1651—2005
34	食用菌	种质资源类	食用菌菌种检验规程	NY/T 1846—2010
35	食用菌	种质资源类	食用菌菌种良好作业规范	NY/T 1731—2009
36	食用菌	种质资源类	食用菌菌种区别性鉴定拮抗反应	NY/T 1845—2010
37	食用菌	种质资源类	食用菌菌种生产技术规程	NY/T 528—2010
38	食用菌	种质资源类	食用菌菌种通用技术要求	NY/T 1742—2009
39	杏鲍菇、白灵菇	种质资源类	杏鲍菇和白灵菇菌种	NY 862—2004
40	杏鲍菇	生产管理类	北方杏鲍菇栽培技术规程	LY/T 2040—2012
41	黑木耳	生产管理类	段木栽培黑木耳技术	LY/T 1208—1997
42	食用菌	生产管理类	秸秆栽培食用菌霉菌污染综合防控技术规范	NY/T 2064—2011
43	灵芝	生产管理类	灵芝短段木栽培技术规程	LY/T 2476—2015
44	食用菌	生产管理类	食用菌生产技术规范	NY/T 2375—2013
45	口蘑	产品类	口蘑	NY/T 445—2001
46	口蘑	产品类	农业行业标准《口蘑》第1号修改单	NY/T 445—2001（XG1—2012）
47	黑木耳	产品类	保鲜黑木耳	LY/T 1649—2005
48	草菇	产品类	草菇	NY/T 833—2004
49	草菇	产品类	草菇	SB/T 10038—1992
50	黑木耳	产品类	黑木耳块	LY/T 1207—2007
51	灰树花	产品类	灰树花	NY/T 446—2001
52	姬松茸	产品类	姬松茸	LY/T 1696—2007
53	食用菌	产品类	绿色食品 食用菌	NY/T 749—2012
54	毛木耳	产品类	毛木耳	NY/T 695—2003
55	木灵芝	产品类	木灵芝干品质量	LY/T 1826—2009
56	猴头菇	产品类	森林食品 猴头菇干制品	LY/T 2132—2013
57	食用菌	产品类	食用菌、山野菜干制品压缩块	LY/T 1577—2009
58	双孢蘑菇	产品类	双孢蘑菇	NY/T 224—2006
59	香菇	产品类	香菇	GH/T 1013—2015
60	银耳	产品类	银耳	NY/T 834—2004
61	竹荪	产品类	竹荪	NY/T 836—2004
62	茶树菇	产品类	无公害食品 茶树菇	NY 5247—2004
63	黑木耳	产品类	黑木耳等级规格	NY/T 1838—2010
64	食用菌	产品类	双孢蘑菇等级规格	NY/T 1790—2009
65	香菇	产品类	香菇等级规格	NY/T 1061—2006

二、食用菌标准存在的问题

1. 标准体系问题

（1）标龄长，标准内容重复交叉　目前现行有效的食用菌国家标准和行业标准中，2000年（含）之前的有6个，2000～2005年制定的有16个，2006～2010年制定的有46个，2011年后制定的有27个。现行有效最早的SB/T 10038—1992《草菇》，标龄已达27年，其中引用的部分标准已经作废。除标龄长外，现行标准间内容重复交叉问题突出。如NY/T 1742—2009《食用菌菌种通用技术要求》包含了对平菇、木耳、香菇、金针菇等20个食用菌品种的母种（一级种）、原种（二级种）和栽培种（三级种）质量要求、检验规则、运输储存等，但GB 19170—2003《香菇菌种》、GB 19172—2003《平菇菌种》等标龄较长的单个品种的菌种标准仍在并行；部分产品标准和产品等级规格标准内容交叉重复，如NY/T 224—2006和NY/T 1790—2009均对双孢蘑菇等级规格做了规定，但两个标准间在等级划分及具体指标上存在明显差异。

（2）部分环节标准缺失较多　食用菌标准缺失环节主要体现在栽培基质（菌棒）、储存运输2个环节。目前栽培基质（菌棒）的生产逐渐走向集约化，种类多为秸秆、麸皮等农业下脚料，若质量控制不当，对产业造成的影响也明显增大。已经发布的4个有关栽培基质（菌棒）的标准中，3个为无公害标准，另有1个只规定了一般要求，无明确技术指标，对栽培基质（菌棒）重金属含量、农药残留等安全指标的控制无标可依。储存运输环节亦是标准缺失较多的一环。食用菌属于鲜活真菌产品，生长速度快，代谢强度高，采收后仍然具有旺盛的生命力，若处置不当，极易导致产品品质下降。如新鲜双孢蘑菇子实体若储藏不当，很快就会出现褐变、开伞、失重、萎缩、软化、液化、腐烂和产生异味等现象，严重影响其商品性状和营养价值，同时又可能造成非法添加剂的乱用。我国已发布的食用菌储存运输环节标准只对香菇、双孢蘑菇、平菇和金针菇4个品种的鲜品流通要求做了规定，但我国实际生产消费的食用菌鲜品远多于这4种，如杏鲍菇、蟹味菇、白玉菇等。

（3）野生菌产品相关标准少　野生菌是近年来消费需求不断增长的一大类食用菌，但目前有关野生菌的储存运输及质量安全标准缺失较多，目前仅有1个产品标准GB/T 23188—2008《松茸》。野生菌采后不易储藏，罗晓莉等对野生菌质量安全现状进行了研究，指出可能存在农药残留、重金属含量较高以及有毒无毒菌混杂等问题。为充分保障野生食用菌的食用安全性，提升野生食用菌产业的整体效益，需尽快制定相关技术标准。

（4）食用菌重金属限量标准需要再评估　近年来，国际食品法典委员会（CAC）、欧盟等纷纷修订了包括食用菌在内的各类食品中重金属限量，总体趋势是越来越严格。如2015年6月26号，欧盟发布了（EC）1005/2015号法规，对原（EC）1881/2006号法规中有关食品中铅的限量标准进行了修订，该法规要求除新鲜的双孢蘑菇、平菇和香菇中镉的含量限值为＜0.3mg/kg外，其余均为＜0.1mg/kg。该法规自2015年7月15号开始实施。我国目前现行有效的标准中规定，食用菌及其制品中铅限量值为1.0 mg/kg，未区分品种及干鲜品等产品形式，且明显宽松于欧盟标准。为了应对国际市场的需求，我国标准需要修订，即使不修订，也需开展进一步的风险评估工作，做好技术贸易壁垒应对。

2. 标准管理问题

目前食用菌产业已经成为我国继粮、油、蔬、果后的第五大农产品大类，也是我国重要的出口创汇产业。但标准体系的完善程度与产业规模不成正比，而且还没有专门的食用菌标准化技术委员会，相关工作体制和机制缺乏，正规意义上的专家团队建设更无法保障。目前相关标准建议的提出和申报等均比较分散，缺乏系统性和规划性。

三、食用菌标准的需求与发展方向

1. 食用菌标准的需求

需要尽快制定食用菌栽培基质（菌棒）质量安全标准、品种分类标准、储藏运输环节技术规范以及野生菌产品质量安全标准，进一步适应目前食用菌生产工厂化、规模化的发展要求。栽培基质（菌棒）质量安全标准主要是指用于基质（菌棒）质量控制时的重金属含量、农药残留等安全限量标准。储藏运输环节建议尽快制定食用菌冷藏及冷链运输技术规范。目前冷链在我国鲜活农产品的储藏、运输和销售各环节中应用越来越广，可作为食用菌采后鲜品流通环节保持商品品质、延长货架期的一种有效手段，同时避免了非法添加剂的乱用滥用等现象。野生菌产品质量安全标准主要是指产品采收后储藏运输环节技术规范以及产品中农药、重金属等的安全限量标准。

2. 食用菌标准发展方向

（1）完善标准体系建设　在对前期标准梳理的基础上，进一步完善标准制定、修订体系的方向和分工。国家标准的制定、修订以通用基础标准（如术语、取样技术规范类）、产品安全性标准及其相关参数的检测技术标准为主；行业标准的制定、修订以需要在行业内统一的新品种测试技术标准、具有探索性的特色营养功能成分检测技术标准、储藏运输环节技术标准等为主；地方标准的制定、修订以菌种类、生产技术规范（程）类标准为主；团体标准的制定、修订以产品等级规格等具有市场竞争力和行为的标准为主。

（2）专家团队建设　成立专门的食用菌标准化技术委员会，以标委会的名义组织聘请食用菌产业内覆盖生产、流通、科研等环节的专家，有针对性地做好食用菌标准体系的规划和布局，使得食用菌标准体系建设更加具有长远性和系统性。

第三节　马铃薯标准

17世纪时，马铃薯已经成为欧洲的重要粮食作物并且已经传播到中国，由于马铃薯非常适合在原来粮食产量极低，只能生长莜麦（裸燕麦）的高寒地区生长，很快在内蒙古、河北、山西、陕西北部普及。马铃薯和玉米、番薯等从美洲传入的高产作物成为贫苦阶层的主要食品，对维持中国人口的迅速增加起到了重要作用。21世纪中国马铃薯种植面积居世界第二位。马铃薯产量高，营养丰富，对环境的适应性较强，现已遍布世界各地，热带和亚热带国家甚至在冬季或凉爽季节也可栽培并获得较高产量。世界马铃薯主要生产国有俄罗斯、印度、乌克兰、波兰、中国、美国等。世界各地马铃薯的栽培技术因地理气候条件不同而异，主要利用块茎进行无性繁殖。为避免切刀传染病毒（纺锤块茎，X和S花叶病毒）和环腐病，应选用直径为3~3.5cm的健康种薯进行整薯播种。大部分栽培品种是通过杂交育种选育成的。鉴于普通栽培种土豆品种资源的贫乏，栽培者尤其重视综合马铃薯的近缘栽培种，包括普通栽培种及二倍体栽培种的染色体组，以利于选育高产、高抗、高淀粉、高蛋白质含量的新品种。选育途径主要有：①利用产生$2n$配子的二倍体杂种与普通栽培种杂交；②利用新型栽培品种与普通栽培种杂交。土豆产量高，对环境的适应性较强。利用块茎无性繁殖时，种薯在土温5~8℃的条件下即可萌发生长，最适温度为15~20℃。适于植株茎叶生长和开花的气温为16~22℃。夜间最适于块茎形成的气温为10~13℃（土温16~18℃），高于20℃时则形成缓慢。出土和幼苗期在气温降至-2℃即遭冻害。最重要的土豆栽培种是四倍体种。四倍体栽培种马铃薯向世界各地传播，最初是于1570年从南美的哥伦比亚将短日照类型引入欧洲的西班牙，经人工选择，成为长日照类型。马铃薯皮的颜色有白、黄、粉红、红、紫和黑，薯肉颜色有白、淡黄、黄色、黑色、青色、紫及黑紫。

马铃薯是全球仅次于小麦和玉米的第三大重要的粮食作物，与小麦、玉米、稻谷、高粱并称为世界5大作物。我国是马铃薯总产量最大的国家。2015年农业部启动马铃薯主食战略，各级政府积极出台政策，鼓励和支持马铃薯产业发展。作为马铃薯产业的支撑，加强构建和完善马铃薯标准体系，是实施马铃薯主食化战略的一项重要基础性任务。随着我国马铃薯产业的发展，各环节技术要求越来越复杂，生产协作越来越广泛，因此建立一套完整的标准体系，对维护马铃薯产业市场秩序，提高产业效益，增强产品市场竞争力，具有十分重要的作用。标准体系的完善是产业提升必不可少的重要平台。

自1982年第一个马铃薯标准GB 3243—1982《马铃薯种薯生产技术操作规程》颁布实施，拉开中国马铃薯产业技术体系标准化序幕以来，经过30多年发展，初步形成了马铃薯产前、产中、产后以及检验检测和配套农机等标准，使我国马铃薯生产逐步由凭借经验向规范化过渡。现已初步形成了国家标准、行业标准、地方标准等多个层级互为补充的技术标准体系框架，行业管理不断加强，科技含量逐步提高，区域特点和地方特色进一步凸显。

一、马铃薯标准体系

我国发布马铃薯相关现行有效标准300多项。按照级别和行业分类有国家标准、农业行业标准、商业行业标准、商检行业标准、粮食行业标准等。其中，国家标准30项，行业标准61项，地方标准200多项。

我国马铃薯国家标准和行业标准见表5-5。

表5-5 现行马铃薯国家标准和行业标准

序号	产品	分类	标准名称	标准编号
1	马铃薯	机械配套类	农林机械 安全 第16部分：马铃薯收获机	GB 10395.16—2010
2	马铃薯	基础/通用类	农药 田间药效试验准则（二）第133部分：马铃薯脱叶干燥剂药效试验	GB/T 17980.133—2004
3	马铃薯	基础/通用类	农药 田间药效试验准则（二）第137部分：马铃薯抑芽剂药效试验	GB/T 17980.137—2004
4	马铃薯	基础/通用类	农药 田间药效试验准则（一）杀虫剂防治马铃薯等作物蚜虫	GB/T 17980.15—2000
5	马铃薯	基础/通用类	农药 田间药效试验准则（一）杀菌剂防治马铃薯晚疫病	GB/T 17980.34—2000
6	马铃薯	基础/通用类	农药 田间药效试验准则（一）除草剂防治马铃薯地杂草	GB/T 17980.52—2000
7	马铃薯	种质资源类	马铃薯种薯	GB 18133—2012
8	马铃薯	生产管理类	马铃薯甲虫疫情监测规程	GB/T 23620—2009
9	马铃薯	生产管理类	马铃薯甲虫疫情监测规程（英文版）	GB/T 23620—2009E
10	马铃薯	机械配套类	马铃薯种植机 技术条件	GB/T 25417—2010
11	马铃薯	物流类	早熟马铃薯 预冷和冷藏运输指南	GB/T 25868—2010
12	马铃薯	生产管理类	马铃薯 通风库贮藏指南	GB/T 25872—2010
13	马铃薯	方法类	马铃薯银屑病菌检疫鉴定方法	GB/T 28093—2011
14	马铃薯	方法类	马铃薯种薯真实性和纯度鉴定 SSR分子标记	GB/T 28660—2010
15	马铃薯	方法类	马铃薯A病毒检疫鉴定方法 纳米颗粒增敏胶体金免疫层析法	GB/T 28974—2012
16	马铃薯	方法类	马铃薯环腐病菌检疫鉴定方法	GB/T 28978—2012
17	马铃薯	生产管理类	马铃薯脱毒试管苗繁育技术规程	GB/T 29375—2012
18	马铃薯	生产管理类	马铃薯脱毒原原种繁育技术规程	GB/T 29376—2012
19	马铃薯	生产管理类	马铃薯脱毒种薯级别与检验规程	GB/T 29377—2012

续表

序号	产品	分类	标准名称	标准编号
20	马铃薯	生产管理类	马铃薯脱毒种薯生产技术规程	GB/T 29378—2012
21	马铃薯	生产管理类	马铃薯脱毒种薯贮藏、运输技术规程	GB/T 29379—2012
22	马铃薯	生产管理类	马铃薯商品薯质量追溯体系的建立与实施规程	GB/T 31575—2015
23	马铃薯	生产管理类	马铃薯商品薯生产技术规程	GB/T 31753—2015
24	马铃薯	生产管理类	马铃薯商品薯分级与检验规程	GB/T 31784—2015
25	马铃薯	方法类	马铃薯纺锤块茎类病毒检疫鉴定方法	GB/T 31790—2015
26	马铃薯	方法类	马铃薯V病毒检疫鉴定方法	GB/T 31806—2015
27	马铃薯	基础通用类	马铃薯贮藏设施设计规范	GB/T 51124—2015
28	马铃薯	生产管理类	种植机械 马铃薯种植机 试验方法	GB/T 6242—2006
29	马铃薯	生产管理类	马铃薯种薯产地检疫规程	GB/T 7331—2003
30	马铃薯	产品类	食用马铃薯淀粉	GB/T 8884—2017
31	马铃薯	产品类	马铃薯（土豆、洋芋）	LS/T 3106—1985
32	马铃薯	产品类	马铃薯等级规格	NY/T 1066—2006
33	马铃薯	机械配套类	马铃薯收获机械	NY/T 1130—2006
34	马铃薯	生产管理类	马铃薯脱毒种薯繁育技术规程	NY/T 1212—2006
35	马铃薯	生产管理类	农作物种质资源鉴定技术规程 马铃薯	NY/T 1303—2007
36	马铃薯	生产管理类	马铃薯种植机质量评价技术规范	NY/T 1415—2007
37	马铃薯	基础/通用类	农药田间药效试验准则 第42部分：杀虫剂防治马铃薯二十八星瓢虫	NY/T 1464.42—2012
38	马铃薯	生产管理类	农作物品种试验技术规程 马铃薯	NY/T 1489—2007
39	马铃薯	基础/通用类	农作物品种审定规范 马铃薯	NY/T 1490—2007
40	马铃薯	产品类	加工用马铃薯 油炸	NY/T 1605—2008
41	马铃薯	生产管理类	马铃薯种薯生产技术操作规	NY/T 1606—2008
42	马铃薯	生产管理类	马铃薯晚疫病防治技术规范	NY/T 1783—2009
43	马铃薯	生产管理类	马铃薯晚疫病测报技术规范	NY/T 1854—2010
44	马铃薯	方法类	马铃薯纺锤块茎类病毒检测	NY/T 1962—2010
45	马铃薯	方法类	马铃薯品种鉴定	NY/T 1963—2010
46	马铃薯	环境安全类	马铃薯脱毒种薯繁育基地建设标准	NY/T 2164—2012
47	马铃薯	种质资源类	农作物优异种质资源评价规范 马铃薯	NY/T 2179—2012
48	马铃薯	生产管理类	马铃薯辐照抑制发芽技术规范	NY/T 2210—2012
49	马铃薯	生产管理类	马铃薯主要病虫害防治技术规程	NY/T 2383—2013
50	马铃薯	生产管理类	马铃薯机械化收获作业技术规范	NY/T 2462—2013

续表

序号	产品	分类	标准名称	标准编号
51	马铃薯	生产管理类	马铃薯收获机 作业质量	NY/T 2464—2013
52	马铃薯	方法类	马铃薯6种病毒的检测 RT-PCR	NY/T 2678—2015
53	马铃薯	生产管理类	马铃薯打秧机 质量评价技术规范	NY/T 2706—2015
54	马铃薯	种质资源类	马铃薯原原种等级规格	NY/T 2716—2015
55	马铃薯	方法类	马铃薯纺锤块茎类病毒检测 核酸斑点杂交法	NY/T 2744—2015
56	马铃薯	生产管理类	旱作马铃薯全膜覆盖技术规范	NY/T 2866—2015
57	马铃薯	种质资源类	马铃薯种质资源描述规范	NY/T 2940—2016
58	马铃薯	方法类	马铃薯抗晚疫病室内鉴定技术规程	NY/T 3063—2016
59	马铃薯	基础/通用类	马铃薯主食产品 分类和术语	NY/T 3100—2017
60	马铃薯	产品类	富硒马铃薯	NY/T 3116—2017
61	马铃薯	方法类	脱毒马铃薯种薯(苗)病毒检测技术规程	NY/T 401—2000
62	马铃薯	生产管理类	无公害食品 马铃薯生产技术规程	NY/T 5222—2004
63	马铃薯	生产管理类	马铃薯收获机 质量评价技术规范	NY/T 648—2015
64	马铃薯	生产管理类	马铃薯种植机械 作业质量	NY/T 990—2006
65	马铃薯	产品类	马铃薯片	QB/T 2686—2005
66	马铃薯	生产管理类	农业气象观测规范 马铃薯	QX/T 300—2015
67	马铃薯	物流类	鲜食马铃薯流通规范	SB/T 10577—2010
68	马铃薯	产品类	马铃薯冷冻薯条	SB/T 10631—2011
69	马铃薯	产品类	马铃薯雪花全粉	SB/T 10752—2012
70	马铃薯	物流类	加工用马铃薯流通规范	SB/T 10968—2013
71	马铃薯	方法类	马铃薯癌肿病检疫鉴定方法	SN/T 1135.1—2002
72	马铃薯	方法类	马铃薯皮斑病菌检疫鉴定方法	SN/T 1135.11—2013
73	马铃薯	方法类	马铃薯M病毒检疫鉴定方法	SN/T 1135.12—2015
74	马铃薯	方法类	马铃薯Y病毒检疫鉴定方法	SN/T 1135.13—2015
75	马铃薯	方法类	马铃薯黄化矮缩病毒检疫鉴定方法	SN/T 1135.2—2016
76	马铃薯	方法类	马铃薯帚顶病毒检疫鉴定方法	SN/T 1135.3—2016
77	马铃薯	方法类	马铃薯黑粉病菌检疫鉴定方法	SN/T 1135.4—2006
78	马铃薯	方法类	马铃薯绯腐病菌检疫鉴定方法	SN/T 1135.6—2008
79	马铃薯	方法类	马铃薯A病毒检疫鉴定方法	SN/T 1135.7—2009
80	马铃薯	方法类	马铃薯坏疽病菌检疫鉴定方法	SN/T 1135.8—2017
81	马铃薯	方法类	马铃薯青枯病菌检疫鉴定方法	SN/T 1135.9—2010
82	马铃薯	方法类	植物检疫 马铃薯甲虫检疫鉴定方法	SN/T 1178—2003

续表

序号	产品	分类	标准名称	标准编号
83	马铃薯	方法类	转基因成分检测 马铃薯检测方法	SN/T 1198—2013
84	马铃薯	方法类	马铃薯白线虫检疫鉴定方法	SN/T 1723.1—2006
85	马铃薯	方法类	马铃薯金线虫检疫鉴定方法	SN/T 1723.2—2006
86	马铃薯	方法类	马铃薯丛枝植原体检疫鉴定方法	SN/T 2482—2010
87	马铃薯	方法类	马铃薯卷叶病毒检疫鉴定方法	SN/T 2627—2010
88	马铃薯	方法类	马铃薯炭疽病菌检疫鉴定方法	SN/T 2729—2010
89	马铃薯	方法类	马铃薯纺锤块茎类病毒检疫鉴定方法	SN/T 3437—2012
90	马铃薯	方法类	热处理脱除马铃薯卷叶病毒技术规程	SN/T 4338—2015
91	马铃薯	方法类	马铃薯甲虫检疫监测技术指南	SN/T 4984—2017

目前，与马铃薯相关的现行有效的国家标准有30项，检测领域的标准最多，占国标总数的1/3，其次是生产技术标准和植物保护标准、机械标准以及贮藏和运输标准，分别占10%~20%，最少的是加工标准。商检行业标准近乎全部为病害检测技术标准。农业行业标准中，与检测相关的标准比例为29%，与生产相关的标准和与植保相关的标准均占总农业标准的13%，与机械相关的标准比例为23%，加工和贮藏相关标准最少。在表5-5所列标准中，与马铃薯种薯相关的标准有10项，可见马铃薯种薯在马铃薯产业中的重要地位和重视程度。我国种植马铃薯的地区较多，各地的环境差异较大，因此，地方标准的数量也是巨大的。我国有23个省（市、区）制定了马铃薯地方标准，其中陕西、安徽、浙江、广东均只有2项马铃薯标准，而宁夏有38项。存在这种差异主要原因之一是不同的地区种植结构不同，重点关注的作物也不一样，其重视程度自然存在差异。

二、马铃薯标准存在的问题

在国际马铃薯标准体系建设中，从趋势上看，马铃薯种苗、微型薯和类病毒病害、农药残留限量等标准，是国际组织关注的重点。当前我国马铃薯标准体系发展迅速，标准体系建设取得了较大成绩，但不可否认，当前我国马铃薯产业技术标准体系还存在一定的问题。

1. 马铃薯标准体系问题

（1）标准数量不均衡，涵盖领域不全，急需补充 我国马铃薯标准基本涵盖了生产技术规程、病虫害防控、种薯质量控制、加工、储藏运输、种质资源等领域，但是，涉及加工和储藏运输的标准比较少，表现为重生产、轻产后的产业现状。现行标准以生产技术规程为主，产地环境、农业投入品、农业工程建设、安全卫生、检验方法等标准较少或缺失，产后处理、加工、储藏管理以及产品质量检测等领域都缺少相应的规程规范，存在严重的脱节。现行标准无论从涉及面还是质量上，均不能满足生产需要，标准数量不均衡，涵盖领域不全，弱化了标准的技术支撑作用，成为当前我国马铃薯产业发展的瓶颈。

以马铃薯加工业为例，我国马铃薯加工业发展迅速，马铃薯加工产品逐渐增多，主要有马铃薯淀粉、全粉、冷冻薯条、油炸薯片等，但目前除了马铃薯淀粉、冷冻薯条有国家标准外，其他的马铃薯食品及深加工产品均没有制定国家标准，难以规范企业生产和产品质量。与产品标准协调统一的工艺、检测试验方法、安全、卫生、环保等标准都属空白，这样不但无法维护国内市场竞争秩序，更难以应对国际间的贸易壁垒。例如在马铃薯深加工中，对马铃薯糖苷生物碱、浓缩蛋白质及水解蛋白质产物等方面的测定，在国外已有相关检测标准的出台，而我国仍是空白。在我国，马铃薯加工领域没有制定过马铃薯加工废渣废水排放相关标准，有必要制定相关标准。另外，在马铃薯质量监控方面也有不足。例如，马铃薯田间病害防治技术规范中，虽已经列举了许多病害，但一些规范出台时间已久，许多病害并未添加到标准中，例如马铃薯黑痣病、早疫病的田间防治技术就属空白。除此之外，在马铃薯种薯生产领域、病虫害鉴定及检测领域、马铃薯品种分析相关领域以及相关基础性标准都相应需要补充。

(2) 标准修订速度慢，适应性差　马铃薯相关标准的制定、修订速度跟不上产业的发展。标龄超长：接近50%的国家标准标龄超过5年，最长的17年；标龄超过10年的占28%。根据《标准化实施条例》规定，国家标准的年限一般为5年，过了年限后国家标准就要进行复审，确定其继续有效，需修订或重新制定。可见，目前马铃薯产业相关现行的国家标准无论从涉及面还是质量上，都已经无法满足生产、生活的需要。

如GB/T 25417—2010《马铃薯种植机　技术条件》，标准制定时间超过5年，不能满足不同产地、不同栽培模式的生产需求，需要及时更新和补充，重漏播率、株距合格指数等要与国际标准统一。SB/T 10577—2010《鲜食马铃薯流通规范》，由于制定时间过长，部分内容对于现阶段已经不适用。NY/T 401—2000《脱毒马铃薯种薯（苗）病毒检测技术规程》，由于制定时间过长，检测技术和病毒种类有变化，需根据情况进行调整和增加。GB 10395.16—2010《农林机械　安全　第16部分：马铃薯收获机》，动力输出轴型号、拖拉机动力输出轴、机械安全中一些参数，需要与国际接轨，统一参数；另外，马铃薯收获机中去土去泥技术方面应与国际看齐，一些参数适用性可调整，机械损伤的技术指标要加入标准中。GB/T 31753—2015《马铃薯商品薯生产技术规程》中，不同种薯级别的划分不够统一。另外，检测时，应针对不同用途、级别进行检测。

(3) 标准间内容重复，或相关概念不一致　马铃薯是一种具有薯粮、菜、饲料、加工原料等多种用途的多功能作物，可被加工成薯条、薯片、粉丝等产品，用途十分广泛。因此，马铃薯产业涉及的标准内容较多，范围较广。其中部分标准在内容上出现重复、相关概念不一致的问题。

例如，NY/T 1783—2009《马铃薯晚疫病防治技术规范》和 NY/T 2383—2013《马铃薯主要病虫害防治技术规程》两个行业标准，后者内容基本包含了前者，可将二者整合或重新修订。又如 GB/T 29378—2012《马铃薯脱毒种薯生产技术规程》，与 GB/T 29375—2012《马铃薯脱毒试管苗繁育技术规程》和 GB/T 29376—2012《马铃薯脱毒原原种繁育技术规程》两个国家标准的内容多有交叉和重复，应予整合。对比马铃薯种薯相关标准，GB 18133—2012《马铃薯种薯》将种薯分为原原种（G1）、原种（G2）、一级种（G3）、二级种（G4）四个级别，而 GB/T 29378—2012《马铃薯脱毒种薯生产技术规程》将种薯分为原原种（G1）、原种（G2）、大田种薯（G3）三个级别。前者是种薯的质量检测技术标准，后者是种薯的生产技术规程，生产技术标准应以质量标准为主，概念和规范不统一、不严谨，种薯质量难以保证。

（4）标准内容不健全、有缺失　如 SB/T 10631—2011《马铃薯冷冻薯条》，没有涉及冷冻薯条的分级，应当参考美国的冷冻法式炸薯条等级划分标准（塔尔博特，2016），考虑味道、颜色、规格、对称性整齐度、瑕疵质地等因素，给予冷冻薯条不同的分值，确定其等级。2015年6月16日，美国食品药品管理局宣布，将在3年内完全禁止在食品中使用人造反式脂肪，以助降低心脏疾病发病率。由于在加工过程中采用了氢化植物油，薯片当中存在反式脂肪酸。然而，QB/T 2686—2005《马铃薯片》并没有涉及反式脂肪酸含量问题，即使不明确规定不得含有反式脂肪酸，至少需要规定反式脂肪酸含量的上限并提供反式脂肪酸含量分析测试方法。GB/T 29379—2012《马铃薯脱毒种薯贮藏、运输技术规程》和 GB/T 25868—2010《早熟马铃薯　预冷和冷藏运输指南》中，均未对运输或贮藏中的马铃薯质量控制指标进行规范。

（5）部分标准不合理　在我国马铃薯相关标准中，有些标准由于制定时间较长，或已不适用于当前形势，需要重新制定，如 LS/T 3106—1985《马铃薯（土豆、洋芋）》；有些标准已经失去当前形势下的意义，需要直接废止，例如 NY/T 1490—2007《农作物品种审定规范　马铃薯》；另外，有的个别标准，制定过于笼统，不够明确，需要废止后重新制定，如 NY/T 2383—2013《马铃薯主要病虫害防治技术规程》。

2. 标准管理问题

（1）多领域多部门管理，缺乏协调和统一　马铃薯产业涉及生产、加工、运销等环节，且马铃薯监管涉及农业、供销、商检等多个部门。国家、部门和地方政府三者在农业标准制定权限上划分不清，各部门和行业间由于自身职能的差异，且缺乏有效的协调沟通，制定出的标准协调和统一性不足，难以形成系统、全面、适应产业发展需要的技术标准体系。同一内容标准重复，不能互为补充，既浪费，又会给实际使用带来混乱。

（2）标准执行不到位，缺乏有效的监督机制　有些标准实用性较强，却由于配套的管理跟不上，执行不到位，导致标准形同虚设，只有在出现严重的质量纠纷的时候才拿出来作为参考，与国际上通过标准规范生产和市场的方式有很大差距。另外，对马铃薯标准的宣传和示范推广的实施力度不够，标准与生产环境、标准化示范基地建设、企业生产和市场开发脱节严重，不适应产业发展和市场变化的需求。

（3）基础性研究不足，技术支撑不力，标准水平偏低　标准是以科学、技术和实践经验的综合成果为基础，在一定范围内共同使用、重复使用的规范性文件。马铃薯标准的基础性研究工作比较薄弱，缺乏开展标准基础性科研工作的专业人才和项目资金，科研成果、技术、经验等转化为标准的程度和自主创新不够，标准的科学性不足、实用性较差。

三、马铃薯标准需求与发展建议

1. 马铃薯标准需求

（1）充实标准队伍　马铃薯的生产经营全过程需要整合各相关部门力量，充实标准制定、修订、推广人才队伍，建成"统一管理、分工负责"的工作机制，各方面通力协作、分工负责、协调动作，创造实施马铃薯标准的良好环境，聚集实施标准的相关力量，从生产加工、质量监测、市场管理等环节入手，全面实施马铃薯标准化，共同推进马铃薯产业发展。

（2）完善标准体系　在充实标准队伍、积极实施现有标准的基础上，加强调查研究，总结先进研究成果和生产经验，引进和借鉴国际先进标准，按照巩固、健全、提高的要求，强化以质量为中心的标准制定、修订，不断完善标准体系，以保证马铃薯标准的先进性与可操作性。

要借鉴工业化发展的理念、经营方式，引入现代物质装备、生物工程技术，着力建设、完善马铃薯生产标准，向产前、产中、产后的产地环境标准、生产资料标准、贮藏管理标准、加工包装标准发展，逐步建立以转化先进适用技术为主要内容、涵盖产贮加销全过程的马铃薯标准体系。要拓宽标准制定范围和领域，由目前的以技术标准为主，逐步向制定管理标准、工作标准扩展，逐步建立起比较完善的技术标准、管理标准、工作标准"三位一体"的马铃薯标准体系。在现有国家、行业标准基础上，根据各地自然条件、产业发展、生产加工单位（组织）、产地群众基础等具体情况，逐步建立健全地方标准、企业标准，形成既突出地方特色，又符合国家、行业标准规范的标准体系。

（3）加强标准宣贯　调动相关单位的积极性，发挥各种宣传媒介的作用，利用各种有利机会，采取新闻宣传、会议培训、现场咨询、典型示范、技术指导等多种形式，强化对标准和制度的宣传贯彻，提高广大干部群众和生产单位的标准意识，使标准化深入人心。通过努力，在全社会形成依靠标准生产、按照制度经营的良好氛围，夯实实施马铃薯标准的群众基础。

（4）强化标准实施　马铃薯标准涉及面广，标准的实施量大、面宽，实施过程中要由点到面，发挥政府服务推动、基地示范带动、市场竞争拉动的作用，由重点生产单位（企业、协会、合作社）向所有生产者、由核心示范区向一般示范区、由生产基地向所有农户逐步推广实施。

在具体实施过程中要注意以下几方面：

① 从基础抓起，坚持从标准和制度的宣传培训、生产基地选择、提高生产组织化程度等基础环节抓起，为标准的实施打好基础。

② 从关键环节抓起，坚持抓住品种、种薯、病虫害防治、贮藏加工等主要环节，从严要求、规范管理。严把投入品关，选用适宜的生产基地、优质种薯和合格农药化肥，为从源头上确保产品质量打好基础；严把生产技术关，在生产基地严格按照技术标准生产，为确保产品质量提供技术支撑；严把产品质量检验关，建立以速检、自检为基础，抽检、监测为主体的检测体系，督促标准落实，提高产品质量；严把市场销售关，把市场监管纳入经常化、制度化的轨道，落实市场准入制度，严格控制不合格产品流入市场，同时打击假劣行为，规范市场秩序。

③ 从整体推进抓起，围绕标准推广、实施、监督三个关键环节，从管理、技术、生产三个层面入手，相关部门齐抓共管，同步推进。

④ 推行产品质量追溯制度，实行"源头控制，过程管理，档案追溯"制度和质量承诺制度，督促生产单位提高产品质量。通过强化生产过程的指导与管理、生产投入品和产品质量的监测与管理、市场准入与产品销售环节的监督与管理，进行产前、产中、产后全过程的标准实施与监督管理，提高产品质量，推动产品销售。

2. 完善马铃薯标准体系的建设

首先，要了解基层对于标准的需求和掌握程度，有针对性地调整标准内容和宣贯措施。

其次，借鉴吸收国际先进经验。密切跟踪国外最新标准动态，学习借鉴国际马铃薯标准化的先进经验，加强对标准、合格评定程序等相关国外技术贸易、技术措施的研究，有选择地吸收借鉴适用于我国基本生态条件和技术、经济、市场等基础技术条件的马铃薯产业国际先进标准。

再次，由于马铃薯在我国分布较广，不同的地区有其自身的特点，因此，马铃薯标准也应与之呼应，使之具有区域代表性，更适应马铃薯产业的发展。对于通用性的内容，应制定国家或者行业标准，并宣贯和监督实施，以利于马铃薯行业的健康发展。对于先进的新技术制定的标准更应注重其宣贯和实施，确保标准技术的先进性得以发挥，保障我国马铃薯产业技术水平的先进性。国家标准、行业标准和地方标准应发挥其各自的作用，互相补充，相互协调，共同构建一个完整、先进、和谐的马铃薯标准体系。

应根据建立的标准体系运行机制，建立完善的利益导向机制，推动标准的建立和落实；建立生产经营档案制度，使标准实施情况有据可查；建立完善的产品质量追溯制度，督促标准实施；建立完善的产品市场准入制度，规范市场经营秩序。通过建立完善的标准体系和制度，使马铃薯产业发展有标准可依、有制度可管。

3. 建议制定的马铃薯标准

建议制定的马铃薯标准见表 5-6。

表 5-6 建议制定的马铃薯标准

序号	建议标准名称	理由
1	马铃薯 术语	马铃薯相关术语在不同标准中叫法不一，在生产和使用中容易引起概念混淆，应建立新的标准，规范马铃薯产业体系
2	马铃薯早疫病田间防治技术规范	早疫病在全国马铃薯主产区常年发生，一般年份损失 20%，严重地块损失达到 30%~50% 以上，其危害仅次于马铃薯晚疫病
3	马铃薯块茎糖苷生物碱含量测定	马铃薯糖苷生物碱具有中枢神经毒性，能造成肝损伤、破坏细胞膜从而危害消化系统和影响新陈代谢，通常认为糖苷生物碱含量低于 200mg/kg 的马铃薯是安全的。欧盟已经将糖苷生物碱列为马铃薯浓缩蛋白的质量指标
4	马铃薯黑痣病田间防治技术规范	国家、行业标准中没有对田间马铃薯黑痣病防治技术的相关标准
5	马铃薯浓缩蛋白及水解产物	马铃薯浓缩蛋白（potato protein concentrate，PPC）是从马铃薯淀粉加工分离汁水（potato fruit water，PFW）当中回收的蛋白质，在食品加工和饲料行业都有应用。我国部分淀粉厂已建立从马铃薯淀粉加工分离汁水中回收蛋白的生产线，并有相关产品上市
6	马铃薯块茎可溶性淀粉合成酶活性的测定	测定马铃薯块茎可溶性淀粉合成酶活性，对研究马铃薯块茎淀粉的生物合成，提高马铃薯淀粉的产量，改良马铃薯品质均有重要的现实意义
7	马铃薯块茎腺苷二磷酸葡萄糖焦磷酸化酶活性的测定	腺苷二磷酸葡萄糖焦磷酸化酶是马铃薯淀粉合成过程中的限速酶，催化 G-1-P 和 ATP 作用，形成 ADPG 和 PPI。ADPG 则是淀粉合成的葡萄糖的供体。因此，科学测定腺苷二磷酸葡萄糖焦磷酸化酶的活性，研究马铃薯块茎淀粉的生物合成，对于提高马铃薯淀粉的产量，改良马铃薯品质均有重要的现实意义
8	马铃薯块茎直链淀粉含量的双波长测定	马铃薯淀粉的品质和性质是由直链淀粉和支链淀粉的含量和比例决定的。目前，国内采用单一曲线法和混合曲线法测定马铃薯块茎的直链淀粉含量。单一曲线法由于没有考虑样品中支链淀粉的吸光度而使测定结果偏高。混合曲线法，由于测定标准曲线时直链和支链淀粉的混合比例不符合马铃薯块茎直支链淀粉的实际比例（马铃薯直链淀粉占总淀粉的 20%~30%）和未考虑支链淀粉结构复杂性，使得标准曲线不准确，从而导致测定结果不准确。而双波长测定法剔除了马铃薯块茎样品中支链淀粉的吸光度，使直链淀粉含量的测定不受样品中支链淀粉的影响，测定结果更加科学可靠
9	侵染马铃薯的苜蓿花叶病毒检测 RT-PCR 法	苜蓿花叶病毒（alfalfa mosaic virus，AMV）侵染马铃薯引起马铃薯杂斑病，植株表现为黄斑花叶、叶脉和茎黑褐色条斑坏死，发展成垂叶坏死症状，与马铃薯 Y 病毒（potato virus Y，PVY）症状非常相似，极易混淆。AMV 可导致对敏感品种块茎内部坏死，使其失去商业价值，病薯连种两年，可致感病品种绝产

续表

序号	建议标准名称	理　由
10	马铃薯早疫病检验规程	早疫病在全国马铃薯主产区常年发生，一般年份损失20%，严重地块损失达到50%以上，其危害仅次于马铃薯晚疫病。我国目前尚未制定和发布该病害检测方法
11	马铃薯晚疫病检验规程	目前，我国尚未制定和颁布对该病害检测的行业标准
12	马铃薯致病性链霉菌种类的PCR鉴定方法	在马铃薯疮痂病的实际检测过程中，由于致病菌种类繁多，需要根据不同的特异性基因进行多次扩增，工作量繁重，准确性低。通过马铃薯疮痂病致病菌分离技术自行设计通用引物与测序技术相结合构建的马铃薯致病性链霉菌种类PCR鉴定方法，采用鉴定通用引物可对常见的马铃薯疮痂病致病菌进行一次性种间鉴定检测，既减少了不同特异性基因的重复扩增，又通过序列测定大大提高了结果的准确性
13	马铃薯田间检测技术规程	GB 18133—2012《马铃薯种薯》国家标准中未明确规定如何选定检测点，选定检测点后行走路线如何进行，在田间检测时需要先看哪些，顺序是什么等检测方法具体细节。需要制定相关操作规程
14	马铃薯种薯茎尖脱毒及试管苗繁育技术规程	生产中，马铃薯病毒的危害严重，易造成马铃薯生长受到抑制、形态畸变、产生叶面皱缩、花叶等症状，薯块品质变劣，产量大幅度下降。而马铃薯茎尖分生组织培养是解决马铃薯感染病毒的最有效方法
15	马铃薯淀粉加工薯渣及蛋白回收技术规范	我国在马铃薯加工领域没有制定马铃薯淀粉加工废渣废水排放相关标准，有必要制定
16	马铃薯核心种苗生产技术规程	现阶段马铃薯核心种苗生产还比较混乱，每个企业生产技术水平差异也很大，与许多无性繁殖的作物一样，马铃薯种苗的生产比有性繁殖作物生产更为复杂，技术难度更大。需要制定规范马铃薯核心种苗生产中各个环节的标准方法

第六章 果品类标准

自 20 世纪 80 年代开放市场以来，中国的果品（包含水果和坚果）生产一直稳步扩大，无论是种植面积还是产量规模均居世界第一。我国是世界果品生产大国，现已制定上千项的标准，逐步建立了各类标准的基本标准框架，为我国相关产业的发展提供了有力的支持。

我国果品标准制定工作蓬勃开展始于 20 世纪 80 年代。农业部（现为农业农村部）设立行业标准制定、修订财政专项以来，我国果品标准制定、修订工作明显加强，制定和发布实施了一大批国家标准和行业标准，果品标准体系不断充实和完善，在果品生产、贮运和销售中发挥着越来越大的作用。

一、果品类标准体系

1. 我国果品标准体系

（1）国家标准　我国现行有效的有关果品的国家标准见表 6-1。

（2）行业标准　现行有效的有关果品的行业标准见表 6-2。

表 6-1　现行有效的果品国家标准

序号	产品	分类	标准名称	标准编号
1	柑橘苗木	种质资源类	柑桔苗木产地检疫规程	GB 5040—2003
2	通用	环境安全类	农田灌溉水质标准	GB 5084—2005
3	干制红枣	产品类	干制红枣	GB/T 5835—2009
4	柑橘	方法类	柑桔鲜果检验方法	GB/T 8210—2011
5	苹果苗木	种质资源类	苹果苗木产地检疫规程	GB 8370—2009
6	苹果	物流类	苹果冷藏技术	GB/T 8559—2008
7	水果、蔬菜	方法类	新鲜水果和蔬菜　取样方法	GB/T 8855—2008
8	柑橘苗木	种质资源类	柑桔嫁接苗	GB/T 9659—2008
9	香蕉	产品类	香蕉	GB/T 9827—1988

续表

序号	产品	分类	标准名称	标准编号
10	水果和蔬菜	物流类	水果和蔬菜 冷库中物理条件 定义和测量	GB/T 9829—2008
11	苹果苗木	种质资源类	苹果苗木	GB 9847—2003
12	水果、蔬菜	方法类	水果和蔬菜产品中挥发性酸度的测定方法	GB/T 10467—1989
13	水果、蔬菜	方法类	水果和蔬菜产品pH值的测定方法	GB/T 10468—1989
14	梨	产品类	鲜梨	GB/T 10650—2008
15	苹果	产品类	鲜苹果	GB/T 10651—2008
16	苹果	生产管理类	苹果无病毒母本树和苗木检疫规程	GB/T 12943—2007
17	柑橘	产品类	鲜柑橘	GB/T 12947—2008
18	苹果、柑橘	物流类	苹果、柑桔包装	GB/T 13607—1992
19	枇杷	产品类	鲜枇杷果	GB/T 13867—1992
20	通用	方法类	食品中总酸的测定	GB/T 12456—2008
21	通用	方法类	粮食、水果和蔬菜中有机磷农药测定的气相色谱法	GB/T 14553—2003
22	通用	方法类	食品安全国家标准 食品中放射性物质检验 总则	GB 14883.1—2016
23	通用	方法类	食品安全国家标准 食品中放射性物质氢-3的测定	GB 14883.2—2016
24	通用	方法类	食品安全国家标准 食品中放射性物质锶-89和锶-90的测定	GB 14883.3—2016
25	通用	方法类	食品安全国家标准 食品中放射性物质钷-147的测定	GB 14883.4—2016
26	通用	方法类	食品安全国家标准 食品中放射性物质钋-210的测定	GB 14883.5—2016
27	通用	方法类	食品安全国家标准 食品中放射性物质镭-226和镭-228的测定	GB 14883.6—2016
28	通用	基础/通用类	食品安全国家标准 食品中农药最大残留限量	GB 2763—2016
29	通用	方法类	食品安全国家标准 食品中放射性物质天然钍和铀的测定	GB 14883.7—2016
30	通用	方法类	食品安全国家标准 食品中放射性物质钚-239、钚-240的测定	GB 14883.8—2016
31	通用	方法类	食品安全国家标准 食品中放射性物质碘-131的测定	GB 14883.9—2016
32	通用	方法类	食品安全国家标准 食品中放射性物质铯-137的测定	GB 14883.10—2016
33	水果、蔬菜	产品类	辐照新鲜水果、蔬菜类卫生标准	GB 14891.5—1997

续表

序号	产品	分类	标准名称	标准编号
34	芒果	生产管理类	芒果 贮藏导则	GB/T 15034—2009
35	通用	环境安全类	土壤环境质量标准	GB 15618—1995
36	干果	产品类	干果食品卫生标准	GB 16325—2005
37	葡萄	生产管理类	鲜食葡萄冷藏技术	GB/T 16862—2008
38	杏	生产管理类	杏冷藏	GB/T 17479—1998
39	腰果仁	产品类	腰果仁 规格	GB/T 18010—1999
40	枸杞干、葡萄干	生产管理类	枸杞干、葡萄干辐照杀虫工艺	GB/T 18525.4—2001
41	通用	方法类	食品中八甲磷残留量的测定	GB/T 18627—2002
42	通用	方法类	食品中乙滴涕残留量的测定	GB/T 18628—2002
43	通用	方法类	食品中扑草净残留量的测定	GB/T 18629—2002
44	枸杞	产品类	枸杞	GB/T 18672—2014
45	冬枣	产品类	地理标志产品 黄骅冬枣	GB/T 18740—2008
46	冬枣	产品类	地理标志产品 沾化冬枣	GB/T 18846—2008
47	苹果	产品类	地理标志产品 烟台苹果	GB/T 18965—2008
48	蜜橘	产品类	地理标志产品 南丰蜜桔	GB/T 19051—2008
49	枸杞	生产管理类	枸杞栽培技术规程	GB/T 19116—2003
50	猕猴桃苗木	种质资源类	猕猴桃苗木	GB 19174—2010
51	桃苗木	种质资源类	桃苗木	GB 19175—2010
52	坚果与籽类	产品类	坚果与籽类食品	GB 19300—2014
53	胡柚	产品类	地理标志产品 常山胡柚	GB/T 19332—2008
54	红松籽仁	产品类	地理标志产品 露水河红松籽仁	GB/T 19505—2008
55	李	方法类	植物新品种特异性、一致性和稳定性测试指南 李	GB/T 19557.8—2004
56	葡萄	产品类	地理标志产品 吐鲁番葡萄	GB/T 19585—2008
57	葡萄干	产品类	地理标志产品 吐鲁番葡萄干	GB/T 19586—2008
58	杨梅	产品类	地理标志产品 余姚杨梅	GB/T 19690—2008
59	蜜橘	产品类	地理标志产品 黄岩蜜桔	GB/T 19697—2008
60	枸杞	产品类	地理标志产品 宁夏枸杞	GB/T 19742—2008
61	香梨	产品类	地理标志产品 库尔勒香梨	GB/T 19859—2005
62	枇杷	产品类	地理标志产品 塘栖枇杷	GB/T 19908—2005
63	锥栗	产品类	地理标志产品 建瓯锥栗	GB/T 19909—2005
64	南果梨	产品类	地理标志产品 鞍山南果梨	GB/T 19958—2005

续表

序号	产品	分类	标准名称	标准编号
65	白葡萄	产品类	无核白葡萄	GB/T 19970—2005
66	水果、蔬菜	生产管理类	良好农业规范　第5部分：水果和蔬菜控制点与符合性规范	GB/T 20014.5—2013
67	脐橙	产品类	地理标志产品　赣南脐橙	GB/T 20355—2006
68	罗汉果	产品类	地理标志产品　永福罗汉果	GB/T 20357—2006
69	银杏	产品类	银杏种核质量等级	GB/T 20397—2006
70	核桃	产品类	核桃坚果质量等级	GB/T 20398—2006
71	杏仁	产品类	仁用杏杏仁质量等级	GB/T 20452—2006
72	柿子	产品类	柿子产品质量等级	GB/T 20453—2006
73	葡萄	生产管理类	进口葡萄苗木疫情监测规程	GB/T 20496—2006
74	芦柑	产品类	地理标志产品　永春芦柑	GB/T 20559—2006
75	通用	方法类	水果和蔬菜中450种农药及相关化学品残留量的测定　液相色谱-串联质谱法	GB/T 20769—2008
76	白果	产品类	地理标志产品　泰兴白果	GB/T 21142—2007
77	脐橙	产品类	脐橙	GB/T 21488—2006
78	坚果	产品类	坚果炒货食品通则	GB/T 22165—2008
79	通用	方法类	大米、蔬菜、水果中氯氟吡氧乙酸残留量的测定	GB/T 22243—2008
80	枣	产品类	鲜枣质量等级	GB/T 22345—2008
81	板栗	产品类	板栗质量等级	GB/T 22346—2008
82	蜜橘	产品类	地理标志产品　寻乌蜜桔	GB/T 22439—2008
83	绿橙	产品类	地理标志产品　琼中绿橙	GB/T 22440—2008
84	杨梅	产品类	地理标志产品　丁岙杨梅	GB/T 22441—2008
85	瓯柑	产品类	地理标志产品　瓯柑	GB/T 22442—2008
86	苹果	产品类	地理标志产品　昌平苹果	GB/T 22444—2008
87	柿	产品类	地理标志产品　房山磨盘柿	GB/T 22445—2008
88	西瓜	产品类	地理标志产品　大兴西瓜	GB/T 22446—2008
89	金柑	产品类	地理标志产品　尤溪金柑	GB/T 22738—2008
90	苹果	产品类	地理标志产品　灵宝苹果	GB/T 22740—2008
91	大枣	产品类	地理标志产品　灵宝大枣	GB/T 22741—2008
92	通用	方法类	食品安全国家标准　除草剂残留量检测方法　第3部分：液相色谱-质谱/质谱法测定　食品中环己酮类除草剂残留量	GB 23200.3—2016

续表

序号	产品	分类	标准名称	标准编号
93	通用	方法类	食品安全国家标准　除草剂残留量检测方法　第4部分：气相色谱-质谱/质谱法测定　食品中芳氧苯氧丙酸酯类除草剂残留量	GB 23200.4—2016
94	通用	方法类	食品安全国家标准　除草剂残留量检测方法　第5部分：液相色谱-质谱/质谱法测定　食品中硫代氨基甲酸酯类除草剂残留量	GB 23200.5—2016
95	通用	方法类	食品安全国家标准　除草剂残留量检测方法　第6部分：液相色谱-质谱/质谱法测定　食品中杀草强残留量	GB 23200.6—2016
96	通用	方法类	食品安全国家标准　水果和蔬菜中500种农药及相关化学品残留量的测定　气相色谱-质谱法	GB 23200.8—2016
97	通用	方法类	食品安全国家标准　桑枝、金银花、枸杞子和荷叶中488种农药及相关化学品残留量的测定　气相色谱-质谱法	GB 23200.10—2016
98	通用	方法类	食品安全国家标准　桑枝、金银花、枸杞子和荷叶中413种农药及相关化学品残留量的测定　液相色谱-质谱法	GB 23200.11—2016
99	通用	方法类	食品安全国家标准　果蔬汁和果酒中512种农药及相关化学品残留量的测定　液相色谱-质谱法	GB 23200.14—2016
100	通用	方法类	食品安全国家标准　水果和蔬菜中乙烯利残留量的测定　气相色谱法	GB 23200.16—2016
101	通用	方法类	食品安全国家标准　水果和蔬菜中噻菌灵残留量的测定　液相色谱法	GB 23200.17—2016
102	通用	方法类	食品安全国家标准　水果和蔬菜中阿维菌素残留量的测定　液相色谱法	GB 23200.19—2016
103	通用	方法类	食品安全国家标准　食品中阿维菌素残留量的测定　液相色谱-质谱/质谱法	GB 23200.20—2016
104	通用	方法类	食品安全国家标准　坚果及坚果制品中抑芽丹残留量的测定　液相色谱法	GB 23200.22—2016
105	通用	方法类	食品安全国家标准　食品中地乐酚残留量的测定　液相色谱-质谱/质谱法	GB 23200.23—2016
106	通用	方法类	食品安全国家标准　水果中噁草酮残留量的检测方法	GB 23200.25—2016
107	通用	方法类	食品安全国家标准　水果中4,6-二硝基邻甲酚残留量的测定　气相色谱-质谱法	GB 23200.27—2016

续表

序号	产品	分类	标准名称	标准编号
108	通用	方法类	食品安全国家标准 食品中多种醚类除草剂残留量的测定 气相色谱-质谱法	GB 23200.28—2016
109	通用	方法类	食品安全国家标准 水果和蔬菜中唑螨酯残留量的测定 液相色谱法	GB 23200.29—2016
110	通用	方法类	食品安全国家标准 食品中环氟菌胺残留量的测定 气相色谱-质谱法	GB 23200.30—2016
111	通用	方法类	食品安全国家标准 食品中丙炔氟草胺残留量的测定 气相色谱-质谱法	GB 23200.31—2016
112	通用	方法类	食品安全国家标准 食品中丁酰肼残留量的测定 气相色谱-质谱法	GB 23200.32—2016
113	通用	方法类	食品安全国家标准 植物源性食品中取代脲类农药残留量的测定 液相色谱-质谱法	GB 23200.35—2016
114	通用	方法类	食品安全国家标准 植物源性食品中氯氟吡氧乙酸、氟硫草定、氟吡草腙和噻唑烟酸除草剂残留量的测定 液相色谱-质谱/质谱法	GB 23200.36—2016
115	通用	方法类	食品安全国家标准 植物源性食品中环己烯酮类除草剂残留量的测定 液相色谱-质谱/质谱法	GB 23200.38—2016
116	通用	方法类	食品安全国家标准 食品中噻虫嗪及其代谢物噻虫胺残留量的测定 液相色谱-质谱/质谱法	GB 23200.39—2016
117	通用	方法类	食品安全国家标准 食品中噻节因残留量的检测方法	GB 23200.41—2016
118	通用	方法类	食品安全国家标准 食品中除虫脲残留量的测定 液相色谱-质谱法	GB 23200.45—2016
119	通用	方法类	食品安全国家标准 食品中嘧霉胺、嘧菌胺、腈菌唑、嘧菌酯残留量的测定 气相色谱-质谱法	GB 23200.46—2016
120	通用	方法类	食品安全国家标准 食品中四螨嗪残留量的测定 气相色谱-质谱法	GB 23200.47—2016
121	通用	方法类	食品安全国家标准 食品中苯醚甲环唑残留量的测定 气相色谱-质谱法	GB 23200.49—2016
122	通用	方法类	食品安全国家标准 食品中吡啶类农药残留量的测定 液相色谱-质谱/质谱法	GB 23200.50—2016
123	通用	方法类	食品安全国家标准 食品中呋虫胺残留量的测定 液相色谱—质谱/质谱法	GB 23200.51—2016

续表

序号	产品	分类	标准名称	标准编号
124	通用	方法类	食品安全国家标准 食品中嘧菌环胺残留量的测定 气相色谱-质谱法	GB 23200.52—2016
125	通用	方法类	食品安全国家标准 食品中氟硅唑残留量的测定 气相色谱-质谱法	GB 23200.53—2016
126	通用	方法类	食品安全国家标准 食品中甲氧基丙烯酸酯类杀菌剂残留量的测定 气相色谱-质谱法	GB 23200.54—2016
127	通用	方法类	食品安全国家标准 食品中喹氧灵残留量的检测方法	GB 23200.56—2016
128	通用	方法类	食品安全国家标准 食品中乙草胺残留量的检测方法	GB 23200.57—2016
129	通用	方法类	食品安全国家标准 食品中氯酯磺草胺残留量的测定 液相色谱-质谱/质谱法	GB 23200.58—2016
130	通用	方法类	食品安全国家标准 食品中敌草腈残留量的测定 气相色谱-质谱法	GB 23200.59—2016
131	通用	方法类	食品安全国家标准 食品中炔草酯残留量的检测方法	GB 23200.60—2016
132	通用	方法类	食品安全国家标准 食品中苯胺灵残留量的测定 气相色谱-质谱法	GB 23200.61—2016
133	通用	方法类	食品安全国家标准 食品中氟烯草酸残留量的测定 气相色谱-质谱法	GB 23200.62—2016
134	通用	方法类	食品安全国家标准 食品中噻酰菌胺残留量的测定 液相色谱-质谱/质谱法	GB 23200.63—2016
135	通用	方法类	食品安全国家标准 食品中吡丙醚残留量的测定 液相色谱-质谱/质谱法	GB 23200.64—2016
136	通用	方法类	食品安全国家标准 食品中四氟醚唑残留量的检测方法	GB 23200.65—2016
137	通用	方法类	食品安全国家标准 食品中吡螨胺残留量的测定 气相色谱-质谱法	GB 23200.66—2016
138	通用	方法类	食品安全国家标准 食品中炔苯酰草胺残留量的测定 气相色谱-质谱法	GB 23200.67—2016
139	通用	方法类	食品安全国家标准 食品中啶酰菌胺残留量的测定 气相色谱-质谱法	GB 23200.68—2016
140	通用	方法类	食品安全国家标准 食品中二硝基苯胺类农药残留量的测定 液相色谱-质谱/质谱法	GB 23200.69—2016
141	通用	方法类	食品安全国家标准 食品中三氟羧草醚残留量的测定 液相色谱-质谱/质谱法	GB 23200.70—2016

第六章 果品类标准

续表

序号	产品	分类	标准名称	标准编号
142	通用	方法类	食品安全国家标准 食品中二缩甲酰亚胺类农药残留量的测定 气相色谱-质谱法	GB 23200.71—2016
143	通用	方法类	食品安全国家标准 食品中苯酰胺类农药残留量的测定 气相色谱-质谱法	GB 23200.72—2016
144	通用	方法类	食品安全国家标准 食品中鱼藤酮和印楝素残留量的测定 液相色谱-质谱/质谱法	GB 23200.73—2016
145	通用	方法类	食品安全国家标准 食品中井冈霉素残留量的测定 液相色谱-质谱/质谱法	GB 23200.74—2016
146	通用	方法类	食品安全国家标准 食品中氟啶虫酰胺残留量的检测方法	GB 23200.75—2016
147	通用	方法类	食品安全国家标准 食品中氟苯虫酰胺残留量的测定 液相色谱-质谱/质谱法	GB 23200.76—2016
148	通用	方法类	食品安全国家标准 食品中苄螨醚残留量的检测方法	GB 23200.77—2016
149	通用	方法类	食品安全国家标准 食品中异稻瘟净残留量的检测方法	GB 23200.83—2016
150	通用	方法类	食品安全国家标准 食品中有机磷农药残留量的测定 气相色谱-质谱法	GB 23200.93—2016
151	沙棘果	产品类	中国沙棘果实质量等级	GB/T 23234—2009
152	水果、蔬菜	生产管理类	水果和蔬菜 气调贮藏技术规范	GB/T 23244—2009
153	通用	基础/通用类	肥料中砷、镉、铅、铬、汞生态指标	GB/T 23349—2009
154	水果、蔬菜	基础/通用类	新鲜水果和蔬菜 词汇	GB/T 23351—2009
155	苹果干	产品类	苹果干技术规格和实验方法	GB/T 23352—2009
156	梨干	产品类	梨干技术规格和实验方法	GB/T 23353—2009
157	通用	方法类	食品中无机砷的测定 液相色谱-电感耦合等离子体质谱法	GB/T 23372—2009
158	通用	方法类	水果、蔬菜及茶叶中吡虫啉残留的测定 高效液相色谱法	GB/T 23379—2009
159	通用	方法类	水果、蔬菜中多菌灵残留的测定 高效液相色谱法	GB/T 23380—2009
160	哈密瓜	产品类	地理标志产品 哈密瓜	GB/T 23398—2009
161	红枣	产品类	地理标志产品 延川红枣	GB/T 23401—2009
162	通用	方法类	水果、蔬菜中啶虫脒残留量的测定 液相色谱-串联质谱法	GB/T 23584—2009
163	苹果	产品类	加工用苹果分级	GB/T 23616—2009

续表

序号	产品	分类	标准名称	标准编号
164	柑橘	生产管理类	柑桔小实蝇疫情监测规程	GB/T 23619—2009
165	香蕉	生产管理类	香蕉种苗产地检疫规程	GB/T 23622—2009
166	通用	环境安全类	实蝇非疫区建立的要求	GB/T 23631—2009
167	通用	方法类	植物性产品中草甘膦残留量的测定 气相色谱-质谱法	GB/T 23750—2009
168	红松种仁	产品类	红松种仁	GB/T 24306—2009
169	核桃	产品类	山核桃产品质量等级	GB/T 24307—2009
170	香蕉	方法类	香蕉穿孔线虫检疫鉴定方法	GB/T 24831—2009
171	梅	方法类	植物新品种特异性、一致性、稳定性测试指南 梅	GB/T 24884—2010
172	榛属	方法类	植物新品种特异性、一致性、稳定性测试指南 榛属	GB/T 24886—2010
173	葡萄	机械配套类	葡萄栽培和葡萄酒酿制设备 葡萄收获机试验方法	GB/T 25393—2010
174	通用	机械配套类	气动果树剪枝机	GB/T 25419—2010
175	甜瓜	物流类	甜瓜 冷藏和冷藏运输	GB/T 25870—2010
176	红枣	产品类	免洗红枣	GB/T 26150—2010
177	水果、蔬菜	基础/通用类	水果和蔬菜 形态学和结构学术语	GB/T 26430—2010
178	杨梅	产品类	地理标志产品 慈溪杨梅	GB/T 26532—2011
179	山杏	生产管理类	山杏封沙育林技术规程	GB/T 26534—2011
180	草莓	生产管理类	草莓生产技术规范	GB/Z 26575—2011
181	冬枣	生产管理类	冬枣生产技术规范	GB/Z 26579—2011
182	柑橘	生产管理类	柑橘生产技术规范	GB/Z 26580—2011
183	李	生产管理类	李贮藏技术规程	GB/T 26901—2011
184	桃	产品类	桃贮藏技术规程	GB/T 26904—2011
185	樱桃	产品类	樱桃质量等级	GB/T 26906—2011
186	枣	生产管理类	枣贮藏技术规程	GB/T 26908—2011
187	核桃	方法类	植物新品种特异性、一致性、稳定性测试指南 核桃属	GB/T 26909—2011
188	柠檬	产品类	柠檬	GB/T 29370—2012
189	果蔬	生产管理类	农产品追溯要求 果蔬	GB/T 29373—2012
190	柑橘	方法类	柑桔黄龙病菌的检疫检测与鉴定	GB/T 29393—2012
191	柑橘	方法类	柑桔溃疡病菌的检疫检测与鉴定	GB/T 29394—2012
192	鳄梨	方法类	鳄梨象检疫鉴定方法	GB/T 29395—2012

续表

序号	产品	分类	标准名称	标准编号
193	香蕉	方法类	香蕉枯萎病菌 4 号小种检疫检测与鉴定	GB/T 29397—2012
194	桑椹	产品类	桑椹（桑果）	GB/T 29572—2013
195	苹果	方法类	苹果绵蚜检疫鉴定方法	GB/T 29586—2013
196	坚果	生产管理类	坚果与籽类炒货食品良好生产规范	GB/T 29647—2013
197	荔枝、龙眼	机械配套类	荔枝、龙眼干燥设备 技术条件	GB/T 29891—2013
198	荔枝、龙眼	机械配套类	荔枝、龙眼干燥设备 试验方法	GB/T 29892—2013
199	杏	方法类	植物新品种特异性、一致性、稳定性测试指南 杏	GB/T 30362—2013
200	扁桃仁	产品类	扁桃仁	GB/T 30761—2014
201	水果、蔬菜	生产管理类	速冻水果和速冻蔬菜生产管理规范	GB/T 31273—2014
202	龙眼	产品类	龙眼	GB/T 31735—2015
203	仁果类	生产管理类	农产品购销基本信息描述 仁果类	GB/T 31739—2015
204	水果	方法类	李痘病毒检疫鉴定方法	GB/T 31800—2015
205	苹果	方法类	苹果锈果类病毒检疫鉴定方法	GB/T 31804—2015
206	冬枣	产品类	冬枣	GB/T 32714—2016
207	草莓	方法类	草莓角斑病菌检疫鉴定方法	GB/T 29429—2012
208	桃	方法类	桃树细菌性溃疡病菌检疫鉴定方法	GB/T 33019—2016
209	苹果	生产管理类	苹果蠹蛾防控技术规程	GB/T 33038—2016
210	李	方法类	李属坏死环斑病毒检疫鉴定方法	GB/T 33114—2016
211	李	方法类	李叶蜂检疫鉴定方法	GB/T 33118—2016
212	葡萄	方法类	葡萄藤猝倒病菌检疫鉴定方法	GB/T 33119—2016
213	梨	方法类	梨疱状溃疡类病毒检疫鉴定方法	GB/T 33120—2016
214	水果、蔬菜	物流类	新鲜水果、蔬菜包装和冷链运输通用操作规程	GB/T 33129—2016
215	金橘	产品类	金桔	GB/T 33470—2016
216	水果	生产管理类	农产品购销基本信息描述 热带和亚热带水果类	GB/T 34256—2017
217	苹果	方法类	苹果蠹蛾检疫鉴定方法	GB/T 28074—2011
218	柚	产品类	琯溪蜜柚	GB/T 27633—2011
219	树莓	产品类	树莓	GB/T 27657—2011
220	蓝莓	产品类	蓝莓	GB/T 27658—2011
221	西瓜	产品类	无籽西瓜分等分级	GB/T 27659—2011
222	水稻、油菜、柑橘	生产管理类	南方水稻、油菜和柑桔低温灾害	GB/T 27959—2011

续表

序号	产品	分类	标准名称	标准编号
223	柑橘	方法类	柑桔黄龙病菌实时荧光PCR检测方法	GB/T 28062—2011
224	通用	方法类	地中海实蝇生物芯片检测方法	GB/T 28065—2011
225	柑橘	方法类	柑桔溃疡病菌实时荧光PCR检测方法	GB/T 28068—2011
226	梨	方法类	梨黑斑病菌检疫鉴定方法	GB/T 28072—2011

表6-2 现行有效的果品行业标准

序号	产品	分类	名称	标准编号
1	板栗	产品类	板栗	GH/T 1029—2002
2	板栗	机械配套类	板栗脱蓬机	JB/T 11906—2014
3	核桃	机械配套类	核桃青皮脱皮机	JB/T 12027—2014
4	干果	机械配套类	滚杠式干果分级机	JB/T 12443—2015
5	核桃	机械配套类	核桃破壳机	JB/T 12823—2016
6	核桃	产品类	核桃丰产与坚果品质	LY/T 1329—1999
7	板栗	生产管理类	板栗优质丰产栽培技术规程	LY/T 1337—2017
8	枣	生产管理类	枣优质丰产栽培技术规程	LY/T 1497—2017
9	油橄榄	产品类	油橄榄鲜果	LY/T 1532—1999
10	仁用杏	生产管理类	仁用杏优质丰产栽培技术规程	LY/T 1558—2017
11	红松果	生产管理类	红松果林丰产技术规程	LY/T 1629—2005
12	榛子	产品类	榛子坚果 平榛、平欧杂种榛	LY/T 1650—2005
13	木瓜	生产管理类	木瓜栽培技术规程	LY/T 1661—2006
14	板栗	生产管理类	板栗贮藏保鲜技术规程	LY/T 1674—2006
15	杏	生产管理类	杏树保护地丰产栽培技术规程	LY/T 1677—2006
16	石榴	生产管理类	石榴栽培技术规程	LY/T 1702—2007
17	酸角	产品类	酸角果实	LY/T 1741—2008
18	杨梅	产品类	杨梅质量等级	LY/T 1747—2008
19	樱桃李	生产管理类	樱桃李栽培技术规程	LY/T 1748—2008
20	巴旦木	生产管理类	巴旦木（扁桃）生产技术规程	LY/T 1750—2008
21	山核桃	产品类	山核桃产品质量要求	LY/T 1768—2008
22	香榧籽	产品类	香榧籽质量要求	LY/T 1773—2008
23	香榧	生产管理类	香榧栽培技术规程	LY/T 1774—2008
24	红枣	产品类	干制红枣质量等级	LY/T 1780—2008
25	樱桃	生产管理类	甜樱桃贮藏保鲜技术规程	LY/T 1781—2008
26	干果	产品类	无公害干果	LY/T 1782—2008

续表

序号	产品	分类	名称	标准编号
27	猕猴桃	生产管理类	猕猴桃贮藏技术规程	LY/T 1841—2009
28	板栗	方法类	植物新品种特异性、一致性、稳定性测试指南 板栗	LY/T 1851—2009
29	柿	方法类	植物新品种特异性、一致性、稳定性测试指南 柿	LY/T 1870—2010
30	核桃	生产管理类	核桃优良品种育苗技术规程	LY/T 1883—2010
31	核桃	生产管理类	核桃优良品种丰产栽培管理技术规程	LY/T 1884—2010
32	柿	种质资源类	柿苗木	LY/T 1886—2010
33	柿	生产管理类	柿栽培技术规程	LY/T 1887—2010
34	石榴	生产管理类	石榴苗木培育技术规程	LY/T 1893—2010
35	核桃	生产管理类	美国黑核桃栽培技术规程	LY/T 1909—2010
36	梨枣	产品类	梨枣	LY/T 1920—2010
37	红松松籽	产品类	红松松籽	LY/T 1921—2010
38	核桃仁	产品类	核桃仁	LY/T 1922—2010
39	油橄榄	种质资源类	油橄榄苗木质量等级	LY/T 1937—2011
40	香榧	生产管理类	果用香榧栽培技术规程	LY/T 1940—2011
41	山核桃	生产管理类	美国山核桃栽培技术规程	LY/T 1941—2011
42	文冠果	生产管理类	文冠果栽培技术规程	LY/T 1943—2011
43	坚果	产品类	澳洲坚果果仁	LY/T 1963—2011
44	酸枣	产品类	酸枣	LY/T 1964—2011
45	枣	生产管理类	枣实蝇检疫技术规程	LY/T 2023—2012
46	杏李	生产管理类	杏李生产技术规程	LY/T 2035—2012
47	油橄榄	生产管理类	油橄榄栽培技术规程	LY/T 2036—2012
48	橄榄	生产管理类	橄榄丰产栽培技术规程	LY/T 2038—2012
49	枸杞	方法类	植物新品种特异性、一致性、稳定性测试指南 枸杞属	LY/T 2099—2013
50	苹果	生产管理类	苹果蠹蛾防治技术规程	LY/T 2112—2013
51	人心果	生产管理类	人心果栽培技术规程	LY/T 2124—2013
52	杨梅	生产管理类	杨梅栽培技术规程	LY/T 2127—2013
53	银杏	生产管理类	银杏栽培技术规程	LY/T 2128—2013
54	甜樱桃	生产管理类	甜樱桃栽培技术规程	LY/T 2129—2013
55	山核桃	生产管理类	山核桃生产技术规程	LY/T 2131—2013
56	石榴	产品类	石榴质量等级	LY/T 2135—2013
57	枣	方法类	植物新品种特异性、一致性、稳定性测试指南 枣	LY/T 2190—2013

续表

序号	产品	分类	名称	标准编号
58	榛	生产管理类	平欧杂种榛绿枝直立压条育苗技术规程	LY/T 2201—2013
59	榛	生产管理类	平欧杂种榛栽培技术规程	LY/T 2205—2013
60	沙棘	方法类	植物新品种特异性、一致性和稳定性测试指南 沙棘	LY/T 2287—2014
61	油橄榄	生产管理类	油橄榄扦插育苗技术规程	LY/T 2298—2014
62	树莓	种质资源类	树莓苗木质量分级	LY/T 2299—2014
63	核桃	生产管理类	薄壳山核桃实生苗培育技术规程	LY/T 2315—2014
64	通用	生产管理类	观光果园总体设计规范	LY/T 2317—2014
65	梅	生产管理类	花果兼用梅栽培技术规程	LY/T 2323—2014
66	杏	产品类	西伯利亚杏杏仁质量等级	LY/T 2340—2014
67	干果	生产管理类	干果生产现场检测规程	LY/T 2341—2014
68	青梅	生产管理类	青梅生产技术规程	LY/T 2343—2014
69	核桃	生产管理类	泡核桃栽培技术规程	LY/T 2344—2014
70	枣	生产管理类	枣大球蚧检疫技术规程	LY/T 2353—2014
71	椰	生产管理类	椰心叶甲检疫技术规程	LY/T 2423—2015
72	苹果	生产管理类	苹果蠹蛾检疫技术规程	LY/T 2424—2015
73	枣	方法类	枣品种鉴定技术规程 SSR 分子标记法	LY/T 2426—2015
74	核桃	生产管理类	薄壳山核桃采穗圃营建技术规程	LY/T 2433—2015
75	银杏	生产管理类	观赏银杏苗木繁殖技术规程	LY/T 2438—2015
76	无花果	生产管理类	无花果栽培技术规程	LY/T 2450—2015
77	蛇皮果	生产管理类	蛇皮果栽培技术规程	LY/T 2462—2015
78	蓝靛果	生产管理类	蓝靛果忍冬栽培技术规程	LY/T 2471—2015
79	越橘	生产管理类	越桔栽培技术规程	LY/T 2475—2015
80	核桃	生产管理类	核桃育苗嫁接技术规程	LY/T 2531—2015
81	枣	生产管理类	南方鲜食枣栽培技术规程	LY/T 2535—2015
82	枣	生产管理类	枣实蝇防治技术规程	LY/T 2606—201
83	杏	方法类	仁用杏品种鉴定技术规程 SSR 分子标记法	LY/T 2745—2016
84	无花果	生产管理类	无花果硬枝扦插技术规程	LY/T 2754—2016
85	果桑	生产管理类	果桑栽培技术规程	LY/T 2755—2016
86	牛心柿	生产管理类	牛心柿培育技术规程	LY/T 2760—2016
87	无核君迁子	生产管理类	无核君迁子培育技术规程	LY/T 2763—2016
88	银杏	生产管理类	银杏核用品种选育程序与要求	LY/T 2766—2016

续表

序号	产品	分类	名称	标准编号
89	板栗	生产管理类	板栗生产技术规程	LY/T 2774—2016
90	油橄榄	生产管理类	油橄榄采穗圃营建技术规程	LY/T 2783—2016
91	油橄榄	生产管理类	油橄榄高接换优技术规程	LY/T 2784—2016
92	文冠果	生产管理类	文冠果播种育苗技术规程	LY/T 2785—2016
93	山核桃	生产管理类	薄壳山核桃遗传资源调查编目技术规程	LY/T 2804—2017
94	杏	生产管理类	杏栽培技术规程	LY/T 2824—2017
95	枣	生产管理类	枣栽培技术规程	LY/T 2825—2017
96	李	生产管理类	李栽培技术规程	LY/T 2826—2017
97	刺梨	生产管理类	刺梨培育技术规程	LY/T 2838—2017
98	山核桃	生产管理类	山核桃有害生物防治技术指南	LY/T 2852—2017
99	桃	生产管理类	桃小食心虫综合防治技术规程	NY/T 60—2015
100	苹果	生产管理类	苹果无病毒苗木繁育规程	NY/T 328—1997
101	苹果	种质资源类	苹果无病毒母本树和苗木	NY 329—2006
102	椰子	种质资源类	椰子　种果和种苗	NY/T 353—2012
103	龙眼	种质资源类	龙眼　种苗	NY/T 354—1999
104	荔枝	种质资源类	荔枝　种苗	NY/T 355—2014
105	香蕉	种质资源类	香蕉　组培苗	NY/T 357—2007
106	腰果	种质资源类	腰果　种子	NY/T 361—1999
107	通用	环境安全类	绿色食品　产地环境质量	NY/T 391—2013
108	通用	基础/通用类	绿色食品　食品添加剂使用准则	NY/T 392—2013
109	通用	基础/通用类	绿色食品　农药使用准则	NY/T 393—2013
110	通用	基础/通用类	绿色食品　肥料使用准则	NY/T 394—2013
111	苹果	生产管理类	脱毒苹果母本树及苗木病毒检测技术规程	NY/T 403—2000
112	草莓	生产管理类	脱毒草莓种苗病毒检测技术规程	NY/T 406—2000
113	柑橘	产品类	绿色食品　柑橘类水果	NY/T 426—2012
114	西甜瓜	产品类	绿色食品　西甜瓜	NY/T 427—2016
115	苹果	生产管理类	苹果生产技术规程	NY/T 441—2013
116	梨	生产管理类	梨生产技术规程	NY/T 442—2013
117	草莓	产品类	草莓	NY/T 444—2001
118	菠萝	产品类	菠萝	NY/T 450—2001
119	菠萝	种质资源类	菠萝种苗	NY/T 451—2011
120	杨桃	种质资源类	杨桃嫁接苗	NY/T 452—2001
121	江橙	产品类	鲜红江橙	NY/T 453—2001

续表

序号	产品	分类	名称	标准编号
122	坚果	种质资源类	澳洲坚果种苗	NY/T 454—2001
123	葡萄	种质资源类	葡萄苗木	NY 469—2001
124	甜瓜	种质资源类	甜瓜种子	NY 474—2002
125	梨	种质资源类	梨苗木	NY 475—2002
126	毛叶枣	产品类	毛叶枣	NY/T 484—2002
127	红毛丹	产品类	红毛丹	NY/T 485—2002
128	腰果	产品类	腰果	NY/T 486—2002
129	槟榔	产品类	槟榔干果	NY/T 487—2002
130	杨桃	产品类	杨桃	NY/T 488—2002
131	木菠萝	产品类	木菠萝	NY/T 489—2002
132	椰子果	产品类	椰子果	NY/T 490—2002
133	西番莲	产品类	西番莲	NY/T 491—2002
134	芒果	产品类	芒果	NY/T 492—2002
135	通用	生产管理类	肥料合理使用准则 通则	NY/T 496—2010
136	荔枝	产品类	荔枝	NY/T 515—2002
137	龙眼	产品类	龙眼	NY/T 516—2002
138	青香蕉	产品类	青香蕉	NY/T 517—2002
139	番石榴	产品类	番石榴	NY/T 518—2002
140	西瓜	产品类	西瓜（含无籽西瓜）	NY/T 584—2002
141	香梨	产品类	库尔勒香梨	NY/T 585—2002
142	桃	产品类	鲜桃	NY/T 586—2002
143	胡柚	产品类	常山胡柚	NY/T 587—2002
144	玉环柚	产品类	玉环柚（楚门文旦）鲜果	NY/T 588—2002
145	椪柑	产品类	椪柑	NY/T 589—2002
146	芒果	种质资源类	芒果 嫁接苗	NY/T 590—2012
147	通用	基础/通用类	绿色食品 产品包装准则	NY/T 658—2015
148	番石榴	种质资源类	番石榴 嫁接苗	NY/T 689—2003
149	番木瓜	产品类	番木瓜	NY/T 691—2003
150	黄皮	产品类	黄皮	NY/T 692—2003
151	坚果	产品类	澳洲坚果 果仁	NY/T 693—2003
152	罗汉果	产品类	罗汉果	NY/T 694—2003
153	杏	产品类	鲜杏	NY/T 696—2003
154	橙	产品类	锦橙	NY/T 697—2003

续表

序号	产品	分类	名称	标准编号
155	柚	产品类	垫江白柚	NY/T 698—2003
156	柚	产品类	梁平柚	NY/T 699—2003
157	板枣	产品类	板枣	NY/T 700—2003
158	葡萄	产品类	无核白葡萄	NY/T 704—2003
159	葡萄干	产品类	无核葡萄干	NY/T 705—2003
160	荔枝干	产品类	荔枝干	NY/T 709—2003
161	柑橘	生产管理类	柑橘采摘技术规范	NY/T 716—2003
162	热带、亚热带水果	产品类	绿色食品 热带、亚热带水果	NY/T 750—2011
163	通用	方法类	蔬菜和水果中有机磷、有机氯、拟除虫菊酯和氨基甲酸酯类农药多残留的测定	NY/T 761—2008
164	橙	生产管理类	红江橙苗木繁育规程	NY/T 795—2004
165	李	产品类	鲜李	NY/T 839—2004
166	温带水果	产品类	绿色食品 温带水果	NY/T 844—2017
167	京白梨	环境安全类	京白梨产地环境技术条件	NY/T 854—2004
168	苹果	环境安全类	苹果产地环境技术条件	NY/T 856—2004
169	葡萄	环境安全类	葡萄产地环境技术条件	NY/T 857—2004
170	巴梨	产品类	巴梨	NY/T 865—2004
171	水蜜桃	产品类	水蜜桃	NY/T 866—2004
172	扁桃	产品类	扁桃	NY/T 867—2004
173	沙田柚	产品类	沙田柚	NY/T 868—2004
174	砂糖橘	产品类	砂糖橘	NY/T 869—2004
175	大枣	产品类	哈密大枣	NY/T 871—2004
176	芒果	生产管理类	芒果栽培技术规程	NY/T 880—2004
177	香梨	生产管理类	库尔勒香梨生产技术规程	NY/T 881—2004
178	通用	基础/通用类	绿色食品 产品抽样准则	NY/T 896—2015
179	热带水果	基础/通用类	热带水果形态和结构学术语	NY/T 921—2004
180	蒜薹、青椒、柑橘、葡萄	方法类	蒜薹、青椒、柑橘、葡萄中仲丁胺残留量测定	NY/T 946—2006
181	木菠萝干	产品类	木菠萝干	NY/T 949—2006
182	番荔枝	产品类	番荔枝	NY/T 950—2006
183	莱阳梨	产品类	莱阳梨	NY/T 955—2006
184	宽皮柑橘	产品类	宽皮柑橘	NY/T 961—2006
185	板枣	生产管理类	板枣生产技术规程	NY/T 970—2006

续表

序号	产品	分类	名称	标准编号
186	柑橘	生产管理类	柑橘高接换种技术规程	NY/T 971—2006
187	柑橘	生产管理类	柑橘无病毒苗木繁育规程	NY/T 973—2006
188	柑橘	生产管理类	柑橘苗木脱毒技术规范	NY/T 974—2006
189	柑橘	生产管理类	柑橘栽培技术规程	NY/T 975—2006
190	柑橘	生产管理类	浙南-闽西-粤东宽皮柑橘生产技术规程	NY/T 976—2006
191	脐橙	生产管理类	赣南-湘南-桂北脐橙生产技术规程	NY/T 977—2006
192	苹果	物流类	苹果采收与贮运技术规范	NY/T 983—2015
193	通用	机械配套类	风送式果园喷雾机作业质量	NY/T 992—2006
194	干果	产品类	绿色食品 干果	NY/T 1041—2010
195	坚果	产品类	绿色食品 坚果	NY/T 1042—2017
196	枸杞及枸杞制品	产品类	绿色食品 枸杞及枸杞制品	NY/T 1051—2014
197	通用	环境安全类	绿色食品 产地环境调查、监测与评价规范	NY/T 1054—2013
198	通用	基础/通用类	绿色食品 产品检验规则	NY/T 1055—2015
199	通用	物流类	绿色食品 贮藏运输准则	NY/T 1056—2006
200	苹果	产品类	加工用苹果	NY/T 1072—2013
201	苹果	产品类	红富士苹果	NY/T 1075—2006
202	梨	产品类	南果梨	NY/T 1076—2006
203	梨	产品类	黄花梨	NY/T 1077—2006
204	梨	产品类	鸭梨	NY/T 1078—2006
205	苹果	生产管理类	黄土高原苹果生产技术规程	NY/T 1082—2006
206	苹果	生产管理类	渤海湾地区苹果生产技术规程	NY/T 1083—2006
207	苹果	生产管理类	红富士苹果生产技术规程	NY/T 1084—2006
208	苹果	生产管理类	苹果苗木繁育技术规程	NY/T 1085—2006
209	苹果	生产管理类	苹果采摘技术规范	NY/T 1086—2006
210	通用	生产管理类	肥料合理使用准则 氮肥	NY/T 1105—2006
211	通用	机械配套类	隧道窑式蔬果干燥机技术条件	NY/T 1132—2006
212	柑橘	生产管理类	柑橘贮藏	NY/T 1189—2006
213	柑橘	产品类	柑橘等级规格	NY/T 1190—2006
214	梨	产品类	砀山酥梨	NY/T 1191—2006
215	桃	产品类	肥城桃	NY/T 1192—2006
216	通用	方法类	食品中草甘膦残留量测定	NY/T 1096—2006
217	梨	物流类	梨贮运技术规范	NY/T 1198—2006
218	葡萄	生产管理类	葡萄保鲜技术规范	NY/T 1199—2006

续表

序号	产品	分类	名称	标准编号
219	通用	机械配套类	钢筋混凝土果树支架	NY/T 1254—2006
220	柚	产品类	琯溪蜜柚	NY/T 1264—2007
221	柚	产品类	香柚	NY/T 1265—2007
222	柚	产品类	五布柚	NY/T 1270—2007
223	柚	产品类	丰都红心柚	NY/T 1271—2007
224	板枣	种质资源类	板枣苗木	NY/T 1274—2007
225	通用	方法类	蔬菜、水果中吡虫啉残留量的测定	NY/T 1275—2007
226	通用	方法类	蔬菜、水果中硝酸盐的测定 紫外分光光度法	NY/T 1279—2007
227	柑橘	生产管理类	柑橘全爪螨防治技术规范	NY/T 1282—2007
228	枇杷	生产管理类	农作物种质资源鉴定技术规程 枇杷	NY/T 1304—2007
229	龙眼	生产管理类	农作物种质资源鉴定技术规程 龙眼	NY/T 1305—2007
230	杏	生产管理类	农作物种质资源鉴定技术规程 杏	NY/T 1306—2007
231	梨	生产管理类	农作物种质资源鉴定技术规程 梨	NY/T 1307—2007
232	李	生产管理类	农作物种质资源鉴定技术规程 李	NY/T 1308—2007
233	柿	生产管理类	农作物种质资源鉴定技术规程 柿	NY/T 1309—2007
234	桃	生产管理类	农作物种质资源鉴定技术规程 桃	NY/T 1317—2007
235	苹果	生产管理类	农作物种质资源鉴定技术规程 苹果	NY/T 1318—2007
236	香蕉	生产管理类	农作物种质资源鉴定技术规程 香蕉	NY/T 1319—2007
237	葡萄	生产管理类	农作物种质资源鉴定技术规程 葡萄	NY/T 1322—2007
238	通用	方法类	蔬菜、水果中51种农药多残留的测定 气相色谱-质谱法	NY/T 1380—2007
239	梨	方法类	梨果肉中石细胞含量的测定 重量法	NY/T 1388—2007
240	水果、蔬菜	方法类	辐照新鲜水果、蔬菜热释光鉴定方法	NY/T 1390—2007
241	猕猴桃	物流类	猕猴桃采收与贮运技术规范	NY/T 1392—2015
242	浆果	物流类	浆果贮运技术条件	NY/T 1394—2007
243	香蕉	物流类	香蕉包装、贮存与运输技术规程	NY/T 1395—2007
244	山竹子	产品类	山竹子	NY/T 1396—2007
245	槟榔	种质资源类	槟榔 种苗	NY/T 1398—2007
246	番荔枝	种质资源类	番荔枝 嫁接苗	NY/T 1399—2007
247	黄皮	种质资源类	黄皮 嫁接苗	NY/T 1400—2007
248	荔枝	生产管理类	荔枝冰温贮藏	NY/T 1401—2007
249	水果、蔬菜	方法类	水果、蔬菜及其制品中二氧化硫总量的测定	NY/T 1435—2007

续表

序号	产品	分类	名称	标准编号
250	热带水果	方法类	热带水果中二氧化硫残留限量	NY 1440—2007
251	莲雾	产品类	莲雾	NY/T 1436—2007
252	榴莲	产品类	榴莲	NY/T 1437—2007
253	番木瓜	种质资源类	番木瓜 种苗	NY/T 1438—2007
254	椰青	产品类	椰子产品 椰青	NY/T 1441—2007
255	菠萝	生产管理类	菠萝栽培技术规程	NY/T 1442—2007
256	通用	方法类	蔬菜及水果中多菌灵等16种农药残留测定 液相色谱-质谱-质谱联用法	NY/T 1453—2007
257	通用	方法类	水果中腈菌唑残留量的测定 气相色谱法	NY/T 1455—2007
258	通用	方法类	水果中咪鲜胺残留量的测定 气相色谱法	NY/T 1456—2007
259	龙眼	种质资源类	龙眼 种苗	NY/T 1472—2007
260	木菠萝	种质资源类	木菠萝 种苗	NY/T 1473—2007
261	香蕉	生产管理类	香蕉病虫害防治技术规范	NY/T 1475—2007
262	芒果	生产管理类	热带作物主要病虫害防治技术规程 芒果	NY/T 1476—2016
263	菠萝	生产管理类	菠萝病虫害防治技术规范	NY/T 1477—2007
264	龙眼	生产管理类	龙眼病虫害防治技术规范	NY/T 1479—2007
265	橘	生产管理类	热带水果橘小实蝇防治技术规范	NY/T 1480—2007
266	苹果	生产管理类	苹果蠹蛾检疫检测与鉴定技术规范	NY/T 1483—2007
267	柑橘	生产管理类	柑橘大实蝇检疫检验与鉴定技术规范	NY/T 1484—2007
268	香蕉	生产管理类	香蕉穿孔线虫检疫检测与鉴定技术规范	NY/T 1485—2007
269	柑橘	生产管理类	农作物种质资源鉴定技术规程 柑橘	NY/T 1486—2007
270	草莓	生产管理类	农作物种质资源鉴定技术规程 草莓	NY/T 1487—2007
271	苹果	生产管理类	水果套袋技术规程 苹果	NY/T 1505—2007
272	澳洲坚果	产品类	澳洲坚果 带壳果	NY/T 1521—2007
273	龙眼、荔枝	物流类	龙眼、荔枝产后贮运保鲜技术规程	NY/T 1530—2007
274	通用	生产管理类	肥料合理使用准则 微生物肥料	NY/T 1535—2007
275	苹果	生产管理类	苹果育果纸袋	NY/T 1555—2007
276	通用	方法类	水果中总膳食纤维的测定 非酶-重量法	NY/T 1594—2008
277	通用	方法类	水果、蔬菜及其制品中单宁含量的测定 分光光度法	NY/T 1600—2008

续表

序号	产品	分类	名称	标准编号
278	通用	方法类	水果中辛硫磷残留量的测定 气相色谱法	NY/T 1601—2008
279	桃	生产管理类	桃小食心虫测报技术规范	NY/T 1610—2008
280	荔枝	产品类	荔枝等级规格	NY/T 1648—2008
281	通用	方法类	蔬菜、水果中克螨特残留量的测定 气相色谱法	NY/T 1652—2008
282	通用	方法类	蔬菜、水果及制品中矿质元素的测定 电感耦合等离子体发射光谱法	NY/T 1653—2008
283	通用	方法类	植物性食品中氨基甲酸酯类农药残留的测定 液相色谱-串联质谱法	NY/T 1679—2009
284	通用	方法类	蔬菜水果中多菌灵等4种苯并咪唑类农药残留量的测定 高效液相色谱法	NY/T 1680—2009
285	澳洲坚果	种质资源类	澳洲坚果种质资源鉴定技术规范	NY/T 1687—2009
286	腰果	种质资源类	腰果种质资源鉴定技术规范	NY/T 1688—2009
287	香蕉	种质资源类	香蕉种质资源描述规范	NY/T 1689—2009
288	香蕉	种质资源类	香蕉种质资源离体保存技术规程	NY/T 1690—2009
289	荔枝、龙眼	种质资源类	荔枝、龙眼种质资源描述规范	NY/T 1691—2009
290	芒果	生产管理类	芒果象甲检疫技术规范	NY/T 1694—2009
291	椰	生产管理类	椰心叶甲检疫技术规范	NY/T 1695—2009
292	番木瓜	生产管理类	番木瓜病虫害防治技术规范	NY/T 1697—2009
293	椰	生产管理类	外来昆虫风险分析技术规程 椰心叶甲	NY/T 1705—2009
294	通用	方法标准	水果、蔬菜中杀铃脲等七种苯甲酰脲类农药残留量的测定 高效液相色谱法	NY/T 1720—2009
295	水果	生产管理类	农产品质量安全追溯操作规程 水果	NY/T 1762—2009
296	通用	基础/通用类	新鲜水果包装标识 通则	NY/T 1778—2009
297	草莓	产品类	草莓等级规格	NY/T 1789—2009
298	桃	产品类	桃等级规格	NY/T 1792—2009
299	苹果	产品类	苹果等级规格	NY/T 1793—2009
300	猕猴桃	产品类	猕猴桃等级规格	NY/T 1794—2009
301	橙	生产管理类	红江橙主要病虫害防治技术规程	NY/T 1806—2009
302	香蕉	生产管理类	香蕉镰刀菌枯萎病诊断及疫情处理规范	NY/T 1807—2009
303	芒果	种质资源类	芒果种质资源描述规范	NY/T 1808—2009
304	番荔枝	种质资源类	番荔枝 种质资源描述规范	NY/T 1809—2009
305	椰子	种质资源类	椰子种质资源描述规范	NY/T 1810—2009
306	果树	基础/通用类	果树术语	NY/T 1839—2010

续表

序号	产品	分类	名称	标准编号
307	苹果	方法类	苹果中可溶性固形物、可滴定酸无损快速测定 近红外光谱法	NY/T 1841—2010
308	葡萄	种质资源类	葡萄无病毒母本树和苗木	NY/T 1843—2010
309	通用	基础/通用类	肥料合理使用准则 有机肥料	NY/T 1868—2010
310	通用	基础/通用类	肥料合理使用准则 钾肥	NY/T 1869—2010
311	热带水果	基础/通用类	热带水果包装、标识通则	NY/T 1939—2010
312	热带水果	基础/通用类	热带水果分类和编码	NY/T 1940—2010
313	葡萄	产品类	冷藏葡萄	NY/T 1986—2011
314	仁果类	生产管理类	仁果类水果良好农业规范	NY/T 1995—2011
315	葡萄	生产管理类	水果套袋技术规程 鲜食葡萄	NY/T 1998—2011
316	通用	物流类	水果气调库贮藏通则	NY/T 2000—2011
317	菠萝	物流类	菠萝贮藏技术规范	NY/T 2001—2011
318	通用	方法类	水果硬度的测定	NY/T 2009—2011
319	柑橘	方法类	柑橘类水果及制品中总黄酮含量的测定	NY/T 2010—2011
320	柑橘	方法类	柑橘类水果及制品中柠碱含量的测定	NY/T 2011—2011
321	通用	方法类	水果及制品中游离酚酸含量的测定	NY/T 2012—2011
322	柑橘	方法类	柑橘类水果及制品中香精油含量的测定	NY/T 2013—2011
323	柑橘	方法类	柑橘类水果及制品中橙皮苷、柚皮苷含量的测定	NY/T 2014—2011
324	通用	方法类	水果及其制品中果胶含量的测定 分光光度法	NY/T 2016—2011
325	草莓	生产管理类	农作物优异种质资源评价规范 草莓	NY/T 2020—2011
326	枇杷	生产管理类	农作物优异种质资源评价规范 枇杷	NY/T 2021—2011
327	龙眼	生产管理类	农作物优异种质资源评价规范 龙眼	NY/T 2022—2011
328	葡萄	生产管理类	农作物优异种质资源评价规范 葡萄	NY/T 2023—2011
329	柿	生产管理类	农作物优异种质资源评价规范 柿	NY/T 2024—2011
330	香蕉	生产管理类	农作物优异种质资源评价规范 香蕉	NY/T 2025—2011
331	桃	生产管理类	农作物优异种质资源评价规范 桃	NY/T 2026—2011
332	李	生产管理类	农作物优异种质资源评价规范 李	NY/T 2027—2011
333	杏	生产管理类	农作物优异种质资源评价规范 杏	NY/T 2028—2011
334	苹果	生产管理类	农作物优异种质资源评价规范 苹果	NY/T 2029—2011
335	柑橘	生产管理类	农作物优异种质资源评价规范 柑橘	NY/T 2030—2011
336	梨	生产管理类	农作物优异种质资源评价规范 梨	NY/T 2032—2011

续表

序号	产品	分类	名称	标准编号
337	梨	生产管理类	梨小食心虫测报技术规范	NY/T 2039—2011
338	柑橘	生产管理类	柑橘主要病虫害防治技术规范	NY/T 2044—2011
339	番石榴	生产管理类	番石榴病虫害防治技术规范	NY/T 2045—2011
340	腰果	生产管理类	腰果病虫害防治技术规范	NY/T 2047—2011
341	香蕉、番石榴、胡椒、菠萝	生产管理类	香蕉、番石榴、胡椒、菠萝线虫防治技术规范	NY/T 2049—2011
342	橘	方法类	橘小实蝇检疫检测与鉴定方法	NY/T 2051—2011
343	柑	方法类	蜜柑大实蝇检疫检测与鉴定方法	NY/T 2053—2011
344	番荔枝	生产管理类	番荔枝抗病性鉴定技术规程	NY/T 2054—2011
345	通用	生产管理类	地中海实蝇监测规范	NY/T 2056—2011
346	通用	生产管理类	美国白蛾监测规范	NY/T 2057—2011
347	香蕉	生产管理类	香蕉无病毒种苗生产技术规范	NY/T 2120—2012
348	苹果	生产管理类	标准果园建设规范 苹果	NY/T 2136—2012
349	梨	生产管理类	梨主要病虫害防治技术规程	NY/T 2157—2012
350	香蕉	生产管理类	香蕉象甲监测技术规程	NY/T 2160—2012
351	椰子	生产管理类	椰子主要病虫害防治技术规程	NY/T 2161—2012
352	通用	生产管理类	盲蝽测报技术规范 第2部分：果蔬	NY/T 2163.2—2016
353	梨	方法类	植物新品种特异性、一致性和稳定性测试指南 梨	NY/T 2231—2012
354	香蕉	生产管理类	热带作物品种资源抗病虫性鉴定技术规程 香蕉叶斑病、香蕉枯萎病和香蕉根结线虫病	NY/T 2248—2012
355	菠萝	方法类	菠萝凋萎病病原分子检测技术规范	NY/T 2249—2012
356	香蕉	方法类	香蕉花叶心腐病和束顶病病原分子检测技术规范	NY/T 2251—2012
357	槟榔	方法类	槟榔黄化病病原物分子检测技术规范	NY/T 2252—2012
358	菠萝	生产管理类	菠萝组培苗生产技术规程	NY/T 2253—2012
359	香蕉、柑橘	生产管理类	香蕉穿孔线虫香蕉小种和柑橘小种检测技术规程	NY/T 2255—2012
360	热带水果	生产管理类	热带水果非疫区及非疫生产点建设规范	NY/T 2256—2012
361	芒果	方法类	芒果细菌性黑斑病原菌分子检测技术规范	NY/T 2257—2012
362	香蕉	方法类	香蕉黑条叶斑病原菌分子检测技术规范	NY/T 2258—2012
363	龙眼	产品类	龙眼等级规格	NY/T 2260—2012

续表

序号	产品	分类	名称	标准编号
364	橙	产品类	制汁甜橙	NY/T 2276—2012
365	水果、蔬菜	方法类	水果蔬菜中有机酸和阴离子的测定 离子色谱法	NY/T 2277—2012
366	苹果	生产管理类	苹果病毒检测技术规范	NY/T 2281—2012
367	梨	种质资源类	梨无病毒母本树和苗木	NY/T 2282—2012
368	梨	生产管理类	亚洲梨火疫病监测技术规范	NY/T 2292—2012
369	樱桃	产品类	农产品等级规格 樱桃	NY/T 2302—2013
370	枇杷	产品类	农产品等级规格 枇杷	NY/T 2304—2013
371	苹果	生产管理类	苹果高接换种技术规范	NY/T 2305—2013
372	柠檬	生产管理类	水果套袋技术规程 柠檬	NY/T 2314—2013
373	杨梅	物流类	杨梅低温物流技术规范	NY/T 2315—2013
374	苹果	生产管理类	苹果品质指标评价规范	NY/T 2316—2013
375	热带水果	生产管理类	热带水果电子束辐照加工技术规范	NY/T 2319—2013
376	猕猴桃	生产管理类	农作物种质资源鉴定评价技术规范 猕猴桃	NY/T 2324—2013
377	山楂	生产管理类	农作物种质资源鉴定评价技术规范 山楂	NY/T 2325—2013
378	枣	生产管理类	农作物种质资源鉴定评价技术规范 枣	NY/T 2326—2013
379	板栗	生产管理类	农作物种质资源鉴定评价技术规范 板栗	NY/T 2328—2013
380	荔枝	生产管理类	农作物种质资源鉴定评价技术规范 荔枝	NY/T 2329—2013
381	核桃	生产管理类	农作物种质资源鉴定评价技术规范 核桃	NY/T 2330—2013
382	柑橘	方法类	柑橘及制品中多甲氧基黄酮含量的测定 高效液相色谱法	NY/T 2336—2013
383	桃	方法类	植物新品种特异性、一致性和稳定性测试指南 桃	NY/T 2341—2013
384	甜瓜	方法类	植物新品种特异性、一致性和稳定性测试指南 甜瓜	NY/T 2342—2013
385	草莓	方法类	植物新品种特异性、一致性和稳定性测试指南 草莓	NY/T 2346—2013
386	猕猴桃	方法类	植物新品种特异性、一致性和稳定性测试指南 猕猴桃属	NY/T 2351—2013
387	葡萄	生产管理类	葡萄病毒检测技术规范	NY/T 2377—2013
388	葡萄	生产管理类	葡萄苗木脱毒技术规范	NY/T 2378—2013

续表

序号	产品	分类	名称	标准编号
389	葡萄	生产管理类	葡萄苗木繁育技术规程	NY/T 2379—2013
390	李	物流类	李贮运技术规范	NY/T 2380—2013
391	杏	物流类	杏贮运技术规范	NY/T 2381—2013
392	苹果	生产管理类	苹果主要病虫害防治技术规程	NY/T 2384—2013
393	西瓜	生产管理类	农作物优异种质资源评价规范 西瓜	NY/T 2387—2013
394	甜瓜	生产管理类	农作物优异种质资源评价规范 甜瓜	NY/T 2388—2013
395	柑橘	生产管理类	柑橘采后病害防治技术规范	NY/T 2389—2013
396	苹果	生产管理类	有机苹果生产质量控制技术规范	NY/T 2411—2013
397	苹果	生产管理类	苹果蠹蛾监测技术规范	NY/T 2414—2013
398	苹果	方法类	植物新品种特异性、一致性和稳定性测试指南 苹果	NY/T 2424—2013
399	龙眼	方法类	植物新品种特异性、一致性和稳定性测试指南 龙眼	NY/T 2431—2013
400	柑橘	方法类	植物新品种特异性、一致性和稳定性测试指南 柑橘	NY/T 2435—2013
401	芒果	方法类	植物新品种特异性、一致性和稳定性测试指南 芒果	NY/T 2440—2013
402	椰	生产管理类	椰心叶甲啮小蜂和截脉姬小蜂繁殖与释放技术规程	NY/T 2447—2013
403	西瓜	方法类	西瓜品种鉴定技术规程 SSR分子标记法	NY/T 2472—2013
404	苹果	方法类	苹果品种鉴定技术规程 SSR分子标记法	NY/T 2478—2013
405	黑穗醋栗	方法类	植物新品种特异性、一致性和稳定性测试指南 黑穗醋栗	NY/T 2514—2013
406	木菠萝	方法类	植物新品种特异性、一致性和稳定性测试指南 木菠萝	NY/T 2515—2013
407	椰子	方法类	植物新品种特异性、一致性和稳定性测试指南 椰子	NY/T 2516—2013
408	西番莲	方法类	植物新品种特异性、一致性和稳定性测试指南 西番莲	NY/T 2517—2013
409	木瓜	方法类	植物新品种特异性、一致性和稳定性测试指南 木瓜属	NY/T 2518—2013
410	番木瓜	方法类	植物新品种特异性、一致性和稳定性测试指南 番木瓜	NY/T 2519—2013
411	树莓	方法类	植物新品种特异性、一致性和稳定性测试指南 树莓	NY/T 2520—2013

续表

序号	产品	分类	名称	标准编号
412	蓝莓	方法类	植物新品种特异性、一致性和稳定性测试指南 蓝莓	NY/T 2521—2013
413	柿	方法类	植物新品种特异性、一致性和稳定性测试指南 柿	NY/T 2522—2013
414	枸杞	方法类	植物新品种特异性、一致性和稳定性测试指南 枸杞	NY/T 2528—2013
415	椰子	生产管理类	椰子 种苗繁育技术规程	NY/T 2553—2014
416	葡萄	方法类	植物新品种特异性、一致性和稳定性测试指南 葡萄	NY/T 2563—2014
417	荔枝	方法类	植物新品种特异性、一致性和稳定性测试指南 荔枝	NY/T 2564—2014
418	无花果	方法类	植物新品种特异性、一致性和稳定性测试指南 无花果	NY/T 2587—2014
419	通用	配套机械类	水果清洗打蜡机 质量评价技术规范	NY/T 2616—2014
420	通用	配套机械类	水果分级机 质量评价技术规范	NY/T 2617—2014
421	柑橘	生产管理类	标准果园建设规范 柑橘	NY/T 2627—2014
422	梨	生产管理类	标准果园建设规范 梨	NY/T 2628—2014
423	温带水果	基础/通用类	温带水果分类和编码	NY/T 2636—2014
424	水果、蔬菜	方法类	水果和蔬菜可溶性固形物含量的测定 折射仪法	NY/T 2637—2014
425	通用	方法类	植物源性食品中花青素的测定 高效液相色谱法	NY/T 2640—2014
426	通用	方法类	植物源性食品中白藜芦醇和白藜芦醇苷的测定 高效液相色谱法	NY/T 2641—2014
427	柑橘	产品类	加工用宽皮柑橘	NY/T 2655—2014
428	香蕉	生产管理类	热带作物品种审定规范 第2部分：香蕉	NY/T 2667.2—2014
429	荔枝	生产管理类	热带作物品种审定规范 第3部分：荔枝	NY/T 2667.3—2014
430	龙眼	生产管理类	热带作物品种审定规范 第4部分：龙眼	NY/T 2667.4—2014
431	芒果	生产管理类	热带作物品种审定规范 第6部分：芒果	NY/T 2667.6—2016
432	澳洲坚果	生产管理类	热带作物品种审定规范 第7部分：澳洲坚果	NY/T 2667.7—2016
433	香蕉	生产管理类	热带作物品种试验技术规程 第2部分：香蕉	NY/T 2668.2—2014
434	荔枝	生产管理类	热带作物品种试验技术规程 第3部分：荔枝	NY/T 2668.3—2014

续表

序号	产品	分类	名称	标准编号
435	龙眼	生产管理类	热带作物品种试验技术规程 第4部分：龙眼	NY/T 2668.4—2014
436	芒果	生产管理类	热带作物品种试验技术规程 第6部分：芒果	NY/T 2668.6—2016
437	澳洲坚果	生产管理类	热带作物品种试验技术规程 第7部分：澳洲坚果	NY/T 2668.7—2016
438	梨	种质资源类	梨苗木繁育技术规程	NY/T 2681—2015
439	葡萄	生产管理类	酿酒葡萄生产技术规程	NY/T 2682—2015
440	苹果	生产管理类	苹果树腐烂病防治技术规程	NY/T 2684—2015
441	梨	生产管理类	梨小食心虫综合防治技术规程	NY/T 2685—2015
442	樱桃	生产管理类	樱桃良好农业规范	NY/T 2717—2015
443	柑橘	生产管理类	柑橘良好农业规范	NY/T 2718—2015
444	苹果	生产管理类	苹果苗木脱毒技术规范	NY/T 2719—2015
445	柑橘	生产管理类	柑橘商品化处理技术规程	NY/T 2721—2015
446	李	生产管理类	李属坏死环斑病毒检测规程	NY/T 2729—2015
447	梨	生产管理类	梨小食心虫监测性诱芯应用技术规范	NY/T 2733—2015
448	桃	生产管理类	桃小食心虫监测性诱芯应用技术规范	NY/T 2734—2015
449	水果	方法类	仁果类水果中类黄酮的测定 液相色谱法	NY/T 2741—2015
450	水果	方法类	水果及制品可溶性糖的测定 3,5-二硝基水杨酸比色法	NY/T 2742—2015
451	凤梨	方法类	植物新品种特异性、一致性和稳定性测试指南 凤梨属	NY/T 2750—2015
452	香蕉	方法类	植物新品种特异性、一致性和稳定性测试指南 香蕉	NY/T 2760—2015
453	杨梅	方法类	植物新品种特异性、一致性和稳定性测试指南 杨梅	NY/T 2761—2015
454	草莓	物流类	草莓采收与贮运技术规范	NY/T 2787—2015
455	蓝莓	物流类	蓝莓保鲜贮运技术规范	NY/T 2788—2015
456	苹果	方法类	苹果中主要酚类物质的测定 高效液相色谱法	NY/T 2795—2015
457	水果	方法类	水果中有机酸的测定 离子色谱法	NY/T 2796—2015
458	水果	生产管理类	无公害农产品 生产质量安全控制技术规范 第4部分：水果	NY/T 2798.4—2015
459	澳洲坚果	生产管理类	澳洲坚果栽培技术规程	NY/T 2809—2015
460	通用	方法类	植物性食品中腈苯唑残留量的测定 气相色谱-质谱法	NY/T 2819—2015

续表

序号	产品	分类	名称	标准编号
461	通用	方法类	植物性食品中抑食肼、虫酰肼、甲氧虫酰肼、呋喃虫酰肼和环虫酰肼5种双酰肼类农药残留量的同时测定 液相色谱-质谱联用法	NY/T 2820—2015
462	冬枣	产品类	冬枣等级规格	NY/T 2860—2015
463	杨梅	生产管理类	杨梅良好农业规范	NY/T 2861—2015
464	葡萄	生产管理类	葡萄溃疡病抗性鉴定技术规范	NY/T 2864—2015
465	葡萄	机械配套类	葡萄埋藤机质量评价技术规范	NY/T 2904—2016
466	瓜类	生产管理类	瓜类果斑病防控技术规程	NY/T 2919—2016
467	柑橘	生产管理类	柑橘黄龙病防控技术规程	NY/T 2920—2016
468	苹果	种质资源类	苹果种质资源描述规范	NY/T 2921—2016
469	梨	种质资源类	梨种质资源描述规范	NY/T 2922—2016
470	桃	种质资源类	桃种质资源描述规范	NY/T 2923—2016
471	李	种质资源类	李种质资源描述规范	NY/T 2924—2016
472	杏	种质资源类	杏种质资源描述规范	NY/T 2925—2016
473	柿	种质资源类	柿种质资源描述规范	NY/T 2926—2016
474	枣	种质资源类	枣种质资源描述规范	NY/T 2927—2016
475	山楂	种质资源类	山楂种质资源描述规范	NY/T 2928—2016
476	枇杷	种质资源类	枇杷种质资源描述规范	NY/T 2929—2016
477	柑橘	种质资源类	柑橘种质资源描述规范	NY/T 2930—2016
478	草莓	种质资源类	草莓种质资源描述规范	NY/T 2931—2016
479	葡萄	种质资源类	葡萄种质资源描述规范	NY/T 2932—2016
480	猕猴桃	种质资源类	猕猴桃种质资源描述规范	NY/T 2933—2016
481	板栗	种质资源类	板栗种质资源描述规范	NY/T 2934—2016
482	核桃	种质资源类	核桃种质资源描述规范	NY/T 2935—2016
483	枸杞	方法类	枸杞中甜菜碱含量的测定 高效液相色谱法	NY/T 2947—2016
484	果树	生产管理类	盲蝽综合防治技术规范 第2部分：果树	NY/T 2951.2—2016
485	枸杞	生产管理类	枸杞干燥技术规范	NY/T 2966—2016
486	水果	产品类	绿色食品 速冻水果	NY/T 2983—2016
487	木菠萝	生产管理类	木菠萝栽培技术规程	NY/T 3008—2016
488	芒果	产品类	芒果等级规格	NY/T 3011—2016
489	浆果	生产管理类	鲜食浆果类水果采后预冷保鲜技术规程	NY/T 3026—2016

续表

序号	产品	分类	名称	标准编号
490	梨	生产管理类	梨高接换种技术规程	NY/T 3028—2016
491	草莓	生产管理类	草莓脱毒种苗生产技术规程	NY/T 3032—2016
492	蓝莓	产品类	农产品等级规格　蓝莓	NY/T 3033—2016
493	桃	生产管理类	设施桃蜂授粉技术规程	NY/T 3046—2016
494	樱桃	方法类	植物新品种特异性、一致性和稳定性测试指南　樱桃	NY/T 3056—2016
495	苹果	生产管理类	苹果品种轮纹病抗性鉴定技术规程	NY/T 3064—2016
496	西瓜	生产管理类	西瓜抗南方根结线虫室内鉴定技术规程	NY/T 3065—2016
497	水果、蔬菜	方法类	水果、蔬菜及其制品中叶绿素含量的测定　分光光度法	NY/T 3082—2017
498	龙眼	生产管理类	桂圆加工技术规范	NY/T 3099—2017
499	桃	产品类	加工用桃	NY/T 3098—2017
500	枇杷	物流类	枇杷贮藏技术规范	NY/T 3102—2017
501	葡萄	产品类	加工用葡萄	NY/T 3103—2017
502	苹果、梨	物流类	仁果类水果（苹果和梨）采后预冷技术规范	NY/T 3104—2017
503	通用	环境安全类	无公害农产品　种植业产地环境条件	NY/T 5010—2016
504	苹果	生产管理类	无公害食品　苹果生产技术规程	NY/T 5012—2002
505	柑橘	生产管理类	无公害食品　柑桔生产技术规程	NY/T 5015—2002
506	香蕉	生产管理类	无公害食品　香蕉生产技术规程	NY/T 5022—2001
507	芒果	生产管理类	无公害食品　芒果生产技术规程	NY/T 5025—2001
508	葡萄	生产管理类	无公害食品　鲜食葡萄生产技术规程	NY/T 5088—2002
509	梨	生产管理类	无公害食品　梨生产技术规程	NY/T 5102—2002
510	草莓	生产管理类	无公害食品　草莓生产技术规程	NY/T 5105—2002
511	猕猴桃	生产管理类	无公害食品　猕猴桃生产技术规程	NY/T 5108—2002
512	西瓜	生产管理类	无公害食品　西瓜生产技术规程	NY/T 5111—2002
513	桃	生产管理类	无公害食品　桃生产技术规程	NY/T 5114—2002
514	荔枝	生产管理类	无公害食品　荔枝生产技术规程	NY/T 5174—2002
515	龙眼	生产管理类	无公害食品　龙眼生产技术规程	NY/T 5176—2002
516	菠萝	生产管理类	无公害食品　菠萝生产技术规程	NY/T 5178—2002
517	哈密瓜	生产管理类	无公害食品　哈密瓜生产技术规程	NY/T 5180—2002
518	杨桃	生产管理类	无公害食品　杨桃生产技术规程	NY/T 5183—2006
519	枸杞	生产管理类	无公害食品　枸杞生产技术规程	NY/T 5249—2004
520	火龙果	生产管理类	无公害食品　火龙果生产技术规程	NY/T 5256—2004

续表

序号	产品	分类	名称	标准编号
521	红毛丹	生产管理类	无公害食品 红毛丹生产技术规程	NY/T 5258—2004
522	通用	基础/通用类	无公害食品 产品抽样规范 第4部分：水果	NY/T 5344.4—2006
523	通用	机械配套类	坚果与籽类食品设备 带式干燥机	QB/T 5037—2017
524	通用	机械配套类	坚果与籽类食品设备 炒制设备通用技术条件	QB/T 5038—2017
525	香蕉、荔枝	生产管理类	香蕉荔枝寒害等级	QX/T 80—2007
526	龙眼	生产管理类	龙眼寒害等级	QX/T 168—2012
527	柑橘	生产管理类	柑橘冻害等级	QX/T 197—2013
528	杨梅	生产管理类	杨梅冻害等级	QX/T 198—2013
529	香蕉	生产管理类	香蕉寒害评估技术规范	QX/T 199—2013
530	龙眼	生产管理类	龙眼暖害等级	QX/T 224—2013
531	枇杷	生产管理类	枇杷冻害等级	QX/T 281—2015
532	枸杞	生产管理类	枸杞炭疽病发生气象等级	QX/T 283—2015
533	梨	物流类	梨冷藏技术	SB/T 10060—1992
534	桃	物流类	桃冷藏技术	SB/T 10091—1992
535	山楂	产品类	山楂	SB/T 10092—1992
536	水果、蔬菜	物流类	水果和蔬菜 气调贮藏原则与技术	SB/T 10447—2007
537	水果、蔬菜	物流类	热带水果和蔬菜包装与运输操作规程	SB/T 10448—2007
538	开心果	产品类	熟制开心果（仁）	SB/T 10613—2011
539	坚果	基础/通用类	坚果与籽类食品 术语	SB/T 10670—2012
540	坚果	基础/通用类	坚果炒货食品 分类	SB/T 10671—2012
541	果蔬	物流类	易腐食品冷藏链技术要求 果蔬类	SB/T 10728—2012
542	果蔬	物流类	易腐食品冷藏链操作规范 果蔬类	SB/T 10729—2012
543	果蔬	机械配套类	果蔬真空预冷机	SB/T 10790—2012
544	火龙果	物流类	火龙果流通规范	SB/T 10884—2012
545	香蕉	物流类	香蕉流通规范	SB/T 10885—2012
546	莲雾	物流类	莲雾流通规范	SB/T 10886—2012
547	水果	物流类	预包装水果流通规范	SB/T 10890—2012
548	梨	物流类	预包装鲜梨流通规范	SB/T 10891—2012
549	苹果	物流类	预包装鲜苹果流通规范	SB/T 10892—2012
550	葡萄	物流类	预包装鲜食葡萄流通规范	SB/T 10894—2012
551	果蔬	机械配套类	果蔬清洗机	SB/T 10938—2012
552	水果	基础/通用类	新鲜水果分类与代码	SB/T 11024—2013

续表

序号	产品	分类	名称	标准编号
553	浆果	物流类	浆果类果品流通规范	SB/T 11026—2013
554	干果	物流类	干果类果品流通规范	SB/T 11027—2013
555	柑橘	物流类	柑橘类果品流通规范	SB/T 11028—2013
556	瓜类	物流类	瓜类贮运技术规范	SB/T 11030—2013
557	仁果类	物流类	仁果类果品流通规范	SB/T 11100—2014
558	荔果类	物流类	荔果类果品流通规范	SB/T 11101—2014
559	果蔬	机械配套类	果蔬净化清洗机	SB/T 11190—2017
560	沙棘果	生产管理类	沙棘果采摘技术规范	SL 494—2010
561	通用	方法类	进出口食品中敌百虫残留量检测方法 液相色谱-质谱/质谱法	SN/T 0125—2010
562	通用	方法类	进出口食品中杀线威等12种氨基甲酸酯类农药残留量的检测方法 液相色谱-质谱/质谱法	SN/T 0134—2010
563	通用	方法类	进出口植物产品中六六六、滴滴涕残留量测定方法 磺化法	SN/T 0145—2010
564	水果、蔬菜	方法类	进出口水果蔬菜中有机磷农药残留量检测方法 气相色谱和气相色谱-质谱法	SN/T 0148—2011
565	通用	方法类	出口植物源食品中乙硫磷残留量的测定	SN/T 0151—2016
566	水果	方法类	出口水果中2,4-滴残留量检验方法	SN/T 0152—2014
567	水果	方法类	出口水果中二硫代氨基甲酸酯残留量检验方法	SN/T 0157—1992
568	水果	方法类	出口水果中螨完锡残留量检验方法	SN/T 0158—1992
569	水果	方法类	出口水果中六六六、滴滴涕、艾氏剂、狄氏剂、七氯残留量测定 气相色谱法	SN/T 0159—2012
570	水果	方法类	出口水果中甲基硫菌灵、硫菌灵、多菌灵、苯菌灵、噻菌灵残留量的检测方法 高效液相色谱法	SN/T 0162—2011
571	水果	方法类	出口水果及水果罐头中二溴乙烷残留量检验方法	SN/T 0163—2011
572	水果、蔬菜	方法类	出口水果和蔬菜中乙撑硫脲残留量测定方法 气相色谱质谱法	SN/T 0190—2012
573	水果	方法类	出口水果中溴螨酯残留量的检测方法	SN/T 0192—2017
574	通用	方法类	出口植物源性食品中多种菊酯残留量的检测方法 气相色谱-质谱法	SN/T 0217—2014
575	水果	方法类	出口水果中乙氧喹残留量检验方法 液相色谱法	SN/T 0287—1993

续表

序号	产品	分类	名称	标准编号
576	通用	方法类	出口植物源性食品中百草枯和敌草快残留量的测定 液相色谱-质谱/质谱法	SN/T 0293—2014
577	水果	方法类	出口水果和蔬菜中克百威残留量检验方法	SN/T 0337—1995
578	水果	方法类	出口水果中敌菌丹残留量检验方法	SN/T 0338—1995
579	白果	生产管理类	出口生白果检验规程	SN/T 0445—1995
580	通用	方法类	进出口食品中砷、汞、铅、镉的检测方法 电感耦合等离子体质谱（ICP-MS）法	SN/T 0448—2011
581	通用	方法类	进出口食品中丙环唑残留量的检测方法	SN/T 0519—2010
582	水果	方法类	出口水果中乐杀螨残留量检验方法	SN/T 0523—1996
583	水果、蔬菜	方法类	出口水果、蔬菜中福美双残留量检测方法	SN/T 0525—2012
584	水果	方法类	出口水果中乙氧喹啉残留量检验方法	SN/T 0533—2016
585	通用	方法类	出口植物源食品中四溴菊酯残留量检验方法 液相色谱-质谱/质谱法	SN/T 0603—2013
586	水果	方法类	出口水果中克菌丹残留量检验方法	SN/T 0654—1997
587	粮谷、坚果	方法类	进出口粮谷和坚果中乙酯杀螨醇残留量的检测方法 气相色谱-质谱法	SN/T 0702—2011
588	通用	方法类	出口食品中二硝甲酚残留量的测定 液相色谱-质谱/质谱法	SN/T 0707—2014
589	松籽仁	生产管理类	出口松籽仁检验规程	SN/T 0788—1999
590	荔枝	生产管理类	出口荔枝检验检疫规程	SN/T 0796—2010
591	板栗	生产管理类	进出口板栗检验规程	SN/T 0875—2000
592	枸杞子	生产管理类	进出口枸杞子检验规程	SN/T 0878—2000
593	核桃	生产管理类	进出口核桃检验规程	SN/T 0880—2000
594	核桃仁	生产管理类	进出口核桃仁检验规程	SN/T 0881—2000
595	香蕉	生产管理类	进出口鲜香蕉检验规程	SN/T 0885—2000
596	草莓	生产管理类	出口冷冻草莓检验规程	SN/T 1046—2002
597	番石榴叶	生产管理类	出口番石榴叶检验检疫规则	SN/T 1130.1—2002
598	椰子	方法类	植物检疫椰心叶甲检疫鉴定方法	SN/T 1147—2002
599	椰子	方法类	植物检疫椰子缢胸叶甲检疫鉴定方法	SN/T 1149—2002
600	椰子	方法类	椰子红环腐线虫检疫鉴定方法	SN/T 1159—2010
601	葡萄	方法类	葡萄根瘤蚜的检疫鉴定方法	SN/T 1366—2004
602	苹果	方法类	苹果实蝇检疫鉴定方法	SN/T 1383—2004

续表

序号	产品	分类	名称	标准编号
603	香蕉	方法类	香蕉细菌性枯萎病菌检疫鉴定方法	SN/T 1390—2004
604	芒果	方法类	芒果象检疫鉴定方法	SN/T 1401—2011
605	哈密瓜	生产管理类	对日本出口哈密瓜检疫规程	SN/T 1424—2011
606	香梨	生产管理类	二硫化碳熏蒸香梨中苹果蠹蛾的操作规程	SN/T 1425—2004
607	西瓜	方法类	西瓜细菌性果斑病菌检疫鉴定方法	SN/T 1465—2004
608	通用	方法类	出口食品中多效唑残留量检测方法	SN/T 1477—2012
609	椰子	方法类	椰子致死黄化植原体检测方法	SN/T 1579—2005
610	椰子	方法类	椰子死亡类病毒检疫鉴定方法	SN/T 1580—2013
611	李	方法类	李属坏死环斑病毒检疫鉴定方法	SN/T 1618—2017
612	通用	方法类	出口食品中虫酰肼残留量的测定	SN/T 1738—2014
613	通用	方法类	出口浓缩果汁中甲基硫菌灵、噻菌灵、多菌灵和2-氨基苯并咪唑残留量的测定 液相色谱-质谱/质谱法	SN/T 1753—2016
614	枣	生产管理类	进出境红枣检疫规程	SN/T 1803—2006
615	桃	方法类	桃实蝇检疫鉴定方法	SN/T 1817—2006
616	香蕉	方法类	香蕉黑条叶斑病菌检疫鉴定方法	SN/T 1822—2006
617	通用	方法类	加勒比实蝇检疫鉴定方法	SN/T 1845—2006
618	通用	方法类	墨西哥实蝇检疫鉴定方法	SN/T 1846—2006
619	通用	基础/通用类	寡毛实蝇类害虫分类学术语	SN/T 1847—2006
620	美澳型核果	方法类	美澳型核果褐腐病菌检疫鉴定方法	SN/T 1871—2007
621	通用	方法类	进出口食品中硫丹残留量的检测方法 气相色谱-质谱法	SN/T 1873—2007
622	果蔬	物流类	进出口易腐食品货架贮存卫生规范 第2部分：新鲜果蔬	SN/T 1881.2—2007
623	水果	物流类	进出口水果储运卫生规范 第1部分：水果储藏	SN/T 1884.1—2007
624	水果	物流类	进出口水果储运卫生规范 第2部分：水果运输	SN/T 1884.2—2007
625	果蔬	物流类	进出口水果和蔬菜预包装指南	SN/T 1886—2007
626	水果、蔬菜	方法类	水果蔬菜中吡虫啉、吡虫清残留量的测定 高效液相色谱法	SN/T 1902—2007
627	通用	方法类	进出口食品中草甘膦残留量的检测方法 液相色谱-质谱/质谱法	SN/T 1923—2007
628	腰果	方法类	出口食品过敏原成分检测 第4部分：实时荧光PCR方法检测腰果成分	SN/T 1961.4—2013
629	开心果	方法类	出口食品过敏原成分检测 第5部分：实时荧光PCR方法检测开心果成分	SN/T 1961.5—2013

续表

序号	产品	分类	名称	标准编号
630	胡桃	方法类	出口食品过敏原成分检测 第6部分：实时荧光PCR方法检测胡桃成分	SN/T 1961.6—2013
631	榛果	方法类	出口食品过敏原成分检测 第8部分：实时荧光PCR方法检测榛果成分	SN/T 1961.8—2013
632	杏仁	方法类	出口食品过敏原成分检测 第9部分：实时荧光PCR方法检测杏仁成分	SN/T 1961.9—2013
633	通用	方法类	进出口食品中扑草净残留量检测方法 气相色谱-质谱法	SN/T 1968—2007
634	通用	方法类	进出口食品中联苯菊酯残留量的检测方法 气相色谱-质谱法	SN/T 1969—2007
635	通用	方法类	进出口食品中茚虫威残留量的检测方法 气相色谱法和液相色谱-质谱/质谱法	SN/T 1971—2007
636	通用	方法类	进出口食品中莠去津残留量的检测方法 气相色谱-质谱法	SN/T 1972—2007
637	水果、蔬菜	方法类	进出口水果和蔬菜中嘧菌酯残留量测定方法 气相色谱法	SN/T 1976—2007
638	通用	方法类	进出口食品中狄氏剂和异狄氏剂残留量检测方法 气相色谱-质谱法	SN/T 1978—2007
639	通用	方法类	进出口食品中氟虫腈残留量检测方法 气相色谱-质谱法	SN/T 1982—2007
640	通用	方法类	进出口食品中溴虫腈残留量检测方法	SN/T 1986—2007
641	葡萄	方法类	进境葡萄繁殖材料植物检疫要求	SN/T 1992—2007
642	通用	方法类	实蝇监测方法	SN/T 2029—2007
643	通用	方法类	按实蝇属鉴定方法	SN/T 2030—2007
644	通用	方法类	桔小实蝇检疫鉴定方法	SN/T 2031—2007
645	香蕉、菠萝	方法类	香蕉灰粉蚧和新菠萝灰粉蚧检疫鉴定方法	SN/T 2034—2007
646	通用	方法类	地中海实蝇检疫鉴定方法 PCR法	SN/T 2039—2007
647	柑橘	方法类	亚洲柑桔黄龙病菌检疫鉴定方法	SN/T 2071—2008
648	通用	方法类	进出口食品中α-硫丹和β-硫丹残留量的检测方法 酶联免疫法	SN/T 2094—2008
649	通用	方法类	进出口食品中硫线磷残留量的检测方法	SN/T 2147—2008
650	通用	方法类	进出口食品中氟铃脲残留量检测方法 高效液相色谱-质谱/质谱法	SN/T 2152—2008
651	通用	方法类	进出口食品中苯线磷残留量的检测方法 气相色谱-质谱法	SN/T 2156—2008
652	通用	方法类	进出口食品中毒死蜱残留量检测方法	SN/T 2158—2008
653	通用	方法类	进出口食品中稻瘟灵残留量检测方法	SN/T 2229—2008

续表

序号	产品	分类	名称	标准编号
654	通用	方法类	进出口食品中腐霉利残留量的检测方法 气相色谱-质谱法	SN/T 2230—2008
655	通用	方法类	进出口食品中三唑醇残留量的检测方法 气相色谱-质谱法	SN/T 2232—2008
656	通用	方法类	进出口食品中甲氰菊酯残留量检测方法	SN/T 2233—2008
657	通用	方法类	进出口食品中丙溴磷残留量检测方法 气相色谱法和气相色谱-质谱法	SN/T 2234—2008
658	通用	方法类	进出口食品中腈菌唑残留量检测方法 气相色谱-质谱法	SN/T 2321—2009
659	草莓	方法类	草莓滑刃线虫检疫鉴定方法	SN/T 2338—2009
660	苹果	方法类	苹果茎沟病毒检疫鉴定方法	SN/T 2342—2009
661	苹果	方法类	苹果皱果类病毒检疫鉴定方法	SN/T 2342.2—2010
662	苹果	方法类	苹果丛生植原体检疫鉴定方法	SN/T 2398—2010
663	通用	方法类	进出口食品中哒螨灵残留量的检测方法	SN/T 2432—2010
664	通用	方法类	进出口食品中涕灭威、涕灭威砜、涕灭威亚砜残留量检测方法 液相色谱-质谱/质谱法	SN/T 2441—2010
665	水果	方法类	进出境水果检验检疫规程	SN/T 2455—2010
666	通用	方法类	进出口食品中十三吗啉残留量的测定 液相色谱-质谱/质谱法	SN/T 2458—2010
667	果蔬	方法类	贝类、果蔬和水样中脊髓灰质炎病毒检测方法 普通RT-PCR方法和实时荧光RT-PCR方法	SN/T 2530—2010
668	水果、蔬菜	方法类	进出口水果和蔬菜制品中展青霉素含量检测方法 液相色谱-质谱/质谱法与高效液相色谱法	SN/T 2534—2010
669	通用	方法类	进出口食品中苯甲酰脲类农药残留量的测定 液相色谱质谱/质谱法	SN/T 2540—2010
670	荔枝	生产管理类	出口荔枝蒸热处理检疫操作规程	SN/T 2556—2010
671	通用	方法类	进出口食品中苯并咪唑类农药残留量的测定 液相色谱-质谱/质谱法	SN/T 2559—2010
672	通用	方法类	进出口食品中氨基甲酸酯类农药残留量的测定 液相色谱-质谱/质谱法	SN/T 2560—2010
673	葡萄	方法类	葡萄苦腐病菌检疫鉴定方法	SN/T 2614—2010
674	苹果	方法类	苹果边腐病菌检疫鉴定方法	SN/T 2615—2010
675	坚果与籽仁	生产管理类	出口坚果与籽仁质量安全控制规范	SN/T 2633—2010
676	柑橘	生产管理类	出口柑橘果园检疫管理规范	SN/T 2634—2010

续表

序号	产品	分类	名称	标准编号
677	木瓜	方法类	木瓜中转基因成分定性PCR检测方法	SN/T 2653—2010
678	香蕉	方法类	香蕉枯萎病菌检疫鉴定方法	SN/T 2665—2010
679	扁桃、李	方法类	扁桃仁蜂和李仁蜂检疫鉴定方法	SN/T 2683—2010
680	核果	方法类	核果树溃疡病菌检疫鉴定方法	SN/T 2736—2010
681	通用	方法类	进出口蔬菜、水果、粮谷中氟草烟残留量检测方法	SN/T 2806—2011
682	通用	方法类	出口食品中烯酰吗啉残留量检测方法	SN/T 2917—2011
683	水果	生产管理类	出境水果种植基地农残控制管理规范	SN/T 2955—2011
684	水果	生产管理类	出口水果果园、包装厂管理规程	SN/T 2957—2011
685	水果、蔬菜	方法类	水果蔬菜和繁殖材料处理技术指标	SN/T 2960—2011
686	水果、蔬菜	方法类	航空食品 第2部分：生食（切）水果蔬菜制品微生物污染控制规范	SN/T 3063.2—2015
687	苹果、梨	方法类	苹果和梨果实球壳孢腐烂病菌检疫鉴定方法	SN/T 3069—2011
688	香蕉	方法类	香蕉肾盾蚧检疫鉴定方法	SN/T 3075—2012
689	柑橘	方法类	非洲柑桔黄龙病菌检疫鉴定方法	SN/T 3088—2012
690	干果	方法类	进出口干果检验规程	SN/T 3135—2012
691	通用	方法类	出口食品中三苯锡、苯丁锡残留量检测方法 气相色谱-质谱法	SN/T 3149—2012
692	葡萄	方法类	葡萄皮尔斯病菌检疫鉴定方法	SN/T 3170—2012
693	桃	方法类	桃白圆盾蚧检疫鉴定方法	SN/T 3173—2012
694	榛子	方法类	榛子东部枯萎病菌检疫鉴定方法	SN/T 3178—2012
695	干果	方法类	出境干果检疫规程 第1部分：通用要求	SN/T 3272.1—2012
696	苦杏仁	方法类	出境干果检疫规程 第2部分：苦杏仁	SN/T 3272.2—2012
697	山核桃	方法类	出境干果检疫规程 第3部分：山核桃	SN/T 3272.3—2012
698	板栗	方法类	出境干果检疫规程 第4部分：板栗	SN/T 3272.4—2012
699	鳄梨	方法类	鳄梨日斑类病毒检疫鉴定方法	SN/T 3277—2012
700	苹果	方法类	富士苹果磷化氢低温检疫熏蒸处理方法	SN/T 3279—2012
701	梨	方法类	梨蓟马检疫鉴定方法	SN/T 3286—2012
702	柠檬	方法类	柠檬干枯病菌检疫鉴定方法	SN/T 3288—2012
703	苹果	方法类	苹果果腐病菌检疫鉴定方法	SN/T 3289—2012
704	苹果	方法类	苹果异形小卷蛾检疫鉴定方法	SN/T 3290—2012
705	通用	方法类	出口食品中噁唑类杀菌剂残留量的测定	SN/T 3303—2012

续表

序号	产品	分类	名称	标准编号
706	梨	方法类	梨小卷蛾检疫鉴定方法	SN/T 3408—2012
707	李	方法类	李虎象检疫鉴定方法	SN/T 3409—2012
708	芒果	方法类	芒果蛎蚧检疫鉴定方法	SN/T 3410—2012
709	山楂	方法类	山楂小卷叶蛾检疫鉴定方法	SN/T 3416—2012
710	杏	方法类	杏小卷蛾检疫鉴定方法	SN/T 3418—2012
711	山楂	方法类	美洲山楂锈病菌检疫鉴定方法	SN/T 3426—2012
712	香蕉	方法类	香蕉坏死条纹病菌检疫鉴定方法	SN/T 3431—2012
713	草莓	方法类	草莓簇生植原体检疫鉴定方法	SN/T 3447—2012
714	桃	方法类	桃树黄化植原体检疫鉴定方法	SN/T 3448—2012
715	葡萄	方法类	葡萄粉蚧检疫鉴定方法	SN/T 3554—2013
716	西瓜	方法类	西瓜船象检疫鉴定方法	SN/T 3572—2013
717	橘	方法类	橘实锤腹实蝇检疫鉴定方法	SN/T 3573—2013
718	甜瓜	方法类	甜瓜实蝇检疫鉴定方法	SN/T 3574—2013
719	美澳型核果	方法类	美澳型核果褐腐病菌实时荧光 PCR 检测方法	SN/T 3581—2013
720	通用	方法类	出口植物源食品中二硝基苯胺类除草剂残留量测定 气相色谱-质谱/质谱法	SN/T 3628—2013
721	水果	方法类	出口水果中甲霜灵残留量检测方法 气相色谱-质谱法	SN/T 3642—2013
722	水果	方法类	出口水果中氯吡脲（比效隆）残留量的检测方法 液相色谱-串联质谱法	SN/T 3643—2013
723	葡萄	方法类	葡萄象检疫鉴定方法	SN/T 3671—2013
724	草莓	方法类	草莓花枯病菌检疫鉴定方法	SN/T 3675—2013
725	葡萄	方法类	葡萄茎枯病菌检疫鉴定方法	SN/T 3682—2013
726	桃	方法类	桃 X 病植原体检疫鉴定方法	SN/T 3687—2013
727	通用	方法类	出口植物源食品中 4 种噻唑类杀菌剂残留量的测定 液相色谱-质谱/质谱法	SN/T 3699—2013
728	香蕉	方法类	香蕉中新菠萝灰粉蚧检疫辐照处理技术要求	SN/T 3707—2013
729	葡萄	方法类	葡萄花翅小卷蛾检疫鉴定方法	SN/T 3717—2013
730	石榴	方法类	石榴小灰蝶检疫鉴定方法	SN/T 3745—2013
731	柑橘	方法类	柑橘枝瘤病菌检疫鉴定方法	SN/T 3748—2013
732	苹果	方法类	苹果壳色单隔孢溃疡病菌检疫鉴定方法	SN/T 3750—2013
733	苹果	方法类	苹果树炭疽病菌检疫鉴定方法	SN/T 3751—2013
734	苹果	方法类	苹果星裂壳孢果腐病菌检疫鉴定方法	SN/T 3752—2013

续表

序号	产品	分类	名称	标准编号
735	葡萄	方法类	葡萄角斑叶焦病菌检疫鉴定方法	SN/T 3753—2013
736	猕猴桃	方法类	猕猴桃举肢蛾检疫鉴定方法	SN/T 3764—2013
737	欧非枣	方法类	欧非枣实蝇检疫鉴定方法	SN/T 3765—2013
738	苹果	方法类	出口苹果和浓缩苹果汁中碳同位素比值的测定	SN/T 3846—2014
739	通用	方法类	出口食品中氰氟虫腙残留量的测定 液相色谱-质谱/质谱法	SN/T 3852—2014
740	通用	方法类	出口食品中乙氧基喹残留量的测定	SN/T 3856—2014
741	通用	方法类	出口食品中仲丁灵农药残留量的测定	SN/T 3859—2014
742	通用	方法类	出口食品中吡蚜酮残留量的测定 液相色谱-质谱/质谱法	SN/T 3860—2014
743	通用	方法类	出口食品中六氯对二甲苯残留量的检测方法	SN/T 3861—2014
744	通用	方法类	出口食品中沙蚕毒素类农药残留量的筛查测定 气相色谱法	SN/T 3862—2014
745	通用	方法类	出口食品中六种砷形态的测定方法 高效液相色谱-电感耦合等离子体质谱法	SN/T 3933—2014
746	通用	方法类	出口食品中烯效唑类植物生长调节剂残留量的测定 气相色谱-质谱法	SN/T 3935—2014
747	蓝莓	方法类	蓝莓矮化植原体检疫鉴定方法	SN/T 3960—2014
748	桃	方法类	桃丛簇花叶病毒检测方法	SN/T 3963—2014
749	通用	方法类	入侵果实蝇检疫鉴定方法	SN/T 3966—2014
750	通用	方法类	出口食品中氨基酸类有机磷除草剂残留量的测定 液相色谱-质谱/质谱法	SN/T 3983—2014
751	无花果	方法类	无花果蜡蚧检疫鉴定方法	SN/T 4012—2013
752	通用	方法类	出口食品中异菌脲残留量的测定 气相色谱-质谱法	SN/T 4013—2013
753	通用	方法类	出口食品中苯磺酰氯胺钠和对甲苯磺酰氯胺钠残留量的测定 气相色谱-质谱/质谱法	SN/T 4014—2013
754	通用	方法类	出口食品中萘乙酰胺、吡草醚、乙虫腈、氟虫腈农药残留量的测定方法 液相色谱-质谱/质谱法	SN/T 4039—2014
755	通用	方法类	出口食品中噻虫啉残留量的测定	SN/T 4046—2014
756	通用	方法类	出口食品中灭螨醌和羟基灭螨醌残留量的测定 液相色谱-质谱/质谱法	SN/T 4066—2014
757	水果	基础/通用类	输华水果检疫风险考察评估指南	SN/T 4069—2014

序号	产品	分类	名称	标准编号
758	芒果、荔枝	生产管理类	芒果、荔枝中桔小实蝇检疫辐照处理最低剂量	SN/T 4070—2014
759	莲雾、木瓜	生产管理类	莲雾、木瓜中桔小实蝇检疫辐照处理技术要求	SN/T 4071—2014
760	梨	方法类	梨衰退植原体检疫鉴定方法	SN/T 4072—2014
761	芒果	方法类	芒果细菌性黑斑病菌快速检测方法	SN/T 4073—2014
762	鳄梨	方法类	鳄梨蓟马检疫鉴定方法	SN/T 4080—2014
763	水果、蔬菜	方法类	出口水果和蔬菜中敌敌畏、四氯硝基苯、丙线磷等88种农药残留的筛选检测 QuEChERS-气相色谱-负化学源质谱法	SN/T 4138—2015
764	水果、蔬菜	方法类	出口水果蔬菜中乙萘酚残留量的测定	SN/T 4139—2015
765	水果、蔬菜	方法类	出口水果蔬菜中链格孢菌毒素的测定 液相色谱-质谱/质谱法	SN/T 4259—2015
766	水果	生产管理类	进境水果检疫处理一般要求	SN/T 4330—2015
767	水果	生产管理类	进境水果检疫辐照处理基本技术要求	SN/T 4331—2015
768	水果	方法类	新鲜水果中磷化氢熏蒸气体残留测定方法 气相色谱法	SN/T 4332—2015
769	苹果	生产管理类	苹果蠹蛾辐照处理技术指南	SN/T 4409—2015
770	开心果	方法类	出口食品常见过敏原LAMP系列检测方法 第1部分：开心果	SN/T 4419.1—2016
771	腰果	方法类	出口食品常见过敏原LAMP系列检测方法 第2部分：腰果	SN/T 4419.2—2016
772	胡桃	方法类	出口食品常见过敏原LAMP系列检测方法 第3部分：胡桃	SN/T 4419.3—2016
773	榛果	方法类	出口食品常见过敏原LAMP系列检测方法 第4部分：榛果	SN/T 4419.4—2016
774	杏仁	方法类	出口食品常见过敏原LAMP系列检测方法 第5部分：杏仁	SN/T 4419.5—2016
775	扁桃仁	方法类	出口食品常见过敏原LAMP系列检测方法 第6部分：扁桃仁	SN/T 4419.6—2016
776	巴西坚果	方法类	出口食品常见过敏原LAMP系列检测方法 第7部分：巴西坚果	SN/T 4419.7—2016
777	澳洲坚果	方法类	出口食品常见过敏原LAMP系列检测方法 第8部分：澳洲坚果	SN/T 4419.8—2016
778	栗子	方法类	出口食品常见过敏原LAMP系列检测方法 第9部分：栗子	SN/T 4419.9—2016
779	水果	生产管理类	供港食品全程RFID溯源规程 第1部分：水果	SN/T 4529.1—2016

续表

序号	产品	分类	名称	标准编号
780	通用	方法类	出口食品中三环锡（三唑锡）和苯丁锡含量的测定	SN/T 4558—2016
781	水果、蔬菜	方法类	出口蔬菜、水果中多种全氟烷基化合物测定 液相色谱-串联质谱法	SN/T 4588—2016
782	水果、蔬菜	方法类	出口水果蔬菜中脱落酸等60种农药残留量的测定 液相色谱-质谱/质谱法	SN/T 4591—2016
783	石榴	方法类	石榴螟检疫鉴定方法	SN/T 4640—2016
784	枇杷	生产管理类	枇杷桔小实蝇、梨小食心虫检疫处理技术标准	SN/T 4642—2016
785	草莓	方法类	草莓疫霉红心病菌检疫鉴定方法	SN/T 4647—2016
786	柑橘	方法类	柑橘黑斑病菌检疫鉴定方法	SN/T 4648—2016
787	椰果	生产管理类	进口椰果检验规程	SN/T 4597—2016
788	通用	方法类	苹小卷蛾检疫鉴定方法	SN/T 4726—2016
789	椰子	方法类	椰子败生类病毒检疫鉴定方法	SN/T 4728—2016
780	香蕉	方法类	香蕉细菌性萎蔫病菌检疫鉴定方法	SN/T 4732—2016
781	通用	方法类	八种果实蝇检疫鉴定方法	SN/T 4796—2017
782	通用	生产管理类	水果中实蝇类害虫冷处理技术指南	SN/T 4862—2017
783	通用	方法类	斑翅果蝇检疫鉴定方法	SN/T 4869—2017
784	芒果	方法类	芒果白轮蚧检疫鉴定方法	SN/T 4871—2017
785	苹果	方法类	苹果花象检疫鉴定方法	SN/T 4872—2017
786	葡萄	方法类	葡萄金黄化植原体检疫鉴定方法	SN/T 4874—2017
787	通用	方法类	来檬丛枝植原体检疫鉴定方法	SN/T 4875—2017
788	干果	方法类	出口干果中多种农药残留量的测定 液相色谱-质谱/质谱法	SN/T 4886—2017
789	通用	方法类	出口食品中螺虫乙酯残留量的测定 高效液相色谱和液相色谱-质谱/质谱法	SN/T 4891—2017
790	荔枝	生产管理类	热带作物主要病虫害防治技术规程 荔枝	NY/T 1478—2013

2. 果品类标准的分类及数量

目前，我国涉及果品的行业标准和国家标准有1000多项，其中，农业行业标准占36%，出入境检验检疫行业标准占23.%，国家标准占28.%，林业行业标准占8%，国内贸易行业标准占2%。这些标准以"十五"以来颁布的为主，占96.6%，其中，"十五""十一五""十二五"和"十三五"颁布的标准分别占10.9%、28.1%、37.0%和20.6%。这些标准主要是推荐性标准（占87.6%），强制性标准占12.1%，指导性文件仅占0.3%。标准名称涉及近90种果品，其中，含"苹果""柑橘（桔）""梨""香蕉""葡萄""枣""桃"和"核桃"的标准均超过了20项。

二、果品标准体系存在的问题

在果品标准体系方面存在的问题如下：

1. 标准缺乏系统性

长期以来，我国果品标准分散在多个部门和多个系统，各自为政。由于缺乏统一、完善、清晰的果品标准框架体系的指导以及缺乏部门和系统之间的良好沟通和协调，标准交叉和缺失问题突出，标准系统性、互补性、配套性和一致性较差，尚未构建起前瞻性、针对性、科学性和实用性兼备的果品标准框架体系。国家标准、农业行业标准、出入境检验检疫行业标准、林业行业标准、国内贸易行业标准等之间尤其如此。全国果品标准化技术委员会（SAC/TC 510）成立以后该现象仍十分普遍。当前，该委员会与全国植物新品种测试标准化技术委员会（SAC/TC 277）、全国农产品购销标准化技术委员会（SAC/TC 517）等相关标准化技术委员会以及有关部委，在果品标准研究与制定、修订的职责和业务范围方面仍多有重叠和交叉。

2. 标准制定碎片化

主要反映在分品种制定产品标准、分种类制定病虫害防治标准、分区域制定生产技术标准。在分品种制定产品标准方面，以梨为例，既制定了综合性产品标准GB/T 10650—2008《鲜梨》，又分品种制定了NY/T 955—2006《莱阳梨》、NY/T 1076—2006《南果梨》、NY/T 1077—2006《黄花梨》、NY/T 1078—2006《鸭梨》、NY/T 1191—2006《砀山酥梨》、NY/T 865—2004《巴梨》、NY/T 585—2002《库尔勒香梨》等分品种的产品标准。分种类制定病虫害防治标准的现象日趋明显。以苹果为例，既制定了综合性的NY/T 2384—2013《苹果主要病虫害防治技术规程》，又制定了NY/T 60—2015《桃小食心虫综合防治技术规程》、NY/T 1610—2008《桃小食心虫测报技术规范》、NY/T 2734—2015《桃小食心虫监测性诱芯应用技术规范》、NY/T 2684—2015《苹果树腐烂病防治技术规程》等单一病虫害防治标准。在生产技术标准方面，主要存在分区域制定标准的问题。以苹果为例，既制定了全国性的NY/T 441—2013《苹果生产技术规程》，又制定了区域性标准NY/T 1083—2006《渤海湾地区苹果生产技术规程》和NY/T 1082—2006《黄土高原苹果生产技术规程》。

3. 标准交叉现象普遍

标准重复交叉主要反映在规范对象和适用范围部分或完全重合，或者一项标准的规范对象和适用范围完全被另一项标准所覆盖。以枣为例，仅干制红枣就制定了GB/T 5835—2009《干制红枣》、LY/T 1780—2008《干制红枣质量等级》、

GB/T 26150—2010《免洗红枣》、NY/T 700—2003《板枣》等4项标准；鲜枣标准也制定了多项，包括 GB/T 22345—2008《鲜枣质量等级》、LY/T 1920—2010《梨枣》、NY/T 871—2004《哈密大枣》、GB/T 32714—2016《冬枣》、GB/T 18846—2008《地理标志产品 沾化冬枣》、GB/T 18740—2008《地理标志产品 黄骅冬枣》、GB/Z 26579—2011《冬枣生产技术规范》、NY/T 2860—2015《冬枣等级规格》等。又如苹果产品标准，制定了 SB/T 11100—2014《仁果类果品流通规范》、GB/T 10651—2008《鲜苹果》、NY/T 1793—2009《苹果等级规格》、GB/T 23616—2009《加工用苹果分级》、NY/T 1072—2013《加工用苹果》、NY/T 1075—2006《红富士苹果》等标准，几项标准之间在规范对象和适用范围上均存在高度重复甚至完全重复和交叉。

4. 标准缺失问题突出

果品产地环境标准和农药残留限量配套检测方法标准缺失问题突出。目前仅有少数果品制定了产地环境标准，如 NY/T 856—2004《苹果产地环境技术条件》、NY/T 854—2004《京白梨产地环境技术条件》和 NY/T 857—2004《葡萄产地环境技术条件》。然而，即使这些为数不多的标准也存在明显缺陷，均未涵盖生态环境条件指标，而适地适栽是发展果品产业的基本原则。果树苗木标准一般应包括繁育技术规程、产地检疫规程、产品标准、脱毒技术规范、病毒检测技术规范、无病毒母本树和苗木检疫规程等标准，目前多数果品的苗木标准仅有其中一项或数项，甚至一项标准都没有（如板栗），欠缺不少。以梨为例，仅制定了 NY/T 2681—2015《梨苗木繁育技术规程》、NY 475—2002《梨苗木》、NY/T 2282—2012《梨无病毒母本树和苗木》。缺乏规范的营养诊断技术是导致果品生产中肥料不合理施用的重要原因。目前，果品生产中肥料施用主要凭经验，肥料不合理施用现象非常普遍，主要体现在施肥种类和施肥量不合理，不仅对果品产量和品质以及生产环境（特别是土壤）造成非常不利的影响，还增加了不少生产成本。GB 2763—2016 规定的果品农药残留限量涉及的农药中，尚有百草枯、苯嘧磺草胺、苯嘧磺草胺、草铵膦、春雷霉素、单氰胺、敌螨普、丁醚脲、丁香菌酯、多果定、多抗霉素、噁霉灵、氟吡菌胺、氟啶虫胺腈、氟啶虫酰胺、氟吗啉、复硝酚钠、环酰菌胺、苦参碱、喹啉铜、喹氧灵、硫酰氟、螺虫乙酯、氯虫苯甲酰胺、氯噻啉、宁南霉素、噻苯隆、噻唑锌、三乙膦酸铝、双胍三辛烷基苯磺酸盐、双炔酰菌胺、辛菌、溴甲烷、溴菌腈、亚胺唑、乙蒜素、唑嘧菌胺等多种农药残留限量未提供检测方法，对该标准的贯彻实施极为不利。

5. 产品标准结构和布局不统一

我国的果品产品标准，其名称、布局、结构和技术要求往往不尽一致。在标准名称上，有的就是产品名，有的还有"等级规格""分级""质量等级"等字样，如 GB/T 10651—2008《鲜苹果》、NY/T 2304—2013《农产品等级规格 枇杷》、GB/T 22345—2008《鲜枣质量等级》。同种水果的不同标准在等级划分方式、等级数和等级名称上多有不同，有的标准分等，有的标准分级。例如 GB/T 10651—2008《鲜苹果》分优等、一等、二等，NY/T 1793—2009《苹果等级规格》分特级、一级、二级，而 SB/T 10892—2012《预包装鲜苹果流通规范》分一级、二级和三级。规范内容不完全一致，甚至相差很大，例如，NY/T 2302—2013《农产品等级规格 樱桃》的等级划分指标为成熟度、果柄、色泽、果形、裂果、畸形果和瑕疵，GB/T 26906—2011《樱桃质量等级》的等级划分指标为果形、色泽、果面、果梗、机械伤和单果重。特别值得注意的是，我国许多果品产品标准将果个大小列为分等指标，果个越大等级越高，这势必严重误导经营者和消费者，诱导生产者通过多施化肥、使用生长调节剂等措施增大果个，导致果品品质大幅度下降，甚至影响到产业的发展。事实上，不论哪种果品，每个品种的果实都有其固有的最优大小，过小和过大都不好。

6. 标准复审和修订不及时

发达国家的标准基本上以 5 年为周期进行 1 次修订，标准的技术内容能够根据产业发展和市场变化及时进行调整。我国《国家标准管理办法》（国家技术监督局令第 10 号令）第二十七条规定："国家标准实施后，应当根据科学技术的发展和经济建设的需要，由该国家标准的主管部门组织有关单位适时进行复审，复审周期一般不超过 5 年。"然而，由于复审机制的缺失，我国标准复审工作并未全面落实，标准发布实施后，其科学性、实用性和先进性极少受到跟踪评价，致使标准修订不及时，失去效用的标准没有得到及时清理和废止，影响了标准的有效性和应用效果。技术内容过时的标准和存在重大技术缺陷的标准不但不会促进产业发展，反而会带来不可忽视的负面影响。统计显示，在我国现行的 1162 项果品标准中，标龄在 6 年以上的标准高达 49.6%，其中，标龄在 6~11 年的标准占 30.2%，标龄在 11 年以上的标准占 19.4%。

7. 标准应用亟待加强

主要存在两个方面的问题：一是标准获取难，二是标准应用少。目前，我国制定的国家标准和行业标准往往印数很少，而且几乎都需要购买才能获取，严重限制了标准的宣传和普及。而许多国际组织和发达国家的做法是建立开放的公共平台，可随时查阅和免费下载标准文本。标准不是教科书，也不是操作手册，文字上比较精炼，国内外概莫如此。这就要求标准使用者具有一定的专业知识和较高的文化素质，也需要系统的技术指导和培训。然而，在我国，农村青壮劳动力向城市和工业大量转移，留在农村从事果树生产的多为老年人，总体而言，其技术水平和文化素质普遍较低，要充分理解果品标准、自觉应用果品标准，客观上有很大难度。由于宣传贯彻、培训和激励机制的缺失，使得我国的不少果品标准在果品生产和流通中应用不多，甚至没有应用。当然，我国果品生产标准化程度低也与我国果品生产模式以一家一户小规模分散经营为主有很大关系，没有规模化就很难实现标准化。

8. 标准研究严重不足

主要反映在以下两个方面：一是标准研究少、缺乏系统性；二是队伍不稳定、缺乏持续性。对于前者，存在的主要问题是储备性研究不多，标准制定、修订中缺乏研究基础和数据支撑的现象比较普遍；尤其对先进国家和重要国际组织标准研究不系统、不深入，借鉴和采用不多。对于后者，存在的主要问题是缺乏核心团队，标准制定、修订项目经费偏少、缺乏持续性，难以建立稳定、高水平的人员队伍，有碍持续、系统、深入地开展果品标准制定、修订与研究工作，影响了果品标准制定、修订工作的质量。

三、果品标准体系发展建议

1. 界定职责，建立统一的标准体系框架

应当界定各相关标委会或部门之间在果品标准制修订上的职责、范围和工作领域，搞好分工、协作，使果品标准体系中的各标准既不交叉、重叠、矛盾、冲突，又能无缝连接，无空白和死角。果品标准的制定、修订应以农业农村部、全国果品标准化技术委员会（SAC/TC 510）和国家林业和草原局为主体，并建立跨部门会商机制。在借鉴国外果品标准及其体系基础上，结合我国实际情况，以全程质量控制为导向，以产前、产中、产后、出入境和支撑5个环节为重点，着眼于种质资源、种子苗木、环境安全、生产管理、果品产品、果品检验检测、果品采后物流、检疫性病虫、基础/通用等方面，确定需要制定、修订的标准，构建起统一协调的果品标准框架体系（见表6-3）。

表6-3　果品标准框架体系

环节	方面	标准
一、产前	种质资源	品种测试、品种鉴定、品种审定、品种试验、品种选育、种质资源描述、种质资源鉴定、种质资源评价、种质资源保存等方面标准
	种子苗木	种苗繁育（含脱毒、病毒检测）、种苗检疫、种苗产品等方面标准
二、产中	环境安全	产地环境、非疫区建设、投入品（肥料、农药、果袋、农机、清洗剂）等方面标准
	生产管理	生产栽培、病虫防治（病虫监测、病虫检测、病虫防控）、投入品使用、良好规范、规划建设、质量控制、果品加工等方面标准
三、采后	果品产品	安全限量、产品卫生、产品质量等方面标准
	检验检测	果品检测、果品检验等标准
	采后物流	包装、标识、贮运、购销等方面标准
四、出入境	检疫性病虫	疫情监测、病虫检疫、果品检疫等方面标准
五、支撑	基础/通用	词汇、术语、分类、编码、代码、通用要求等方面标准

重点针对大宗果品，适当兼顾小宗果品，加快制定各自的标准体系，将其作为我国果品标准制定、修订立项的依据和指南。在此基础上，对现有标准进行清理。一是对内涵和外延有重复交叉的标准进行整合；二是对缺失的标准进行填平补齐。

我国绝大多数经济栽培的果品都有许多品种，有的多达数百个，乃至上千个，分品种制定产品标准在经费、人力和时间上均不允许。而且分品种制定的产品标准，往往与综合性产品标准存在诸多不一致甚至矛盾之处，严重影响标准的应用和实施。在我国，绝大多数果品在产销过程中均会发生多种病虫害（许多果品的病虫害多达十余种，甚至数十种），针对单一病虫害分别制定防治技术标准显然不现实，也不经济。因此，果品标准的制定应遵循这样一个基本原则：不分品种制定产品标准，不针对单一病虫害制定防治技术标准，不分区域制定生产技术规程。

2. 及时复审和修订标准

为保证果品标准的科学性、实用性和有效性，果品标准制定和归口部门或标委会应加强果品标准复审工作，建议依托高水平果品标准研究和制定、修订队伍，以5年为复审周期，适时对到期果品标准进行复审（审核内容包括标准结构和技术内容的科学性、实用性、先进性，以及是否与其他标准存在交叉、重复和矛盾）。根据复审结果，参照《国家标准管理办法》，按下列情况分别处理：①不需要修改的标准确认继续有效，不改顺序号和年号，当标准重版时，在标准封面上、标准编号下写明"××××年确认有效"字样；②需作修改的标准作为修订项目，列入计划；③已无存在必要的标准，予以废止。需要说明的是，行业标准虽然不是严格意义上的国家标准，但可视其为特殊的国家标准，其复审完全可以而且应该参照《国家标准管理办法》。

3. 规范产品标准结构

除某些特殊的品质特征外，衡量各种果品品质的基础项目基本上是相同的，这就使得果品品质标准的结构、布局的规范化成为可能。联合国欧洲经济委员会（UNECE）制定了专门的《新鲜水果和蔬菜标准布局》（Standard Layout for UNECE Standards on Fresh Fruit and Vegetables）和《干产品及干制品标准布局》（Standard Layout for UNECE Standards on Dry and Dried Produce），为该组织统一和规范干鲜果品产品标准的结构和布局提供了基础范示，使得该组织制定的产品标准在布局、结构上具有高度的一致性（见表6-4）。在制定某一具体产品标准时，只需在该文件基础上填上本产品的具体要求即可。这为其他国际组织和国家的标准规范工作起到了示范作用。

我国应下大力气对标准进行规范，借鉴重要国际组织和先进国家的果品标准及其体系，特别是可参照UNECE的做法，统一和规范干鲜水果产品标准的结构和技术要素，将其作为标准立项、制定、修订和标准审定的依据和指南。另外，在果品产品标准中，应将果个大小从等级指标中剥离出来，而将其作为规格指标，使仅反应果实大小的客观实际，而非衡量品质优劣的指标。

表 6-4　联合国欧洲经济委员会（UNECE）果品产品标准布局

新鲜的水果和蔬菜	干果和果干
Ⅰ．农产品的定义 Ⅱ．有关质量的规定 　A．最低要求 　B．成熟度要求 　C．分类 　　（ⅰ）"额外"类 　　（ⅱ）Ⅰ类 　　（ⅲ）Ⅱ类 Ⅲ．有关尺寸的规定 Ⅳ．有关容差的规定 　A．质量容差 　　（ⅰ）"额外"类 　　（ⅱ）Ⅰ类 　　（ⅲ）Ⅱ类 　B．尺寸公差 Ⅴ．有关陈述的规定 　A．均匀度 　B．包装 Ⅵ．有关标签的规定 　A．定义 　B．品质 　C．溯源 　D．商业规格 　E．官方控制标志（可选）	Ⅰ．农产品的定义 Ⅱ．有关质量的规定 　A．最低要求 　B．水分含量 　C．分类 Ⅲ．有关尺寸的规定 Ⅳ．有关容差的规定 　A．质量容差 Ⅴ．有关陈述的规定 　A．均匀度 　B．包装 Ⅵ．有关标签的规定 　A．定义 　B．品质 　C．溯源 　D．商业规格 　E．官方控制标志（可选）

4. 加强标准应用的宣传贯彻

为促进果品标准的一致性解释（其实质是促进果品标准的应用与实施），UNECE 和 OECD（经济合作与发展组织）已联合制定了草莓、鳄梨、柑橘、梨、李、芒果、猕猴桃、苹果、石榴、桃和油桃、甜瓜、鲜食葡萄、西瓜、鲜无花果、杏、樱桃、榛子（带壳榛子和榛子仁）等 17 种果品的产品标准应用手册以及标准布局，在各标准应用手册中，针对 UNECE 标准的条文逐一给出了解读文本，有的还配置了相应的图片。以《苹果》（*APPLES*）（UNECE STANDARD FFV—50）为例，各个等级均针对果面色泽、品种特征果锈、损伤、缺陷、成熟度、容许度、包装中的一致性、标识等给出了图例。这种制定标准应用手册的做法非常值得我国借鉴和学习，对于有关果品的产品标准和生产技术标准尤其如此，将为标准使用者自学标准、理解标准、应用标准奠定良好基础。另外，在推进果品标准实施与应用上，鉴于我国具有良好的人员、经济和硬件基础，应将具有一定规模的果品生产经营者作为果品标准应用与实施的主体，加强标准的培训、宣传、贯彻和标准应用实施的技术指导。

5. 加强标准研究工作

需做好以下两个方面的工作。一是加强队伍建设，提升工作能力。应努力培养一支既熟悉国际规则又精通国内政策、既懂标准工作和专业知识又熟悉产业情况的专家队伍。尽快分类组建果品标准制定、修订、研究核心团队，给予持续稳定的项目和经费支持，将其作为果品标准研究与制定、修订的核心力量，使之成为承担标准研究项目和标准制定、修订任务的主力军。同时，适度增加各类标准制定、修订项目的工作经费。另外，还要鼓励有能力的行业协会或企业参与或承担国家标准和行业标准的制定工作。二是强化基础研究，提高工作水平。要针对我国、重要国际组织、重要国家和区域组织，加强标准需求研究，标准制定、修订储备性研究和标准试验验证，为果品标准制定、修订工作提供扎实的科学依据。

第七章 糖料标准

糖料作物是为制糖工业提供原料的作物,主要有甘蔗、甜菜以及糖用高粱等。我国制糖的原料主要有两种:一是甘蔗,一是甜菜。我国北方以甜菜为主,南方以甘蔗为主。目前,甜菜南扩、甘蔗北移的趋势在加强。这类作物加工后的副产品,可分别作为酒精、造纸、纤维等工业的原料或家畜饲料。糖料作物对自然条件要求严格,气候、雨量、土质适宜就能高产;反之,产量就会下降。因此,因地制宜、适当集中地发展,就可少占耕地,以较少的消耗生产更多的糖料作物。

第一节 甘蔗标准

甘蔗(*Saccharum officinarum*)为甘蔗属多年生高大实心草本植物。根状茎粗壮发达。秆高3~6m。在我国台湾、福建、广东、海南、广西、四川、云南等南方地区广泛种植。全世界有一百多个国家出产甘蔗,最大的甘蔗生产国是巴西、印度和中国。甘蔗是世界上最重要的糖料作物,全球甘蔗产糖量约占食糖总产量的80%。我国现为世界第三大产糖国,居巴西、印度之后。糖料种植在我国农业经济中占有重要地位,其产量和产值仅次于粮食、油料、棉花,居第四位。甘蔗产糖在我国食糖生产中居主导地位,约占全国食糖总产量的88.7%。

一、甘蔗标准体系

我国现行有效的甘蔗产业相关标准中,国家标准占三分之一。从不同级别标准的内容来看,甘蔗国家标准侧重于农药的田间药效试验、糖料甘蔗试验和病菌、病毒的检疫、检测等方法类标准,集中在植保和栽培两个方面。行业标准覆盖面广,涉及环境保护、机械、农业、轻工、气象、商检、卫生等行业,其中农业行业标准占主导地位。行业标准中以生产管理类和方法类标准数量最多,主要包括试验及其评价、鉴定方法、病菌、病毒、害虫、副产物检疫鉴定方法等。

甘蔗国家标准和行业标准见表 7-1、表 7-2。

表 7-1 现行的甘蔗国家标准

序号	产品	分类	标准名称	标准编号
1	甘蔗	方法类	农药 田间药效试验准则（一） 除草剂防治甘蔗田杂草	GB/T 17980.49—2000
2	甘蔗	方法类	农药 田间药效试验准则（二） 第61部分：杀虫剂防治甘蔗螟虫	GB/T 17980.61—2004
3	甘蔗	方法类	农药 田间药效试验准则（二） 第62部分：杀虫剂防治甘蔗蚜虫	GB/T 17980.62—2004
4	甘蔗	方法类	农药 田间药效试验准则（二） 第63部分：杀虫剂防治甘蔗蔗龟	GB/T 17980.63—2004
5	甘蔗	方法类	农药 田间药效试验准则（二） 第101部分：杀菌剂防治甘蔗凤梨病	GB/T 17980.101—2004
6	甘蔗	生产管理类	旱地糖料甘蔗高产栽培技术规程	GB/T 19566—2004
7	甘蔗	产品类	糖料甘蔗	GB/T 10498—2010
8	甘蔗	方法类	甘蔗黄叶病毒实时荧光 RT-PCR 检测方法	GB/T 28067—2011
9	甘蔗	生产管理类	甘蔗地深耕、深松机械作业技术规范	GB/T 29007—2012
10	甘蔗	方法类	甘蔗白色条纹病菌的检疫鉴定方法	GB/T 29578—2013
11	甘蔗	方法类	糖料甘蔗试验方法	GB/T 10499—2014
12	甘蔗	方法类	甘蔗线条病毒检疫鉴定方法	GB/T 33127—2016

表 7-2 现行的甘蔗行业标准

序号	产品	分类	标准名称	标准编号
1	甘蔗	产品类	清洁生产标准 甘蔗制糖业	HJ/T 186—2006
2	甘蔗	机械配套类	全封闭甘蔗压榨机减速器	JB/T 6121—1992
3	甘蔗	方法类	甘蔗收获机械 试验方法	JB/T 6275—2007
4	甘蔗	机械配套类	甘蔗种植机	JB/T 12441—2015
5	甘蔗	生产管理类	农作物种质资源鉴定技术规程 甘蔗	NY/T 1488—2007
6	甘蔗	机械配套类	甘蔗深耕机械 作业质量	NY/T 1646—2008
7	甘蔗	生产管理类	甘蔗剥叶机 质量评价技术规范	NY/T 1770—2009
8	甘蔗	生产管理类	农作物品种试验技术规程 甘蔗	NY/T 1784—2009
9	甘蔗	生产管理类	甘蔗种茎生产技术规程	NY/T 1785—2009
10	甘蔗	生产管理类	农作物品种鉴定规范 甘蔗	NY/T 1786—2009
11	甘蔗	生产管理类	糖料甘蔗生产技术规程	NY/T 1787—2009
12	甘蔗	种质资源类	甘蔗种苗	NY/T 1796—2009
13	甘蔗	生产管理类	甘蔗花叶病毒检测技术规范	NY/T 1804—2009

续表

序号	产品	分类	标准名称	标准编号
14	甘蔗	生产管理类	农作物优异种质资源评价规范 甘蔗	NY/T 2180—2012
15	甘蔗	生产管理类	甘蔗生产良好农业规范	NY/T 2254—2012
16	甘蔗	方法类	植物新品种特异性、一致性和稳定性测试指南 甘蔗	NY/T 2348—2013
17	甘蔗	方法类	甘蔗病原菌检测规程 宿根矮化病菌环介导等温扩增检测法	NY/T 2679—2015
18	甘蔗	生产管理类	甘蔗脱毒种苗生产技术规程	NY/T 2724—2015
19	甘蔗	方法类	甘蔗白色条纹病菌检验检疫技术规程 实时荧光定量PCR法	NY/T 2743—2015
20	甘蔗	环境安全类	农作物生产基地建设标准 糖料甘蔗	NY/T 2775—2015
21	甘蔗	机械配套类	甘蔗联合收获机 作业质量	NY/T 2902—2016
22	甘蔗	机械配套类	甘蔗收获机 质量评价技术规范	NY/T 2903—2016
23	甘蔗	基础/通用类	甘蔗制糖工业企业综合能耗标准和计算方法	QB/T 1310—1991
24	甘蔗	产品类	甘蔗糖蜜	QB/T 2684—2005
25	甘蔗	机械配套类	甘蔗压榨机	QB/T 1168—2015
26	甘蔗	基础/通用类	甘蔗糖厂设计规范	QB/J G102—1987
27	甘蔗	生产管理类	制糖行业清洁生产水平评价标准	QB/T 4570—2013
28	甘蔗	生产管理类	甘蔗长势卫星遥感评估技术规范	QX/T 284—2015
29	甘蔗	方法类	甘蔗流胶病菌检疫鉴定方法	SN/T 1400—2004
30	甘蔗	生产管理类	进口可用作原料的废物检验检疫规程 第2部分：甘蔗糖蜜	SN/T 1791.2—2006
31	甘蔗	方法类	几内亚甘蔗象检疫鉴定方法	SN/T 3407—2012
32	甘蔗	方法类	褐纹甘蔗象检疫鉴定方法	SN/T 3570—2013
33	甘蔗	方法类	甘蔗凋萎病菌检疫鉴定方法	SN/T 3676—2013
34	甘蔗	方法类	甘蔗壳多胞叶枯病菌检疫鉴定方法	SN/T 3677—2013
35	甘蔗	方法类	变质甘蔗食物中毒诊断标准及处理原则	WS/T 10—1996

二、甘蔗标准存在的问题

1. 标准体系问题

从我国甘蔗产业技术标准体系建设发展现状可以看出，我国虽已建立了不同层次的技术标准，形成了一定的技术标准框架，但也存在一些问题。主要如下：

（1）国家标准制定缺乏系统性、计划性和时效性，与产业发展有所脱节

在甘蔗产业发展需要共同遵守的共性技术依据中，对于基础性和通用性强、

涉及面广、事关甘蔗产业全局的技术依据应该制定为国家标准。而现有的甘蔗国家标准只有农药的田间药效试验、糖料甘蔗试验和病菌、病毒检疫、检测等方法类标准，集中在植保和栽培两个方面，基础/通用类、环境安全类、种质资源类、物流类（包装、标识、贮运）和质量追溯类等标准严重缺乏，仅有的生产管理类标准中也缺乏植保、加工类等标准，产品类中没有等级规格、品质/安全、原产地保护等标准，缺乏系统性。另外，随着科技进步，许可使用的农药名录已经发生了很大变化，已有的农药田间药效试验类标准是在2000~2004年制定的，距今已有十多年时间，没有开展相应的制定、修订工作，凸显国家标准制定工作缺乏计划性和时效性，与产业发展有所脱节。

（2）行业标准制定的统一性、协调性和时效性有待加强

甘蔗种植领域的标准目前分别由轻工、农业等几个部门归口管理，各部门缺乏统一性和协调性，标准制定上容易出现政出多门、交叉重复，指标不统一的现象。如由国家环境保护局（现为生态环境部）发布的HJ/T 186—2006《清洁生产标准　甘蔗制糖业》和由工业和信息化部发布的QB/T 4570—2013《制糖行业清洁生产水平评价标准》对于糖业企业清洁生产指标分级均分为3级，但在更细化的水重复利用率的3级指标值就有明显不同，前一标准1~3级分别为≥90%、≥80%、≥70%，后一标准1~3级分别为≥95%、≥90%、≥70%。标准技术指标不一致甚至冲突，既造成企业执行标准困难，也造成政府部门制定标准的资源浪费和执法尺度不一。此外，在现行的35项甘蔗行业标准中，超过10年未修订的有10项，接近总数的三分之一，超过20年未修订的有4项，超过30年未修订的有1项。

（3）甘蔗质量安全标准覆盖面窄，产业存在潜在风险

甘蔗是亚热带作物，靠蔗茎进行无性繁殖，一年生或多年生，与蔬菜粮食类作物相比，病、虫、草、鼠等有害生物种类多，仅我国危害甘蔗的害虫就有100多种，病害50多种。主要害虫有螟虫、蓟马、绵蚜等；主要病害有花叶病、黑穗病、黄叶病、梢腐病、叶斑病、白条病等，梢腐病有扩大趋势。另外，预防非生物因素灾害的防灾、减灾生产技术类标准仍属空白，应对国际市场价格波动对甘蔗产业造成冲击类标准也未制定。与主要作物已经建立的保险理赔类标准相比，甘蔗产业尚未有此类标准，仅广西在编制政策性糖料甘蔗保险理赔服务质量规范。甘蔗产业需求，事关甘蔗产业安全、通用性强、涉及面广、影响甘蔗产业全局，如不尽快制定成标准并实施，将影响我国甘蔗产业持续健康发展。

2. 标准管理问题

糖料种植在我国农业经济中占有重要地位，甘蔗又是工业原料，那为什么会产生标准与产业发展脱节的问题？最有可能的解释是，这些标准制定之后就束之高阁了，没有实施措施，很少被使用。不然，历经30年发展，各行各业都发生了巨大变化，标准实施过程中与实际不符的问题会被反馈，迫使对标准进行修订。所以，最大的问题应该在管理上，现有甘蔗产业标准从制定到实施缺乏有力的组

织力和执行力。首先，大量零散的甘蔗种植户受传统种植意识和文化水平制约，标准意识不强，造成甘蔗种植标准化生产管理的难度大，"小农户"与标准化生产的矛盾始终没有解决。其次，甘蔗标准化专业技术推广人员水平不高，力量严重不足，对推广实施甘蔗标准化工作缺乏具体实施方案和措施，缺少系统的培训和直接的工作指导，也制约着中国甘蔗及产品标准化的深入普及和推广。

显然，我国甘蔗产业依然建立在小农生产模式上，标准化在生产中没有发挥应有作用，而规模化生产才能适应市场经济的要求。这也是国际食糖到岸价远低于我国自产糖价格的原因。我国甘蔗产业因其落后的生产方式必然要遭受来自国际市场的巨大冲击。

三、甘蔗标准的发展方向

1. 重点发展方向

（1）尽快建设完善国家标准体系　我国甘蔗产业模式正在面临重大变革和前所未有的历史机遇，这种变革波及的是整个产业，而非局部或区域性的，这对国家标准体系建设提出了需求，现有的国家标准体系已经不能适应甘蔗产业的发展需求。鉴于现有标准体系缺乏的系统性、统一性、协调性、时效性以及覆盖面窄等问题，除应对现有标准进行修订外，对于事关甘蔗产业全局的、通用性强、涉及面广的技术需求，如基础/通用类、环境安全类、种质资源类、物流类（包装、标识、贮运）、甘蔗质量安全类和质量追溯类等技术依据，应尽快启动国家标准的制定工作，建立起系统性好、统一性高、时效性强和覆盖面广的国家标准体系，为提高我国甘蔗产业的规模化、机械化和自动化生产打下坚实基础。

（2）衔接国际标准，引领技术创新　以衔接国际标准、引领技术创新、适应新形势（如《种子法》修订）为原则，进一步提升种质资源类、试验、检测、评价方法类标准的技术指标和方法水平，尤其是疫病指标和检测方法，并着力提高标准的规范效力与执行性。

（3）强化环境安全类标准制定、修订　包括产地环境指标体系和评估技术体系，投入品及其他新技术手段的环境安全性及其可能造成的损害评估指标及修复治理技术，甘蔗耕地生产类型、耕地水土保持、土地生产力指标及其持续提升技术等。

（4）积极服务产业转型升级和生产方式转变　加强全程机械化、耕作制度变革、卫星导航、遥感、节水灌溉技术、物联网技术、生物技术、新型投入品等高产稳产、轻简节本、可持续的特色生产管理类标准和专业化服务规范、技术要求等标准的制定、修订工作。

（5）积极拓展甘蔗多元化开发　加强安全、健康、饲用、纤维、生物产品及其特征、特色指标以及衍生业态产品和服务类标准的制定、修订工作。

2. 标准体系建设主要措施

鉴于原有国家标准制定工作缺乏领导和科学规划，建议在主管部门指导下，组织甘蔗行业国家或部级质检中心、工程技术研究中心、重点实验室、甘蔗协会等机构的专家，尽快组成甘蔗国家标准制定专家指导组，根据甘蔗产业发展方向统一规划国家标准制定框架，依据标准通行性、技术先进性、区域代表性等原则厘清国家、行业和地方三个层级标准的制定、修订范围和任务。鉴于国家标准在产业链的许多领域无标可依的严峻形势，尽快拟定国家标准制定、修订目录和时间表，组织有关部门尽快制定、修订相关标准。

第二节 甜菜标准

甜菜（$Beta\ vulgaris$），又名荠菜，为二年生草本植物，是甘蔗以外的一个主要糖来源。甜菜起源于地中海沿岸，野生种滨海甜菜是栽培甜菜的祖先，大约在公元1500年左右从阿拉伯国家传入中国。1906年糖用甜菜引进中国。我国南方盛产甘蔗、北方适种甜菜，是世界上少数几个既产甘蔗糖又产甜菜糖的国家之一。糖业关系着农产品加工、食品生产、化工制药等产业，也是关系国计民生的重要行业。甜菜是我国北方（及西北）区域重要的糖料作物，其产量的高低、品质的优劣，直接关系到我国糖料生产和制糖工业生产的效益和持续稳定发展。甜菜及制品的技术标准体系的制定、推广及应用有利于农业和农村经济结构调整，提高甜菜种植效益，同时对确保消费者安全，促进安全优质和无公害农产品的生产，实现优质优价，提高农产品的质量和市场竞争能力具有重要意义。但是我国在甜菜基础研究、品种选育、栽培技术和实际应用研究以及其标准制定等方面同其他制糖国家相比存在较大差距，虽然近年来制定了一些糖料标准，但与国际糖料标准以及国内其他农作物质量标准体系建设比较，均较落后。因此，甜菜质量标准体系亟待完善并逐步建立健全。

一、甜菜标准体系

甜菜国家标准和行业标准见表7-3、表7-4。

表7-3 现行甜菜国家标准

序号	产品	分类	标准名称	标准编号
1	甜菜	生产管理类	农药 田间药效试验准则（一）除草剂防治甜菜地杂草	GB/T 17980.50—2000
2	甜菜	生产管理类	农药 田间药效试验准则（二）第86部分：杀菌剂防治甜菜褐斑病	GB/T 17980.86—2004

续表

序号	产品	分类	标准名称	标准编号
3	甜菜	生产管理类	农药 田间药效试验准则（二） 第87部分：杀菌剂防治甜菜根腐病	GB/T 17980.87—2004
4	甜菜	方法类	十字花科蔬菜病虫害测报技术规范 第4部分：甜菜夜蛾	GB/T 23392.4—2009
5	甜菜	产品类	糖料甜菜	GB/T 10496—2018
6	甜菜	种质资源类	糖用甜菜种子	GB 19176—2010
7	甜菜	产品类	食品安全国家标准 食品添加剂 甜菜红	GB 1886.111—2015
8	甜菜	机械配套类	农林机械安全 第17部分：甜菜收获机	GB 10395.17—2010

表7-4 现行甜菜行业标准

序号	产品	分类	标准名称	标准编号
1	甜菜	机械配套类	甜菜割叶切顶机	JB/T 12827—2016
2	甜菜	机械配套类	甜菜收获机械 试验方法	JB/T 6276—2007
3	甜菜	机械配套类	甜菜收获机械 作业质量	NY/T 1412—2018
4	甜菜	方法类	甜菜中甜菜碱的测定 比色法	NY/T 1746—2009
5	甜菜	生产管理类	甜菜栽培术规程	NY/T 1747—2017
6	甜菜	产品类	饲用甜菜	NY/T 1748—2009
7	甜菜	方法类	甜菜丛根病的检验 酶联免疫法	NY/T 1750—2009
8	甜菜	方法类	甜菜中钾、钠、α-氮的测定	NY/T 1754—2009
9	甜菜	方法类	植物新品种特异性、一致性和稳定性测试指南 糖用甜菜	NY/T 2482—2013
10	甜菜	生产管理类	甜菜全程机械化生产技术规程	NY/T 3014—2016
11	甜菜	生产管理类	甜菜纸筒育苗生产技术规程	NY/T 3027—2016
12	甜菜	种质资源类	甜菜包衣种子	NY/T 3171—2017
13	甜菜	生产管理类	甜菜种子生产技术规程	NY/T 978—2006
14	甜菜	机械配套类	双螺旋甜菜连续渗出器	QB/T 1849—1993
15	甜菜	基础/通用类	糖用甜菜术语	QB/T 2398—1998
16	甜菜	产品类	甜菜颗粒粕	QB/T 2469—2006
17	甜菜	产品类	甜菜糖蜜	QB/T 5005—2016
18	甜菜	方法类	糖料甜菜试验方法	QB/T 5014—2016
19	甜菜	方法类	甜菜中α-氨基氮的测定	QB/T 5015—2016
20	甜菜	方法类	甜菜中糖度的测定	QB/T 5016—2016
21	甜菜	基础/通用类	糖料甜菜术语	QB/T 5018—2016

续表

序号	产品	分类	标准名称	标准编号
22	甜菜	方法类	甜菜胞囊线虫检疫鉴定方法	SN/T 1140—2002
23	甜菜	方法类	甜菜霜霉病菌检疫鉴定方法	SN/T 2035—2007
24	甜菜	方法类	出口食品中转基因成分环介导等温扩增（LAMP）检测方法 第29部分：甜菜 H7-1 品系	SN/T 3767.29—2014
25	甜菜	方法类	甜菜中转基因成分检测 普通 PCR 方法和实时荧光 PCR 方法	SN/T 3959—2014
26	甜菜	方法类	甜菜叶斑病菌检疫鉴定方法	SN/T 4181—2015
27	甜菜	生产管理类	甜菜霜霉病菌监测技术指南	SN/T 4721—2016
28	甜菜	方法类	转基因植物及其产品成分检测 耐除草剂甜菜 H7-1 及其衍生品种定性 PCR 方法	农业部 1485 号公告—3—2010

二、甜菜标准存在的问题

1. 标准体系问题

近年来，随着我国甜菜科技创新能力的提高及标准化建设水平的提高，我国甜菜产业标准化体系不断完善。但是，随着世界经济一体化进程的加快，我国甜菜产业标准体系与发达国家相比，无论在数量还是技术水平上都存在一定的差距。主要表现在产业标准制定晚、标准不全、标准制定人员经验不足、标准宣传贯彻不力和实施范围窄等问题。

2. 标准管理问题

（1）部分甜菜标准的内容有待完善　在甜菜生产过程中，由农业部门负责制定初级甜菜产品标准（从种子至糖品加工前的原料），轻工业部门制定糖品标准。目前，甜菜行业标准中，存在新制定标准与现行标准冲突等问题。如新制定的标准 QB/T 5018—2016《糖料甜菜术语》与 QB/T 2398—1998《糖料甜菜术语》不仅标准名称相同而且内容也相似，而在 QB/T 5018—2016 标准的前言中并未说明替代 1998 版标准，标准的适用范围未按规定的格式内容进行表述。

（2）立项机制导致各农作物标准体系发展不均衡　由于我国标准制定基本实行的是计划管理模式，计划由各部门提出，专家组评审立项。由于专家对各行业的情况了解深度的不同，导致各行业标准的立项数量差别较大，导致各农作物标准体系建设发展不均衡。

（3）投入机制障碍　经费不足、渠道单一是制约我国甜菜标准体系建设的关键因素之一，也是我国甜菜业标准技术水平低的根本原因。要保证我国甜菜标准体系建设的顺利进行，国家应该在管理、标准研制、甜菜科研等方面给予足够的投入。

三、甜菜标准制定建议

建议修订的甜菜标准见见表 7-5，建议制定的甜菜标准见表 7-6。

表 7-5　建议修订的甜菜标准

序号	产品	分类	标准名称	标准编号
1	甜菜	基础/通用类	糖料甜菜术语	QB/T 2398—1998
2	甜菜	基础/通用类	糖料甜菜术语	QB/T 5018—2016
3	甜菜	机械配套类	甜菜收获机械　试验方法	JB/T 6276—2007
4	甜菜	生产管理类	甜菜种子生产技术规程	NY/T 978—2006
5	甜菜	种质资源类	糖用甜菜种子	GB 19176—2010

表 7-6　建议制定的甜菜标准

序号	产品	分类	建议标准名称
1	甜菜	生产管理类	甜菜覆膜操作技术规程
2	甜菜	生产管理类	甜菜田杂草综合防治技术规程
3	甜菜	生产管理类	甜菜包衣种子技术条件
4	甜菜	生产管理类	覆膜甜菜机械化生产技术规程
5	甜菜	生产管理类	甜菜主要虫害安全防控技术规程
6	甜菜	生产管理类	甜菜主要病害安全防控技术规程
7	甜菜	生产管理类	甜菜生产质量安全控制技术规范
8	甜菜	生产管理类	甜菜苗床肥质量要求
9	甜菜	生产管理类	甜菜品种区域试验技术规范
10	甜菜	生产管理类	甜菜灌溉生产技术规范
11	甜菜	生产管理类	原料甜菜贮藏技术规程
12	甜菜	生产管理类	甜菜主要草害安全防控技术规程
13	甜菜	生产管理类	甜菜品种 ISSR 鉴定技术规程
14	甜菜	生产管理类	有机甜菜生产技术规程
15	甜菜	生产管理类	甜菜种苗组培快繁技术规程
16	甜菜	生产管理类	农作物品种审定规范　甜菜
17	甜菜	生产管理类	甜菜品质评价技术规范
18	甜菜	生产管理类	引进甜菜种质资源试种鉴定技术规程
19	甜菜	种质资源类	甜菜种质资源描述规范
20	甜菜	生产管理类	甜菜不育系鉴定技术规范
21	甜菜	生产管理类	甜菜营养诊断技术规程
22	甜菜	生产管理类	甜菜品种抗病性评价技术规范
23	甜菜	生产管理类	甜菜黄化毒病鉴评标准
24	甜菜	生产管理类	甜菜不育系制种技术操作规程

续表

序号	产品	分类	建议标准名称
25	甜菜	生产管理类	甜菜立枯病鉴评标准
26	甜菜	生产管理类	甜菜根腐病鉴评标准
27	甜菜	生产管理类	甜菜生育期虫害鉴评标准
28	甜菜	生产管理类	甜菜单胚种播种质量技术规范
29	甜菜	生产管理类	农作物种质资源鉴定评价技术规范 甜菜
30	甜菜	产品类	甜菜等级规格 糖料甜菜
31	甜菜	产品类	食用甜菜
32	甜菜	种质资源类	糖用甜菜品种分类
33	甜菜	生产管理类	乙氧呋草黄在甜菜中的限量
34	甜菜	生产管理类	三苯基乙酸锡在甜菜中的残留限量
35	甜菜	方法类	甜菜种子活力测定
36	甜菜	方法类	甜菜品种鉴定技术规程 SSR分子标记法
37	甜菜	方法类	甜菜中甜菜碱的测定 液相色谱-串联质谱法
38	甜菜	生产管理类	甲基硫菌灵在甜菜中的限量
39	甜菜	生产管理类	福美双在甜菜中的限量
40	甜菜	生产管理类	草甘膦在甜菜中的限量
41	甜菜	生产管理类	百菌清在甜菜中的限量
42	甜菜	生产管理类	多效唑在甜菜中的限量
43	甜菜	生产管理类	吡唑醚菌酯在甜菜中的限量
44	甜菜	生产管理类	倍硫磷在甜菜中的限量
45	甜菜	生产管理类	敌草胺在甜菜中的限量
46	甜菜	方法类	甜菜中稀土元素的测定 电感耦合等离子体发射光谱法
47	甜菜	方法类	甜菜纯度的测定
48	甜菜	方法类	甜菜可溶性糖的测定
49	甜菜	方法类	甜菜中全氮的测定
50	甜菜	方法类	甜菜中氨基酸的测定
51	甜菜	方法类	甜菜品种鉴定 SNP分子标记法
52	甜菜	方法类	甜菜叶绿素的测定
53	甜菜	方法类	甜菜灰分测定方法

第八章 茶叶标准

饮茶始于中国。目前，茶叶与咖啡、可可并称为世界三大饮料。中国茶依据色泽工艺分类为六大茶系，包括：绿茶、黄茶、白茶、青茶（乌龙茶）、红茶、黑茶。茶叶以季节分为春茶、夏茶、秋茶、冬茶。以各种毛茶或精制茶叶再加工形成再加工茶，包括花茶、紧压茶、萃取茶、药用保健茶、含茶饮料等。茶叶是我国的传统出口产品，由于对外贸易的需要，中华人民共和国成立后，自20世纪50年代就开始了启动茶叶标准化工作。1950年3月制定了《茶叶出口检验暂行标准》和《茶叶产地检验暂行办法》，当时主要是针对出口茶叶建立了多套商品茶实物标准样，商务部统一对照实物标准样进行检验出口。20世纪70年代起，供销系统建立了各类茶叶用于收购的毛茶实物标准样；80年代起，逐步发布、实施了各种茶叶的文字标准。由于茶叶产品既是初级加工产品又是食品，还是民族产品等，我国行政管理以领域管理方式为主，茶叶管理部门众多。

一、茶叶标准体系

目前，我国制定的涉及茶叶的国家标准和行业标准各有100多项。由于我国茶叶标准出自多个部门，标准之间的冲突和不协调情况比较严重，一些标准长期没有进行修订，无法指导当前生产、流通和销售。因此，有必要对我国茶叶标准进行梳理，提出标准体系的框架，指导我国茶叶的生产和贸易。

茶叶的现行国家标准、行业标准见表8-1、表8-2。

表8-1 现行的茶叶国家标准

序号	产品	标准分类	标准名称	标准编号
1	茶叶	生产管理类	农药安全使用标准	GB 4285—1989
2	茶叶	生产管理类	食品安全国家标准 食品生产通用卫生规范	GB 14881—2013
3	茶叶	生产管理类	食品安全国家标准 食品中污染物限量	GB 2762—2012

续表

序号	产品	标准分类	标准名称	标准编号
4	茶叶	生产管理类	食品安全国家标准 食品中农药最大残留限量	GB 2763—2016
5	茶叶	生产管理类	食品安全国家标准 饮料	GB 7101—2015
6	茶叶	生产管理类	砖茶含氟量	GB 19965—2005
7	茶叶	生产管理类	茶叶标准样品制备技术条件	GB/T 18795—2012
8	茶叶	生产管理类	茶叶感官审评室基本条件	GB/T 18797—2012
9	茶叶	产品类	紧压茶原料要求	GB/T 24614—2009
10	茶叶	生产管理类	紧压茶生产加工技术规范	GB/T 24615—2009
11	茶叶	生产管理类	紧压茶茶树种植良好规范	GB/T 30377—2013
12	茶叶	生产管理类	紧压茶企业良好规范	GB/T 30378—2013
13	茶叶	生产管理类	茶叶贮存	GB/T 30375—2013
14	茶叶	种质资源类	茶树种苗	GB 11767—2003
15	茶叶	基础/通用类	茶叶分类	GB/T 30766—2014
16	茶叶	生产管理类	茶鲜叶处理要求	GB/T 31748—2015
17	茶叶	生产管理类	眉茶生产加工技术规范	GB/T 32742—2016
18	茶叶	生产管理类	白茶加工技术规范	GB/T 32743—2016
19	茶叶	生产管理类	茶叶加工良好规范	GB/T 32744—2016
20	茶叶	产品类	紧压茶 花砖茶	GB/T 9833.1—2013
21	茶叶	产品类	紧压茶 黑砖茶	GB/T 9833.2—2013
22	茶叶	产品类	紧压茶 茯砖茶	GB/T 9833.3—2013
23	茶叶	产品类	紧压茶 康砖茶	GB/T 9833.4—2013
24	茶叶	产品类	紧压茶 沱茶	GB/T 9833.5—2013
25	茶叶	产品类	紧压茶 紧茶	GB/T 9833.6—2013
26	茶叶	产品类	紧压茶 金尖茶	GB/T 9833.7—2013
27	茶叶	产品类	紧压茶 米砖茶	GB/T 9833.8—2013
28	茶叶	产品类	紧压茶 青砖茶	GB/T 9833.9—2013
29	茶叶	产品类	红茶 第1部分：红碎茶	GB/T 13738.1—2008
30	茶叶	产品类	红茶 第2部分：工夫红茶	GB/T 13738.2—2008
31	茶叶	产品类	红茶 第3部分：小种红茶	GB/T 13738.3—2012
32	茶叶	产品类	绿茶 第1部分：基本要求	GB/T 14456.1—2008
33	茶叶	产品类	绿茶 第2部分：大叶种绿茶	GB/T 14456.2—2008
34	茶叶	产品类	绿茶 第3部分：中小叶种绿茶	GB/T 14456.3—2016
35	茶叶	产品类	绿茶 第4部分：珠茶	GB/T 14456.4—2016
36	茶叶	产品类	绿茶 第5部分：眉茶	GB/T 14456.5—2016

续表

序号	产品	标准分类	标准名称	标准编号
37	茶叶	产品类	绿茶 第6部分：蒸青茶	GB/T 14456.6—2016
38	茶叶	产品类	黄茶	GB/T 21726—2008
39	茶叶	产品类	白茶	GB/T 22291—2008
40	茶叶	产品类	紧压白茶	GB/T 31751—2015
41	茶叶	产品类	乌龙茶 第1部分：基本要求	GB/T 30357.1—2013
42	茶叶	产品类	乌龙茶 第2部分：铁观音	GB/T 30357.2—2013
43	茶叶	产品类	乌龙茶 第3部分：黄金桂	GB/T 30357.3—2015
44	茶叶	产品类	乌龙茶 第4部分：水仙	GB/T 30357.4—2015
45	茶叶	产品类	乌龙茶 第5部分：肉桂	GB/T 30357.5—2015
46	茶叶	产品类	黑茶 第1部分：基本要求	GB/T 32719.1—2016
47	茶叶	产品类	黑茶 第2部分：花卷茶	GB/T 32719.2—2016
48	茶叶	产品类	黑茶 第3部分：湘尖茶	GB/T 32719.3—2016
49	茶叶	产品类	黑茶 第4部分：六堡茶	GB/T 32719.4—2016
50	茶叶	产品类	地理标志产品 龙井茶	GB/T 18650—2008
51	茶叶	产品类	地理标志产品 蒙山茶	GB/T 18665—2008
52	茶叶	产品类	地理标志产品 武夷岩茶	GB/T 18745—2006
53	茶叶	产品类	地理标志产品 洞庭（山）碧螺春茶	GB/T 18957—2008
54	茶叶	产品类	地理标志产品 黄山毛峰茶	GB/T 19460—2008
55	茶叶	产品类	地理标志产品 安溪铁观音	GB/T 19598—2006
56	茶叶	产品类	地理标志产品 狗牯脑茶	GB/T 19691—2008
57	茶叶	产品类	地理标志产品 太平猴魁茶	GB/T 19698—2008
58	茶叶	产品类	地理标志产品 安吉白茶	GB/T 20354—2006
59	茶叶	产品类	地理标志产品 乌牛早茶	GB/T 20360—2006
60	茶叶	产品类	地理标志产品 雨花茶	GB/T 20605—2006
61	茶叶	产品类	地理标志产品 庐山云雾茶	GB/T 21003—2007
62	茶叶	产品类	地理标志产品 永春佛手	GB/T 21824—2008
63	茶叶	产品类	地理标志产品 政和白茶	GB/T 22109—2008
64	茶叶	产品类	地理标志产品 普洱茶	GB/T 22111—2008
65	茶叶	产品类	地理标志产品 信阳毛尖茶	GB/T 22737—2008
66	茶叶	产品类	地理标志产品 坦洋工夫	GB/T 24710—2009
67	茶叶	产品类	地理标志产品 崂山绿茶	GB/T 26530—2011
68	茶叶	产品类	茉莉花茶	GB/T 22292—2008

续表

序号	产品	标准分类	标准名称	标准编号
69	茶叶	产品类	袋泡茶	GB/T 24690—2009
70	茶叶	产品类	茶制品 第1部分：固态速溶茶	GB/T 31740.1—2015
71	茶叶	产品类	茶制品 第2部分：茶多酚	GB/T 31740.2—2015
72	茶叶	产品类	茶制品 第3部分：茶黄素	GB/T 31740.3—2015
73	茶叶	产品类	茶饮料	GB/T 21733—2008
74	茶叶	产品类	固体饮料	GB/T 29602—2013
75	茶叶	生产管理类	品牌价值评价 酒、饮料和精制茶制造业	GB/T 31280—2014
76	茶叶	生产管理类	茶 取样	GB/T 8302—2013
77	茶叶	方法类	茶 磨碎试样制备及其干物质含量测定	GB/T 8303—2013
78	茶叶	方法类	茶 水浸出物测定	GB/T 8305—2013
79	茶叶	方法类	茶 总灰分测定	GB/T 8306—2013
80	茶叶	方法类	茶 水溶性灰分和水不溶性灰分测定	GB/T 8307—2013
81	茶叶	方法类	茶 酸不溶性灰分测定	GB/T 8308—2013
82	茶叶	方法类	茶 水溶性灰分碱度测定	GB/T 8309—2013
83	茶叶	方法类	茶 粗纤维测定	GB/T 8310—2013
84	茶叶	方法类	茶 粉末和碎茶含量测定	GB/T 8311—2013
85	茶叶	方法类	茶 咖啡碱测定	GB/T 8312—2013
86	茶叶	方法类	茶叶中茶多酚和儿茶素类含量的检测方法	GB/T 8313—2008
87	茶叶	方法类	茶 游离氨基酸总量测定	GB/T 8314—2013
88	茶叶	生产管理类	速溶茶辐照杀菌工艺	GB/T 18526.1—2001
89	茶叶	方法类	茶中有机磷及氨基甲酸酯农药残留量的简易检验方法（酶抑制法）	GB/T 18625—2002
90	茶叶	方法类	茶叶、水果、食用植物油中三氯杀螨醇残留量的测定	GB/T5009.176—2003
91	茶叶	基础/通用类	固态速溶茶 第1部分：取样	GB/T 18798.1—2008
92	茶叶	方法类	固态速溶茶 第2部分：总灰分测定	GB/T 18798.2—2008
93	茶叶	方法类	固态速溶茶 第3部分：水分测定	GB/T 18798.3—2008
94	茶叶	产品类	固态速溶茶 第4部分：规格	GB/T 18798.4—2013
95	茶叶	方法类	固态速溶茶 第5部分：自由流动和紧密堆积密度测定	GB/T 18798.5—2013
96	茶叶	方法类	固态速溶茶 儿茶素类含量的检测方法	GB/T 21727—2008
97	茶叶	方法类	砖茶含氟量的检测方法	GB/T 21728—2008

续表

序号	产品	标准分类	标准名称	标准编号
98	茶叶	方法类	茶叶中硒含量的检测方法	GB/T 21729—2008
99	茶叶	方法类	茶叶中茶氨酸的测定　高效液相色谱法	GB/T 23193—2008
100	茶叶	方法类	茶叶中519种农药及相关化学品残留量的测定　气相色谱-质谱法	GB/T 23204　2008
101	茶叶	方法类	茶叶中448种农药及相关化学品残留量的测定　液相色谱-串联质谱法	GB/T 23205—2008
102	茶叶	方法类	茶叶中农药多残留测定　气相色谱/质谱法	GB/T 23376—2009
103	茶叶	方法类	茶饮料中乙酸苄酯的测定　气相色谱法	GB/T 21914—2008
104	茶叶	方法类	植物性食品中稀土元素的测定	GB 5009.94—2012
105	茶叶	方法类	食品安全国家标准　食品微生物学检验　菌落总数测定	GB 4789.2—2016
106	茶叶	方法类	食品安全国家标准　食品微生物学检验　大肠菌群计数	GB 4789.3—2016
107	茶叶	方法类	水果、蔬菜及茶叶中吡虫啉残留的测定　高效液相色谱法	GB/T 23379—2009
108	茶叶	方法类	茶叶感官审评方法	GB/T 23776—2009
109	茶叶	方法类	茶叶中铁、锰、铜、锌、镍、磷、硫、钾、钙、镁的测定-电感耦合等离子体发射光谱法	GB/T 30376—2013
110	茶叶	方法类	茶叶中茶黄素测定-高效液相色谱法	GB/T 30483—2013
111	茶叶	生产管理类	良好农业规范　第12部分：茶叶控制点与符合性规范	GB/T 20014.12—2013
112	茶叶	生产管理类	茶叶生产技术规范	GB/Z 26576—2011
113	茶叶	生产管理类	出口茶叶质量安全控制规范	GB/Z 21722—2008
114	茶叶	生产管理类	农药　田间药效试验准则（二）　第55部分：杀虫剂防治茶树茶尺蠖、茶毛虫	GB/T 17980.55—2004
115	茶叶	生产管理类	农药　田间药效试验准则（二）　第56部分：杀虫剂防治茶树叶蝉	GB/T 17980.56—2004
116	茶叶	生产管理类	农药　田间药效试验准则（二）　第57部分：杀虫剂防治茶树害螨	GB/T 17980.57—2004
117	茶叶	生产管理类	农药　田间药效试验准则（二）　第82部分：杀菌剂防治茶饼病	GB/T 17980.82—2004
118	茶叶	生产管理类	农药　田间药效试验准则（二）　第83部分：杀菌剂防治茶云纹叶枯病	GB/T 17980.83—2004
119	茶叶	产品类	食品安全国家标准　茶叶中9种有机杂环类农药残留量的检测方法	GB 23200.26—2016

表 8-2　现行的茶叶行业标准

序号	产品	标准分类	标准名称	标准编号
1	茶叶	产品类	茉莉花茶	NY/T 456—2001
2	茶叶	产品类	有机茶	NY 5196—2002
3	茶叶	产品类	敬亭绿雪茶	NY/T 482—2002
4	茶叶	产品类	富硒茶	NY/T 600—2002
5	茶叶	产品类	普洱茶	NY/T 779—2004
6	茶叶	产品类	红茶	NY/T 780—2004
7	茶叶	产品类	六安瓜片茶	NY/T 781—2004
8	茶叶	产品类	黄山毛峰茶	NY/T 782—2004
9	茶叶	产品类	洞庭春茶	NY/T 783—2004
10	茶叶	产品类	紫笋茶	NY/T 784—2004
11	茶叶	产品类	碧螺春茶	NY/T 863—2004
12	茶叶	产品类	苦丁茶	NY/T 864—2012
13	茶叶	产品类	茶粉	NY/T 2672—2015
14	茶叶	产品类	绿色食品　茶饮料	NY/T 1713—2009
15	茶叶	产品类	绿色食品　茶叶	NY/T 288—2012
16	茶叶	产品类	绿色食品　代用茶	NY/T 2140—2015
17	茶叶	生产管理类	茶尺蠖防治标准	NY/T 84—1988
18	茶叶	生产管理类	机械化采茶技术规程	NY/T 225—1994
19	茶叶	环境安全类	茶叶产地环境技术条件	NY/T 853—2004
20	茶叶	环境安全类	无公害农产品　种植业产地环境条件	NY/T 5010—2016
21	茶叶	生产管理类	无公害食品　茶叶生产技术规程	NY/T 5018—2015
22	茶叶	生产管理类	有机茶生产技术规程	NY/T 5197—2002
23	茶叶	生产管理类	有机茶加工技术规程	NY/T 5198—2002
24	茶叶	环境安全类	有机茶产地环境条件	NY 5199—2002
25	茶叶	环境安全类	无公害食品　茶叶产地环境条件	NY 5020—2001
26	茶叶	环境安全类	无公害食品　窨茶用茉莉花产地环境条件	NY 5123—2002
27	茶叶	生产管理类	无公害食品　窨茶用茉莉花生产技术规程	NY/T 5124—2002
28	茶叶	生产管理类	无公害食品　茉莉花茶加工技术规范	NY/T 5245—2004
29	茶叶	生产管理类	无公害食品　茶叶生产管理规范	NY/T 5337—2006
30	茶叶	生产管理类	茶叶辐照杀菌工艺	NY/T 1206—2006
31	茶叶	生产管理类	农作物种质资源鉴定技术规程　茶树	NY/T 1312—2007
32	茶叶	生产管理类	珠兰花茶加工技术规程	NY/T 1391—2007

续表

序号	产品	标准分类	标准名称	标准编号
33	茶叶	生产管理类	农产品质量安全追溯操作规程 茶叶	NY/T 1763—2009
34	茶叶	物流类	茶叶包装、运输和贮藏通则	NY/T 1999—2011
35	茶叶	生产管理类	茶树短穗扦插技术规程	NY/T 2019—2011
36	茶叶	生产管理类	农作物优异种质资源评价规范 茶树	NY/T 2031—2011
37	茶叶	生产管理类	茶叶抽样技术规范	NY/T 2102—2011
38	茶叶	生产管理类	标准茶园建设规范	NY/T 2172—2012
39	茶叶	环境安全类	绿色食品 产地环境质量	NY/T 391—2013
40	茶叶	生产管理类	绿色食品 农药使用准则	NY/T 393—2013
41	茶叶	生产管理类	绿色食品 肥料使用准则	NY/T 394—2013
42	茶叶	生产管理类	农产品地理标志茶叶类质量控制技术规范编写指南	NY/T 2740—2015
43	茶叶	生产管理类	无公害农产品 生产质量安全控制技术规范 第6部分：茶叶	NY/T 2798.6—2015
44	茶叶	方法类	茶叶中炔螨特残留量的测定 气相色谱法	NY/T 1721—2009
45	茶叶	方法类	茶叶中吡虫啉残留量的测定 高效液相色谱法	NY/T 1724—2009
46	茶叶	基础/通用类	茶叶加工术语	GH/T 1124—2016
47	茶叶	生产管理类	茶叶稀土含量控制技术规程	GH/T 1125—2016
48	茶叶	生产管理类	茶叶氟含量控制技术规程	GH/T 1126—2016
49	茶叶	产品类	径山茶	GH/T 1127—2016
50	茶叶	产品类	天目青顶茶	GH/T 1128—2016
51	茶叶	产品类	富硒茶	GH/T 1090—2014
52	茶叶	产品类	代用茶	GH/T 1091—2014
53	茶叶	产品类	屯婺遂舒杭温平七套初制炒青绿茶	GH/T 016—1983
54	茶叶	物流类	茶叶包装通则	GH/T 1070—2011
55	茶叶	物流类	茶叶贮存通则	GH/T 1071—2011
56	茶叶	生产管理类	茶叶生产技术规程	GH/T 1076—2011
57	茶叶	生产管理类	茶叶加工技术规程	GH/T 1077—2011
58	茶叶	产品类	西湖龙井茶	GH/T 1115—2015
59	茶叶	产品类	九曲红梅茶	GH/T 1116—2015
60	茶叶	产品类	桂花茶	GH/T 1117—2015
61	茶叶	产品类	金骏眉茶	GH/T 1118—2015
62	茶叶	生产管理类	茶叶标准体系表	GH/T 1119—2015
63	茶叶	产品类	雅安藏茶	GH/T 1120—2015

续表

序号	产品	标准分类	标准名称	标准编号
64	茶叶	基础/通用类	茶叶加工技术术语	SB/T 10034—1992
65	茶叶	生产管理类	茶叶感官审评方法	SB/T 10157—1993
66	茶叶	产品类	祁门工夫红茶	SB/T 10167—1993
67	茶叶	产品类	闽烘青绿茶	SB/T 10168—1993
68	茶叶	方法类	进出口茶叶中三氯杀螨醇残留量检测方法	SN/T 0348.1—2010
69	茶叶	方法类	出口茶叶中多种有机氯农药残留量检验方法	SN 0497—1995
70	茶叶	方法类	出口茶叶中二硫代氨基甲酸酯（盐）类农药残留量的检测方法 液相色谱-质谱/质谱法	SN/T 0711—2011
71	茶叶	方法类	出口保健茶检验通则	SN/T 0797—1999
72	茶叶	方法类	进出口茶叶包装检验方法	SN/T 0912—2000
73	茶叶	方法类	进出口茶叶品质感官审评方法	SN/T 0917—2010
74	茶叶	生产管理类	进出口茶叶抽样方法	SN/T 0918—2000
75	茶叶	方法类	进出口茶叶重量鉴定方法	SN/T 0924—2000
76	茶叶	方法类	进出口茶叶检疫规程	SN/T 1490—2004
77	茶叶	方法类	进出口食品中多种菊酯类农药残留量测定方法 气相色谱法	SN/T 1117—2008
78	茶叶	方法类	进出口食品中嘧霉胺、嘧菌胺、腈菌唑、嘧菌酯残留量的检测方法 气相色谱-质谱法	SN/T 1624—2009
79	茶叶	方法类	除草剂残留量检验方法 第3部分：液相色谱-质谱/质谱法	SN/T 1737.3—2010
80	茶叶	方法类	进出口茶叶中八氯二丙醚残留量检测方法 气相色谱法	SN/T 1774—2006
81	茶叶	方法类	进出口食品中草甘膦残留量的检测方法 液相色谱-质谱/质谱法	SN/T 1923—2007
82	茶叶	方法类	进出口茶叶中多种有机磷农药残留量的检测方法 气相色谱法	SN/T 1950—2007
83	茶叶	方法类	进出口食品中异稻瘟净残留量的检测方法	SN/T 1967—2007
84	茶叶	方法类	进出口食品中联苯菊酯残留量的检测方法 气相色谱-质谱法	SN/T 1969—2007
85	茶叶	方法类	进出口食品中茚虫威残留量的检测方法 气相色谱法和液相色谱-质谱/质谱法	SN/T 1971—2007
86	茶叶	方法类	进出口食品中莠去津残留量的检测方法 气相色谱-质谱法	SN/T 1972—2007

续表

序号	产品	标准分类	标准名称	标准编号
87	茶叶	方法类	进出口食品中阿维菌素残留量的检测方法 高效液相色谱-质谱/质谱法	SN/T 1973—2007
88	茶叶	方法类	进出口食品中苯醚甲环唑残留量的检测方法 气相色谱-质谱法	SN/T 1975—2007
89	茶叶	方法类	进出口食品中狄氏剂和异狄氏剂残留量检测方法 气相色谱-质谱法	SN/T 1978—2007
90	茶叶	方法类	进出口食品中环氟菌胺残留量的检测方法 气相色谱-质谱法	SN/T 1981—2007
91	茶叶	方法类	进出口食品中氟虫腈残留量检测方法 气相色谱-质谱法	SN/T 1982—2007
92	茶叶	方法类	进出口食品中溴虫腈残留量检测方法	SN/T 1986—2007
93	茶叶	方法类	进出口食品中丁酰肼残留量检测方法 气相色谱-质谱法	SN/T 1989—2007
94	茶叶	方法类	进出口食品中三唑锡和三环锡残留量的检测方法 气相色谱-质谱法	SN/T 1990—2007
95	茶叶	方法类	进出口茶叶中铅、砷、镉、铜、铁含量的测定电感耦合等离子体原子发射光谱法	SN/T 2056—2008
96	茶叶	方法类	进出口茶叶中三氯杀螨砜残留量的测定湿	SN/T 2072—2008
97	茶叶	方法类	进出口食品中α-硫丹和β-硫丹残留量的检测方法 酶联免疫法	SN/T 2094—2008
98	茶叶	方法类	进出口食品中硫线磷残留量的检测方法	SN/T 2147—2008
99	茶叶	方法类	进出口食品中苯线磷残留量的检测方法 气相色谱-质谱法	SN/T 2156—2008
100	茶叶	方法类	进出口食品中毒死蜱残留量检测方法	SN/T 2158—2008
101	茶叶	方法类	进出口食品中稻瘟灵残留量检测方法	SN/T 2229—2008
102	茶叶	方法类	进出口食品中腐霉利残留量的检测方法 气相色谱-质谱法	SN/T 2230—2008
103	茶叶	方法类	进出口食品中丙溴磷残留量检测方法 气相色谱法和气相色谱-质谱法	SN/T 2234—2008
104	茶叶	方法类	进出口食品中嘧菌环胺残留量检测方法 气相色谱-质谱法	SN/T 2235—2008
105	茶叶	方法类	进出口食品中氟硅唑残留量检测方法 气相色谱-质谱法	SN/T 2236—2008
106	茶叶	方法类	进出口食品中喹氧灵残留量检测方法	SN/T 2319—2009
107	茶叶	方法类	进出口食品中腈菌唑残留量检测方法 气相色谱-质谱法	SN/T 2321—2009

续表

序号	产品	标准分类	标准名称	标准编号
108	茶叶	方法类	进出口食品中氯酯磺草胺残留量的测定 液相色谱-质谱/质谱法	SN/T 2386—2009
109	茶叶	方法类	进出口食品中井冈霉素残留量的测定 液相色谱-质谱/质谱法	SN/T 2387—2009
110	茶叶	方法类	进出口食品中苄螨醚残留量的检测方法	SN/T 2431—2010
111	茶叶	方法类	进出口食品中哒螨灵残留量的检测方法	SN/T 2432—2010
112	茶叶	方法类	进出口食品中炔草酯残留量的检测方法	SN/T 2433—2010
113	茶叶	方法类	进出口食品中涕灭威、涕灭威砜、涕灭威亚砜残留量检测方法 液相色谱-质谱/质谱法	SN/T 2441—2010
114	茶叶	方法类	进出口食品中苯胺灵残留量的测定 气相色谱-质谱法	SN/T 2456—2010
115	茶叶	方法类	进出口食品中十三吗啉残留量的测定 液相色谱-质谱/质谱法	SN/T 2458—2010
116	茶叶	方法类	进出口食品中氟烯草酸残留量的测定 气相色谱-质谱法	SN/T 2459—2010
117	茶叶	方法类	进出口食品中噻酰菌胺残留量的测定 液相色谱-质谱/质谱法	SN/T 2514—2010
118	茶叶	方法类	进出口食品中苯甲酰脲类农药残留量的测定 液相色谱 质谱/质谱法	SN/T 2540—2010
119	茶叶	方法类	进出口食品中氨基甲酸酯类农药残留量的测定 液相色谱-质谱/质谱法	SN/T 2560—2010
120	茶叶	方法类	进出口食品中吡啶类农药残留量的测定 液相色谱-质谱/质谱法	SN/T 2561—2010
121	茶叶	方法类	进出口食品中氟虫酰胺残留量的测定 液相色谱-质谱/质谱法	SN/T 2581—2010
122	茶叶	方法类	进出口食品中吡丙醚残留量的检测方法 液相色谱-质谱/质谱法	SN/T 2623—2010
123	茶叶	方法类	进出口食品中吡螨胺残留量检测方法 气相色谱-质谱法	SN/T 2646—2010
124	茶叶	方法类	进出口食品中炔苯酰草胺残留量检测方法气相色谱-质谱法	SN/T 2647—2010
125	茶叶	方法类	进出口食品中啶酰菌胺残留量的测定 气相色谱-质谱法	SN/T 2648—2010
126	茶叶	方法类	出口茶叶检验规程	SN/T 3133—2012
127	茶叶	方法类	出口食品中黄曲霉毒素残留量的测定	SN/T 3263—2012

续表

序号	产品	标准分类	标准名称	标准编号
128	茶叶	方法类	进出口食品中砷、汞、铅、镉的检测方法电感耦合等离子体质谱（ICP-MS）法	SN/T 0448—2011
129	茶叶	方法类	进出口食品中高氯酸盐的测定	SN/T 4089—2015
130	茶叶	方法类	进出口袋泡茶检验规程	SN/T 4456—2016
131	茶叶	机械配套类	扁形茶炒制机	JB/T 10748—2016
132	茶叶	机械配套类	扁形茶加工成套设备	JB/T 10808—2016
133	茶叶	机械配套类	茶叶理条机	JB/T 12833—2016
134	茶叶	机械配套类	茶叶色选机	JB/T 12834—2016
135	茶叶	机械配套类	茶叶鲜叶分级机	JB/T 12835—2016
136	茶叶	机械配套类	茶叶抖筛机	JB/T 5676—2016
137	茶叶	机械配套类	茶叶烘干机	JB/T 6674—2016
138	茶叶	机械配套类	茶叶机械　术语	JB/T 7863—2016
139	茶叶	机械配套类	茶叶炒干机	JB/T 8575—2016
140	茶叶	机械配套类	茶叶滚筒杀青机	JB/T 9812—2016
141	茶叶	机械配套类	茶叶微波杀青干燥设备	JB/T 10809—2007
142	茶叶	机械配套类	茶叶蒸青机	JB/T 10810—2007
143	茶叶	机械配套类	茶树修剪机	JB/T 5674—2007
144	茶叶	机械配套类	采茶机	JB/T 6281—2007
145	茶叶	机械配套类	切茶机	JB/T 6670—2007
146	茶叶	机械配套类	茶叶风选机	JB/T 7321—2007
147	茶叶	机械配套类	茶叶炒干机	JB/T 8575—2007
148	茶叶	机械配套类	转子式茶叶揉切机	JB/T 9810—2007
149	茶叶	机械配套类	茶叶平面圆筛机	JB/T 9811—2007
150	茶叶	机械配套类	阶梯式茶叶拣梗机	JB/T 9813—2007
151	茶叶	机械配套类	茶叶揉捻机	JB/T 9814—2007

二、茶叶标准存在的问题

1. 茶叶标准体系需要进一步完善

我国茶叶标准在数量上，远远超过其他产茶国。但我国茶叶标准的特点是缺乏系统性。原因是我国茶叶标准由多个行政主管部门独立发布，除安全限量标准由卫生部（现为国家卫生健康委员会）和农业部（现为农业农村部）共同发布外，国家标准化管理委员会、国家质量监督检验检疫总局（现为国家市场监督管理总局）等发布国家标准；茶叶行业标准发布的部门更多，除农业部外，还有供销部门、工业及信息化部、商务部等多个行政主管部门。由于缺乏统一协调，这些标准之间存在交叉和重复，甚至技术指标要求不一的问题。茶叶标准的多部门制定，造成重复制定多，浪费了资源和人力。如农业行业标准 NY/T 1999—2011《茶叶包装、运输和贮藏通则》发布后，供销部门发布了 GH/T 1070—2011《茶叶包装通则》和 GH/T 1071—2011《茶叶贮存通则》，2013 年国家又发布了 GB/T 30375—2013《茶叶贮存》。尽管标准数量多，真正的使用频率都不高，除产品标准需要在包装上标注外，其他过程以及环境标准，除进行产品认证需要外较少被生产者使用。目前，国家还未对我国茶叶标准进行全面的梳理，以制定一个完整的茶叶标准规划。

2. 建议修订和作废的茶叶标准

根据我国茶叶标准的实际情况，建议修订和作废的茶叶标准见表 8-3 和表 8-4。

表 8-3　建议修订的茶叶标准

序号	产品	分类	标准名称	标准编号
1	茶叶	生产管理类	紧压茶生产加工技术规范	GB/T 24615—2009
2	茶叶	生产管理类	紧压茶茶树种植良好规范	GB/T 30377—2013
3	茶叶	生产管理类	紧压茶企业良好规范	GB/T 30378—2013
4	茶叶	生产管理类	茶叶贮存	GB/T 30375—2013
5	武夷岩茶	产品类	地理标志产品 武夷岩茶	GB/T 18745—2006
6	铁观音	产品类	地理标志产品 安溪铁观音	GB/T 19598—2006
7	白茶	产品类	地理标志产品 安吉白茶	GB/T 20354—2006
8	早茶	产品类	地理标志产品 乌牛早茶	GB/T 20360—2006
9	雨花茶	产品类	地理标志产品 雨花茶	GB/T 20605—2006
10	茶叶	方法类	茶叶中 448 种农药及相关化学品残留量的测定 液相色谱-串联质谱法	GB/T 23205—2008
11	茶叶	方法类	水果、蔬菜及茶叶中吡虫啉残留的测定 高效液相色谱法	GB/T 23379—2009
12	绿茶	产品类	敬亭绿雪茶	NY/T 482—2002
13	富硒茶	产品类	富硒茶	NY/T 600—2002
14	普洱茶	产品类	普洱茶	NY/T 779—2004
15	红茶	产品类	红茶	NY/T 780—2004
16	绿茶	产品类	六安瓜片茶	NY/T 781—2004
17	绿茶	产品类	黄山毛峰茶	NY/T 782—2004
18	绿茶	产品类	洞庭春茶	NY/T 783—2004
19	绿茶	产品类	紫笋茶	NY/T 784—2004

续表

序号	产品	分类	标准名称	标准编号
20	绿茶	产品类	碧螺春茶	NY/T 863—2004
21	代用茶	产品类	绿色食品 代用茶	NY/T 2140—2012
22	茶叶	基础/通用类	茶尺蠖防治标准	NY/T 84—1988
23	茶叶	生产管理类	机械化采茶技术规程	NY/T 225—1994
24	茶叶	生产管理类	茶叶产地环境技术条件	NY/T 853—2004
25	茶叶	生产管理类	有机茶生产技术规程	NY/T 5197—2002
26	茶叶	生产管理类	有机茶加工技术规程	NY/T 5198—2002
27	茶叶	生产管理类	有机茶产地环境条件	NY 5199—2002
28	茶叶	生产管理类	无公害食品 茶叶产地环境条件	NY 5020—2001
29	茶叶	生产管理类	无公害食品 窨茶用茉莉花产地环境条件	NY 5123—2002
30	茶叶	生产管理类	无公害食品 窨茶用茉莉花生产技术规程	NY/T 5124—2002
31	茶叶	生产管理类	无公害食品 茉莉花茶加工技术规范	NY/T 5245—2004
32	茶叶	生产管理类	无公害食品 茶叶生产管理规范	NY/T 5337—2006
33	茶叶	生产管理类	茶叶辐照杀菌工艺	NY/T 1206—2006
34	茶叶	生产管理类	珠兰花茶加工技术规程	NY/T 1391—2007
35	茶叶	方法类	茶叶中炔螨特残留量的测定 气相色谱法	NY/T 1721—2009
36	茶叶	方法类	茶叶中吡虫啉残留量的测定 高效液相色谱法	NY/T 1724—2009
37	茶叶	产品类	富硒茶	GH/T 1090—2014
38	茶叶	生产管理类	屯婺遂舒杭温平七套初制炒青绿茶	GH/T 016—1983
39	茶叶	基础/通用类	茶叶包装通则	GH/T 1070—2011
40	茶叶	基础/通用类	茶叶贮存通则	GH/T 1071—2011
41	茶叶	生产管理类	茶叶生产技术规程	GH/T 1076—2011
42	茶叶	生产管理类	茶叶加工技术规程	GH/T 1077—2011

表 8-4 建议作废的茶叶标准

序号	产品	分类	标准名称	标准编号
1	茶叶	生产管理类	紧压茶生产加工技术规范	GB/T 24615—2009
2	茶叶	生产管理类	紧压茶茶树种植良好规范	GB/T 30377—2013
3	茶叶	生产管理类	紧压茶企业良好规范	GB/T 30378—2013
4	茉莉花茶	产品类	茉莉花茶	NY/T 456—2001
5	茶叶	产品类	有机茶	NY 5196—2002

三、茶叶标准的发展方向

茶产业除满足国内消费者的需求外,还需要满足部分进口国的要求,欧盟成员国、日本等茶叶进口国对茶叶质量安全提出了更加苛刻的要求。因此,茶叶标准应要求更高更严,确保茶叶产品出口,保持中国茶叶特别是绿茶在国际市场的地位。

1. 茶叶标准的需求

(1) 加强对茶叶标准化工作的管理协调　各级茶叶标准化行政主管部门,应加强对茶叶实施标准化战略工作的领导,发挥组织推动、业务管理与指导、综合协调、监督检查作用,努力推动标准化战略的有效实施。各级产茶区政府、各有关部门要按照"统一管理,分工负责"的标准化管理体制,把推进实施茶叶标准化战略纳入议事日程,加强组织领导,制定配套措施,加大资金与政策扶持力度,完善工作运行机制,为实施茶叶标准化战略创造良好的环境。

(2) 根据行业和产业需求,完善我国茶叶标准体系　应根据行业和产业需求,提出完善我国茶叶标准体系计划,提出确定本领域近三年的重点工作、重点技术、重点项目及主要措施,并提出近五年有可能进行的国家标准和行业标准制定、修订项目。应对现行的基础标准进行详细的技术分析,根据行业和企业的需要,对所属国家或行业标准进行全面的规划、评价和清理,对需要修订的国家标准落实修订工作。针对茶树品种、茶园管理、加工规范、检验方法等基础标准和管理与贸易、运输与贮运等方面出现的新技术进行研究,提出标准的制定、修订计划。加强与国际茶叶标准化组织(ISO/TC34/SC8)的工作联系,积极参与国际茶叶标准化组织开展的各项业务工作,提高我国在国际标准化组织中的地位和影响力。

(3) 近3~5年本领域标准体系建设的需求　从以下茶业各环节加强标准制修订,进一步完善茶叶标准体系:

① 茶树种苗标准制定、修订　修订茶树种苗相关国家标准,加强茶树品种鉴定和繁育等方法、规程标准的制定,进一步规范我国茶树种苗繁育和品种身份鉴定。

② 茶叶质量安全标准制定、修订　修订茶叶质量相关标准,加强茶叶中农残、风险元素等限量及其检测方法的制定,加强茶园病虫绿色防控和其他茶园投入品等方面标准的制定,规范茶叶投入品使用,确保茶叶质量安全,提高茶产品的国际竞争力。

③ 茶叶生产标准制定、修订　加大对茶叶生产领域特别是茶叶生产机械化方面标准的研究和制定,包括茶园施肥、茶园标准、耕作、植保、采收等机械化生产技术标准,促进茶叶生产机械化进程,提高在国内外市场的竞争力。

④ 茶叶加工标准制定、修订　进一步加强不同茶类加工技术规程的制定、修订,促进我国茶叶加工标准化,提高我国茶叶加工水平。

⑤ 茶叶新产品标准制定　加强我国茶叶产品标准的制定,规范一些茶叶新产

品的生产和质量,促进茶叶新兴产业的发展。

2. 完善标准体系建设

① 标准的规划　首先要做好标准的规划。我国茶叶标准缺乏整体思路,各部门自行制定,碎片化十分严重。应按管理范畴来统一规划。应当按茶叶产地环境、生产技术规程、加工技术规程、包装、贮藏、运输规程来实现标准的无缝连接。对农业投入品,除了要考虑农药的合理使用外,还要考虑肥料的合理使用以及除草剂的使用,对投入品进行全面把控。特别要注重绿色防控标准的研究,实现农药和化肥的零增长,减少碳排放,有效地保障茶叶质量安全水平的全面提高。对农业部的无公害农产品、绿色食品、有机茶的相关标准要及时进行修订,以符合当前生产实际。

② 加强茶叶质量安全标准体系建设　应围绕茶叶产品的质量安全,在种植、加工、包装、贮运各环节制定提供质量安全保障的相关系列标准,包括产地环境、茶园安全、茶叶投入品安全、茶园病虫害防控、茶叶产品分等分级、茶叶加工危害物防控、产品质量卫生、检测方法、贮运包装运输等标准,并开展相关方面的研究,为保障茶叶产品安全、加强监测及为科学制定茶叶产品中危害物的最大限量提供科学依据。

③ 根据茶叶市场的需求加强茶叶标准建设　为适应市场需求的变化和加工技术水平的提高,应加快制定各类规模化生产的茶叶产品加工技术规程,进一步规范茶叶加工过程;进一步完善和制定、修订我国茶叶加工标准,完善茶叶分级及技术参数指标的统一,重点加强对名优茶标准的制定、修订工作。针对现在茶叶加工仅有文字标准,没有统一的量化实物标准状况,应推动茶叶实物标准样的制定工作,从而指导茶叶加工企业严格按标准组织生产和检测,提升产品质量,提高茶叶产品标准的"公信力"和"权威性",保证产品标准的有效实施。

④ 加强专家团队建设　茶叶标准研究基础比较薄弱,目前全国大专院校和科研单位还没有专业的团队从事茶叶标准的研究,以致我国茶叶标准体系结构不完善,实用性不强;此外缺乏长期与国际标准之间的交流和合作,在国际标准中缺乏话语权。茶叶标准涉及茶叶产前、产中、产后全产业链,应组建和培养各专业的标准研究专家团队,加强对茶叶标准研究工作及跟踪国际标准的变化,加强国内外专家的合作与交流,同时,有针对性地开展标准制定、修订工作,提高茶标准化水平,以便更好地服务和提升茶产业水平。

⑤ 加强推广宣传　茶叶标准化是一项复杂的系统工程,涉及茶叶生产种植、茶叶加工、茶叶运输、茶叶销售和茶叶消费等各个环节,必须加强对标准的推广宣传。

⑥ 加强政府的主导作用　我国茶叶种植、加工总体规模小而散,标准程度低的局面决定了茶叶标准化需要政府来主导。我国的茶叶生产仍然是家庭联产承包责任制的小规模生产为主,茶农整体文化素质水平不高,对茶叶标准化知识十分

欠缺,在缺乏有效监督的情况下,难以有效地自觉地贯彻茶叶标准。因此,依靠茶农自身解决产品的标准化是不大可能的事,这时政府主导就显得十分重要,而且政府主导要贯穿到茶叶生产的全过程中去,通过培训、引导等多种手段来推进茶叶标准化工作。

⑦ 发挥行业自律　应通过行业自律,来加大标准化的宣贯工作。茶叶行业协会要做好对茶业行业的食品安全信用体系建设试点工作,要从源头上加强管理,对茶叶生产的各个环节实行全过程监控,通过多种形式、多种渠道,积极引导茶农发展绿色、无公害、有机茶生产,开展产品认证。要做好茶叶基地、生产加工企业和茶叶市场的标准化建设,全面推进茶叶市场准入、种植基地备案、质量追溯和不合格品退市召回制度,逐步做到规范化、制度化。贯彻落实茶叶加工场所卫生注册制度和生产许可制度。制定行业自律公约,建立行业诚信档案,实施行业黑名单制度。同时要完善茶叶的标准体系,针对行业需求,制定行业团体标准,以补充国家标准及行业标准的不足,引导各企业严格按照现有的行业标准组织茶叶的生产和销售,切实抓好产品过程控制,加强从"茶园到茶杯"全过程的质量管理。

参考文献

[1] 钱永忠,朱智伟.国家级种植业技术标准体系研究报告,2004.

[2] 李凤博,孙海艳.构建中国水稻生产标准化体系研究.江苏农业科学,2012(4):3-6.

[3] 孙丽娟,韩国,胡贤巧,等.我国主要粮食产品质量标准问题分析.农产品质量与安全,2016(2):38-44.

[4] 白艳菊,高艳玲,范国权,等.国内外马铃薯种薯标准比较与解析//马铃薯产业与现代可持续农业(2015),2015.

[5] 白艳菊,李学湛,文景芝,等.中国与荷兰马铃薯种薯标准化程度比较分析.中国马铃薯,2006(6):357-359.

[6] 刘祖昕,石彦琴,李树君,等.我国马铃薯种薯标准化现状及推进对策.标准科学,2014(6):59-62.

[7] 白艳菊,李学湛.马铃薯种薯质量标准体系建设现状与发展策略.中国马铃薯,2009(2):106-109.

[8] 杨明升,魏启文,崔野韩,等.我国农业技术标准体系建设的问题分析与对策建设.农业质量标准,2005(4):27-30.

[9] 徐万学,闫晓阳,张新明,周云龙.我国马铃薯标准体系建设现状与对策研究.农产品质量与安全,2016(1):31-34.

[10] 韩黎明,童丹.中国马铃薯产业质量标准体系建设研究.中国食物与营养,2016(5):17-22.

[11] 杨万林,杨芳.中国马铃薯标准体系建设与发展策略.中国马铃薯,2013(4):250-254.

[12] 张建贤,李永成.用标准推动马铃薯产业持续发展.甘肃科技,2017(4):6-8.

[13] 张威,白艳菊,李学湛,等.马铃薯种薯质量控制现状与发展趋势.中国马铃薯,2010(3):186-189.

[14] 崔轶繁,李佳惠,林琳.浅析中外农产品质量安全标准体系的对比情况.南方农机,2017(3):71-78.

[15] 陈增龙,朱玉龙,张昭,郑永权.我国农药残留监管与标准体系建设.植物保护,2017(2):1-5.

[16] 胡浒,李松,孙劲松,田学峰,张化平.农产品质量安全产地准出监管体系创建探讨.湖北植保,2017(2):51-53.

[17] 廖贤.农业标准化与农产品质量分等分级.食品安全导刊,2017(12):58.

[18] 金发忠.农产品质量安全管理技术规范与指南.北京:中国农业科学技术出版社,2008.

[19] 曹树贵,窦晓涵,刘璐.基于国内外农产品溯源发展现状推进我国农产品溯源的发展.河北企业,2017(7):89-90.

[20] 靳西彪.农业标准化与农产品检测体系现状分析及其对策研究.中国标准化,2017(6):66.

[21] 李庆生.农产品质量安全实施技术.北京:中国农业出版社,2008.

[22] 徐学万,马飞,李董,等.我国农业标准体系建设问题与对策分析.农产品质量与安全,2017(1):36-38.

[23] 郭林宇,汤晓艳,毛雪飞,等.我国农产品质量标准问题与对策.中国食物与营养,2017(4):11-14.

[24] 郑鹭飞.我国农业入品标准体系的现状与问题分析.农产品质量与安全,2016(6):24-27.

[25] 李国锋,张振华,邹轶.农业生产标准化存在的问题及对策建议.江苏农业科学,2016(2):468-470.

[26] 刘香香,王艳,魏鹏娟,等.我国农产品质量安全标准现状与落实对策.中国标准化,2015(10):126-130.

[27] 卢海燕,刘贤金.种植业生产过程标准体系发展现状与对策建议.农产品质量与安全,2016(4):18-22.

[28] 吕鸿声.中国养蚕学.上海:上海科学技术出版社,1991.

[29] 中国农业科学院蚕业研究所.世界蚕丝业.南昌:江西科学技术出版社,1992.

[30] 杨辉.农业标准化体系建设现状及前景.农场经济管理,2005(6):12-13.

[31] 崔伟, 郭振金. 实施农业标准化. 推进农业现代化. 农场经济管理, 2005 (6): 14-15.

[32] 张灵光. 我国农业标准化现状与对策. 中国标准化, 2001 (11): 6-7.

[33] 沈兴家, 陈涛, 吴萍, 等. 我国蚕桑产业标准化的现状及其发展思考. 中国蚕业, 2010 (1): 67-69.

[34] 钱永忠, 魏启文. 中国农业技术标准发展战略研究. 北京: 中国标准出版社, 2005.

[35] 孙辉, 吴存荣, 李玥粮. 我国小麦标准体系现状及发展方向. 粮食与饲料工业, 2010 (4): 13-17.

[36] 孙辉, 姜薇莉, 林家永. 小麦粉理化品质指标与食品加工品质的关系研究. 中国粮油学报, 2009 (3): 12-16.

[37] 孙辉, 吴存荣, 杨中. 我国小麦硬度质量状况和硬度分类的研究. 中国粮油学报, 2008 (3): 38-42.

[38] 彭述辉, 熊波, 庞杰. 我国豆制品标准体系现状及修订建议. 现代食品科技, 2012 (5): 545-548.

[39] 陈萍, 余道坚, 李秋枫. 主要小麦贸易国品质检验标准及方法的比较分析. 粮食与饲料工业, 2013 (11): 8-11.

[40] 孙丽娟, 胡贤巧, 董琳, 等. 我国玉米标准体系建设现状及优化对策研究. 农产品质量与安全, 2017 (6): 13-17.

[41] 徐学万, 闫晓阳, 张新明, 周云龙. 我国马铃薯标准体系建设现状与对策研究. 农产品质量与安全, 2016 (1): 13-17.

[42] 周昌燕, 白兵, 赵晓燕, 等. 我国食用菌标准体系现状解析及对策. 上海农业学报, 2017 (2): 168-172.

[43] 俞秀玲, 王佳, 孙晓薇. 我国食用林产品标准体系进展及存在问题. 安徽农业科学, 2012 (1): 229-230.

[44] 李佳, 叶兴乾, 等. 我国食品标准的现状、存在问题及发展趋势. 食品科技, 2010 (10): 297-300.

[45] 金海水, 刘俊华. 我国农产品市场标准体系的现状及存在问题. 消费导刊, 2009 (6): 51-52.

[46] 谢云. 我国苹果产业化发展中存在的问题及对策研究. 长江大学学报: 自然科学版, 2009 (1): 85-87.

[47] 李志霞, 聂继云, 等. 我国苹果质量全程管控标准体系研究. 农产品质量与安全, 2016 (5): 38-42.

[48] 李鑫, 孟山栋, 甘家铭, 等. 我国苹果产业体系关键点剖析. 标准科学, 2016 (2): 6-10.

[49] 左建国. 中国大豆产业的困境及对策. 中国农业信息, 2011 (11): 8-9.

[50] 关周博, 田建华, 董育红. 我国油菜发展的现状、面临的问题以及应对策略. 陕西农业科学, 2016 (3): 99-101.

[51] 聂继云. 我国果品标准体系存在问题及对策研究. 农产品质量与安全, 2016 (6): 18-23.

[52] 胡贤巧, 孙丽娟, 等. 水稻标准体系存在问题及改进措施探析. 农产品质量与安全, 2017 (6): 23-27.

[53] 周海燕, 丁小霞, 李培武. 我国油料标准化发展现状与展望. 农产品质量与安全, 2012 (6): 32-35.

[54] 马婷婷. 我国现行食用植物油标准的差异性与修订建议. 杨凌, 陕西: 西北农林科技大学, 2012.

[55] 彭韶峰, 陈永忠, 等. 油茶标准化体系建设存在的主要问题及发展对策. 中国农学通报, 2012 (4): 131-137.

[56] 张真和. 我国发展现代蔬菜产业面临的突出问题与对策. 中国蔬菜, 2014 (8): 1-6.

[57] 梁伟红, 李玉萍, 刘燕群, 等. 中国甘蔗产业技术标准体系建设现状与对策. 热带农业科学, 2017 (1): 99-102.

[58] 吴棉国, 林彦铨, 张华. 我国甘蔗产业标准研究现状与展望. 亚热带农业研究, 2010 (3): 209-212.

[59] 朱旭, 王希卓, 孙洁, 等. 中国马铃薯产业标准体系建设现状分析及对策研究. 农产品加工 (学刊), 2014 (1): 41-44.

[60] 张威, 白艳菊, 等. 马铃薯种薯质量控制现状与发展趋势. 中国马铃薯, 2010 (3): 186-189.

[61] 孙丽娟, 韩国, 胡贤巧, 等. 我国主要粮食产品质量标准问题分析. 农产品质量与安全, 2016 (2): 38-44.

[62] 滕葳, 李倩, 柳琪, 等. 现代种植业标准化研究. 北京: 化学工业出版社: 2017.